「是」与「真」

形而上学的基石

王路 著

清华大学出版社
北京

内 容 简 介

求是、求真乃是西方哲学,特别是形而上学最核心的本质,而且这一思想和精神在西方哲学中是一脉相承的。本书论述了巴门尼德、柏拉图、波爱修、托玛斯·阿奎那、笛卡尔、洛克、康德、黑格尔、海德格尔等西方主要哲学家关于"是"(to be)与"真"(truth)的论述,整体上提供了相关讨论面貌,并基于这一讨论提出自己的相关看法和论证。本书提出,在西方哲学讨论中,应该把 being 译为"是",而不是译为"存在",应该在系词的意义上理解 being,并且应该将这样的理解贯彻始终;应该把 truth 译为"真",而不是译为"真理",应该在"是真的"这种意义上理解 truth。本书还提出,这不是简单的翻译问题,而是如何理解西方哲学的问题。

图书在版编目(CIP)数据

"是"与"真":形而上学的基石 / 王路著.—北京:清华大学出版社,2024.4
ISBN 978-7-302-66063-7

Ⅰ.①是… Ⅱ.①王… Ⅲ.①形而上学—研究 Ⅳ.①B081.1

中国国家版本馆CIP数据核字(2024)第072129号

责任编辑: 梁 斐
封面设计: 傅瑞学
责任校对: 王淑云
责任印制: 宋 林

出版发行: 清华大学出版社
   网 址: https://www.tup.com.cn, https://www.wqxuetang.com
   地 址: 北京清华大学学研大厦 A 座   **邮 编:** 100084
   社 总 机: 010-83470000   **邮 购:** 010-62786544
   投稿与读者服务: 010-62776969, c-service@tup.tsinghua.edu.cn
   质量反馈: 010-62772015, zhiliang@tup.tsinghua.edu.cn
印 装 者: 三河市天利华印刷装订有限公司
经 销: 全国新华书店
开 本: 165mm×235mm **印 张:** 20.75 **字 数:** 335 千字
版 次: 2024 年 4 月第 1 版   **印 次:** 2024 年 4 月第 1 次印刷
定 价: 99.00元

产品编号: 103460-01

　　这是自己花费精力最多的一本书，有关它的想法自然就会更多一些。我把这些想法讲出来，作为序。

　　最初接触亚里士多德的《形而上学》大约是在 1979 年。那是我跟着周礼全先生读研究生的第二年。由于研究方向是西方逻辑史，毕业论文选定了研究亚里士多德逻辑。为了做论文，除了研究《工具论》，我也读了他的其他一些著作，其中最主要的就是《形而上学》。读过之后，我的感觉是，不仅读不懂亚里士多德的《形而上学》，而且对自己过去读过的那些哲学也产生了疑惑。我不明白，既然读过那么多哲学著作，为什么会不明白《形而上学》中的许多思想？那时我读的亚里士多德著作是英文版的，总是琢磨不透他说的那个 being，因而时常把握不住。它与一般哲学教科书通常所说的内容，比如世界是物质的，物质是发展变化的等等，似乎没有任何关系。不过，既然《形而上学》是亚里士多德的名著，又是哲学史上的经典著作，我也就始终没有放弃对它的阅读和理解。多年以后，我才逐渐明白，为什么阿维森纳说他读了 40 遍才开始明白形而上学。只是当年做研究生论文的时候，我对《形而上学》只字未提。这里虽有取巧之嫌，主要还是不敢问津。

　　1982 年，美国著名哲学家埃尔曼教授来我国做为期 7 天的讲学，题目是科学哲学，我做翻译。其间有一件事情对我触动很大：

　　　　埃尔曼教授讲课的最后一天，结束时有一个简短的致谢仪式。别人的发言我都忘记了，但是查汝强先生有一段话，我却牢牢记在心里。他的大意是说：通过与埃尔曼教授的交流，我们发现还是有不少共同之处的。比如关于"真理"这个问题的探讨。埃尔曼教授讲了许多关于"真理"的探讨，我们马克思主义哲学也有许多关于"真理"的探讨，我们讲绝对"真理"和相对

"真理",人类在认识发展的长河中,总是在不断逼近"真理"。我在翻译这段话的时候,机械地把"真理"都翻译成"truth"。我想,在场的听众大概不会产生什么疑问。但是我不知道埃尔曼教授对这段话怎么想。其实,我当时的感觉可说是有些"震惊"。埃尔曼教授讲了7天课,天天都在讲"truth",但是他明明讲的是"是真的"(is true)这种意义上的"真"(truth),根本不是"真理",与我国马克思主义哲学所说的真理根本就不是一回事。而且我在翻译中也没有使用"真理",而是用的"真"这个概念,比如"句子的真"、"命题的真",等等。查先生竟然能够如此理解,而且他的英文还是不错的,真是不可思议!我当时的明确感觉是,他没有听懂埃尔曼教授的讲课,由此推想,学员中大概也有不少人和他一样。在潜意识里,我觉得这里可能还有些什么问题,一时又说不清楚。从那以后,我在研究中一直比较关注和思考与"真"和"真理"相关的问题。①

以上背景说明,在很早的时候,"是"与"真"就成为理解西方哲学的主要问题在我的头脑中出现了。不过在一开始,我并没有明确注意到它们之间的联系。好在它们作为问题在我学习和研究的过程中时时出现。有了这种问题意识,只要它们之间有联系,认识到它大概就是迟早的事情。如今回想起来,究竟是什么时候确切地认识到"to be"乃是"是"而不是"存在",什么时候认识到"truth"乃是"真"而不是"真理",并且什么时候确切地认识到"是"与"真"有密切的联系,已经记不太清楚了。但是可以肯定,1990年在完成《弗雷格哲学论著选辑》的翻译的时候,我已经有了明确的上述认识。

获得这样的认识是一回事,把这样的认识阐述出来则是另一回事。由于语言方面的困难,我采取了一种比较谨慎和慎重的态度。在弗雷格译著的序中我谈了与"真"相关的问题:

> 关于"Wahrheit"。在本书中,我把这个词一律译为"真",把它的形容词"wahr"译为"真的"。在讨论这个问题时,还有两个相关的词,一个是"Wahrsein",这个词实际上是"ist wahr"的名词表达,我译为"实真";另一个词与这个词相区别,即"Fürwahrhalten",这个词实际上是"(etwas)für

---

① 王路:《寂寞求真》,文联出版社2000年版(以下只注书名),第69-70页。

wahr halten"这一表达的名词形式，我译为"看做真"。应该注意的是，国内对"Wahrheit"有"真"、"真理"、"真理性"和"真实性"等译法，与之相关的词及各种词类形式的译法也极不一致。①

1992年，我在《哲学研究》上发表了论文《"是"的逻辑研究》。在这篇文章中，我从逻辑的角度详细阐述了"S是P"这种基本句式以及对它的研究的不同结果，并从语言学的角度探讨了"是"的系词特征以及它在印欧语言中的特性。除了逻辑和语言学的解释外，我非常简要地提到"是"与"存在"的区别以及围绕这种区别形成的争论，我还指出，"'是'（比如：'einai'、'esse'、'be'、'Sein'、'être'，等等）这个词本身就有本体论的涵义，意为存在"。但是我沿袭通常的说法避开了对这个问题的深入讨论，仅仅点到为止。

真正开始想阐述对这个问题的看法，是在1995年以后。特别值得提到的是，1995年，周礼全先生从美国回来，我与他讨论了许多学术问题，特别是比较系统地谈了自己关于西方形而上学的看法，谈了我对"是"与"真"的一些看法，还表示自己想把这一工作做细。周先生关于中世纪逻辑谈了许多看法，但是对形而上学没有发表任何意见。后来他回美国给我来了一封信，劝我还是抓紧时间把《中世纪逻辑》一书写出来。他认为，这是具有开拓性的工作，可行性也很大。至于形而上学这种比较"玄"的东西，闲来把玩一下即可，不必当真。其实周先生一直在研究元哲学，与我谈过许多形而上学的问题，因此我十分明白他说的"玄"是什么意思。我没有接受周先生的建议，但是他的态度和意见促使我采取更加谨慎的态度。

为了阐述这个问题，我又做了许多准备工作。首先是1996年，我在《中国社会科学》上发表了论文《论"真"与"真理"》。澄清对于"真"的理解，乃是理解"是"的必要的一步。其实，在这篇文章的第四节讨论亚里士多德关于"真"的论述的时候，我已经谈到了亚里士多德对"是"的论述，并且简要谈到了它们之间的联系，只是没有展开而已。随后在1997年，我发表了论文《如何理解"存在"？》。文章提到康德的著名论题"是（Sein）显然不是真正的谓词"，并且指出"存在"的译法是有问题的，但是我的主要讨论却集中在"存在"（existence）上。

①　弗雷格：《弗雷格哲学论著选辑》序，王路编译，王炳文校，商务印书馆1994年版（以下只注书名），第17页。

我认为，作为准备工作，这两篇论文是必要的。因为，如果总是把"真"与"真理"混为一谈，或者分不清关于"存在"的研究与对"是"的存在解释的区别，那么对于如何理解"是"这个形而上学中至关重要的概念就无法说清楚。经过这些铺垫之后，我终于在1998年发表了论文《"是"、"是者"、"此是"与"真"——理解海德格尔》，把我关于"是"的看法以一种案例分析的方式阐述出来。以后的文章不过是这种案例分析的继续，就不用再多说了。

在阐述自己思想的过程中，一些人起了很大的作用，而且有几个人是值得提到的。

一个是学兄王生平。他在一篇文章中提到，我对他说海德格尔的"语言是存在的家"翻译错了，应该翻译为"语言乃是是之所在"。这等于把我的观点公布于世。由于他的文章发在报纸上，马上就有了一些反应。其实，我和他是老同学，经常讨论一些问题。我和他谈过许多关于"是"与"真"的看法，完全是出于好玩，纯粹是聊天。他却非常重视我所说的那些东西，认为很重要，并一再希望我能够把这些想法写出来。坦白地说，他对这一问题的"重要性"的说明确实起到了一些"敦促"作用。别的不说，我关于海德格尔和笛卡尔的那两篇文章就是他直接约稿，经他推荐发表在《哲学研究》上的。

另一个是学兄罗家昌。在我们的交谈中，他不仅提出问题，而且常常提出一些批评。他对我最大的批评就是认为我鼓吹"逻辑万能论"。直到我关于巴门尼德的文章发表以后，他的这种观念才有所改变。此外，他也总是非常热情地把他看到或听到的一些相关意见告诉我。从他那里，我不仅获得一些具体的意见，包括公开发表的和私下讨论的，而且比较好地理解一些不同哲学背景的人对我所探讨的问题是如何理解的。

在前辈中，汪子嵩先生对我的帮助是很大的。他不止一次对我讲述他自己在撰写哲学史过程中对 to on 这一问题的思考变化，而且把他与王太庆先生在电话中交谈的一些具体意见和思想，把王先生关于希腊文 einai 的一些看法转告给我，从而使我在向他学习的过程中可以间接地向王先生学习。此外，汪先生不仅送给我一些珍贵的外文资料，甚至他后来那两篇关于"是"的文章也是在发表之前先寄给我看的。

梁存秀先生和叶秀山先生对我也有直接的帮助。梁先生知道我研究"是"，曾把他的学生李文堂的博士论文《费希特的"是"论》推荐给我，向我讲述了他的观点并建议我与他进行讨论。我和叶先生的交流是比较多的。尤其是他在社科院大楼9层哲学所的那间"小屋"，我去过多次。叶先生对我的一些看法是持批评意见的，我与他也有过争论。这些批评和争论总是促使我进一步深入思考。特别是，与叶先生面对面的交流，使我不仅可以向他请教学习，而且得以直接接触和体会到一种比较有代表性的对于西方哲学的思考方式，并且得知由此产生的思想结果，对我的研究具有极大的启发。

此外，我的许多好友对我考虑的这些问题也一直给予关注。韩水法曾邀请我在他主持的北大哲学沙龙上讲述过"真"与"真理"的问题。王晓朝邀请我参加清华大学哲学系举办的古希腊哲学国际学术研讨会，讲述亚里士多德的《工具论》与《形而上学》。黄裕生和马寅卯邀请我在他们主持的社科院哲学所纯粹哲学论坛上讲过两次关于"是"的问题。这样的学术交流机会使我不仅可以阐述自己的思想和观点，而且能够直接听到不同意见和批评，收益是无法用语言来形容的。除了这些比较正式的场合，在私下里我与许多朋友，包括靳希平、倪梁康、谢地坤等西学专家，也曾就"是"的问题进行过直接的讨论，获益匪浅。

坦白地说，在交往中我也有一些深深的遗憾。周礼全先生知道我想写这本书后，曾经写信给我，建议我去拜访王太庆先生、苗力田先生等几位老先生，和他们讨论这些问题。他说，他们和汪子嵩先生一样，都是他的老朋友。如果我愿意，他可以写信帮我联系。我虽然很想向这些老专家请教，却不太愿意麻烦远在异乡的老师，自己又有些懒，总想找个什么机会，因此拜访的事一拖再拖。1999年在社科院召开的中国哲学50周年大会上，我见到了王太庆和苗力田先生。由于苗先生学生太多，身边总是簇拥着许多人，我也就没有去凑那份热闹，心想以后总会有机会，倒是与王先生聊了很长时间，并说好以后登门拜访。不幸的是，此后不久王先生和苗先生先后去世。失去向这两位西方哲学专家、特别是古希腊哲学专家当面请教的机会真是不应该。回想起来，有遗憾，也有自责。我确实是有些太不主动了！

在我的学术交往中，特别是进入20世纪90年代以后，我利用一切与外国学者交流的机会向他们询问关于"是"与"真"的问题。在无数次直接的面对面交谈中，我一边请教问题，一边印证自己的理解，同时也在思考他们的回答，包括观察他们的反应，看他们是如何理解的。通过与他们的交流，我更加相信自己的看法是有道理的，至少基本看法是有道理的。

在研究中发现一个问题，产生一个想法，形成一种观点甚至一种理论，并最终把它阐述出来，乃是一个漫长的过程。我的观点的提出，最初是以批评的方式出现的。简单地说，我认为以"真理"翻译"truth"是错误的，以"存在"翻译"to be"也是错误的，这样的翻译导致对西方哲学中与此相关的许多问题的曲解。在提出批评的过程中，我也处于被批评的地位，我的看法也受到不少批评。有一种意见我认为是值得重视的。这种意见认为，只有批评是不够的，还应该有"建设"。用过去的话说，就是不能只"破"不"立"，而应该又"破"又"立"。我同意这种看法，主要是因为它提出了更高的要求。简单地说，它要求除了批评以外，还应该有些别的什么。我在本书所做的，虽然有批评，但是主要的还是那些批评之外的东西。至于它是不是"建设"，或者说"建设"得怎么样，则要由读者去评价了。

关于学术批评本身，我曾经在《哲学研究》2002年第3期上专门进行了讨论。因此，读者可以相信，我非常希望大家能够对我在书中提出的观点和论证，包括提出的一些问题进行讨论和批评。我认为，学术批评是哲学发展的生命所在，是非常不容易的事情，因此对于大家的批评，我不仅会认真对待，而且会非常感谢。

书稿交给出版社以后不久，我离开社科院哲学所，调入清华大学人文学院哲学系。这两个单位都是周先生工作过的地方，只不过他是先在清华，后到社科院，而我则是从社科院来到清华。周先生曾给我讲过许多清华的往事，包括他的老师、同学和朋友以及所谓清华学派。前些日子他在电话中还说，下次回北京要到清华，带着我去看一看他在清华住过的地方，走一走他在那里经常行走的路线，讲一讲当年的故事。周先生说这话的时候很动情，我也非常感动，因为对我离开社科院的想法他最初是不太支持的。2000年我到新泽西看他的时候，他从自身经历出发，给我讲他当年为什么主动从大学来社科院，委婉地告诫我未来的几年对我、特别是对一个像我这样的研究者来说是多么重要，劝我慎重考虑。我也许真的不是一个好学生，常常不听老师的话。就像写这本书一样，在去留的问题上，我最终还是自作主张。但是，周先生总是那样宽厚，一旦我作出决定，他就会全力支持。如今回想起来，在新泽西，他是那样耐心地听我讲我（本书）的思想观点，和我讨论了许多问题，后来他在电话里、在书信中又是那样关心询问我的调动情况。

很难让人相信，他所做的是他本来并不赞同的事情。一如许多学兄朋友所说："你有一个好老师！"其中一个"好"字，怎么理解大概也是不会过分的。这里，我把我在社科院撰写的最后一部著作、也是在清华大学出版的第一部著作，献给周先生，对他多年的关心与教诲表示衷心的感谢！

最后，我要特别感谢以上提到的所有师友！没有他们的帮助，读者在今天是不可能看到这本书的。

我还要衷心感谢北京书生公司！多年来它一直资助我的学术研究，没有任何要求，不求任何回报。

感谢中国社科院科研局对本书的资助！本书从 1998 年立项，成为社科院基础研究课题；2002 年申请延长一年，获得批准。

感谢中国社科院哲学所图书资料室张敏同志！多年来她在图书资料借阅方面一直给予全力支持。

感谢《哲学研究》《世界哲学》(《哲学译丛》)、《哲学动态》《中国社会科学》《清华哲学年鉴》《哲学门》《中国学术》等学术刊物！它们发表过本书中的一些思想内容，对我的学术研究给予了大力支持。

感谢人民出版社哲学编辑室主任陈亚明！本书从列入出版计划到最后编辑出版，都是在她的直接支持和参与下完成的。

感谢人民出版社所有为本书出版付出辛劳的同志！

作者
2002 年

再　序

时光流逝，讨论 being 问题已有多年。想当初，先师周礼全先生曾劝我，形而上学这种比较"玄"的东西，闲来把玩一下即可，不必当真。我本以为，指出应该把 being 翻译为"是"，应该在系词的意义上理解 being，并且应该把这样的理解贯彻始终，不过是指出一条理解西方哲学的途径，过后自己该干什么还干什么，不会受什么影响。谁知涉足之深，一发不可收拾。如今又被冠之以"一'是'

到底论"的代表，似乎有些欲罢不能。正所谓人在江湖，身不由己。

十年前出版《"是"与"真"——形而上学的基石》。随后又陆续写出三本相关著作：《逻辑与哲学》（2007 年）、《读不懂的西方哲学》（2011 年）、《解读〈存在与时间〉》（2012 年）。如果说这几本书是一个研究系列，我最看重的还是《"是"与"真"——形而上学的基石》一书。它是开创性的工作，而后来的工作其实都是沿着它的方向，以文本为依据，进一步论证该书中提出的观点和看法。就我个人而言，一项智力活动变得有些像"力气活"，实属无奈。好在也有收获。一方面，我在深入阅读文本过程中对西方哲学也有了更深入的认识和理解。另一方面，我的工作获得反响：有赞同，也有批评，这是令人愉快的事情。

我非常欣赏围棋大师吴清源先生的一个比喻：下棋好比在高速公路上跑车。方向对了，开得快一些、慢一些，总是可以到达目的地的；方向错了，开得越快，离目的地越远。重温旧著，更加自信：它的方向是正确的。

此次再版，除对原书文字做一些必要修改外，删去原来两个附录，新增三个附录。这样也给本书带来新意。

感谢《清华大学学报》《哲学动态》和《中华读书报》！它们发表了本书附录中的内容。

衷心感谢人民出版社的夏青编辑！她为本书的再版做了大量工作。感谢人民出版社所有为本书再版付出辛劳的同志！

作者

2012 年岁末

又　序

我喜欢《"是"与"真"——形而上学的基石》这本书。我认为，它应该而且值得获得学界的重视。

今天，我的观点被称为"一'是'到底论"，我还被称为这种观点的代表人物。围绕这一观点我写过不少东西，但最主要的观点最初是在这本书中提出来的，后来所做的工作，我觉得，都是书中观点的细化，许多属于"力气活"。虽然在具体研究和讨论中会生长出一些东西，认识会有一些提高，思想也会有一些发展，还会提出一些新的看法（比如近年来提出的"加字哲学"概念），但是最主要的观点，用流行的话说，具有开创性的观点，还是在这本书中提出的。

在西方哲学讨论中，应该把 being 译为"是"，应该在系词的意义上理解 being，应该把这样的理解贯彻始终。最初提出这一观点的时候，一些认识还比较直观。经过这些年的讨论，我已经能够从理论上把它说清楚了。这是我的进步，也是学界的进步。

新增两个附录，体现出我说的进步。进步是重要的，学术一定要有进步。

感谢北京大学外国哲学研究所的同仁和朋友！感谢赵敦华、尚新建和韩水法教授！他们曾以 being 为题，为我的著作专门组织召开了两次学术研讨会：一次是 2011 年 3 月 18 日，题目是"Being 问题研讨会——王路教授新书《读不懂的西方哲学》争鸣"；一次是 2018 年 1 月 6 日，题目是"Being 问题与哲学的本质——王路教授新书《一"是"到底论》学术讨论会"。讨论的著作虽不相同，讨论的问题和观点却是同一个，这就是 being 问题。从"being 问题"到"being 问题与哲学的本质"，也显示出讨论的深化和认识的发展。所以我说，我们都在进步。

感谢学界同仁和朋友！感谢他们以不同方式参与讨论，对我的观点提出批评，帮助我并和我一起进步！

感谢清华大学出版社梁斐女士，她为出版本书付出辛勤的劳动！

感谢清华大学出版社所有为出版本书付出辛劳的同志！

作者

2023 年 5 月

目

录

第一章 导论

　　形而上学的核心问题之一是本体论。本体论这个词的英文是"ontology"，德文是"Ontologie"。从这个词的词根来看，它表达的应该是关于"on"的学问。实际上也正是如此。"on"是希腊文动词"estin"的分词形式。这个动词的不定式是"einai"。因此，本体论的主要内容是与 einai 这个希腊文的含义密切相关的。

　　自古希腊著名哲学家亚里士多德第一次明确提出要研究"to on"以来，本体论的研究吸引了无数哲学家，构成了形而上学的基础。在 20 世纪，德国著名哲学家海德格尔的名著 *Sein und Zeit* 以及他的一系列重要论著的问世，再一次把人们引向对希腊文 einai 以及与它有关的问题的思考。历史告诉我们，哲学是古老的学问，而一些哲学问题却永远不老。这里面，最有魅力、最吸引人的问题大概莫过于本体论的问题。这样说可能会有问题，比如，难道人们没有理由说认识论的问题、分析哲学的问题、现象学的问题等是最有魅力、最吸引人的问题吗？不过我认为，我们至少可以说，本体论的问题属于那最有魅力、最吸引人的问题之列。

　　作为中国人，我们具有与西方完全不同的思想文化传统和历史背景。但是，这并不妨碍我们学习和研究西方的思想文化。就哲学而言，我们同样可以学习和研究西方的哲学思想，而且我们还可以把中国的哲学思想与西方的哲学思想进行比较研究，中西合璧，推陈出新。但是，我以为，若想在这样的研究中作出一些成绩，正确地理解西方哲学则是起码的条件，也是至关重要的因素。在对西方哲学的理解中，虽然存在许多不容易理解的东西，但是在我看来，最难理解的大概就是本体论的问题，也就是与 einai 有关的问题。

　　本书所要探讨的，正是 einai 和与 einai 相关的问题。

一、费解的"存在"

与希腊文 einai 相应的拉丁文是 esse，英文是 to be，德文是 Sein，法文是 être。在汉译西方哲学著作中，对 to be[①] 的翻译，一般采用"存在"这个术语，比如巴门尼德的残篇[②]，亚里士多德的《形而上学》[③]，黑格尔的《小逻辑》[④]，海德格尔的《存在与时间》[⑤]，萨特的《存在与虚无》[⑥]，等等；也有采用"在"这个术语的，比如海德格尔的《形而上学导论》[⑦]；有的著作也用"有"这个术语，比如黑格尔的《逻辑学》[⑧]。一个值得注意的现象是，在谈论同样的"存在"的上下文中，常常也出现"是"这个词，虽然它有时候也会被当做名词，因而作为一个对象来谈论，但是一般它是作动词。所以在我们的哲学翻译以及相关的对西方哲学的探讨中，我们主要使用的是"存在"（"在"）和"有"这两个术语。而在这两个术语中，使用和谈论"存在"的现象最多。至于像"一事物不能同时既存在又不存在"、"上帝存在"、"我思故我在"、"存在就是被感知"、"存在是变元的值"、"语言是存在的家"等这样著名的哲学命题则更是到处可见，习以为常。

用"存在"来翻译"to be"，带来的问题非常多。这里我们只说明其中一个方面的问题，即本来是可以读懂的著作，由于采用"存在"的译法而变得无法理解。下面我围绕海德格尔的著作举几个例子来说明这个问题。

海德格尔在其名著《存在与时间》的导论第一章第一节论述探讨存在问题的

---

① 为了方便，本书除专门谈论的文字外，比如希腊文谈论 einai，拉丁文谈论 esse，德文谈论 Sein，一般用英文 to be（或 Sein）代表西方语言中与 einai 相应的这个概念，且希腊文不使用其他变形。

② 参见苗力田主编：《古希腊哲学》，中国人民大学出版社 1989 年版（以下只注书名）。

③ 参见苗力田主编：《亚里士多德全集》第 7 卷，中国人民大学出版社 1993 年版（以下只注书名）。

④ 参见黑格尔：《小逻辑》，贺麟译，商务印书馆 1980 年版（以下只注书名）。

⑤ 参见海德格尔：《存在与时间》，陈嘉映、王庆节译，熊伟校，生活·读书·新知三联书店 1987 年版（以下只注书名）。

⑥ 参见萨特：《存在与虚无》，陈宣良等译，杜小真校，生活·读书·新知三联书店 1997 年版（以下只注书名）。

⑦ 参见海德格尔：《形而上学导论》，熊伟、王庆节译，商务印书馆 1996 年版（以下只注书名）。

⑧ 参见黑格尔：《逻辑学》上、下卷，杨一之译，商务印书馆 1976 年版（以下只注书名）。

必要性，他从过去一直流行的三种看法出发进行了论述。这三种看法是：其一，存在是最普遍的概念；其二，存在是不可定义的；其三，存在是自明的概念。这里，我们仅看他关于第二点和第三点的说明。

> 译文1："存在"这个概念是不可定义的。这是从它的最高普遍性推论出来的。*这话有道理——既然 definitio fit per genus proximum et differentiam specificam［定义来自最近的种加属差］。确实不能把"存在"理解为存在者，enti non additur aliqua natura：令存在者归属于存在并不能使"存在"得到规定。存在既不能用定义的方法从更高的概念导出，又不能由较低的概念来描述。然而，结论难道是说"存在"不再构成任何问题了吗？当然不是。结论倒只能是："存在"不是某种类似于存在者的东西。所以，用以规定存在者的方式虽然在一定限度内是正当的，但这种方式，亦即传统逻辑的"定义方法"——传统逻辑本身的基础就植于古希腊存在论之中——不适用于存在。存在的不可定义性并不取消存在的意义问题，它倒是要我们正视这个问题。①

这段译文表明，首先海德格尔指出，过去人们一直认为存在是不可定义的，而且这样做是有理由的，因为存在与存在者是不同的。然后海德格尔认为，这样的观点并不能取消存在的意义问题，而只能迫使我们正视这个问题。

表面上粗粗一看，这段译文似乎不难理解，也没有什么问题。因为存在与存在者从字面上看就是不同的，因此当然不能把存在理解为存在者。但是如果仔细分析，我们就会发现，这里并不是没有问题的。第一，"令存在者归属于存在"是什么意思呢？即使我们知道存在与存在者不同，因此这样的归属仍然无法使存在得到规定，但是这里所说的"归属"是什么意思呢？第二，接下来讲到用定义方法不能得出存在。定义方法自然是清楚的，用定义方法不能得出存在当然也是清楚的。但是这一句话与前一句话有什么关系吗？定义方法与存在者对存在的归属有什么关系吗？如果有，那么是什么关系？如果没有，那么这两句话不是接不上了吗？第三，从接下来的论述看，定义方法是规定存在者的方式，这种方式适用于存在者，但不适用于存在。所谓适用就是指可以下定义，因而根据这里的意思，人们可以说"存在者是什么什么"，而不能说"存在是什么什么"。但是，这

---

① 海德格尔：《存在与时间》，第5-6页。

是为什么呢？具体一些，这里提到传统逻辑和古希腊，但是，不论是在传统逻辑中，还是在亚里士多德的著作中，都有许多关于定义的论述，不仅有属加种差定义，而且还有名词定义等其他一些定义。因此，我们很难理解，为什么能够说"存在者是什么什么"，而不能说"存在是什么什么"呢？此外，被我加星号的位置在译文中是原文的一个注释，这个注释引用了帕斯卡在《沉思录》中的一段话：

> 译文2：人无法在试图确定存在［是］的同时不陷入这样一种荒谬之中：无论通过直接地解释还是暗示，人都不得不以"这是"为开始来确定一个词。因此，要确定存在［是］，必须说"这是"并且使用这个在其定义中被确定的词。①

这段注释显然是要说明为什么"存在"是不可定义的。但是对于这段注释，我们会感到明显的困惑。其中可以理解的是：定义的方式是"这是"，即"……是……"。这是显然的。不能理解的是：其一，既然明明说的是这样的定义方式，"存在"又是从哪里跑出来的呢？而且，为什么要把"存在"放在前面，而把"是"加上括号放在后面呢？其二，确定存在［是］的方式即是定义方式，那么存在的定义应该是"存在［是］是……"。即使这里使用了"是"，不是也没有使用"存在"吗？怎么就会陷入荒谬呢？其三，如果把这段注释与译文1结合起来考虑，我们就会不明白，既然文中专门谈的是定义，又在注释中讲明定义方式是"……是……"，怎么却主要谈论起存在来了呢？单从定义的角度来看，可以说与存在没有任何关系。那么这样的定义怎么又会有助于探讨存在呢？我认为，这些问题其实本来是不存在的，完全是由翻译造成的。下面我把这两段话翻译如下：

> 译文1′："是"这个概念是不可定义的。这是人们从它最高的普遍性推论出来的。＊而且这是有理由的——如果definitio fit per genus proximum et differentiam specificam（定义是由最邻近的属加种差构成的）。实际上，不能把"是"理解为是者；enti non additur aliqua natura："是"不能像是者被说是那样得到规定。从定义的角度说，是既不能从最高的概念推导出来，也不能由较低的概念所描述。然而由此是说"是"不会再产生什么问题了吗？当然不是；由此只能得出："是"并不是像是者那样的东西。因此，那种对是者在

———————
① 海德格尔：《存在与时间》，第5页注2。

一定限度内正当的规定——传统逻辑（它自身的基础是在古代本体论中）的"定义"，并不适用于是。是的不可定义性并不取消是的意义问题，反而恰恰要求人们考虑这个问题。①

译文 2′：人们不可能试图定义是，同时又不陷入这样一种荒谬之中：因为人们定义一个词不可能不以"这是"来开始，无论是把它表达出来，还是把它省略掉。因此，为了定义是，必须说"这是"，因而在对是的定义中使用了被定义项。②

从译文 1′ 和译文 2′ 可以看出，译文 1 和译文 2 的问题是不存在的。

译文 3："存在"［是］是自明的概念。在一切认识中、一切陈述中，在对存在者的一切关联行止中，在对自己本身的一切关联行止中，都用得着"存在［是］"。而且这种说法"无需深究"，谁都懂得。谁都懂得"天是蓝的"、"我是快活的"等等。然而这种通常的可理解不过表明了不可理解而已——它挑明了：在对存在者之为存在者的任何行止里面，在对存在者之为存在者的任何存在里面，都先天地有一个谜。我们向来已生活在一种存在之领悟中，而同时，存在的意义却隐藏在晦暗中，这就证明了重提存在的意义问题是完全必要的。③

这段译文的主要意思是说：过去人们一直认为存在的意思是清楚的，而海德格尔认为不是这样。在这段话里，海德格尔还用了两个具体的例子，因此更容易理解才对。但是，恰恰在这两个例子上，或者说，正由于结合这两个例子，我们反而出现了困惑的问题。这两个例子是："天是蓝的"和"我是快活的"。其中的"是"还加重点表示强调。因此，这里谈的显然乃是"是"。因为，若说这个"是"是普遍应用的、自明的，是不会有什么问题的。但是，明明谈论的是存在，怎么用了这样两个含有"是"的例子而不用含有"存在"的例子呢？这样的"是"与"存在"究竟有什么关系呢？通过这样的例子怎么能够说明，我们向来是生活在对存在的理解之中的呢？即使在存在后面用括号加上了"是"，根据这样的例子，

---

① Heidegger: *Sein und Zeit*, Max Niemeyer Verlag Tübingen 1986, S. 4.

② Heidegger: *Sein und Zeit*, Max Niemeyer Verlag Tübingen 1986, S. 4.

③ 海德格尔：《存在与时间》，第 6 页。

我们又该如何理解呢？难道说所谓存在就是"天是蓝的"和"我是快活的"这样的句子中的"是"吗？如果真是这样，海德格尔岂不是在那里故弄玄虚吗？

这里我们还可以结合译文 1 和译文 2 来考虑。在那里，海德格尔给出了具体的定义方式，而在这里，他给出了具体的例子。不同之处是，在那里，"……是……"这种定义方式是在注释中给出的，而在这里，这两个例子是在正文中给出的。我认为，海德格尔这样做是有专门考虑和用意的。因此我们绝不应该轻视这两个例子。无论是给出具体的定义方式，还是给出具体的例子，都是为了进一步明确说明所要论述和说明的东西。而从这两处来看，海德格尔所说的都是"是"，与"存在"没有任何关系。既然如此，我们又怎么能够理解，海德格尔在这些地方为什么偏偏要论述存在呢？或者，这些地方所说的存在究竟是什么意思呢？其实，这些问题并不是由海德格尔本人造成的，而是由翻译造成的。按照我的理解，这段话的翻译如下：

> 译文 3′："是"乃是自身可理解的概念。在所有认识、命题中，在每一种对是者的态度中，在每一种自身对自身的态度中，都将利用"是"，而且这里的这个表达乃是"立即"可以理解的。每一个人都明白："天是蓝的"、"我是快活的"，等等。只是这种通常的可理解性仅仅表明了不可理解性。它使人们看到，涉及与作为是者的是者的各种关联和是，先天地有一个谜。我们已经生活在一种对是的理解之中，同时是的意义却隐藏在晦暗之中，这就证明，重提"是"的意义问题是完全必要的。[①]

在我看来，这段话除了"与作为是者的是者的各种关联和是"一句有些不太容易理解以外，没有什么理解的问题。而如果我们知道，在西方哲学家看来，凡能够被说是怎样怎样的东西，都可称为是者，那么这句话也应该是可以理解的。它的意思不过是说，对是者有各种表述，在这样的表述（关联）中，在这样的是中，怎样怎样。

> 译文 4：明确提问存在的意义、意求获得存在的概念，这些都是从对存在的某种领悟中生发出来的。我们不知道"存在"说的是什么，然而当我们问道"'存在'是什么？"时，我们已经栖身在对"是"（"在"）的某种领悟

之中了，尽管我们还不能从概念上确定这个"是"意味着什么。①

这是《存在与时间》第一章第二节的一段话。在这段译文中，前一句话字面上是清楚的，即从对"存在"的直觉理解来思考和获得"存在"的意义，从而使"存在"成为一个确定的概念。但是，后面的话就令人费解了。从字面上看，这里似乎是从"存在"转到了"是"。于是我们就不懂了，前面说的"从对存在的某种领悟"到了后面怎么变成"对'是'（'在'）的某种领悟"了呢？而且，尽管可以说"'存在'是什么？"的提问含有对"是"的理解，因为在这句话中使用了"是"这个词，但是这与"存在"又有什么关系呢？这里讨论的不是"存在"吗？即使在"是"的后面加上了"在"，难道我们就能够理解"是"与"存在"有什么关系吗？这里还可以看出，"'存在'是什么？"这句话其实也是一个例子。如上所述，举例是为了更清楚地说明问题，因此有了这个例子，我们应该更加明白才对。可是为什么举了例子反而不清楚了呢？实际上，这样的问题在原文中是不存在的。"Sein"是"ist"的名词形式。当以"ist"为对象来谈论的时候，必须要么以名词的形式，即"Sein"，要么以加引号的形式，即"'ist'"，要么以动名词的形式，即"Seiend"来进行。形式不同，意思却相同，因为是同一个词。所以，海德格尔在这里才会说，当我们问"was *ist* 'Sein'？"时，我们已经处在对"Sein"的理解之中。因为在我们的提问中，我们不仅对"Sein"这个概念本身进行了提问，即括号中的名词"Sein"，而且使用了它，即这句话中的动词"ist"。显然，这里的问题主要在"存在"这个翻译，而不是在"是"。按照我的理解，这里的翻译应该如下：

> 译文4′：从对是的理解产生出关于是之意义的明确提问和向是这个概念的发展趋向。我们不知道"是"说的什么。但是，当我们问"'是'乃是什么？"时，尽管我们还不能在概念上确定"是"意谓什么，我们却已经处于对"是"的一种理解之中。②

从这样的理解翻译出发，应该说，至少字面上意思是清楚的。除此之外，从

---

① 海德格尔：《存在与时间》，第7-8页。

② 原文是："Aus ihm heraus erwächst die ausdrückliche Frage nach dem Sinn von Sein und die Tendenz zu dessen Begriff. Wir *wissen* nicht, was 'Sein' besagt. Aber schon wenn wir fragen: 'was *ist* "Sein"?' halten wir uns in einem Verständnis des 'ist', ohne das wir begrifflich fixieren könnten, was das 'ist' bedeutet." 参见 Heidegger: *Sein und Zeit*, S. 5.

含有译文 4（4′）这一节的标题可以看得清清楚楚，这段话是在论述存在（是）的形式结构。而从形式结构的角度来考虑其中的例子，以及例子中加重点强调的东西，论述的当然是"……是……"。或者换句话说，"存在"能够表示一种什么样的形式结构呢？

值得注意的是，译文 1（包括译文 2）和译文 3 是《存在与时间》一书导论第一章第一节的主要内容，译文 4 则是第二节中的一段非常重要的话。也就是说，这几段译文是《存在与时间》一书刚刚开始时的内容，也是非常重要的内容。正因为这样，对这几段的理解对于全书的理解是非常重要的。如果一开始我们在翻译上就发生偏差，那么对于理解海德格尔后来的论述显然是不利的。

译文 5：如果我们现在着手一试说在，因为我们总觉而且归根到底是要以一定方式来着手的，那么我们就试着去注意在此说中所说的在本身。我们选用一种简单而常用而且几乎是信口随便地说，这样说时在就被说成一个词形，这个词形又是这样的层出不穷，以至于我们几乎不会注意这回事了。

我们说："上帝在"。"地球在"。"大厅中在讲演"。"这个男人是（ist）从斯瓦本区来的"。"这个杯子是（ist）银做的"。"农夫在种地"。"这本书是（ist）我的"。"死在等着他"。"左舷外在闪红光"。"俄国在闹饥荒"。"敌人在退却"。"葡萄根瘤蚜在葡萄园肆虐"。"狗在花园里"。"群峰在入静"。

每一例中这个"在"（ist）的意思都不一样。①

这段译文分为两部分。第一部分论述"在"（"在"与"存在"意思差不多），第二部分通过举例来说明第一部分的论述。应该说，这样既有理论说明又有实际例子的论述本来是不应该有什么理解方面的问题的。但是实际情况却不是这样。首先，"在"（或"存在"）是不是符合海德格尔所说的那些特征，比如简单、常用、信口随便地说、层出不穷，等等？其次，在举的这 14 个例子中，有 3 个例子显然没有"在"，而有"是"。这样我们就不明白，既然是论述在，举例当然是为了说明它，可是为什么在例子中会没有"在"呢？这样的例子有什么用处呢？第三，虽然在这 3 个例子中"是"的后面都用括号加了"ist"，我们大致也会明白这里说的是什么，然而我们不是同样遇到了前面谈到的"（存）在"与"是"的关系这

_____

① 海德格尔：《形而上学导论》，第 89 页。

个问题了吗？第四，这些例子中的"在"也是容易使人产生误解的。比如在"上帝在"和"地球在"这样的表达中，"在"大概表示"存在"的意思。而在"在花园里"和"在葡萄园"这样的表达中，"在"显然是"在……里"，"在……中"这样的介词结构。至于其他一些"在"，比如"在等着他"、"在闪红光"、"在退却"、"在闹饥荒"，等等，除了表示现在的状态外，更强调一种"进行"的状态。显然，"在"的这些用法是完全不同的。那么，海德格尔所说的"在"的意思不一样难道是指这样不同的用法吗？如果我们联系海德格尔谈论定义方式的译文1和译文2，以及谈论形式结构的译文4，还能理解这里的意思吗？我们还能认为他关于（存）在的思想和论述是一贯的吗？但是实际上，这些问题在原文中也是不存在的。按照我的理解，这段话的翻译如下：

译文5′：如果我们现在来说是，因为我们总是而且从根本上说必然要以一定的方式说是，那么我们试图注意这种说中所说出的是本身。我们选择一种简单而通常的，几乎随意地说，在这样说时，是被以一种词的形式说出来，这种形式使用频繁，以至于我们几乎不注意它了。

我们说："上帝是"。"地球是"。"讲演是在大厅里"。"这个男人是从斯瓦本区来的"。"这个杯子是银做的"。"农夫是在乡下的"。"这本书是我的"。"他是要死了"。"左舷是红光"。"俄国是在闹饥荒"。"敌人是在退却"。"葡萄园里是葡萄根瘤蚜在作怪"。"狗是在花园里"。"群峰是/一派寂静"。

在每个例子中，这个"是"的意思都不一样。①

---

① Heidegger: *Einführung in die Metaphysik*, Max Niemeyer Verlag Tübingen, 1958, S. 67-68.

"Wenn wir jetzt bei einem Sagen des Seins ansetzen, weil wir dazu in gewisser Weise immer und wesensmässig genötigt sind, dann versuchen wir auf das darin gesagte Sein selbst zu achten. Wir wählen ein einfaches und geläufiges und beinahe lässiges Sagen, wobei das Sein in einer Wortform gesagt wird, deren gebrauch so häufig ist, dass wir dies kaum noch bemerken.

Wir sagen: 'Gott ist'. 'Die Erde ist'. 'Der Vortrag ist im Hörsaal'. 'Dieser Mann ist aus dem Schwäbischen'. 'Der Becher ist aus Silber'.'Der Bauer ist aufs Feld'. 'Das Buch ist mir'.'Er ist des Todes'. 'Rot ist backbord'. 'In Russland ist Hungersnot'. 'Der Feind ist auf dem Rückzug'. 'In den Weinbergen ist die Reblaus'. 'Der Hund ist im Garten'. 'Über allen Gipfeln / ist Ruh'.

Jedesmal wird das 'ist'anders gemeint."

显然，这一段话谈论的仍然是"是"（Sein）。"ist"是"Sein"的第三人称单数现在时的形式，表示目前的状况。这14个句子均含有一个"ist"。在12个句子中，"ist"都是系词。中文表达不一定非用"是"这个系词。但是德文不行，一般来说，在陈述事情的表述中，主系表结构的句子占相当大的部分，因此海德格尔才会说这些例子是"选用一种简单而通用的，几乎随意地说"，就是说，随便一说，就会用到"Sein"。在这14个例子的翻译中，表示介词结构的"在"相应于原文的"in"，而不是"ist"；表示状态的"在"相应于原文的进行时态。这些是海德格尔根本不予考虑的。我认为，"上帝是"和"地球是"对我们来说似乎确实不太容易理解，但是恰恰反映出中西语言方面的差异。德语可以这样说，中文却不能这样说。有这样的差异是正常的，保留这样的不理解也是必要的。因为这可以作为继续深入思考和研究的问题，而且这确实是一个有意义的问题。①

顺便说一下，把海德格尔所说的"是"翻译为"在"，并与作为介词的"在"混淆起来，会引起非常严重的误解。我们下面再简单看一段译文：

> 译文6："在之中"说的是什么？我们首先会把这个词补足为在"世界"之中，并倾向于把这个"在之中"领会为"在……之中"。这个用语称谓着这样一种存在者的存在方式——这种存在者在另一个存在者"之中"，有如水在杯子"之中"，衣服在柜子"之中"。我们用这个"之中"意指两件在空间"之中"广延着的存在者就其在这一空间之中的处所而相对具有的存在关系。水和杯子、衣服和柜子两者都以同一方式在空间"之中"处"于"某个处所。这种存在关系可以扩展开来，例如：椅子在教室之中，教室在学校之中，学校在城市之中，直至于椅子在"宇宙空间"之中。②

这段译文是海德格尔在《存在与时间》中论述"在世界之中存在"时的一段说明。表面上似乎没有什么理解的问题，但是如果我们足够仔细的话，我们就会发现，这里的讨论从"在……之中"转到讨论"之中"。按照一般理解，"在……之中"是一个介词结构整体，"在"与"之中"是不能分开的。而这里却把它们分开了。这样一来，我们就会认为，"在"有专门的涵义，而且"之中"也有专

---

① 这个问题需要从哲学史的角度进行深入研究，不仅涉及中世纪哲学和神学本身，而且与从古希腊哲学向中世纪哲学的过渡和演变有关。参见后面第五章。
② 海德格尔：《存在与时间》，第66-67页。

门的涵义。这显然是难以理解的，因为我们不知道"在……之中"与"之中"有什么区别。至于说由此而论及存在，当然就更不容易理解了。我们确实不容易知道"在……之中"所涉及存在的关系与"之中"所涉及存在的关系会有什么不同。但是在原文中，这样的问题是不存在的。

"在……之中"的原文是 in-Sein，应该译为"是在……之中"。为了说明"是在……之中"这个问题，海德格尔这里（相应于译文 6 的地方）探讨了"在……之中"（in——相应于译文中的"之中"）。在说明了它的意思之后，他接下来才探讨了"是"（Sein），用的例子是"我是"（Ich bin）。在对"我是"的探讨中，他又引入"在……这里"（bei……），从而探讨"是在……这里"（Sein bei……）。这样他最终说明"是在世界中"（in-der-Welt-Sein）的涵义。[①] 可见，"是在……之中"与"在……之中"是有根本区别的。对于这一点，绝对不能马马虎虎！

以上我们通过 6 段译文说明，由于使用"存在"（或"在"）这一术语进行翻译，结果使海德格尔的一些本来可以理解的思想变得难以理解了。

二、"是"与"存在"

对于用"存在"或"有"来翻译西方的 to be 这个词，我国老一辈哲学家、翻译家早就提到或指出这里的问题。例如 20 世纪 40 年代初，陈康先生就指出，用"有"和"存在"翻译"einai"及其相关词是不合适的。[②] 他在《巴曼尼得斯篇》这部译著中则直接用"如若一是"和"如若一不是"来翻译柏拉图的一对非常重要的命题："ei hen estin"和"en ei me estin"。但是，陈康先生用"是"来翻译 einai 及其相关的词，以及陈康先生的相关研究和论述并没有得到国内学术界的广泛重视和普遍接受。最近一二十年，这种现象有了一些改观。国内学界有不少研究都涉及这个问题，对它的探讨也在进一步深入，有人甚至明确提出，应该以"是"来翻译西方的 to be 和 Sein，并且以此来理解西方的相关思想。还有人不做翻译术语方面的讨论，而是直接进入关于是的讨论。比如李文堂在 1998 年发表

---

① 参见 Heidegger: *Sein und Zeit*, S. 53-56.
② 参见陈康:《陈康：论希腊哲学》，商务印书馆 1995 年版（以下只注书名），第 476 页注释 1；柏拉图:《巴曼尼得斯篇》，陈康译，商务印书馆 1982 年版（以下只注书名），第 11-12 页。

了《费希特的"我是"问题》一文。从这篇文章标题的注释我们可以看到，它摘自作者的博士论文《费希特的是问》。作者没有讨论"是"与"存在"的术语差别，而是直接谈论费希特关于是的思想。这些情况说明，我国在对西方哲学、特别是形而上学的研究方面，与过去有了很大的不同，也取得了很大的进展。

在涉及这方面的研究中，除李文堂那样的现象外，大致可以区分出以下几种情况。第一种情况，讨论相关的问题，但是并不明确提出应该用"是"来翻译。比如，有的书在讲述古希腊哲学的时候说："这个'存在'（estin）是动词 eimi（相当于英文 be）的现在陈述式第三人称单数（相当于英文 is），可以译为'是'、'有'和'存在'，我们为了读者容易理解都译为'存在'。"[①] 又比如，有的书在谈到海德格尔的时候说："Sein 和 be 都既表示存在，又是系词'是'。按照古典逻辑，无论关于什么东西，凡有所述，总用得上系词：……'是'或'存在'总被引入了。"[②] 这些著作往往讲到"是"的含义，但是仍然采用"存在"这一术语。按照我的理解，这样做的人显然已经认识到并且实际上也已经指出 to be 或 Sein 是有不同含义的，这无疑是十分正确的。但是他们并不认为应该用"是"来理解和翻译 to be 或 Sein（如前一种观点），至少他们并不认为应该总是根据"是"来理解和翻译 to be 或 Sein（如后一种观点）。我认为，这样的做法是有问题的，因为这是一种含糊其词的做法，并没有真正澄清 to be 或 Sein 这个概念。在前一段引文中，人们无法理解，一个词明明有"是"、"有"和"存在"三种含义，为什么却要译为"存在"。这样一来，其他两种意思不是都没有了吗？而且这样做的理由——为了读者容易理解——站得住脚吗？究竟是从中文字面上容易理解，还是对原文来说容易理解呢？稍微有一些语言学知识的人都会知道，"系词"乃是从语法方面说的，而"存在"却是从语义方面说的，或者说它不是从语法方面说的，因此"系词"和"存在"是完全不同的东西。这样在后一段引文的情况下，人们就同样无法理解，既然用上系词就引入了"是"或"存在"，那么"系词"本身究竟是有意义的还是没有意义的呢？"存在"本身究竟是可判定还是不可判定的呢？或者，

---

① 汪子嵩等：《希腊哲学史》第 2 卷，人民出版社 1993 年版（以下只注书名），第 872 页；还可参见汪子嵩等：《希腊哲学史》第 1 卷，人民出版社 1988 年版（以下只注书名），第 593 页。

② 陈嘉映：《海德格尔哲学概论》，生活·读书·新知三联书店 1995 年版（以下只注书名），第 32 页。

进行这样的区别究竟是有必要还是没有必要呢?

第二种情况,主张部分地用"是"来翻译。比如,有人认为,"是"、"在"和"有"这三种不同的翻译都有自身的依据和合理性,各有其适用范围;如果强求一律,用一种译法而取消另外两种译法,总不免会出现以偏概全的差错,应该根据对不同形而上学的理论的理解,在不同的场合使用不同的译法,比如,亚里士多德的理论应该用"是",黑格尔的理论应该用"有",而海德格尔的理论则应该用"存在"。[①]持这种观点的人显然认识到并且实际上也指出,西方关于 to be 或 Sein 这个问题的研究和探讨是非常复杂的,每个哲学家的思想观点之间也是有很大差异的,我们不能对它们采取千篇一律的解释。这显然是非常有道理的。但是我认为其所提倡的做法也是有问题的。别的不说,至少从中文字面上,尤其是对于不懂外文的人来说,根本看不出亚里士多德所说的"是"、黑格尔论述的"有"和海德格尔谈论的"存在"根本是同一个东西,这样实际就会完全割断了西方关于本体论问题从古至今一脉相承的讨论和研究,使人们无法看到在这一问题上西方思想的历史发展和联系。谈论同一个东西,并不妨碍可以有不同的看法,形成不同的思想观点;同样,表达的思想和观点不同,但是并不妨碍谈论的是同一个东西。这里至少含有两个不同层次方面的问题。对直接研究者是这样,对间接研究者同样也是这样。

第三种情况,明确主张应该用"是"来翻译。1993 年,王太庆先生发表了一篇非常有意思的论文:《我们怎样认识西方人的"是"?》[②]。在这篇论文中,他比较了中西文的差异,提出了自己对应该以"是"来翻译 to be 这个词的看法。他认为,用"有"来翻译 eimi 是不合适的,"中国哲学中的本体论范畴'有',是从手持的观念发展出来的,西方哲学中的本体论范畴'to on'(即英语的 being)则是从 eimi(即英语的 to be)的观念发展出来的"[③],"'有'没有'是'的意义,不

---

① 参见赵敦华:《"是"、"在"、"有"的形而上学之辨》,《学人》第四辑,江苏文艺出版社 1993 年版(以下只注书名),第 395 页。

② 我认为这篇文章"非常有意思",是指它的写作方式和所包含的内容。王太庆先生是我国著名翻译家、古希腊哲学研究专家。他在这篇文章中讲述了自己多年从事西方哲学翻译工作的一些亲身实践和切身体会,诚实而勇敢地批评了自己的一些翻译错误,甚至检讨自己的翻译是"挣扎出来的","其错误和不妥之处在读者中间造成了不少混乱"(王太庆:《我们怎样认识西方人的"是"?》,《学人》第四辑,第 426 页)。除了深刻的学术见解以外,这篇文章还体现出一位真正的学者对学术的科学态度和孜孜以求的精神。

③ 王太庆:《我们怎样认识西方人的"是"?》,《学人》第四辑,第 433 页。

像'eimi'那样可以用于判断中当做系词"①。同样，他认为用"存在"来翻译 eimi
也是不合适的，原因有三点：第一，存在的含义与时间、空间不可分，只适用于
翻译 existence 和 Dasein，不能表示 to on（to be，Sein 或 Seiende）②；第二，存在
这个词不能明确地表明与属性不同的"本体"；第三，存在本身没有"是"的含
义③。在王先生看来，第三点更为重要，因为"'是'的意义是西方哲学中十分重
要的，也是它异于中国哲学的一大特征"④。王先生明确地指出，"把'to on'译
为'有'不合适，把它译为'存在'或'在'更不合适，因为这会使人望文生义，
或者想入非非，远离原意"⑤。这两个词都不合适，那么"剩下的还有一个'是'
字可供考虑"⑥。他认为："是"字含有系词意义，这是"有"字所没有的，而"这
个意义正标志着西方哲学的特色，需要表明"⑦；"是"这个词仍然保留着它本来的
"正当"、"正确"的含义，正好希腊语中也有这种意思，"即 estin 是真的，圆满无
亏"⑧。"是"这个词的缺点是没有 estin 本来所具有的"起作用"、"能够"的含义，
但是"可以通过说明来克服：说清楚了，读者就可以增广'是'字的含义"⑨。因此，
王先生建议用"是"来翻译 estin，比如笛卡尔的名言"cogito ergo sum"可以翻
译为"我想，所以我是"，然后加注说明道理。

　　1995 年，余纪元发表了一篇文章《亚里士多德论 ON》。他详细探讨和分析
了亚里士多德关于 to on 的论述，这些论述不仅关于 to on 这个词本身，而且涉及
与这个词相关的一系列术语，比如 ousia、ti esti、to ti en einai，等等。在这种研
究的基础上，他认为，对于亚里士多德所说的"on"，用"有"来翻译是错误的，
因为它没有反映出这个词的系词的意义和特征；用"存在"来翻译，在意义上是
对的，但是与这个词的系词用法这种语法形式相距太远，特别是在对与 on 相关的
ousia、ti esti、to ti en einai 等术语的翻译上，也存在着困难。相反，"将 on 译为'是'

---

① 王太庆：《我们怎样认识西方人的"是"？》，第 433 页。
② 王太庆：《我们怎样认识西方人的"是"？》，第 433 页。
③ 参见王太庆：《我们怎样认识西方人的"是"？》，第 433-434 页。
④ 王太庆：《我们怎样认识西方人的"是"？》，第 434 页。
⑤ 王太庆：《我们怎样认识西方人的"是"？》，第 434 页。
⑥ 王太庆：《我们怎样认识西方人的"是"？》，第 434 页。
⑦ 王太庆：《我们怎样认识西方人的"是"？》，第 435 页。
⑧ 王太庆：《我们怎样认识西方人的"是"？》，第 435 页。
⑨ 王太庆：《我们怎样认识西方人的"是"？》，第 435 页。

就相对令人满意，因为它反映了西方语言中的系词特征"①。除此之外，还可以相应地把 ousia 译为"本是"，把 ti esti 译为"是什么"，把 to ti en einai 译为"恒是"。他认为，用"是"来翻译，缺点是这个词"没有动名词形式，不足以完全表现西方语言中该词的不同功能和表达方式"②，但是这个缺点可以由"存在"来弥补，"存在"这个词"可以作为'是'的同义词，在阐述、讨论时使用"③。

萧诗美在 1997 年发表了一篇论文《"是态论"：一个值得推荐的译名》。在这篇文章中，他从中西哲学思想的比较出发，根据陈康、王太庆先生以及我国其他一些学者的有关论述，探讨了与 einai 这个词有关的翻译问题。他认为，"有"曾经是中国哲学的最高范畴之一，以它来翻译 to be，地位是相当的，但又有不足；而若参照中国传统哲学，用"在"来翻译 to be，还不如用"有"，因为"在"或"存在"在中国哲学中的地位没有"有"那样重要。最重要的是，无论是"有"，还是"在"或"存在"，它们"与作为系词的'是'毫无关系。而西方的 to be 即使具有'在'、'有'的意思，也是从'是'而来的"④。他认为，应该把 to be，亦即把 to on 译为"是"，这样一来，专门研究 on 的学问 ontology（本体论）就应该译为"是论"，但是，中国人只把"是"作系词，从来不对"是"本身感兴趣，因此"'是论'一听起来就感到突兀难解"⑤。他认为，王太庆先生主张的"是者论"也有不足。因为"'是'＋'者'颇似于'在'＋'者'，而'在者'与'在'本身的关系，有一个著名的'存在论'上的差异……在'是者论'中，'是'的优点全被'者'抵消了"⑥。因此，他根据陈康先生使用过的一个术语，提出用"是态论"这个译名来表示我们通常所说的"本体论"。

俞宣孟在 1999 年出版了专著《本体论研究》。他从本体论的角度出发探讨了"是"的含义，他不仅也主张应该采用"是"的翻译，而且还认为，在汉语中，"尽管'是'字的用法不如英文广，但也有数种意义，其中包括正确、真理、存在、

① 余纪元：《亚里士多德论 ON》，《哲学研究》1995 年第 4 期，第 72 页。
② 余纪元：《亚里士多德论 ON》，《哲学研究》1995 年第 4 期。
③ 余纪元：《亚里士多德论 ON》，《哲学研究》1995 年第 4 期。
④ 萧诗美：《"是态论"：一个值得推荐的译名》，载吴根友等主编：《场与有——中外哲学的比较与融通》（四），武汉大学出版社 1997 年版，第 372-373 页。
⑤ 萧诗美：《"是态论"：一个值得推荐的译名》，第 378 页。
⑥ 萧诗美：《"是态论"：一个值得推荐的译名》，第 379 页。

本质(究竟所是之是),这些是西方哲学中'是'的概念中经常被提到的一些意义"①。

以上几种看法显然既有共同之处,又有不同的地方。简单地说,共同之处是它们都认为应该用"是"来翻译西方哲学中所说的 to be 或 Sein,而不同之处是它们各自的出发点不同。比如,有的是从长期研究西方哲学的翻译实践体会出发,有的是从对某一篇著作的研究理解出发,有的是从中西哲学的比较出发,这样他们提出的理由和处理意见也不完全相同。这些看法和意见都是认真研究的结果,是非常宝贵和有见地的。但是我认为有三点是应该特别注意的。

首先,一般来说,to be 或 Sein 是印欧语言中一个非常基本的词,即系词,含有这个词的语言结构是一种非常基本的语言结构。能够看到 to be 或 Sein 在句子中有系词的含义,当然是非常正确的,由此而认为用"存在"或"有"来翻译它是不合适的,因为这两个中文概念都没有系词的含义,无疑也是十分正确的。但是仅仅认识到这一步还不够,我们更应该看到什么是系词的含义。这一点是十分重要的,否则仍然说不清楚,为什么应该用"是"来翻译而不能用"存在"来翻译。实际上,西方不少学者把古希腊文中 einai 的一些用法也是理解为"存在"(exist)的,有人甚至就是这样翻译的。② 我认为,我们应该看到,印欧语言是一种拼音文字,是一种语法语言,在这样的语言中,to be 或 Sein 的系词作用主要是一种语法作用,因此,正像一些西方语言学家和哲学家指出的那样,它的系词用法(或含义)乃是根据这种语言的句法形式可判定的,相反,"存在"或"有"的用法(或含义)就不是由句法形式可以判定的,而是一种词典或语义的意义,就是说,它需要靠人为的理解和解释。因此,作为中国学者,我们理解 to be 或 Sein 的含义,绝不能忽视它的句法作用,而我们翻译这个词,一定不能把它翻译成为一个无法依据句法来判定的词,也就是说,绝不能或者尽量不能(保守地说,至少不能)消除它的句法特征。

其次,to be 或 Sein 乃是西方哲学中最基本的和最重要的概念,它反映了西方语言思维的一种非常重要的特征,因此我们主要或首要应该做的乃是理解西方哲学。具体地说,应该从理解 to be 或 Sein 本身的具体含义出发。从中西哲学比较的角度出发,不能说对于我们理解和研究西方哲学不会没有帮助,但是这种比

---

① 俞宣孟:《本体论研究》,上海人民出版社 1999 年版(以下只注书名),第 71 页。

② 例如参见 Taran, L.: *Parmenides*, Princeton University Press 1965.

较的基础应该是充分地理解和研究西方哲学和中国哲学，而不能仅仅是进行一些概念本身的比较或比附。

最后，长期以来，我们一直以"存在"来翻译 existence，而且，这个翻译也是比较恰当和准确的。与此相应的一些词，比如"存在主义"（existentialism），也没有什么问题。但是近年来，由于关于 to be 或 Sein 的讨论多了，特别是随着"海德格尔热"的兴起，我们把 to be 或 Sein 翻译为"存在"，而常常把"existence"翻译为"实存"或"生存"，这样不仅在 to be 或 Sein 的翻译中存在着问题，而且对 existence 的翻译和理解也造成问题。应该看到，今天，在西方学术界，关于"existence"（存在）的讨论与关于 to be 或 Sein 的讨论是非常不同的。我认为，我们可以讨论 to be 或 Sein 在什么情况下有"存在"的意思，或者哪些思想家是在"存在"的意义上来理解和探讨 to be 或 Sein 的，我们也可以讨论"存在"和 to be 或 Sein 有哪些联系，它们有什么相似或相同之处。但是"存在"绝不等同于 to be 或 Sein，"存在"这个词也绝不能作"是"的同义词。

我主张用"是"来翻译 to be 或 Sein。我认为，最根本的乃是我们应该从理解西方哲学本身出发，从理解西方的语言出发，从理解整个西方哲学史的发展过程出发。这样，我们就会尽可能不受或少受中国的思想观念和文化背景的影响，尽可能消除由于不同语言的差异而造成的理解障碍，尽可能避免曲解或阉割西方哲学在 to be 或 Sein 这个问题上的思想及其发展。在具体的做法上，我有三点建议：

第一，我们应该认真学习和研究卡恩（Kahn）的研究成果，即《古希腊文中"是"这个动词》[①]。关于他的思想，我将在下一章专门论述。

[①] 应该指出，卡恩的著作问世后，在西方哲学界受到高度重视和赞扬。有书评说，自亚里士多德以来，"是"这个问题一直是西方哲学传统中的核心问题，但是"结合语文学、语言学理论和哲学分析来讨论这个动词，这样的企图一直少得令人惊奇，而全面系统的讨论迄今根本就没有"。因此，卡恩的书是"非常需要的"，是"一部任何哲学家都绝不能忽视的书"。也许人们甚至可以不无公正地说，由于卡恩提供了新的洞见，因而帮助人们认识到，"以前关于希腊文动词'是'的讨论都是令人不能满意的"（Kerferd, G. B., *Archieve für Geschichte der Philosophie*, vol. 58, 1975, no. 1）。依据卡恩的思想，人们研究古希腊哲学已有不少新的解释，比如 Munitz, M. K.: *Existence and Logic*, New York University Press 1974; Mourelatos, A. P. D.: *The Route of Parmenides*, Yale University Press 1970; Tugendhat, E.: Die Seinsfrage und ihre sprachliche Grundlage, in *Ernst Tugendhat Philosophische Aufsätze*, Suhrkamp Verlag 1992; Williams, C. J. F.: *What is Existence?*, Clarendon Press. London 1981; Haegler, R. P.: *Platons "Parmenides": Probleme der Interpretation*, Walter der Gruyter 1983；等等。

第二，我们应该注意西方语言与汉语在语法形式上有很大的区别。比如，德国人使用动词"ist"表达思想，同时也可以谈论它。而当它成为谈论的对象时，它的表达形式可以是"Sein"、"seiend"或"Seiend"，等等。也就是说，使用的语言和谈论的语言是可以有明显区别的，不会造成理解方面的问题。而在汉语中，我们很难做到这一点。有些词既可以作名词，也可以作动词，比如"存在"，但是"是"这个词不行，它只能作动词，不能作名词。如果我们用"是"来翻译 to be 或 Sein，这样至少会造成行文和理解的困难，因为对象语言和元语言无法区分。加引号虽然可以有助于解决问题，但是引号太多，行文就会非常别扭。所以，我们应该想一些办法。我的建议和做法是利用"乃"和"之"这两个字。当我们直接谈论是的时候，我们可以在动词前面加上"乃"字，比如说，"是乃是我们谈论的对象"，在这句话中，显然前一个是乃是名词，而后一个是则是动词。在所有格，我们有时候可以用"是之……"来表达，比如，"我们探讨是之理论"，这里所说的是显然也是一个名词。以这种方式我们可以把对象语言中的是与元语言中的是从字面上区别开来。

第三，在西方形而上学的探讨中，"是"往往与"真"联系在一起，因此我们在研究中也应该把这两个问题联系起来考虑。我认为，这一点是非常重要的。在西方语言中，不仅古希腊文 einai 这个词本身就有断真用法，即说出"是这样的"就意味着"是真的"，而且断定句本身就含有真乃是西方人从古到今的一致看法。正因为这样，真之冗余论今天才会有其独到的意义。但是，这种字面的涵义还不是最重要的。最重要的是我们应该考虑西方形而上学的根本特征是什么。在我看来，形而上学的根本特征具有一种知识论意义上的性质，而这种性质的具体体现就是求是、求真。在这种求是求真的过程中，逻辑应运而生，而且一直起着非常重要的作用，由此也形成了逻辑与形而上学的密切联系。在西方哲学史上，自巴门尼德以来，哲学家们非常重视关于是与真的探讨。特别是亚里士多德创建了逻辑这门学科以后，几乎很少有哲学家对逻辑置之不理。至少那些大哲学家，总是要考虑逻辑的，也就是说，他们往往自身也是逻辑学家，或者他们都是学过逻辑的。因此，非常保守地说，他们的探讨在不同程度上都有逻辑背景。从这种角度来理解西方形而上学，我以为，很难说存在与真理有什么联系，而是与真的联系却是自然而然的。

三、"真"与"真理"

在英语中，"truth"与"true"的涵义基本上是一样的，一个是名词，另一个是形容词。可以说，前者是后者的名词形式。比如，"It is true"（这是真的），"We believe the truth of the sentence"（"我们相信这个句子是真的"或"我们相信这个句子的真"）。人们常说"You must tell the truth"，即"你必须说真话"。实际上这句话表达的意思是"You must tell what is true"，即"你必须说是真的（的情况）"。这里，"truth"和"true"的涵义依然是一样的，尽管表达形式不同。这句话也可以翻译成"你必须说实话"（实话是真话的另一种表达），但是无论如何不能翻译成"你必须说真理"。德语中的"Wahrheit"和"wahr"与英语的"truth"和"true"从语言形式到涵义差不多是一样的。比如说，"Du must die Wahrheit sagen"（"你必须说真话"）与"Du must das sagen, was wahr ist"［"你必须说是真的（的情况）"］的意思是一样的。

在哲学研究中，西方人对于"truth"（或"Wahrheit"）进行了大量的、反复的讨论，形成了许多重要的理论和成果。

直观地说，西方人在自然语言中所说的"true"和"wahr"与我们所说的"真的"的意思是一样的。这里的问题是，西方哲学中所探讨的"truth"（或"Wahrheit"）与我们所探讨的"真理"的意思是不是一样的？或者说，西方哲学中关于"truth"（或"Wahrheit"）的讨论是关于"真"的还是关于"真理"的？

在我国的哲学译著中，关于"truth"（或"Wahrheit"）这个极其明确而清晰的概念的翻译，我不知道是不是最混乱的，但是我可以肯定是非常混乱的。它的译法有："真"，"真性"，"真理"，"真实性"，"真理性"，"真值"，"为真"，"真理概念"，"真错"，"正确"。比如，在戴维森的《真理、意义、行动与事件》中，至少有以下译法："真理"，"真实性"，"真值"，"真理概念"，"成真"，"真"，等等。在黑格尔的《小逻辑》中，至少有以下译法："真理"，"真理性"，"真错"，"是真是错"，"绝对真理"，"真面目"，等等。而对于它的形容词形式"true"（或"wahr"）的翻译则比较简单，基本上只有"真的"和"真实的"两种。在我们的译著中，对"truth"（或"Wahrheit"）有多种翻译，甚至在同一段落，在同一页上，也有多种翻译。因此我首先要问，这些中译名词的意思是否相同？这些中译名词和形容词的意思是否相应？这样的混乱翻译是否给我们理解原著带来了困难？让我们先来看一看一些具体的翻译，然后再作出结论。

在哲学中，"truth"（或"Wahrheit"）的通常翻译是"真理"。除此以外，最多的译法大概是"真实性"。一个十分简单的问题是，"真理"和"真实性"的涵义是否相同？例如下面两段话：

> 一个观念的"真实性"并不是它所固有的一种静止的特性。真理是对于观念而发生的。①

> 一种满足约定 T 的理论便具有对一个真实问题作出回答的优点。就像我们发现 T—语句的真实性很有说服力一样，对那个问题的陈述也同样是很有说服力的（相对于关于真理的直觉概念而言）。②

在前一段话中，"真实性"和"真理"的原文都是"truth"③。在后一段话中，"真实问题"的原文是"good question"，而"真实性"和"真理"的原文都是"truth"。在这两段话中，"真实性"和"真理"的涵义显然是不同的，否则，根本没有必要在这样的上下文里特意用这样两个不同的词来翻译。但是，在这样的地方，我们可以十分肯定地说，翻译显然是有问题的，这样的翻译使我们根本无法读懂原著。

"truth"（或"Wahrheit"）的另一个比较多的译法是"真理性"。我们同样也可以问："真理性"与"真理"的涵义是否相同？例如下面两段话：

> 如果概念的逻辑形式实际上是死的……那么关于这些形式的知识就会是与真理无涉的……但这些形式本身的真理性，以及它们之间的必然联系，直到现在还没有受到考察和研究。④

这段话中的"真理"和"真理性"，原文中只是一个词"Wahrheit"。在这样的上下文里，译者大概并不是要翻译出两种不同的涵义，而只是觉得对于像"形式的 Wahrheit"不能直接翻译成"真理"。但是实际上造成的结果就是翻译出两种

① 格雷林：《哲学逻辑引论》，牟博译，涂纪亮校，中国社会科学出版社 1990 年版（以下只注书名），第 191 页。
② 戴维森：《真理、意义、行动与事件》，牟博译，商务印书馆 1994 年版（以下只注书名），第 32 页。
③ Grayling, A. C.: *An Introduction to Philosophical Logic*, The Harvester Press 1982, p. 130.
④ 黑格尔：《小逻辑》，贺麟译，商务印书馆 1980 年第 2 版（以下只注书名），第 331 页。

不同的涵义，从而使我们对于同一个"truth"或"Wahrheit"有了两个不同的概念。这样就带来了理解的问题。此外，不论对"真理"如何理解，"真理性"这一概念本身总是不太容易理解的。

"truth"（或"Wahrheit"）的另一个比较多的译法是"真"，这也是我所主张的译法。但是我们同样可以问："真"与"真理"的涵义是否相同？例如下面两段话：

> 尽管 T—语句没有给真理下定义，但它们能被用来给真这种谓词性质下定义，这就是说，任何一个使所有的 T—语句为真的谓词便是真理谓词。①

> 知性中包含着错误，也包含着真理。无知是不需要知性的。错误与真理之间的区别，既不在于真理中没有知性，也不在于错误中没有知性，而在于，错误与真理中，知性的运用不一样。只有当我们下判断时，才有真或假。②

在前一段话中，前一个"真"和两个"真理"的原文都是"truth"。而在后一段话中，"真理"和"真"的原文都是"Wahrheit"。在这样的上下文里，译者区别地使用"真理"和"真"，显然是把它们看做具有不同的涵义。但是当把"真理"和"真"这样混着翻译时，自然带来了理解上的问题。

以上问题虽然存在，但也仅仅是"真理"与"真实性"、"真理性"和"真"之间的差异问题。而且在我们的翻译中，后三个译法毕竟不占主导地位，占主导地位的翻译终究还是"真理"。在这种意义上说，只要"真理"一词的翻译不错，大体上就还算过得去。但是我认为，恰恰在这一点上，我们的翻译存在着十分严重的问题。

在现代哲学中，特别是在分析哲学和语言哲学中，"真"（"truth"，以下如无例外，我总是以"真"表示它）是一个十分重要的概念。围绕它的讨论主要是从弗雷格、罗素等人的思想，特别是从塔尔斯基的思想产生的。它的核心是探讨自然语言中的"这是真的"（"It is true"）中的"真的"（true）是什么意思。"真的"（true）这个词的抽象名词就是"真"（"truth"）。但是我们的大多数翻译采用的是"真理"这一概念。这里的问题是："真理"与"真的"是否相应？也可以说，"真

---

① 戴维森：《真理、意义、行动与事件》，第 27 页。
② 康德：《获得真理的方法》，陈德荣译，聂黎曦校，《哲学译丛》1987 年第 1 期。

理"是否表达了"真的"的涵义？

我们来看一看当代著名哲学家戴维森的两段十分重要的话的译文：

> 我们能够把真理看做一种特性，这种特性不是语句的特性，而是话语的特性，或言语行为的特性，或关于语句、时间和人的有序三元组的特性；而恰恰把真理看做语句、人与时间之间的关系，这是最简单不过的了。①

> 我所关注的是我所认为的（至少从历史角度来看）那个语言哲学的中心问题，即如何对诸如（语句或话语的）真理、（语言的）意义、语言规则或约定、命名、指称、断定之类的语言概念作出具体解释，……②

这两段话说明了戴维森关于"truth"的性质及其在语言哲学中的地位的看法。但是，由于这里的翻译用的是"真理"，而且又不是在谈论"真的"的上下文里，就给我们的理解带来很大的困难。由于我们对于"真理"已经有固定的习惯的理解：它是主观对客观的规律性的正确反映，因而是正确的道理或理论，所以我们很难理解："真理"怎么能够成为一种性质呢？它怎么能够成为话语的性质呢？它怎么能够成为句子、人和时间之间的关系的性质呢？它成为这样的关系怎么可能是最简单不过的呢？它又怎么成了与意义、语言规则或约定、命名、指称、断定等并列的东西呢？而如果我们把"真理"改为"真"，这两段话的意思就变得非常清楚了。③

又比如，塔尔斯基在《形式化语言中真这一概念》这篇论文中明确地说，该文"几乎完全只考虑一个问题：真的定义。它的任务就是参照一种给定的语言，为'真句子'这个词构造一个实质适当和形式正确的定义"。④ 显然他所探讨的"真"是"真的"或"是真的"这种意义上的东西。他关于"真"这一谓词的研究不仅十分出名，而且形成了当代语言哲学奠基性的重要成果。即使不懂这一理论的技术细节，仅从字面上看，"真"这一谓词也是十分容易理解的。因为"是真的"是谓词，而"真"乃是"真的"的名词形式，就是说，塔尔斯基探讨的就是"是真的"是什么意思这样一个十分简单而重要的问题。但是我们一直把塔尔斯基的

---

① 戴维森：《真理、意义、行动与事件》，第23页。
② 戴维森：《真理、意义、行动与事件》，第156页。
③ 参见 Davidson, D.: *Inquiries into Truth and Interpretation*, Oxford 1991.
④ Tarski, A. *Logic, Semantics, Metamathematics*, Oxford 1956, p. 152.

这一理论译为"真理理论"[1]，我们一直使用"真理理论"和"真理谓词"这样的译名并形成术语。"真理谓词"真是令人费解！实际上，我们在对塔尔斯基的解释上也一直存在着十分严重的问题。比如，一种流行的错误观点认为，塔尔斯基关于真理的定义是错误的，因为它仅从形式方面来考察真理，而排斥了真理的客观内容和检验真理的客观标准。有人对这种观点提出了一针见血的批评，并且正确地指出这些错误的看法与塔尔斯基关于"真值"定义是风马牛不相及的，"根据马克思主义的认识论，真理是对客观事物及其规律的正确认识。这种认识，即思想或理论，是观念性的东西，需要用带规律性的真语句来表达。但对什么是真语句，逻辑语义学和哲学认识论则是从不同方面，用不同方法来进行研究的，因此，真值的语义定义和真理的认识论定义是根本不同的"[2]。虽然这里的论述用的是"真值"而不是"真"来翻译"truth"，但是十分清楚地指出了塔尔斯基所讨论的"truth"与"真理"的不同。这实际上也就说明，"真理"一词并不是"真的"一词的抽象名词。

也许有人会说，现代语言哲学家主要是从现代逻辑出发，并且主要是从语言出发来讨论"truth"，因而的确可以说他们探讨的是与"真"有关的东西，但是在传统哲学中，哲学家们却不是从逻辑和语言出发，因而讨论的不是与"真"有关，而是与"真理"有关的东西。这的确是一个问题。对于这一点，我们还是先来看一看传统哲学的讨论，再来下结论。

在传统哲学家中，黑格尔作为一代宗师，是一个比较有代表性的人物。我们就以他的思想为例，并且主要以他的经典著作《小逻辑》为例。众所周知，这是一部哲学著作，而不是一部逻辑著作。在这部著作中，有许多地方探讨了"Wahrheit"。但是我们的翻译是否有助于我们的理解呢？我们看几段论述。

其一：关于思想规定真与不真的问题，一定是很少出现在一般意识中的。因为思想规定只有应用在一些给予的对象的过程中才获得它们的真理，因此，离开这种应用过程，去问思想规定本身真与不真，似乎没有意义。但须知，

---

[1]　参见涂纪亮主编：《语言哲学名著选辑》，生活·读书·新知三联书店 1988 年版（以下只注书名）。

[2]　张家龙：《数理逻辑发展史》，社会科学文献出版社 1993 年版（以下只注书名），第 395 页。

这一问题的提出，正是解答其他一切问题的关键。说到这里，我们首先必须知道，我们对于真理应该如何理解。[①]

在这段话中，"真与不真"和"真理"分别各出现两次，但是原文只有一个词"Wahrheit"[②]。因此我要问：为什么要这样翻译呢？"真与不真"与"真理"的意思是一样的吗？我想，这两个词的涵义肯定是不一样的。这里，我们实际上可以看出来，"真与不真"本身就是在"是真的"这种意义上理解的。采取这样的翻译，一定是对于这里的"Wahrheit"理解出了这样两种不同的意思。但这是原作者的意思吗？难以置信！也可能是我们的翻译参照了英译本。英译本对这四个"Wahrheit"的翻译依次是"is true or not"，"becomes true"，"truth"，"truth"。[③]英译文加入了理解，采用了不同的译法。不论这样的英译好还是不好，但是由于在英语中，"truth"是"true"的名词形式，因此不论以什么形式的词来翻译，词义没有发生变化，在这个词上，不会发生理解的问题。中文则不同。"真理"不是"真的"的名词形式，"真理"有独特的专门的涵义，以这样的不同的词来翻译，必然造成我们的曲解。而且我们还可以看到，即使是按照英译文来理解，中译文也是有问题的，因为"becomes true"的意思是"成为真的"，如何能够被理解为"获得……真理"呢？

其二：人们倒是会感到惊异的，即何以竟会有人以为这些原则——真理内在于人心，人心可以把握真理——是违反哲学的。[④]

出现"真理"这句话的原文是：

die Sätze: dass das, was für wahr gehalten wird, dem Geist immanent und dass für den Geist Wahrheit sei. [⑤]

这里的意思是说：

---

① 黑格尔：《小逻辑》，第 85-86 页。
② Hegel, G. W. F.: *Enzyklopädie der philosophischen Wissenschaften im Grundrisse*, Suhr Kamp Verlag Frankfurt am Main 1970, S. 85-86.
③ Wallace, W.: *The Logic of Hegel*, Oxford 1892, p. 51.
④ 黑格尔：《小逻辑》，第 157 页。
⑤ Hegel, G. W. F.: *Enzyklopädie der philosophischen Wissenschaften im Grundrisse*, S. 153.

被看做是真的的东西对精神来说是内在的（或译为：是精神内在的），真是对精神而言的。

这段话的英译文是：

the maxims, viz., that whatever is held to be true is immanent in the mind, and that there is truth in the mind.[1]

应该译为：

凡是被看做是真的的东西都是心灵内在的，真是在心灵之中的。

可以说，英文的意思与原文的意思差不多。但是上面的中译文显然离原文太远。"被看做是真的的东西"显然不是"真理"。当然，人们可能会说，即使中译文在这里的第一句话理解错了，以"真理"来翻译这里的名词"Wahrheit"却是没有错误的。问题是，黑格尔在这里谈的"被看做是真的的东西"与"真"是相应的，而"真理"与"被看做是真的的东西"却不是相应的。因为我们所说的真理是"对客观事物及其规律的正确认识"，可以说是一种思想或理论，而黑格尔这里谈的并不是这样的东西。

其三：既然真理的标准、不是内容的本性，而是意识的事实，那么凡被宣称为真理的，除了……外，就没有别的基础了。[2]

在这段话中，第一个"真理"的原文是"Wahrheit"，而"凡被宣称为真理的"的原文是"was als wahr ausgegeben wird"[3]。这里，译者干脆把"wahr"（"真的"）直接译为"真理"，显然是因为意识到了"真理"与"真的"不是相应的词。其实，这里所说的与上一段引文中的"was für wahr gehalten wird"（被看做是真的的东西）的意思差不多是一样的。对于这些十分清楚的论述，由于我们的翻译有了"真理"这样一个先入为主的概念，一味地按照这一概念来理解，并且由此牵强附会地进行翻译，因而使我们的理解发生了错误。其结果是：我们的译文必然会使人误入歧途。

---

[1] Wallace, W.: *The Logic of Hegel*, p. 126.

[2] 黑格尔：《小逻辑》，第 164 页。

[3] Hegel, G. W. F.: *Enzyklopädie der philosophischen Wissenschaften im Grundrisse*, S. 160.

除此之外，在《小逻辑》第 183—184 页的 42 行中，共出现了"思辨的真理"6次，"神秘的真理"4 次，"理性的真理"2 次，"真理"3 次。此外还出现了"真义"，"真实无妄"等译法。而在原文 ① 第 178—179 页的 67 行中，只出现了一次"Wahrheit"，以及"wahr"和"das Wahrhafte"各 2 次。在相应的 63 行英译文 ② 中，出现了"truth"4 次，"true"1 次。无法相信这样的中文翻译能够使读者理解作者的意思！我相信，译者对于翻译是有认真的态度和科学的精神的，因而一定不是随意加上这些"真理"的。同时，译者不会不知道这样做不符合作者的原意。因此我要问：为什么译者还要这样做呢？我想，这可能主要是出自译者对于"真理"的理解，并且在理解这个概念的基础之上考虑如何使原文读得通而作出了翻译加工。遗憾的是，译者对于"真理"的理解是我们多年来形成的一种看法，这种看法已经赋予"真理"这一概念一种明确的固定的涵义，而这种涵义与黑格尔所说的"Wahrheit"并不相符。

四、求是、求真

以上探讨了与 to be 相关的一些问题，也探讨了与 truth 相关的一些问题。但是必须指出，上述探讨仅仅是字面上的。也就是说，我们仅仅从字面上指出为什么用"存在"来翻译和理解 to be 会带来问题，为什么用"真理"来翻译 truth 会带来问题。我强调这一点，主要是为了说明，首先，即使是仅仅从字面上看，用"存在"来翻译理解 to be，用"真理"来翻译理解 truth，也是有许多问题的。因此我们对这个问题应该给予足够的重视。其次，由于仅仅是字面上的说明，因而以上说明是远远不够的。理解西方哲学，特别是形而上学，绝不是字面的问题，因此绝不能仅仅停留在字面上，满足于字面的通顺和理解，而应该深入到西方哲学的历史中去，特别是深入到西方哲学史上那些伟大的哲学家的著作中去，深入到那些伟大的哲学家思想之间的联系中去，在他们的著作中，在他们的思想的相互联系中，寻求理解。因此我们对这个问题必须做深入细致的研究。

我认为，求是、求真，乃是西方形而上学的根本特征，也是一脉相承的思想。

---

① Hegel, G. W. F.: *Enzyklopädie der philosophischen Wissenschaften im Grundrisse*, S. 160.
② Wallace, W.: *The Logic of Hegel*, pp. 153-154.

两千多年的历史发展，为我们提供了浩瀚的文献和复杂的问题，涉及诸多哲学家的思想和论述。真正谈清楚这个问题，并不是一件容易的事情。我的原则是，不求全面，仅仅有重点地选择一些哲学家的著作进行案例分析。在分析的过程中，着重考虑是与真的联系，由此提供一条理解的思路。为此，我准备从五个部分来谈。

首先是古希腊的巴门尼德和亚里士多德。在专门论述"是"这个问题的古希腊哲学家中，巴门尼德的著作虽然是残篇，但是形成了关于是与真的最初论述。亚里士多德的著作不仅是完整的，而且既有专门的逻辑著作，又有专门的形而上学著作。特别是，他在这两个领域都是开创者。柏拉图也论述了这个问题，但是他没有形成专门的论述。因此，我们主要探讨巴门尼德和亚里士多德的著作，在必要之处也探讨柏拉图的著作。

其次是中世纪哲学家的论述。中世纪哲学家不仅探讨了"是"的问题，而且给这个问题的探讨注入了新的因素，引入了"存在"这一概念。这主要是由于宗教神学的影响，人们必须探讨上帝，而且要把相信上帝放在首位。由于中世纪的跨度大，涉及哲学家多，著作也多，因此我只能有选择地进行讨论。这里，我选择波爱修和托玛斯·阿奎那这两位哲学家的相关思想进行论述。前者是从古代到中世纪的过渡性代表人物，后者是中世纪最重要的哲学家。此外，我还选择一些逻辑学家的相关论述，从中可以看到对"是"的含义的一些规范说明。

第三是近代哲学家。笛卡尔是近代哲学的开创者，尤其是他提出了著名的命题"我思故我是"，并对"是"以及"上帝存在"进行了专门的探讨和论证。康德关于上帝存在的本体论证明的反驳极其出名，他的"是显然不是实在的谓词"的论述，即使在现代哲学中也被提及和称道。洛克、贝克莱、休谟等人的重要成就主要在经验论方面，但是也有许多与"是"和"存在"相关的论述。因此我主要选择笛卡尔、洛克和康德的思想进行论述，在论述洛克的过程中，也要谈到贝克莱和休谟的一些思想和论述。

第四是黑格尔。黑格尔是德国古典哲学的集大成者。他的主要著作都有中译本。因此他不仅在哲学史上占有重要地位，对国内哲学界的影响也很大。所以我专门用一章论述他的有关思想。虽然他在许多著作中都有关于"是"的论述，但是其最主要的思想和论述却集中在《逻辑学》中，因此我主要以该书为主，分析论述他的一些相关思想。

第五是海德格尔。海德格尔是当代最重要的哲学家之一。他一生最主要的研究和论述都是围绕着"是"这个问题进行的。因此，探讨与是相关的研究和理解，不谈他的思想是不行的。由于他的著作非常多，我以他的《是与时》《形而上学导论》《关于人道主义的信》等著作为主，以其他一些著作为辅，对他的思想进行论述。特别是，我突出他关于语言、关于语言与是的关系的考虑。

以上五个部分，是从哲学史上挑选出来的，可以说是我自己围绕"是"的问题所做的案例研究。应该指出，无论如何理解，关于"是"和"真"的探讨起源于古希腊，而其中最主要的又是"是"这个概念，以后的所有讨论都是从这里发源的。因此，为了更好地理解古希腊语中关于"einai"的用法及其含义，我在进行这些案例分析之前，首先介绍卡恩在 20 世纪 70 年代所取得的有关 einai 的重要研究成果。这是我的研究的第六部分，也可以算作第一部分。

通过以上六个部分的研究，我想说明，求是、求真乃是西方哲学，特别是形而上学最核心的本质，而且这一思想和精神在西方哲学中是一脉相承的。对于西方哲学，特别是形而上学的这种精神的说明，将在本书最后一章进行。

必须指出，西方哲学史的研究不是一件容易的事情。本书论述了众多哲学家的著作和思想，但是，本书的目的并不是具体地论述和讨论这些哲学家的思想，而主要是从如何理解西方哲学，特别是如何理解形而上学的角度来探讨他们关于"是"这个问题的论述。因此，本书引文比较多，对引文的分析比较多，探讨性的提问比较多，对哲学家们的一些思想和观点下的具体结论则比较少。为了方便读者，在使用引文的时候，我尽量给出中译文出处，尽可能地不修改或少修改译文，并给出外文出处。

第二章　对希腊文 einai 的理解

卡恩从 20 世纪 60 年代开始对古希腊文"是"这个动词进行研究。他的最初成果以论文的形式发表于 20 世纪 60 年代下半叶，题目是《"是"这个希腊文动词和"是"这个概念》[①]。在这篇论文中，他发表了自己关于希腊文中"是"这个词的研究成果，认为这个词主要有三种用法：系词用法、存在用法和断真用法。他认为，在这三种用法中，系词用法是最主要的用法。后来他在此基础上又进行了多年深入细致的研究，于 1973 年发表了长达将近 500 页的专著《古希腊文中"是"这个动词》[②]。在这部著作中，卡恩以荷马史诗《伊利亚特》和《奥德赛》为主要材料，也从荷马以后的希腊文献（包括古典散文和诗）中选择了一些例句；他以哈里斯（Z. S. Harris）的转换语法理论为基础，并且应用了现代逻辑的理论。卡恩抛弃了传统的"系词—存在"的二分法，提出了自己关于 einai 这个词的区分方法。他认为，einai 这个动词的主要用法有两种：一种是系词用法，另一种是非系词用法。而在非系词用法中，主要又可以分为两种：一种是存在用法，另一种是断真用法。这样，卡恩就得出了他研究的重要结论：在古希腊文献中，einai 这个动词的用法主要有三种：第一，系词用法，简单地说，就是"N 是 Φ"；第二，存在用法，这主要是 einai 这个动词移到句首，相当于英文的"there is…"（"有……"或"存在……"）；第三，断真用法，比如"……（这）是真的"。

卡恩认为，在希腊文中，einai 表现为最普遍的动词。而在 einai 的这三种用法中，上述第一种用法，即系词用法，乃是最普遍的用法。根据他的研究统计，在《伊利亚特》前 12 卷中，在"einai"这个动词出现的情况中，系词的比例至少

---

① Kahn, C. H.: "The Greek Verb 'to be' and the Concept of Being", in *Foundations of Language* 2 (1966), pp. 245-265.

② Kahn, C. H.: *The Verb "be" in Ancient Greek*, D. Reidel Publishing Company 1973.

是 80%，也许是 85% 以上；名词系词，即带有一个名词、形容词、代词或分词作谓词，至少在 65% 以上。卡恩认为，"这些事实证明我们关于系词构造的说明是有理由的，即纯粹从量的角度说，einai 的主要用法是系词构造"①。他还具体地比较了系词用法和存在用法。他指出，在荷马史诗中，系词构造不仅出现在这个动词的每一种形式中，而且它比存在用法或组合的非系词用法频繁得多。在《伊利亚特》前 12 卷中，einai 的系词构造是 451 个，其他例子是 111 个（其中 19 个是混合的系词用法）。在这个动词出现的 562 处中，明确的存在用法几乎不超过 45 或 55 次，即大约十分之一。存在用法在后来吕西阿斯和色诺芬的著作中取样是可比的（大约 7%，9%，8%，13%）。

在关于 einai 的问题上，系词用法乃是人们都承认的，至少一般来说是这样。问题比较多的乃是存在用法。因此在下面的介绍中，我们简单介绍卡恩关于 einai 的系词用法和断真用法的论述，而比较多地介绍他关于 einai 的存在用法的论述。

一、系词用法

从分类的角度出发，卡恩把系词构造主要分为两类：一类是名词系词，另一类是表位系词。但是在古希腊文献中，einai 的系词用法非常多。除了非常明确地属于这两类情况的语言现象以外，还有其他许多不好明确地归属于这两类情况的语言现象，所以卡恩以这两类语言现象为主线，根据与它们近似或者不近似，主要分析描述了以下情况：名词系词，副词系词，表位（地点）系词，系词的混合情况，系词的非人称构造情况，等等。名词系词是很大一类。它又可以分为以下几类情况：谓语是形容词（"她是很穷的"），谓语是名词（"你是神"），谓语是动词的分词形式（"他是在工作"），谓语是形容词和分词（"他是被谋杀了"），等等。这几类系词构造，说起来简单，分析起来却非常复杂。它们实际上涵盖了"N 是 Φ"这种形式的句子的主要情况。

在"N 是 Φ"这种形式的句子中，Φ 是形容词或名词的情况非常普遍，这一点是十分清楚的，也可以说是常识。Φ 是代词的情况虽然不多，但是我们也不难理解。产生问题的可能是 Φ 是分词的情况。这是印欧语系语言的一种特征。比如，

① Kahn, C. H.: *The Verb "be" in Ancient Greek*, p. 87.

现在分词可以表示进行时，如"He is writing a letter"["他（是）正在写信"]；过去分词可以表示被动态，如"He is killed"["他（是）被杀害了"]。中文表达可以完全不要"是"，而印欧语言一般必须保留"是"这个系词。而且，在长期这样的使用中，许多分词已经变成形容词，而且也是当做形容词来用的。对于这样的用法，稍微懂一些印欧语言的人，一般也是没有理解方面的问题的。

表位系词主要是指以下两类：

地点副词：一个系词加上一个地点副词："我（是）在这里"（I am here）。

地点介词短语：一个系词加上一个表示地点的介词短语："我（是）在屋里"（I am in the room）。①

卡恩非常强调表位系词的情况。他批评语言学家过去一方面忽略了这类系词与名词系词在句法方面的类似，另一方面也没有对它们进行系统的区别。他对这类系词进行了详细的讨论。

卡恩认为，尽管名词系词和表位系词之间的类似性是不可否认的，但是它们之间的区别同样重要。以英语为例，比如"彼得是一个士兵"或"彼得是聪明的"这一类句子与"彼得是在这里"或"彼得是在屋里"这一类句子之间有一种重要的形式区别。在前一种情况，即名词系词的用法，"是"这个动词只能由其他非常小的一部分动词替代，比如"变为"（成为）、"被看做"、"被称为"，也许还有"看上去"，等等。而在后一种情况，"是"几乎可以被任何动词所替代，比如：看书、工作、玩、睡觉、逝世、跑、跳、坐等，比如"彼得在屋里看书"。

在对表位系词进行说明的时候，卡恩也承认，像"这里"和"那里"这样的副词的意义是相对于说话者和听话者的位置隐含地给定的，除了这样的副词的限定情况以外，没有什么表位副词的绝对用法可言。即使像"远"和"近"这样的副词的意义也要涉及语境和说话者的位置。比如下面的例子："他们的船队离我们最远，而且是一点儿也不近。"在卡恩看来，地点副词和地点介词短语只有表面的区别，因此他并不详细区别这两种情况，而是把它们都称为表位系词。他认为，具有表位构造形式的句子的作用在于表明主语位置，他称这样的例子为"纯粹的"。根据他的研究考察，在《伊利亚特》1—12 卷里 einai 这个动词 256 次出

---

① 这里同样应该注意，中文可以省略"是"字，而英文不行。在中文里，前一个例子中的"在这里"也是一个介词短语，而在英文中，它是一个地点副词。

现的地方，他只数出大约 40 个这样的例子，约占 8%，而且只有 5 个例子是第三人称现在时陈述式，所以，这样纯粹的表位构造的例子是"相对少见的"①。

在表位系词的分类下，卡恩谈到表位系词的"准表位用法"。所谓准表位用法有两个主要特征：其一，句子的形式与表位系词无法区别；其二，句子的意义主要不是表示地点，或者说不是专门表示地点。对于这种用法，卡恩又区别出三种情况。

第一种情况是表位的含蓄用法。这种用法的特征是："地点的字面含义是恰当的，但是不构成表达式的本质力量。"② 通俗地说，一个句子含有地点表达，但主要不是表达地点。比如，"在我们这一边也有神"（或"神也在我们一边"）。"在我们一边"显然是表示地点位置，但是这不是这句话表达的主旨。此外，根据卡恩的考察和分析，这样的句子在希腊文中虽然仍然使用了"eisi"（einai 这个词的第三人称单数形式），但是不能用英文的系词来翻译，而需要使用一些更强的表达，比如"来自"、"属于"、"站在……一边"，等等。

第二种情况是表位的比喻用法。这种用法的特征是："地点的字面含义不再是恰当的。"③ 比如，"然而这里是一位想在其他所有人之上的先生"。"在……之上"显然是表达位置，但是在这个句子中，这个表达却不表示空间位置。

第三种情况是表位—存在用法。这种用法的特征是："我们可以用英文的 'there is'（有）来表达这种构造。"④ 比如，"大约在岩崖中间是一个模糊的岩洞"。这个句子是模仿希腊文的词序翻译的，在翻译中没有使用"有"（there is）这个表达。但是人们可以注意到其中所包含的关于存在的细微含义，因此也可以把它翻译为："大约在岩崖中间有一个模糊的岩洞。"这就是一个表达存在的句子。

在我看来，从句法的角度说，系词的表位用法与名词用法确实没有什么太大的区别，因此过去语言学家，特别是语法学家，不详细区别这两类系词，不是没有道理的。从卡恩的分析和分类来看，表位用法和准表位用法主要都是从语义的角度区分出来的。在这种意义上说，纯粹的表位用法是容易理解的，因为它们有

① Kahn, C. H.: *The Verb "be" in Ancient Greek*, p. 158.
② Kahn, C. H.: *The Verb "be" in Ancient Greek*, p. 159.
③ Kahn, C. H.: *The Verb "be" in Ancient Greek*, p. 159.
④ Kahn, C. H.: *The Verb "be" in Ancient Greek*, p. 159.

明确地表示地点、位置的副词和介词短语。准表位用法其实一般也不难理解，因为无论是引申的用法（第二种情况），还是表达次要的意思（第一种情况），其实都表达了位置或与位置相关的含义，即使不看实例，仅从对它们的特征的说明中也可以看出这一点。但是准表位用法的第三种情况似乎就不是那样容易理解了。因为仅从对这种用法的特征的说明我们还看不出位置或与位置有关的意思，只知道可以用"有"（there is）来表达它。根据我的理解，这里主要有两个问题。一个问题是，离开句法，仅从语义的角度区分语言的用法是有困难的。卡恩实际上也遇到了分类的困难。他承认，由于这些区别"主要依赖于句子在上下文中的意义，而不依赖于其句法形式，因此就有余地对特殊情况的分类发表极为不同的意见"①。另一个问题是，卡恩似乎主要是想强调准表位用法的特殊性，而这种特殊性主要表现为：在一些表达位置或与位置相关的情况下，不能简单地用英文的系词来翻译希腊文的 einai。也就是说，他实际上是想说明，在与表达位置的用语联系在一起的时候，einai 这个词表达了更多的或更强的含义。表面上看，这三种情况所表达的含义是不同的，但是在我看来，卡恩主要还是想强调，准表位用法在某种程度上与"存在"的含义联系在一起。比如，在第一种情况的那个例子中，他认为人们"可能会察觉一种存在的细微含义"②，而在第三种情况，他干脆直接说可以用"有"来表达。特别是他把第三种情况专门作为一节来谈，而把前两种情况只分为一节的两段。可见他重视的是这种与"存在"相关的含义。这里的问题比较复杂，涉及对 einai 的存在用法的说明。如同卡恩的做法一样，我们把这个问题留到下一节去讨论。

二、存在用法

存在用法与系词用法的根本区别在于，"存在用法从一开始就是词典的或语义的概念，表示那些这个动词'有自己的一种意义'的情况"③。确切地说，存在用法无法由句子的句法形式所确定，而是一种语义的或词典的含义，而系词用法是由句子的句法形式确定的。因此，分析 einai 的存在用法，或者说，分析 einai

①　Kahn, C. H.: *The Verb "be" in Ancient Greek*, p. 159.
②　Kahn, C. H.: *The Verb "be" in Ancient Greek*, p. 160.
③　Kahn, C. H.: *The Verb "be" in Ancient Greek*, p. 228.

这个词所表达的存在含义，不像分析系词用法那样明确和容易。这一点在前面谈到准表位用法的情况时就已经涉及了。而到真正分析这种用法的时候，这个困难更是无法回避的。直观地说，这样一个概念究竟是什么呢？卡恩明确地说：

> 有一种由这个动词表达的基本的观念吗？就是说，可以用某种替代的表达在所有情况下替代它吗？我们不能以为，仅凭提供英语动词"存在"（to exist）或习惯用语"有"（there is）作为对存在用法的说明解释这样一种简单的权宜之计就提供了合适的回答。谁要是当真企图列出我们一般承认的存在用法，谁就会表明它们形成一个不同源的团体，其中有些例子是不能由"存在"或甚至由"有"来表达的。①

卡恩认为，在翻译存在用法的时候，一般可以用"有"（there is）这个词。但是，希腊文中 einai "这个动词的存在用法比英文中'有'的用法更宽，更自由"②。他提出 einai 有四种不同的词典含义可以作讨论存在的出发点。第一种是生命含义：表示"是活的"，而不表示"是死的"。第二种是表位含义：表示是在这里、那里或在某个确切的地方，而不表示不是在这里、那里或某个确切的地方。第三种是持续含义：表示某种情况的出现，而不表示不出现，或者表示静态的持续的出现或继续保持一种状态，而不表示一种新情况或事件的定时出现。第四种是与代词联系在一起的含义：比如与"某（人，物）"或"没有（人，物）"这样的代词联系在一起。

卡恩认为，einai 表示存在的这四种不同含义之间有一种逻辑联系。第一种含义隐含其他三种含义，因为一个活着的人必然是某一个人，在某个地方，在某个时间；同样，第二种含义隐含第三、第四两种含义，因为在某处的东西自然是某种东西，而且如果表达了它的位置，那么就会表达为持续的或持久的。他指出："希腊人的常识倾向于坚持认为，不在任何地方的东西根本就什么也不是。从希腊人的这种观点出发，表位观念似乎是由这个动词的每一种存在用法隐含的，也就是说，只要出现其他不同含义，就隐含了表位观念。"③这种分析看上去是有道理的，

---

① Kahn, C. H.: *The Verb "be" in Ancient Greek*, p. 230.
② Kahn, C. H.: *The Verb "be" in Ancient Greek*, p. 232.
③ Kahn, C. H.: *The Verb "be" in Ancient Greek*, p. 234.

但是也不是没有问题。卡恩自己就承认，一个动词的一种情况可以逻辑地隐含一个观念，但是这并不意味着这个观念在这里最终被表达出来。一个词表达的东西和隐含的东西显然不是一回事。

为了便于讨论，卡恩又区别出以 einai 所表达的 6 类存在句。它们是：类 I，生命用法；类 II，混合用法；类 III，表位存在用法；类 IV，存在句算子用法；类 V，表面谓词用法；类 VI，严格存在用法。除类 VI 以外，类 I—类 V 的句子都可以在荷马的著作中看到。虽然在荷马的著作中看不到类 VI 的句子，但是卡恩认为这是一类传统哲学表达存在陈述的模式。所以他从荷马以后的希腊文献中选材补充了这一类。

实际上，这是卡恩为分析 einai 的存在用法而从语义和句法方面做的准备工作。区分出这四种不同含义，卡恩的目的主要是想指出，einai 这个词的存在用法是有歧义的，对此不可能给出或假定一个单一的固定的词典意义，对于这里的问题也不应该提出任何一般性的答案，相反，只能具体的例子具体分析。而区分出六种类型，卡恩主要是为了便于进行具体的分析，可以有一个着手点。这样，卡恩就可以根据一类一类的不同句型来探讨 einai 的存在用法的不同含义。虽然这六种分类本身也不是没有问题，而且卡恩在论述中也一起讨论了一些不属于它们的内容和句子类型①，但是句法方面的东西毕竟比语义方面的东西更具有规律性，更容易把握，由此也更容易得到一般性的结论。因此卡恩的论述是从这六类句子着手的。我认为，卡恩的这种思路和分析方法无疑是可行的。然而这种做法在某种程度上也恰恰说明，分析 einai 这个词的存在用法绝不是一件容易的事情。这一点，只要对照卡恩关于 einai 的系词用法的分析，就是不难理解的。

下面我们介绍卡恩分析的这六类存在句。其中，类 III 与类 II 在句式上基本相同，都是可以用"有"表示的句子。不同之处在于类 III 说的是复数形式，因而涉及量词，而类 II 说的是单数形式。为了简明，下面我们只介绍类 II，不介绍类 III，只介绍肯定句，不介绍否定句。此外，在对余下五类的介绍中，我们的着重点在

---

① 例如，卡恩在探讨类 II—类 III 的时候，论述了所谓"所属构造"。对这样的系词表达，可以用"拥有"这种意义上的"有"来理解和翻译 einai，比如"我有三个女儿"。参见 Kahn, C. H.: *The Verb "be" in Ancient Greek*, pp. 265-271. 对于这样的情况，我们没有论述。

类Ⅱ和类Ⅵ，因为在我看来，前者对我们理解"有"这类表达非常有帮助，后者则是我们今天哲学讨论中所说的最典型的存在句。

类Ⅰ的句子形式是：人称名词+einai+时间副词。根据卡恩的分析，这类句子是绝对的einai的构造。在这样的句子中，einai这个动词只带有表示时间和持续的副词，比如现在、仍然、总是。除此之外，它没有任何附加词或修饰词。它表达的意思是"是活的"或"活着"。但是，只有主语是人称名词的时候，einai才表示"是活的"，而当主语是表示事件的名词时，einai表示"出现"或"发生"。从卡恩的分析可以看出，这类句子的句法是清楚的，而语义就不是那么清楚了，因为它依赖于对einai的理解和解释（按照卡恩的解释，翻译也是一种理解，是一种迂回解释）。

卡恩认为，这类句子需要人称主语，说明表示的是人或神，有时也会发现这类句子的扩展，产生一种文学的拟人效果，比如"特洛伊毁灭了，不再是了"。与这种句子形式最接近的是含有表位谓词的句子。在含有表位副词的句子中，对einai可以用"住"或"生活"这样的动词来翻译。比如"他们生活在西绪福斯"。字面上看，区别似乎不大。这里的不同之处仅仅在于时间副词与地点副词的差别，也就是说，从语法形式上看，都是einai+副词，而从语义方面看，一个表示时间，另一个表示地点。但是仅仅这一点不同就导致了一个根本性的差别：一个是系词用法，另一个是存在用法。卡恩认为，用"是活的"和"住在某处"来理解和表达einai显然是不同的。它们之间的差异并不是因为它们表达的观念是不相容的，而是因为在einai的一种给定情况下，同时表达这两种观念是很难的或者是不可能的。因为一般来说，人们不可能在一个单一语境中，用单一一个词同时对比生与死和住在这里与住在那里。因此，在含有表位谓词如"这里"、"那里"的句子中，"einai的生命含义有一种必不可免的弱化"[①]，就是说，它的生命含义变小了或趋于消失，让位于地点含义，因此成为系词。

与作系词的"空洞的"或形式的作用相对照，在某种意义上说，einai在一个类型Ⅰ的句子中具有一个动词的完满的词典含义。这是因为：一方面，在一个具有"苏格拉底——在雅典"这种形式的句子中，系词"是"体现了这个空位的最小的或"模拟的"填充物，即这是一个常常可以省掉的动词，又是一个在没有其

---

① Kahn, C. H.: *The Verb "be" in Ancient Greek*, p. 244.

他动词的情况下我们自动重新构造起来的动词；另一方面，"住"或"生活"的插入并不是自动的，一个具有这种意义的词将是很难被省略的。更何况，如果没有表位短语而只有一个具有"苏格拉底——不再"或"你的父母——仍然"这样形式的句子模式，我们一般就会没有理由在"是活的"这种意义上重新构造 einai。除非在上下文中有某种特殊的线索，否则就不会省略掉生命用法的 einai，因为它不会由听者重新构造起来。这个动词带有它自身独特的信息内容，就像这个语言中的任何基础动词一样。

类 II 的句子形式是：einai 这个词在句首出现。卡恩认为，在荷马的著作中，这类句子是 einai 最明显的存在用法，但是不能把它看做最典型的或最独特的存在句。这类句子用英文来翻译就是"there is"，相应的，自然的中文表达就是"有"。这类句子又可分为两类，II A 和 II B。II A 是比较普遍的情况，在这类句子中，主语表示一个城市，一座山，一个岩洞或其他一些地理上的东西，比如"有一个城市，特利欧萨，一座险峻的山城／非常遥远在多沙的皮洛斯底部阿尔菲奥斯的近旁"；"有一个岩洞，又宽又深在河水的幽暗处／在高山遍布的特内多斯和因布罗斯之间"。在有些句子中，esti 的位置不是在句首，而是后移了。比如"现在在坚固的墙上有一个边门……奥德塞命令高贵的牧猎人守卫它"。II B 是不太普遍的情况，在这类句子中，主语是一个人，比如"过去有一个人，欧克诺，预言家波利多的儿子"。

直观上看，这类句子与一般的系词用法的句子不同。简单地说，一般的系词用法的句子形式是"NΦ 是"，而这类句子的形式是"是 NΦ"。既然认为这类句子表示存在，那么能不能说 einai 在句首的位置就是这个动词表示存在的句法形式？卡恩认为，einai 这个词在这些句子中的直觉价值和修饰力量是不容置疑的，但是它与确定的句法形式无关。根据转换语法分析，einai 在这些句子的基础结构中是系词。比如上述例子的基础句可以分析为"一个岩洞是在高山遍布的特内多斯和因布罗斯之间的又宽又深的河水的幽暗之处"，也就是说，它可以是这个句子的存在转换。而这个句子显然是一个表位系词用法。因此用这种形式分析无法说清楚，einai 在这里所起的作用为什么比系词还多？这种比系词还要多的作用是如何形成的？换句话说，"我们无法说明，在什么形式条件下，系动词在这些句子中总是具有一种存在力量，而没有这些条件，它就不具有存在力量"①。

卡恩认为，从句法方面看，这类句子，尤其是 Ⅱ A，在 einai 这个动词后面常常跟着一个不定代词 tiz，这样，就由位居句首位置的 einai 和不定代词 tiz 引入一个表示一个城市、一条河、一座山、一个人等的名词。这实际上是引入一个主体，因而断定了一个主体的存在。这样的表述具有一种修辞力量，它的作用是突出和强调所引入的东西。被引入的东西往往是这段叙述中以前所没有出现过的。好比我们在讲故事的时候总爱说："很久很久以前，在遥远的地方，有一（个）……"但是他也提请人们注意，在他给出的例子中，einai 并不是总在句首，tiz 也不是在每一个例子中出现，因此，显然不能以 esti 的句首位置和 tiz 的出现作存在的句法标准。所以，在这类句子中，einai 的修辞力量是清楚的，而"它的句法作用是不太清楚的"②。卡恩指出，英文 there is 乃是一种固定的表达，意思是"存在"（中文翻译为"有"），但是希腊文中 einai 这个动词的存在力量不依赖于这种形式结构。在他看来，这里触及印欧语言中关于"是"这个动词的最根本的问题，即"是的系词用法和存在用法之间的基础联系"③。卡恩对此进行了简要的说明：

> 系动词的首要作用是肯定（如同它的否定作用就是否定）一个给定的谓语属于一个给定的主语，或者用不太符合亚里士多德的方式表达，肯定一个给定的主词以某种方式得到说明。这样一个系动词能够有第二种作用，就是肯定、表现或引入主语本身。这是我们必须认识到并且试图理解的关于印欧语言动词的一个事实。首先，这第二种作用基于这个动词作为表位系词的用法。作为基本的表位句的系词，einai 这个动词带有关于肯定或陈述真的标记，即它肯定或陈述某一个别主体，比如一个人或一个城市，坐落在某个特定的地方。但是在几乎相同的句子中，上下文稍有不同，同样是这个动词却能够肯定或表现主语本身坐落在那个地方。在这样一种情况下，这个动词并没有停止起表位系词的作用，但是除此之外，它把主语引入这段叙述之中或引入这段话中。正是这种引入其主语的修饰力量，而不是任何固定的句法形式，常常与这个动词的存在力量联系起来（与此相应，也诱惑我们用"有"来翻

① Kahn, C. H.: *The Verb "be" in Ancient Greek*, p. 251.
② Kahn, C. H.: *The Verb "be" in Ancient Greek*, p. 249.
③ Kahn, C. H.: *The Verb "be" in Ancient Greek*, p. 252.

译它）。但是，由于这个动词的作用是把其主语引入上下文，因此它自然很容易出现在这个主语之前，这样就移到了句首。[①]

这段话比较长，但是意思并不复杂。它表明，同一个表位系词句子可以有两种表达形式。一种是一般常见的形式，比如"一个人是在门边"。另一种是稍有改动的形式，这就是系动词出现在句首，比如"有一个人在门边"（或"门边有一个人"，而它的字面意思乃是"是一个人在门边"）。在前一个句子中，动词起系词作用，通过它，引入谓词，从而谓语与主语发生联系，使主语得到某种表述。而在后一个句子中，动词仍然起系词作用，谓语还是通过它与主语发生联系，因而主语得到说明，不同的是，先说出动词，后说出主语。也就是说，这个动词直接引入的不是谓语，而是主语。这种形式实际上表达出对主语的一种修饰，这种修饰是对主语的强调，因此它具有一种表示存在的力量。

这里值得注意的是卡恩强调这种表达存在的用法基于表位系词的用法。我想，这一点是很重要的，否则，他的说明是站不住脚的。因为虽然上述例子可以把系词前移，但是显然并非所有情况都可以这样。比如"人是动物"，这个句子是标准的名词系词用法。如果把动词前移，那么"有人动物"（或者无论我们翻译为"是人动物"还是翻译为"存在人动物"）肯定不是合适的表达。也就是说，einai 这个动词并不是在任何句子中都可以前移的。根据卡恩的分析，它的存在用法基于表位系词的用法，这就说明它在表位系词的句子中是可以前移的。实际上，卡恩给出的绝大部分表示存在用法的例子都是表位系词用法。因此在这类句子中，einai 这个动词起两个作用，一个是系词作用，一个是表示存在。所以这类句子是 einai 这个动词这两种作用的混合情况。既然它的句法形式仍然是系词，因此位置前移仅仅是一种修辞手段，目的是产生一种强调的力量，而这种强调就是断定或表示存在。所以，"这个动词这种引入主语或断定存在的作用是与表位系词最自然地结合在一起的"[②]。

从卡恩的分析可以看出，在希腊文中，einai 这个动词在句首的位置是非常奇特的，它含有一种修辞作用，从而可以说明这个动词的存在含义。但是我们绝不能以为可以把这一点看做是评价存在用法的一种句法标准。正像卡恩指出的那样，

---

① Kahn, C. H.: *The Verb "be" in Ancient Greek*, p. 252.
② Kahn, C. H.: *The Verb "be" in Ancient Greek*, p. 252.

在古希腊文中，词序非常灵活，对上下文中对比、强调、重复等这样的修辞特征非常敏感，因此"很难相信，仅仅改变动词的位置就能够起到规范地标志出一种（在以转换语法规定的意义上）独特的句子类型的作用。实际上，甚至在荷马的著作中，我们也发现 einai 这个动词出现在一些句首位置而没有存在力量。在希腊晚期，系词在句首更为常见，而只有少数情况，这种位置才与这个动词的存在价值相关联"①。

虽然 einai 这个动词出现在句首并不一定就表示存在，但是我们从卡恩给出的例句中确实看到，在许多情况下，einai 出现在句首无疑是表示存在的。而且在这样的句子中，它除了引入主语以外，确实还与表达位置的短语相联系。此外，在有些情况下，在句首出现的不是 einai，而是表达位置的短语。这样的句子的核心句法形式是系词用法，但是表达的仍然可以说是存在。因此，也可以说，在表达存在的句子中，einai 这个动词要么在句首，引入主语，要么不在句首，跟在表位短语后面，引入主语。对于这一类句子，卡恩认为，einai 这个动词和地点短语为了引入主语而在前，若地点词在前，动词不太显著，可以由系词来翻译。如果动词在前，它似乎带有整个句子的力量，这样就体现了它的引入存在的作用。"因此可以说，类 II 中与系词 einai 不同的存在动词的出现乃是作为一种特殊的情况产生的，而更普遍的情况是：用系词（特别是表位）句作为一种手段来识别一个不熟悉的主体，并把它引入叙述之中。"②

在卡恩关于类 II 的分析说明中，还有一点需要我们注意，这就是不定代词 tiz。如前所述，它不是一个表示存在的标准句法形式，因为它不是在所有这样的句子中都出现，而且也不是凡含有它的句子都表示存在。但是它在卡恩给出的大部分例子中都是出现的。这就说明，它对于表示存在也有一定的作用。我们应该考虑：如果说这不是从句法方面提供的作用，那么这是什么作用呢？

tiz 是不定代词，它通常引出一个一般名词，也就是说，它的后面通常要跟一个通名或类名，比如一个城市、一个山洞、一个人，等等。在卡恩给出的例子中，几乎对每一个这样的类名都有描述说明。比如，"有一个人，欧克诺，预言家波利多的儿子"。在这个句子中，"有一个人"包含了表示存在的系词 einai 和不定代

---

① Kahn, C. H.: *The Verb "be" in Ancient Greek*, p. 255.
② Kahn, C. H.: *The Verb "be" in Ancient Greek*, p. 255.

词 tiz，还有由 tiz 所引导的通名"人"。后面的表达，即"欧克诺，预言家波利多的儿子"，都是对"人"的修饰说明。这种语法现象值得注意，它表明，einai 这个系词这种前移的用法，无论是在句首还是不在句首，当它表示存在时，它的后面跟的往往是一个类名，而不是一个专名。虽然卡恩没有说这是绝对的现象，但是这显然是比较普遍的现象。这一点是非常重要的。它涉及"存在"这个词所修饰的究竟是个体还是概念的问题。关于这一点，我们在后面还会详细谈到。

类Ⅳ的句子形式是：（ouk）einai+oz（tiz）+ 关系从句，即

（不）是＋不定代词＋关系从句。

具体一些说，这类句子表达的是："（没）有一个（些）人，他（们）……"。比如，"现在没有一个人（他）能够逃脱一死……"，"没有一个人（他）能够指引他们秩序井然"。在荷马的著作中，这类句子的形式通常是否定的、单称的和现在时陈述式，卡恩没有发现肯定式或复数形式的例子，但是他在后来的古典希腊文献中发现了这样的例子。比如："有一个人，他将阻止你做这件事情"，"有一些人，他们说这个部落是塞西亚人"。

根据卡恩的分析，一般来说，这类句子的"存在动词是一个句子算子，相关的关系从句是它的算域。这类句子的特征是，einai 只作存在算子出现，而在关系从句中不再作系词出现。我们从未或几乎很难发现一个希腊文句子字面上具有以下形式：'存在一个 x，它是 F'，这里，动词首先作为存在算子出现，然后作为系词出现"[1]。他认为，可以把这类句子看做是类似于逻辑中的存在量词的模式，但是应该看到二者是有区别的。希腊文中这种存在表达的普通用法没有逻辑表达那么普遍，但是比逻辑表达更加灵活。它之所以灵活，乃是因为有情态和时态，而它之所以不那么普遍，乃是因为它非常典型地仅仅限于人称主语和部分所有格。因此，古希腊语中这类存在句实际上含有一个类量词，这个量词"限定了可能的非语言主体的类或其变元的'值'，因此在任何给定的句子中，后者限定的范围不是整个宇宙，而是某种或某类确定的个体：要死的东西、特洛伊人、普里阿摩斯的儿子"[2]。

类Ⅴ的句子的形式是："einai"的主语是抽象名词或动名词，也就是说，它的

---

① Kahn, C. H.: *The Verb "be" in Ancient Greek*, p. 281.

② Kahn, C. H.: *The Verb "be" in Ancient Greek*, p. 282.

主语不是"人"或"城市"这样的普通名词，而是"叫喊"、"谋杀"或"捍卫"这样的动名词。这类句子与类Ⅳ有些相似，不同之处主要在于类Ⅳ断定的是主体，比如人或城市，而类Ⅴ断定的是行动，我们可以把这样的行动看做是事件或情景，但它们不是人或物。

类型Ⅵ的句子的形式是："（ouk）eisi theoi"，即"（不）是神"。

卡恩认为，这类句子乃是 einai 作为存在谓词的绝对用法。他认为，这种句子表达的是："神（不）存在"。这种构造有时候被哲学家看做与此相关的根本的和原初的用法。卡恩承认他不能对整个印欧语言情况作判断，但是他说："从希腊语的证据来判断，这种标准的观点似乎是基于对只是表面类似的句子类型的一种不充分的分析。"①

根据卡恩的考察，类型Ⅵ的最早的例子来自普罗泰格拉斯、麦利索斯和阿里斯脱芬，时间是公元前 5 世纪后半叶。好像这种类型几乎是作为一种技术新产生的。因为在希罗多德的著作中显然没有这种形式的例子。希罗多德是与智者派大约同时期的人，他的语言在很大程度上不受智者派或哲学的影响。对于这类句子，卡恩又特别区别出以下三种：

Ⅵ A：主语是专名，或限定的单称词，比如"ouk esti Zeuz"（"没有宙斯"）。

Ⅵ B：主语是复数名词，比如"esti theoi"（"有神"）。

Ⅵ C：主语是全称单数词，比如"ouk esti kentaupoz"（"没有半人半马兽"）。

正像卡恩指出的那样，Ⅵ C 实际上只是Ⅵ B 的变种形式，因此这里的三类句子，除了单数与复数的区别外，真正的区别实际上只是专名与一般名词的区别。

这类存在句与荷马著作中的存在句的相同之处和区别是非常明显的。相同之处是它们都以动词 einai 引入一个名词。区别则在于：在荷马的著作中，存在句中的动词 einai 引入一个名词，名词后面总是还要跟着词组或从句。一般来说，这个名词表示一个非语言主体，而它后面跟着的词组和从句则描述了一定的条件，由此表明，这个非语言主体要符合这些条件。而在类型Ⅵ的句子中，einai 仅仅引入一个名词，后面不跟任何词组或从句。这表明，由 einai 引入的名词所表示的非语言主体不必符合任何条件。因此，"类型Ⅵ的独特性就在于这样的描述条件被省

---

① Kahn, C. H.: *The Verb "be" in Ancient Greek*, p. 297.

略了，这个动词的作用是提出仅仅以名字或类名所识别的这样的非语言主体"①。

卡恩认为，类型Ⅵ的句子是一种自然的表达，它表达了一类特定的批评疑惑，而这种疑惑最初是与神学思辨结合在一起产生的。在这种表达中，einai 表现为作存在谓词的绝对用法，它与正常的用法有某种相似和类似的地方，但是它只在技术性的或哲学式的散文中才变成固定的句子形式，正像"没有独角兽"或"电子存在"这样的句子在英语中很少出现在哲学课文以外的地方。这样的句子在非技术性的话语中，最初的、也许唯一自然的用法是在宗教或神话实体中，从宙斯到圣诞老人，它们的现实性被人这个团体的一些成员认真维护，而被另一些成员怀疑或否定。

以上是卡恩从句法方面和语言演变的角度对类型Ⅵ的大致说明。在这样的基础上，卡恩又进行了语义或词典方面的说明。他认为，在上述六种句子类型中，只有类型Ⅳ、Ⅴ和Ⅵ表现出 einai 的严格而专门的存在用法。因此他主要对这三类句子的动词进行了语义分析，但是他认为他的分析也适用于前三种类型。

卡恩认为，在类型Ⅵ，主语是名词——指人或地点。在类型Ⅴ，主语是抽象的行为动词。在这两种情况下，都可以用 there is（有）来翻译 esti，但是意思又有区别。在前一种情况，可以用 there is found（发现）、there is located（坐落）或直接用 exist（存在）来翻译，而在后一种情况，可以用 arise（产生）、occur（出现）、take place（发生）、last（持续）来翻译。这种区别是语义方面的，但是与句子中主语的句法范畴相联系。前一种情况主要是表达个体的存在，而后一种情况主要表达事件或状态的存在或出现。

对于这类句子，也可以用逻辑方法来分析，即从 einai 这个动词的语义作用来分析。卡恩认为，我们可以在一个句子中区分出描述内容，还可以区分出它的语义成分。不严格地说，"一个句子的描述内容做了关于世界的某种表达；语义成分则关于这个描述内容和它所指的世界或它想描述的世界之间的关系做了某种表达。描述内容可能会具有无限多样性；但是语义成分总是二值的：肯定的和否定的，是和不。在希腊文中，esti 使语义关系表现为最终得到的东西，也就是说，它使描述内容表现为在世界中出现；ouk esti 则否定这种表现"②。

---

① Kahn, C. H.: *The Verb "be" in Ancient Greek*, p. 301.
② Kahn, C. H.: *The Verb "be" in Ancient Greek*, p. 310.

卡恩这种关于描述内容和语义成分的区别显然是有道理的，但是他承认，这种区别只能适用于类型Ⅳ和类型Ⅴ，但是不适用于类型Ⅵ。对类型Ⅳ和类型Ⅴ的描述内容进行句法分析，往往可以得到一个句子的补充说明，比如"有一个人，他如何如何"。由于句子既有描述内容，又有语义成分，因此可以通过这种分析得到对句子含义和语义值的确定。但是对类型Ⅵ的描述内容进行句法分析，只能得到一个专名或通名，而且没有任何补充说明，比如"没有宙斯"，"有神"，这样就得不到一个句子的补充说明。那么，在这样的句子中，einai 的存在用法是由什么说明的呢？

卡恩在说明过程中，对"神是"（Gods are）这样的句子做了四种区别。他认为，这样的句子可以表达出四种含义：

（1）有某种东西，它是神（There is something which is a god）。

（2）有神，它们是（这样或那样的东西）〔There are gods who are（something or other）〕。

（3）这里、那里或某个地方有神（There are gods here, there, or somewhere）。

（4）有神，它们……（There are gods who……）

卡恩认为，第一种表达"似乎不可能是希腊文中的句子"①；第二种表达则"导致类型Ⅱ的形式"②；第四种表达的"谓词完全没有确定"③。在这四种表述中，只有（3）最自然。根据这样的解释，einai 表达为表位系词，我们可以"把类型Ⅵ这种存在句解释为表位存在，但是省略了或概括了位置说明。这样，'有神'就会意味着'这里、那里或某个地方有神'"④。

卡恩的结论是，在Ⅵ类型的句子中，esti 起纯语义算子的作用：它提出、而 ouk esti 拒绝提出一种特殊的非语言主体（为任何谓述）。类型Ⅵ有三种典型的特征：其一，这个动词在句法上独立于周围的句子和句子附属物；其二，句法上隐含着主词作为一阶名词；其三，提出主语的语义概括，即断定独立于任何限于某一特定时间、地点或环境的存在。正是这第三个特征才是类型Ⅵ作为普遍关于存

---

① Kahn, C. H.: *The Verb "be" in Ancient Greek*, p. 317.

② Kahn, C. H.: *The Verb "be" in Ancient Greek*, p. 317.

③ Kahn, C. H.: *The Verb "be" in Ancient Greek*, p. 318.

④ Kahn, C. H.: *The Verb "be" in Ancient Greek*, pp. 317-318.

在的陈述的唯一独有的特征。

三、断真用法

断真用法很少见，在卡恩选用的例子中，这种用法不超过 2%。与系词用法和存在用法相比，断真用法是一种比较独特的用法，而且也具有独特的语法形式。这样的句子的构造是：带有 einai 的从句加上一个带有以比较结构表达的从句。这种比较结构的一般形式是："事物是如你所说。"所谓断真（veridical），是指对于这样的句子，在某些段落，"是"（eimi）可以被译为"是真的"，"是如此这样的"或"是这种情况"。换言之，它本身可能带有一种意义。在希腊文中，"是真的"的完整表达是 estin alethez 或 estin alethous。卡恩之所以要用断真用法、断真构造或断真句这样的表达，是因为他认为这种句子本身并不含有专门表示"真"的这个词 alethez，但是与含有这个词的表达具有相同的含义。

卡恩认为，断真用法表现为一个由两个词构成的句子，一般有两种形式。一种形式是：esti tauta，"这是真的"。另一种形式是：esti outo，"是这样"。这里，tauta 是 outoz 的复数形式，而 outoz 是指示代词（这个），outo 则是 outoz 的副词形式（以这种方式，这样）。虽然还有与此相关的其他形式，比如卡恩也谈到并探讨了与这两种形式相联系的中性分词 to on 的用法，但是这两种形式是最基本的，也是最主要的。

卡恩把断真句的第一种形式译为"这是真的"，把第二种形式译为"是这样的"。从字面上看，这样的句子不包含"真的"这个词，却具有"断定了真"这样一种意义，因此需要考虑，这种断定力量是从哪里来的？从句子形式上看，它们的共同特征表现为 einai（是）这个词位于句首。显然这种断定真的力量仍然来自 einai（是）的位置。但是这种情况与我们前面说过的存在用法不是一样的吗？卡恩认为，过去人们注意到这种断真用法，一般把它列为存在用法。从语义上说，这是有道理的。但是如果说常常忽略了这种断真用法的独特的词典价值和句法结构，那么这是因为，人们对存在句没有进行句法分析，只有词典描述。而根据词典描述，这样的句子一般总是解释为"有……"、"存在……"或"发生了……"。卡恩指出，语文学家很容易把断真用法的细微差别（"是一个事实"）仅仅看做一种特殊情况。但是经过卡恩的句法分析，就可以看出：在断真构造中，einai（是）

的根本主语不是由任何单一的词而是由句子提供的，因此，einai（是）"这个动词表达陈述的真，或对事实或事态是这样的认识"①。

确切地说，存在用法和断真用法的共同之处在于 einai 出现在句首的位置，不同之处在于：einai 的典型的存在用法是由它引入一个名字，后面跟一个从句或短语对这个名字进行说明，它的绝对用法则是由它引入一个名字，后面不跟任何修饰和说明。而 einai 的断真用法则表现为由它引入的不是一个名字，而是一个句子。由于句法方面具有这样的差别，因此也产生了词典方面的差别：einai 的存在用法断定的是由名字表达的东西，而它的断真用法断定的是由句子表达的东西。名字无所谓真假，而句子恰恰有真假，这样就产生了这两种用法在词典方面的重大区别。

断真用法和存在用法是不同的，与系词用法也是不同的。断真用法与系词用法的差异主要在于：断真用法是绝对的，不带有任何名字或表位谓语表达式。也就是说，系词用法带有一个说明或修饰主语的谓语，而断真用法没有这样的谓语。除此之外，从句法上看，断真用法不仅与存在用法有相似的地方，而且与系词用法也有相似的地方，特别是"是这样"这种句式。因此对这种句子形式也必须加以说明。在卡恩分析的例子中，有一个例子是亚里士多德在《形而上学》中使用的。这个例子是：

"Oion oti esti Sokratez mousikoz, oti alethez."

"As when we say 'Socrates is musical', (meaning) that it is true."

["因为当我们说'苏格拉底是爱好音乐的'时，（意思是说）这是真的。"]从这个例子可以看出，显然亚里士多德认为，"esti Sokratez mousikoz"这种说法就等于说"这是真的"。从"esti Sokratez mousikoz"这句话看，esti（是）肯定是一个系词，它联系 Sokratez（苏格拉底）和 mousikoz（爱好音乐的）。这个句子独特的地方是系动词前移至句首。但是在这里，它既不是表示存在，也不是表示断真，因为它不是断定一个句子的表述。卡恩认为，因为没有上下文，从亚里士多德给的这个和其他两个说明，我们只能推测，（在系词构造中）esti 或 ouk esti 的前移被亚里士多德解释为对整个句子的肯定或否定，换言之，被解释为对整个句子的真或假的断定。希腊文的词序是比较自由的，正是这种自由性允许有风格的

---

① Kahn, C. H.: *The Verb "be" in Ancient Greek*, p. 335.

差异和强调的多样化。但是 "esti 或 ouk esti 在首位却不足以赋予这样的句子形式以独特的句法或逻辑价值。尽管系词的句首位置总使人想到一定的强调，但是把从希罗多德到柏拉图的著作读上几页，就很容易看到，这种形式也不必是存在的，不必是严格断真的"①。

卡恩认为，esti tauta 和 esti outo 这两种形式可能是一种缩写，表达的是一个更长的形式：(tauta) esti (outo)，即 "这些事情是这样的"。在这个表达中，esti 的基本主语，即 tauta 的先行词，不是由任何单一的词，而是由在先的句子提供的。这样的句子的基础句法一般应该包含两个动词 einai 和一个起比较作用的表达 "说" 或 "思考" 的从句，比如 "事情是正如你说 (的那样)" [Things are just as you say (that they are)]。通常人们省略了括号中的表达。

卡恩通过句法分析终于对 einai 的断真用法提出一个大致的句法定义，也就是 einai 这个动词满足以下三个条件的一种用法：第一，这个动词的构造是绝对的，就是说，没有名词的、地点的或准地点的谓词，而且除了比较级副词 outoz、oz 或 ose 以外，这个动词没有其他补充词；第二，这个动词的主语是句子式的，例如 tauta 或 tade 反过来指的不是一个特殊的词或短语，而是刚刚以一个或多个句子所陈述的东西；第三，outoz 或 oz 这个副词引入了一种比较，即比较带有 einai 的分句和其他带有一个表达说或思考的动词的从句。在典型的情况下，带有 einai 的分句用来断定所说的或所思考的东西的真，即与说或思考的动词相关的对象的真。但是，卡恩认为，"这种句法构造的用法实际上比真这个概念所覆盖的范围要宽。如果我们用 '断真构造' 表示真这个观念的表达，那么上述条件对于定义来说乃是必要的，而不是充分的"②。除此之外，卡恩还认为，对专门的断真用法提出一个形式定义，要依赖于 "对跟在表示说或思考这样的动词后面的间接引语的深层结构的情态"③ 建立一种充分的理论。他承认他无法提供这样一种形式定义，他提供的只是能够指导这样一种理论的一般原则。

从卡恩关于断真用法的分析和论述可以看出，这种用法非常少，而且它们确实与存在用法和系词用法混淆在一起，不容易区分。尽管如此，卡恩还是说明了

---

① Kahn, C. H.: *The Verb "be" in Ancient Greek*, p. 358.

② Kahn, C. H.: *The Verb "be" in Ancient Greek*, p. 337.

③ Kahn, C. H.: *The Verb "be" in Ancient Greek*, p. 343.

einai 的断真用法的独特之处，这就是：在这样的句子中，einai 断定的是句子表达的东西；einai 的用法是一种绝对的用法，一般没有任何修饰和补充说明；如果有补充和修饰说明，那么一般是一个含有"说"或"思考"或"认为"这样的动词的比较从句。在这样的句子中，einai 后面没有"真的"这个词出现，但是它的意思乃是"是真的"，或者说在翻译的时候，我们只能把 einai 翻译为"是真的"。

　　我认为，在卡恩的分析说明中，除了关于断真用法的分析和论证以外，有两个例子特别值得我们注意。一个例子选自亚里士多德的《形而上学》：

　　"Eti to einai semainei kai tai to estin oti alethez, to de me einai oti ouk alethez alla psusozs."

　　[And also being and is signify that（something）is true, not being signifies that it is not true but false.]

　　"而且是者和是也意味着（某物）是真的，不是者则意味着这不是真的而是假的。"[①] 这段话显然可以证明卡恩的分析是有道理的，然而更重要的是，它明确地说明，是与真的联系，不是我们的凭空猜测，也不是我们仅仅从一些文献中分析出来的，而是来自希腊学者，特别是亚里士多德的明确论述。另一个例子选自普罗泰格拉斯的名言："人是万物的尺度。"这句话的原文是：

　　"ton mon onton oz estin, ton de ouk onton oz ouk estin."

　　[Man measures what is so,（determining）that it is so.]
有关肯定部分的确切翻译应该是：

　　"人衡量什么东西是这样的，（确定）它是这样的。"[②]

　　卡恩认为，这段话是关于真的经典表述，而且普罗泰格拉斯的著作名称就是《真》（aletheia）。这也说明，希腊文中的 einai 用法是与 aletheia 联系在一起的。卡恩甚至认为，einai 这个系词和断真用法之间的联系不是希腊语后来发展的结果，而是"形成了这种语言结构的根本和持久的一部分"[③]。

　　这里，还有一个比较重要的问题，这就是希腊人关于 aletheia 的使用和理解。在上述断真用法的第三个条件中，特别强调了一种比较，即比较一个带有 einai 的

① Kahn, C. H.: *The Verb "be" in Ancient Greek*, p. 332.
② Kahn, C. H.: *The Verb "be" in Ancient Greek*, p. 362.
③ Kahn, C. H.: *The Verb "be" in Ancient Greek*, p. 363.

分句和另一个带有表达说或思考的动词的从句。卡恩认为，从荷马的著作来看，希腊人说真话就是"它是怎样，就说它是怎样"，而说谎者则说"它不是怎样"。这是希腊人一种"日常的说话方式"（informal *fason de parler*），而且这是"从荷马到亚里士多德希腊人表达或知道真的普通意思"[1]。今天，aletheia 一般被译为truth（真），人们对 aletheia 这个词的意思和词源的讨论也非常多，但是这些讨论反而把希腊时期的情况搞混乱了。应该看到，在荷马的著作中，aletheia 不是唯一表示 truth 的词，也不是最典型的表示 truth 的词。它只在《伊利亚特》中出现两次，相应的中性形容词 alethea 只出现一次。而且还有其他一些至少同样常见的表达真陈述或可靠的陈述的用语。因此，"荷马关于真这个概念的问题在任何意义上与aletheia 这个词的解释也不是同一的"[2]。卡恩指出，aletheia 最初表示一个人在公开向另一个人说话时的真诚性或诚恳性。至于说为什么这个词开始表示这种主体或个人的真诚性，而后来却变成一个一般的表示"真"的词，卡恩明确地说"不知道"。但是，他指出，海德格尔的解释是不对的，无论如何，这个词在最早的用法中，在荷马的著作中，绝没有"事物自身"从其隐藏性显现出来的或表现出来的迹象[3]。所以，根据卡恩的考察，希腊文中最典型的表达真的方式不是用 aletheia这个词，而是 einai 的断真构造。这说明，希腊人总是要区别：事实如其所是，事实如其所说，或事实如其所想。

四、我的几点看法

我研究和介绍卡恩的成果，主要的出发点是理解西方哲学，特别是形而上学。因此我把考虑的重点集中在卡恩阐述的三个方面，即 einai 的三种主要用法上（我们重点只介绍了"存在"用法）。在这三个方面的论述中，我认为有两点特别值得注意，一点是卡恩关于表位用法的分析，另一点是卡恩关于句法的分析和他对句法的强调。因此下面我主要从这两点出发，谈一谈我对卡恩的研究成果的认识。

卡恩区别出 einai 这个词有系词用法、存在用法和断真用法，但是在他的分析中，他最重视和最强调的是表位用法。表位用法是系词用法中的一种情况。但

① Kahn, C. H.: *The Verb "be" in Ancient Greek*, p. 363.

② Kahn, C. H.: *The Verb "be" in Ancient Greek*, pp. 364-365.

③ Kahn, C. H.: *The Verb "be" in Ancient Greek*, p. 364.

是这种情况不仅在系词用法中出现，而且也在存在用法中出现，卡恩的许多重要结论都是与这种用法有关的。

简单地说，einai 的表位用法属于系词用法，因为它具有与系词用法相同的明确的语法形式。但是，它又是系词用法中一种专门的用法，与其他系词用法（这些用法几乎都被卡恩称为名词用法）相区别。在对系词用法的论述中，表位用法主要表现为在谓语位置上出现的是地点副词或表示地点的介词短语，这种分析完全是词典的或语义的，当然也是有道理的，但是真要是说它有多么重要，似乎也并不是那样令人信服。但是如果我们看到卡恩分析论述 einai 的整个思想过程，我们就会发现表位用法的重要作用。

第一，虽然系词用法从量的角度来说是 einai 这个词最主要的用法，但是能不能说系词用法就是 einai 这个词最原初的含义？ einai 这个词毕竟有三种用法，因此人们自然可以问，'einai 这个词最原初的含义是什么？不少人认为，einai 这个词最原初的含义是"存在"。但是卡恩反对这种观点。他指出，一般人们认为，原初的意义必须是具体的、可感觉的或特别生动的。然而比较语言学家承认，尽管"存在"是 einai 这个动词最容易查验的意义，但是"存在"这个概念"太抽象、太理性，无法当做这个动词的原初意义"①。从词义的具体和生动的角度说，在系词用法中，最合适的是生命用法，即"我是活的"。但是卡恩认为，在希腊文以外的同族动词中，似乎很难证明这个动词的生命含义，而在希腊文之内，没有明显的证据表明这种生命用法比其他用法更古老②，因此系词的生命用法也不是这个动词的最原初的含义。在这种情况下，卡恩提出要假定一种更一般的基本意义，生命用法本身可以是这种基本意义的一种特殊情况，反过来，从这种基本意义又可以得出系词构造。"这种自然的候选者就是很强的或简洁的地点用法，这里，动词被解释为系词，但同时具有一种存在力量：'is present'，'is on hand'，'is there'。这就是在复合词 par-einai（to be by）、ap-einai（be present）及其拉丁同族词 prae-sens, ab-sens 显示出来的用法。"③ 这样，卡恩就把 einai 这个词的表位用法解释为是最原初的意义。有了这样的解释，他很自然地认为，由于表位—存在用法本身

---

① Kahn, C. H.: *The Verb "be" in Ancient Greek*, p. 373.

② Kahn, C. H.: *The Verb "be" in Ancient Greek*, p. 374.

③ Kahn, C. H.: *The Verb "be" in Ancient Greek*, p. 375.

是系词形式的，是由一个地点副词补充完成的，由于这种古典的表示活力的用法反过来可以被解释为省略的表示地点的词（einai "我是活的"，字面意思是 "我是在这里"，"我是在活动的东西中"，等等），因此很自然把这种表位—存在用法作为解释整个 einai 用法系统的基础。这样，表位用法也成为他关于 einai 这个词的整个用法体系的基础。

第二，在卡恩对存在用法的说明中，表位用法起了非常重要的作用。在卡恩区别出来的六种存在用法中，类 Ⅱ 是希腊文中典型的存在句。无论是英文，还是中文，对这类句子的翻译也是典型的表示存在的句子。但是这类句子的主要特征是 einai 这个动词前移至句首的位置。根据卡恩的分析，这样的表达方式具有一种强调的作用，具有一种修辞力量，它引入一个所要陈述的主体，比如一个人、一个山洞、一座城市、一条河，等等。值得注意的是，einai 这个动词前移至句首，因而具有一种强调作用、一种修饰力量，但是，由此并不一定就表示存在。从卡恩的分析来看，当 einai 这个动词出现在句首的时候，表示存在的句子一般都是表位系词构造，而不是名词系词构造，这样就说明，希腊文中表示存在的句子是与表位句联系在一起的，甚至可以说是由表位句演变来的。因此，表位用法对于存在用法的分析和说明是至关重要的。

第三，根据卡恩的分析，随着语言的发展，einai 这个词的表位用法得到了两种方式的发展，而这种发展都是与表位用法相关的。一种方式是表位动词以比喻的方式扩展为新词，从而产生一些非空间的用法，比如 "发生"，"处于困境之中"；另一种方式是，这种比喻的用法逐渐地有时候甚至完全消失了。比如前面关于荷马以后希腊文的表达方式，即类 Ⅵ 的分析。根据卡恩的分析，"神是" 这样的句子的显著特点是对陈述的东西没有任何补充说明，而它最自然的意思应该是 "神是在这里或那里或某个地方"，恰恰是省略了表位谓词。所以，在卡恩的分析中，表位用法对 einai 这个词在希腊语言的发展中起了十分重要的作用。他甚至认为，看到 einai 这个词这样的发展，人们可以想象一种情况："表位动词类似地扩展为标准的带有谓述名词和形容词的系词用法。在这种情况下，我们看到地点含义完全消失了，而只保留了这个动词持续不断的静态—持久的方面。"[①]

从以上三点可以看出，表位用法在卡恩的分析中占有十分重要的地位。由此

---

① Kahn, C. H.: *The Verb "be" in Ancient Greek*, p. 376.

也可以看出，表位用法与 einai 这个词的含义密切相关。应该指出，虽然卡恩提出把表位用法作为 einai 这个词原初的意义，由此建立起他关于 einai 这个词诸种用法的整个体系，但是他最终也特别强调，如果声称表位构造或表位存在的观念构成了唯一的来源，由此可以得出 einai 这个词在荷马著作中的所有用法，或者构成了唯一的基本含义，而荷马著作中 einai 这个词的所有用法都基于这种基本含义，那么这是“完全没有证据的，而且也是没有道理的”①。这就说明，我们不应该把表位用法绝对化。此外，还应该看到，虽然卡恩的分析是有道理的，但是这并不是说它不存在任何问题。我觉得，在卡恩的分析中也有任意性的成分。比如，他认为 einai 的生命用法是存在用法，但是又认为这种用法“有时确实保留了表位—存在的用法”②，甚至认为遇到 einai 不带任何地点指示，表示“我是活的”的时候，可以把它理解为省略的表达，而省略了的就是意义丰富的位置表达。③ 这样的解释显然至多只能让人觉得有道理，但是绝不能令人感到满意。这就说明，对 einai 这个词的表位用法的分析是非常复杂的事情。这种复杂性主要表现在它的含义是词典的，而对词典含义的分析只能是经验的。不是说这样的分析无法达到普遍或比较普遍的结论，但是，这样的分析要想达到普遍的结论是非常困难的。我们对这样的结论必须保持清醒的头脑。

在卡恩的分析中，句法分析始终占据了核心的地位。这一点，我们从他关于 einai 的系词用法、存在用法和断真用法的论述可以看得非常清楚。当然，句法分析很容易成为语言分析的基础，或者至少是一种方法，因此从句法出发进行这样的分析是很自然的事情。但是，像卡恩这样紧紧扣住句法进行分析，则是一个非常显著的特征。一般来说，他从具有一般性的句法形式出发，然后逐步扩展到比较特殊的句法形式，即使像存在用法的分析结果常常是词典的或语义的，但是分析的途径仍然是从句法出发。而且，这样的句法分析确实得出了非常重要的结果。

首先，einai 的系词用法及其相关的结论是非常重要的。其中最重要的结论就是，正像卡恩指出的那样，这种用法完全是根据句子的语法形式得出的，不需要语义或词典的分析。这一结论深刻地揭示了 einai 这个词的最显著的特征和含义。

---

① Kahn, C. H.: *The Verb "be" in Ancient Greek*, p. 387.

② Kahn, C. H.: *The Verb "be" in Ancient Greek*, p. 379.

③ 参见 Kahn, C. H.: *The Verb "be" in Ancient Greek*, p. 379.

围绕这个结论，卡恩有许多证明，其中一个比较重要的证明是他在荷马著作中对 einai 这个词做的取样统计，另一个证明是他关于种种系词用法的具体分析。这些统计和分析都说明系词用法的这一特征。

其次，通过句法分析，卡恩揭示了 einai 这个词的存在用法的来源和演变，说明 einai 这个词的存在用法的句法形式是这个词前移至句首，在引入了所要陈述的主语之后，还有对这种主语的谓述说明，而这种说明主要是地点的说明。这样就产生了新的句法形式，有了一种强调的作用，因此表示存在。随着语言的发展，这种自然的表达逐渐演变成一种技术性的表达，成为一种专门的哲学或宗教的表达，这时，einai 这个词在句首的位置依然不变，但是对由它引入的主语的说明消失了。对于这样的句子形式，英文没有相应的翻译，而且这种颠倒的次序，即动词在前主语在后，使人感到奇怪，因此必须在前移至句首的"being"前面加上一个 there，它是一个"虚主语"或"模糊主语"[①]。这样就有了"there is"和"there are"这样的表示"存在"的固定表达。因此卡恩也特别强调指出，there 在句首位置的这种存在用法与 there 在句中做表位副词的用法不是同一的，尽管从历史上看前者可能是从后者派生出来的。

最后，通过句法分析，卡恩揭示了 einai 这个词的断真用法与存在用法之间的一个区别，这就是：断真用法所断定的主语是一个句子，而存在用法断定的主语是一个词，而且一般来说，是一个通名。这个区别是非常重要的。一方面，它说明，真这个观念是与句子联系在一起的，而且，希腊人表达真的方式并不一定要用"真的"这个词；另一方面，它说明，存在这个观念一般来说是与一个通名相联系的，也就是说，存在这个概念所断定的一般是一个类概念，而不是一个个体概念。

虽然卡恩通过句法分析得出的结果还有不少，但是我认为以上结果是最重要的。这三个结果实际上也是印欧语言的三个非常基本和主要的特征。即使在今天，我们也可以非常清楚地看到它们。如果我们分析一下，甚至可以发现，系词用法和断真用法几乎没有什么太大的变化，唯一有变化的是存在用法。

在希腊文中没有一个专门表示"存在"的词，而 einai 这个词有时候表示的意思是存在，甚至可以说，它的有些用法我们只能用"存在"或表示存在的词

---

① 参见 Kahn, C. H.: *The Verb "be" in Ancient Greek*, pp. 30-32.

来翻译才合适。比如在法语口语中，人们常说："Est-ce qu'une telle chose existe?"（"有这样一个东西存在吗？"）而在英语中，人们则说："Is there such a thing?"（"有这样一个东西吗？"）这两句话表达不同，法语专门加了一个明确的专门表示存在的词"existe"，英语却没有，但是它们的意思却是一样的。然而不管怎样，它们毕竟还是含有与 einai 相应的词，即法语中的"est"，英语中的"is"。而在德语中，这样的表达是"Gibt es solche Sache?"，这里与 einai 相应的词是"es gibt"，也就是说，与 einai 这个词相应的"ist"也不见了。实际上，严格地说，与 einai 这个词的存在用法相应的英语表达是"there is"，法语表达是"il y a"，德语是"es gibt"。因此，只有英语还保留着与 einai 相应的"is"。有人认为，法语和德语的这种习惯表达"似乎表明比英语更强地意识到存在命题与把性质赋予对象的命题之间的区别"①。不论这种看法是不是有道理，我们至少可以看出，现代的表达与古代的表达已经有了比较明显的差异。

也许，我们可以把英语的"there is"、法语的"il y a"和德语的"es gibt"看做是固定的表达，是与希腊文 einai 这个词的存在用法相应的表达。但是我们应该看到，随着语言的发展，人们还有一个专门的表示存在的词，这就是"exist"及其同源词。正像卡恩指出的那样，从词源上看，"exist"是从拉丁词 ex-sisto 导出的，意思是"step out，emerge"。拉丁动词中潜在的这个比喻与 einai 这个希腊表达式的直接意思是不相关的。einai 这个希腊动词的词体价值是 durative（持续的），而这个拉丁复合构成词的词体本质上是 punctual 和 e-mergent。因此，einai 使人想到持久、稳定和静止，而 exist 使人想到在产生事物的黑暗背景下释放出来的新颖之处的情况。根据卡恩的观点，我们可以说，尽管像 there is、il y a 或 es gibt 这样的表达与 einai 的存在用法的表达已经有了一些差异，但是它们与 einai 的存在用法仍然有相似的地方，我们还是可以用这些表达来翻译 einai 的存在用法。但是无论如何，我们不能用 exist 及其同源词来进行翻译。卡恩甚至认为，当代哲学家们关于存在的讨论都是基于中世纪和现代哲学中关于存在的讨论，尤其是关于"上帝存在吗？"和"如何证明上帝的存在"这些问题的系统处理。这种思辨的争论背景与希腊语中 einai 这个词的规范用法一般是不相关的。从现代"存在"的用法

---

① Williams, C. J. F: *What is Existence*?, Clarendon Press 1981, p. 3.

来看，einai 这个词的存在用法是用词不当①。但是他也承认，"为什么选 existence 来区别 to be 的存在价值，是一个历史问题，而且是一个未解决的历史问题"②。

从卡恩的分析和论述可以看出，希腊文 einai 的表达是非常丰富和多元的，因此对它的理解和分析也是非常复杂的，若想得出非常确定的普遍的结论更是困难的。但是，作为中国学者，从我们本民族的语言、文化和思想出发来理解西方的东西，特别是理解这个 einai，还是可以得到一些有益的启示。我们无疑应该非常重视并参考卡恩的研究结果，但是也不一定把他的观点不加分析地全部拿来作为依据，更不必把他的每一个结论都当做定论，最主要的还是找出理解 einai 的主要线索来。我认为，在卡恩的众多分析和结论中，他的上述三个结论是最重要的，其中又以第一个结论最为重要。这不仅是因为其他两个结论都与这个结论有关，也因为它们都依赖于这个结论。因此，这个结论应该是我们理解 einai 这个词的重要线索和主要依据。

我强调这一点，乃是因为由此将会产生一个非常重要的结果，这就是我们对 einai 这个词的翻译也应该依据这一点。换句话说，einai 这个词的含义极其丰富，甚至可以说非常复杂，但是它最主要的用法却很简单，这就是系词用法。这种用法非常重要，体现了 einai 这个词的根本性质。对于这种重要性，卡恩有一段明确的说明：

> 系动词本身的作用是指示句子的"形式"，包括主语的人称和数量、时态，以及愿望、命令、条件和诸如此类的情态。这样，这个动词的功能联系——非常宽泛地说，它的"意义"——就与主—谓句的一般形式、而不是与任何特殊的内容联系起来。在比较松散但可理解的意义上说，系动词在最基础的用法中意味着：某种属性（性质、位置）属于某个主体。在疑问和模态用法中，系词指示这种相同的属于概念，只是不作为简单断定的对象或内容，而是处于特殊的修饰（可能、怀疑、愿望，等等）之下。用元语言学的话说，这个基础的系词表示陈述一个主—谓句的真，而这些修饰的用法表示陈述一个主—谓句在各种不同的认识或意向模态下的真……总而言之，我们可以说，系词作为限定动词指示整个句子——它的句子性——的句法形式，

---

① Kahn, C. H.: *The Verb "be" in Ancent Greek*, p. 231.
② Kahn, C. H.: *The Verb "be" in Ancent Greek*, p. 232.

同时还陈述了它的真。[①]

对于这样一个用法非常简单，含义却非常丰富而复杂的词，如果我们能够找到一个相应的中文词，忠实地反映和传达出它的意思，当然是再理想不过的了。但是由于语言的差异，我们大概很难做到这一点。那么在这种情况下应该怎么办？我认为，如果我们无法找到一个合适的中文词来翻译它，我们对它的翻译至少应该反映出这个词最主要的用法和最主要的特性。既然 einai 这个词的主要用法和特性是系词，用卡恩的话说，它的用法从本性上说不是词典的，而是句法的，我们就应该尽量把它的这种特征和性质翻译出来，除非我们确实根本做不到这一点。实际上，汉语虽然不是语法语言，没有西方语言那样明确而独特的语法形式，但是我们也有一个独特的动词，它表示主谓联系，由它表示的句子具有与西方语句相似的主谓结构，而且它的这种用法也是一种地地道道的系词用法。这个动词就是"是"。王力先生曾经指出，"是"这个词作为系词的产生，是从汉代开始出现的。[②] 我们知道，一些词逐渐带有语法的特征，表明汉语表达趋于严格化。所以，我主张用"是"来翻译希腊文的 einai。最为重要的是，这不是单纯的翻译，而是对 einai 这个词的理解的结果。当然，这个结果是根据卡恩的研究而来的。

---

① Kahn, C. H.: *The Verb "be" in Ancient Greek*, pp. 395-396.
② 参见王力：《汉语语法史》，商务印书馆 1989 年版（以下只注书名），第 194 页。

第三章　巴门尼德的真之路

巴门尼德（约公元前 515 年—前 5 世纪中叶以后）是古希腊著名哲学家，爱利亚学派的奠基人。他的著作大都已经遗失，流传下来的仅是一些残篇。这些残篇也不是直接出自他的手笔，而是来自别人的引证。残篇的文体是诗，非常优美，人们认为它们属于一部著作，还给它加了一个题目《论自然》[①]。这部著作主要谈的乃是是与真的问题，大概也是历史上第一部谈论这一问题的著作，因此巴门尼德被认为是历史上第一位明确提出或谈到是与真的人，所有关于是与真的讨论自然也要追溯到他。

关于巴门尼德的这部著作，西方学者的讨论非常多，争论非常多，意见也极不统一。在这里，我不想具体地评价哪一种观点正确，哪一种观点不正确，哪一种观点有道理，哪一种观点没有道理，或者说，哪一种观点更有道理，哪一种观点不太有道理。相反，我要从他们的不同解释出发，把重点主要放在理解和说明巴门尼德的思想上，特别是放在理解和说明巴门尼德的思想主要是关于是与真这一点上。为了比较清楚地说明这一点，我们首先看一看其中最主要的一段译文。

一、译文

关于巴门尼德的思想争论很多，但是争论最多的主要是关于他的残篇第二部分的一段话。这段话的原文如下：

> he men hopos estin te kai hos ouk esti me einai, / peithous esti ke-leuthos,
> 'Aletheie gar opedei, / he d'hos ouk estin te kai hos chreon esti me einai, / ten de

---

[①] 据说，巴门尼德的这部著作流传很久，直到公元 6 世纪还有人看到全文。参见汪子嵩等：《希腊哲学史》第 1 卷，第 588 页。

toi phrazo panapeuthea emmen atarpon. / oute gar an gnoies to ge me eon, ou gar anuston, / oute phrasais. ①

巴门尼德的书写方式是诗，因此这里我们用"/"来隔行。这段话的重点是第一行和第三行。第一行中的 estin 是系词第三人称单数形式，相应于英语的 is，德语的 ist，第三行中的 ouk estin 是系词第三人称单数否定形式，相应于英语的 is not，德语的 ist nicht。第一行中的 ouk 和 me 是不同形式的否定词"不"，而 esti 和 einai 则是系动词的不同表达形式，前者是情态动词形式，后者是不定式。由于对这段话的理解不同，因此翻译也不尽相同，下面我们仅引用几段有代表性的译文：

译文 1：The one way, that it *is* and cannot not-be, is the path of Persuasion（for it attends upon Truth）; the other, that it *is-not* and that needs must not-be, that I tell thee is a path altogether unthinkable. For thou couldst not know that which is-not（that is impossible）nor utter it. ②

译文 2：One，that〈That which is〉is, and it is impossible for it not to be, is the Way of Persuasion, for Persuasion attends on Truth. Another, that It is not, and must needs not be-this, I tell thee, is a path that is utterly undiscernible; for thou couldst not know that which is not—for that is impossible—nor utter it. ③

译文 3：The one [says]: "exists"and "it is not possible not to exist," it is the way of persuasion（for persuasion follows upon truth）; the other [says]: "exists-not" and "not to exist is necessary," this I point out to you is a path wholly unknowable. For you could not know that which does not exist（because it is impossible）nor could you express it. ④

译文 4：Der eine, dass "es ist" und dass Nichtsein nicht möglich ist, ist die Bahn der Überzeugung, der Wahrheit nämlich folgt sie, der andere aber, dass "es nicht ist" und dass Nichtsein notwendig ist, dieser Pfad ist freilich, so erkläre ich

---

① 引自 Bormann, K.: *Parmenides*, Felix Meiner Verlag Hamburg 1971, S. 32.

② Kirk, G. S., Ravan, J. E.: *The Presocratic Philosophers*, Cambridge University Press 1957, p. 269.

③ Cornford, F. M.: *Plato and Parmenides*, London 1951, pp. 30-31.

④ Taran, L.: *Parmenides*, Princeton University Press 1965, p. 32.

dir, gänzlich unerforschbar; denn weder könntest du das Nichtseinde erkennen, denn das ist nicht durchführbar, noch aussprechen. ①

译文 5：Der eine, dass nur das Sein und dass nicht ist das Nichtsein, — dies ist der Überzeugong Pfad, auf ihm ist die Wahrheit. Der andere, dass das Sein nicht ist und das notwendig das Nichtsein, —von diesem sage ich dir, dass erder gang unvernunftige Weg; denn das Nichtsein kannst du nicht erkennen, noch erreichen, noch aussprechen. ②

译文 6：Der eine Weg, dass IST *ist* und das Nichtsein ncht ist, das ist die Bahn der Überzeugung（denn diese folgt der Wahrheit）, der andere aber, dass NICHT IST *ist* und dass Nichtsein erforderlich ist, dieser Pfad ist, so künde ich dir, gänzlich unerkundbar... ③

译文 1—3 是英文，4—6 是德文。我想，通过分析和比较这几段两种不同文字的译文，大概会有助于我们理解巴门尼德的意思。

先看英译文。译文 1 用 "it" 作 "is" 的主语。这样，"it" 可以是一个先行词，是一个语法概念，因此可以是空的。根据这样的理解，这里所说的 "it is" 可以是一般的语言表达形式，省略了被断定或被谓述的东西，即 "……是……"，也可以表示断定真，就像一个断真句，即 "……这是真的" 或 "……是这样的"。

译文 2 用 "That which is" 作 "is" 的主语，尽管加了括号，以此说明原文中并没有这样的表达，但是说明译者认为巴门尼德在这里的表达实际上是有主语的，而这个主语是事物，而不是事实。这样也就表明，译者认为巴门尼德这里表达的不是一般的语言表达形式，即不是 "……是……"，也不是断真句。

译文 3 用 "exist" 来翻译，显然译者认为，巴门尼德这里表达的是 "存在"，因而根本就没有译文 1、2 的含义。

再看德译文。译文 4 的意思与译文 1 近似，译文 5 的意思与译文 2 近似。译文 6 的意思则既不同于译文 4 和 5，也不同于译文 3。它用 "IST" 来表示，显然译者认为，巴门尼德这里的表达有特殊的含义，与一般的 "ist" 的含义不同。但

① Bormann, K.: *Parmenides*, S. 33.
② Hegel, G. W. F.: *Vorlesungen über die Geschichte der Philosophie*, Stuttgart 1928, S. 294.
③ Bormann, K.: *Parmenides*, S. 33.

是，没有使用"存在"这一表达，这也说明，译者并不认为这里的意思是表示"存在"。

综合以上几段不同译文的含义，我们可以看出，人们对巴门尼德这段话的理解主要表现出两方面的区别。首先，有人认为这里的 estin 有主语，有人则认为这里的 estin 没有主语；其次，有人认为这里的 estin 表示"是"，有人则认为这里的 estin 表示"存在"。这里应该指出两点，第一，在西方学者的讨论中，这两方面的区别并不是非常清楚的，常常混淆在一起。第二，人们对巴门尼德这段话的解释，直接地、断然地、纯粹地用"存在"表示的是极少数。[①] 因此，我们在研究中必须特别仔细当心。我们既不能简单地说，人们讨论 estin 有没有主语，这就说明与考虑"存在"没有任何关系，也不能简单地说，人们用"是"来翻译巴门尼德的话，则说明巴门尼德的话没有"存在"的意思，或者人们不认为巴门尼德的话有"存在"的意思。但是我们至少应该看到，在大多数外国学者看来，对于巴门尼德所说的话，是不能简单地用"存在"来理解的。

现在我们再来看一看中译文：

译文 7：一条是存在而不能不存在，/这是确信的途径，与真理同行；/另一条是非存在而绝不是存在，/我要告诉你，此路不通。/非存在你不认识，也说不出，因为这是不可能的。[②]

译文 8：第一条是：存在者存在，它不可能不存在。这是确信的途径，因为它遵循真理。另一条是：存在者不存在，这个不存在必然存在。走这条路，我告诉你，是什么都学不到的。因为不存在者你是既不能认识（这当然办不到），也不能说出的。[③]

译文 9：一条路是，只有"有"存在；"非有"不存在，——这是确证的路径，真理是在这条路上。另一条路是，"有"不存在，"有"必然是"非有"，——关于这，我对你说，这是完全非理性的道路；因为"非有"你既

———————————

① 就我看到的文献，把巴门尼德这段话直接翻译为"exist"的，只有 Taran 一人。

② 苗力田主编：《古希腊哲学》，第 92 页。

③ 北京大学哲学系外国哲学史教研室编译：《西方哲学原著选读》上卷，商务印书馆 1990 年版（以下只注书名），第 31 页。

不能认识，也不能达到，也不能说出。①

译文 10：存在如何是有，非存在如何是无，/这是一条可靠的道路（因为它符合真理），另一方面，相反，存在如何是无，/非存在如何是必要的，/我告诉你，/这条道路是无法认识的，/对于非存在（因其没有实现），/我们没有任何知识，/也无可言说。②

以上四段中译文分别根据了不同的希腊文、英文和德文版本，也有比较大的差异。这里，我不想探讨它们之间的差异，而只想指出一点：它们并没有参照译文 3，也就是说，它们参照的文本都没有明确的"exist"这样的表达，但是它们几乎都采用了"存在"（或"有"）这个术语。这样，至少在字面上，它们与译文 3 是近似的。因此，它们相应于一种最少见的译文。特别应该看到的是，译文 3 的译者对其他没有采用"存在"的翻译进行了探讨，甚至提出批评，而我们这样的翻译却不是这样，它们仅仅是根据译文 3 的译者所探讨和批评的那些译文翻译出了"存在"。因此，这里的翻译（除译文 9）与译文 3 仅仅是一种字面的巧合，在理解方面仍然是有很大差异的。

我认为，中译文翻译的最大问题是没有翻译出 estin 这个词作为系动词的特征及其性质，这样就从字面上掩盖了这个词本来可能会有的极其丰富的含义，从而使我们的讨论从一开始就远离了巴门尼德本来可能会有的种种含义。尽管我们不能说巴门尼德使用这个 estin 完全没有存在的含义，但是用"存在"来翻译它却会使我们完全局限在存在的意义之下。这无疑是很成问题的。下面是我对这段话的翻译：

译文 11：一条路乃是（那）是，且不可能不是，这是确信的道路，由它得出真；另一条路乃是（那）不是，且必然不是，我告诉你，这是完全走不通的路，因为你认识不了不是的东西，这是不可行的，也是不可说的。

读这段译文，可能也会产生理解的困难。但是我想请读者想一想：这里的困难主要是理解巴门尼德的思想的困难，还是理解中译文的困难？即使理解这样的

---

① 黑格尔：《哲学史讲演录》第 1 卷，贺麟、王太庆译，商务印书馆 1981 年版（以下只注书名），第 265 页。

② 叶秀山：《前苏格拉底哲学研究》，人民出版社 1982 年版（以下只注书名），第 141 页。

译文仍然会有困难，但是我们离巴门尼德的思想究竟是更近了，还是更远了？下面，让我们进一步考虑巴门尼德的思想。

二、分歧所在

关于巴门尼德这段话的理解存在着许多分歧。在卡恩的著作发表以前，不同考虑的主要焦点在于：estin 有主语还是没有主语？如果有主语，它的主语是什么？卡恩的研究成果问世以后，与以前不同的考虑主要是：estin 表达的是什么？因此，我们这里首先不考虑卡恩的结论，看一看该如何理解巴门尼德的思想；然后再根据卡恩的研究成果来理解巴门尼德的思想，看一看会有什么结果；最后，我们分析一下，这样两种思考方式有什么不同，产生的结果有什么不同。

不少人认为，estin 是应该有主语的。但是这种观点又有分歧，即 estin 的主语是什么。这个问题的产生是非常有意思的，因为这一段希腊文只有孤零零一个词 "estin"，而在翻译中似乎必须为它补上一个主语才合适。比如，英文对它的翻译一般是 "it is"。但是正像一些专家指出的那样，这样的翻译 "太容易产生 'it' 是什么的问题"①。而且实际上确实形成了关于 "it" 是什么的讨论。有人认为，estin 的主语乃是 "所是者"（that which is），比如上述译文 2，也有人认为，estin 的主语乃是 "是"（Sein，IST），比如上述译文 5 和 6。这些看法对于理解巴门尼德的思想是有很大区别的。

持 estin 的主语乃是 "所是者" 这种观点的人认为，巴门尼德常常省略用语，"所是者" 乃是他未表达出来的概念。从巴门尼德残篇整体来看，他谈论的乃是实在②、世界、可被谈论或思考的东西以及真，等等。③

持 estin 的主语乃是 "是" 这种观点的人认为，巴门尼德这里讨论的乃是一对表示矛盾的命题，这对命题构成了他探讨问题的出发点。具体地说，第二句话是："是乃是，而不是乃不是"，它表达了同一律，而第五句话是："是乃不是，并且必然不是"，这句话违反了同一律。所以巴门尼德用前一句话表示通往真之路，

---

① Kirk, G. S., Ravan, J. E.: *The Presocratic Philosophers*, p. 269.
② 参见 Verdenius, W. J.: *Parmenides*, Adolf M. Hakkert-Publisher, Amsterdam 1964, pp. 31-33.
③ 参见 Taran, L.: *Parmenides*, pp. 34-36.

而用后一句话表示不能走的道路。此外，这样的表达似乎与残篇 8 中的一句话恰好相应，那句话是："要么完全是，要么不是"，它表达的正好是排中律。

与上述观点相对立的观点认为，estin 没有主语，乃是一种非人称用法。因此巴门尼德这里表达的是"存在"，比如上述译文 3，这里使用的 estin 和 ouk estin 是无人称的，没有主语，因此应该在本体论的意义上来理解，它的"意义是纯存在的"，"因为希腊语与英语不同，它接受不带表达出主语的系词非人称用法，也接受不带表达出主语的存在非人称用法"①。但是，持这种观点的人也认为，这里，"存在"这个概念是由一个动词表达的，而巴门尼德同样可以用一个动名词来表达，即说"是"（Being）。但是，说"是乃存在"（Being exists）则是同义反复。"巴门尼德从本体论问题的优先性出发，他的出发点乃是存在。"②

以上我只简单地介绍了几种比较有代表性的关于巴门尼德思想的解释。应该说，这些解释都是从巴门尼德的思想出发的，而且都有一些依据，因此都是有道理的。但是正像它们的观点明显不同一样，它们相互之间也有一些批评。应该说，这些批评也都是有一定道理的。但是我把所有这些通通略去不谈，因为我认为，以上观点有一个比较大的弱点，这就是它们不是从 estin 本身所具有的各种用法和含义去考虑，而是仅仅从其某一种用法或含义去考虑，并以此下断言，因此造成的结果是，它们的解释是有道理的，而别人的批评也是有道理的。在卡恩的研究成果问世以后，这种现象有了很大的改观。

穆尼兹认为，首先，在残篇 2 中，巴门尼德只使用了 estin 这个词，因此这个词构成了一个单词句（one-word sentence），或者更准确地说，它构成了一个句子框架。这也就说明，这样单个的词能够表达整个句子和完整的思想。其次，在残篇 2 中含有 estin 这一单个的词的上下文中，最好把它"理解为结合了上述所有三种用法"③，即系词、存在和断真用法。这一点突出地表明穆尼兹接受了卡恩的研究成果，从其研究成果出发，而不同意以前那样的研究。也就是说，他反对仅从某一个用法或一种含义出发来理解和解释巴门尼德的思想。但是，这样的分析并不是没有任何问题。穆尼兹也承认，如果巴门尼德表达的确实是这样，那么人

---

① Taran, L.: *Parmenides*, p. 36.

② Taran, L.: *Parmenides*, p. 37.

③ Munitz, M. K.: *Existence and Logic*, New York University Press 1974, p. 26.

们立即就会问，什么是被 estin 这个系词连接起来的主语和谓语？穆尼兹认为，巴门尼德本人没有明确地说明主语或谓语。由于 estin 含有谓述用法，因此它具有一种完全形式的性质。这就说明，"它对任何是我们的主语、任何是我们的谓语的东西都会是适用的，只要这是某种可以认识的事物的结合，也就是说，只要它是与某种可被认识的东西有关的"[①]。为了表达这种事物状态，我们可以采用以下两种方法中的任意一种方法：（1）我们可以在句子框架中使用填充位置的代词"It is——"（"这是——"）。我们在"是"的后面留出一个空位，表示一个谓语仍然需要明确说明。（2）另一方面，"it"给了我们一个语法主语，或者，它标志一个位置，表示可以提供一个主语，除此以外，"it"（这）这个词实际上对我们根本没有帮助。因此，我们可以干脆留出这个主语词项空位的地方，就像我们已对谓语所做的那样。这样我们就会有"——是——"。穆尼兹明确地说：

> 这个表达式是一个句子框架，其中，主语的位置和谓语的位置都是空白的。在这个框架中，只有"是"（esti）保留下来，指示其作用。这种作用，一种恒定的逻辑作用，就是联系主语和谓语。它用来表示一个谓述记号。它标志着一个事实：谓语正被附加在主语上，正被用来谓述主语。[②]

不论穆尼兹的这种理解是不是有道理，我们至少可以看出它有两个显著特征：第一，它与过去的解释有明显的、甚至根本的区别。它强调的主要乃是 estin 这个词作为系词的性质和特征，并且由此出发来理解和解释巴门尼德的思想。第二，它恰恰与卡恩对 estin 的三种主要用法之一——系词用法的解释相一致。也就是说，这样的解释至少符合 estin 这个希腊语词最主要和最常见的用法。

　　穆尼兹不仅从系词用法出发进行了解释，而且也从存在用法和断真用法出发进行了解释。他认为，从存在用法来看，巴门尼德的句子也是表达了一种句子结构，对此我们可以有两种理解：第一种为："——存在"，或者"——是一个存在物"；第二种为："有一个东西，'——是——'中的主项指它"。而从断真用法来看，巴门尼德的句子表达的也是一种句子结构，对此我们可以有三种理解：第一，"'——是——'这整个句子是真的"；第二，"是这种情况（事实是）'——

① Munitz, M. K.: *Existence and Logic*, p. 26.

② Munitz, M. K.: *Existence and Logic*, p. 26.

是——'"；第三，"'——是——'所体现的这种事物状态保持着，持续着"。在所有这些不同的理解中，引号表达的是句子框架，其中的横杠表示句子中的空位，可以填充不同的东西，也就是我们实际表达的东西。这样，穆尼兹就把巴门尼德在残篇 2 中的思想解释为表达了一种句子框架。他明确地说：

> 在所有这些情况下，句子框架中的空位都会需要被适当的表达式填充，从而得到一个句子，而在句子中，"esti"的这样那样的意义就会以上述描述的方式起作用。我想提的建议是，由于巴门尼德仅仅使用了单一一个词"esti"，我们就应该把他的单词句理解为结合了上述所有三种表述，就是说，他想一下子传达"esti"这个词所有独立的用法。①

我不认为穆尼兹的这种解释就完全没有问题，但是我认为它是非常有吸引力的。众所周知，巴门尼德的残篇是很难理解的。从巴门尼德的残篇来看，他的表述有几个特点。第一，使用比喻的方式，这样很多地方就需要联想和猜想。第二，著作不完整，因此许多非常重要的思想很不容易确定。比如残篇 3 中有这样一句话："是者对于思考和是乃是一样的。"这句话涉及"思维"与"是"的关系，乃是一句非常重要的话，但是由于它是孤零零的一句，因此非常令人费解。有人认为它应该紧接在残篇 2 之后，但是放在这里还是不放在这里，产生的理解和解释会有很大差异。第三，尽管如此，不把巴门尼德的这些残篇中的思想联系起来考虑，似乎也是不行的，因为他的思想肯定不会没有联系。因此，尽管人们都承认巴门尼德在残篇 2 中的思想至关重要，但是没有哪一位学者只是孤立地理解和解释它。在这样一种背景下，以我之见，穆尼兹的解释更像是一种整体的、系统的和有道理的解释。

穆尼兹认为，"是"乃是一个包罗万象的词。对于巴门尼德来说，在语言（和思想）的问题与现实的问题之间最初没有区别。他主要是关心本体论的问题，对是的哲学分析就是分析我们在进行逻辑思维时如何思考或谈论是，是本身是什么。因此，"巴门尼德最关心的是分析是乃是什么意思，其次才关心物理学"②。在巴门尼德的研究中，他区别了 esti（it is [是]）和 to eon（that which is [是者]）。他主

---

① Munitz, M. K.: *Existence and Logic*, p. 27.
② Munitz, M. K.: *Existence and Logic*, p. 21.

要关心的乃是对 to eon 的分析，而"他对 esti 的分析是为理解 to eon 服务的"①。穆尼兹进一步指出，巴门尼德与柏拉图和亚里士多德分享一种共同的兴趣，即以谓述来对待是。对巴门尼德来说，本体论的起点和基础是理解使用 esti 这个词时所涉及的东西。在这一意义上，巴门尼德、柏拉图和亚里士多德这三个人是一致的，尽管他们也有一些区别。他认为，柏拉图的注意力在一般词项作谓词的用法上，他发展了形式理论，提供了这些谓词的本体论的相互联系；亚里士多德的主要兴趣在主项方面，在作为这样的主项的规范作用和状态方面；而巴门尼德的兴趣则是把关于使用 estin 的基本公式应用于 to eon，即最终的实在，作为根本的主体。因此，"对 to eon 的理解，即把它理解为不定式和系词，乃是巴门尼德理解 to eon 的实质的门径"②。

显然，穆尼兹实际上把巴门尼德的论述分为两部分，一部分乃是关于是（estin）的论述，另一部分则是关于是者（to eon）的论述。关于是的论述则是为关于是者的论述服务的。也可以说，他在残篇开始部分探讨了是，但是最终目的乃是为了后来探讨是者，后者形成残篇 8 的主要内容。

残篇 8 被认为是巴门尼德遗著中最长、最重要的部分，在这里，我们可以看到巴门尼德对有关本体论的独到理解和论述，也可以说他关于是者的理论。在这一部分著作中，巴门尼德基本上不再谈论"estin"，而是谈论"to eon"，而且提出了一系列论证，说明了是者的各种性质，解释了我们应该如何看待它。应该指出的是，"是者"乃是希腊文 to on 表示的东西。而 to on 是从"einai"这个动词（是）的分词"on"形成的一个名字。to eon 则是巴门尼德对 to on 的表示，乃是爱奥尼亚方言的形式。穆尼兹认为，to eon 这个词"不仅可以翻译为'是'［或'是者'（Being）］，而且同样可以翻译为'所是'（what-is），'所是者'（that which is），'是如此者'（what is so）"③。

我非常同意穆尼兹的这个观点，而且我认为这一理解非常重要。它不仅涉及印欧语言一般的表达习惯，而且关系到哲学中对于本体论问题的表达和理解。特别是，这种表达和理解方式与我们中国人的表达和理解方式差距是比较大的，因

---

① Munitz, M. K.: *Existence and Logic*, p. 21.

② Munitz, M. K.: *Existence and Logic*, p. 22.

③ Munitz, M. K.: *Existence and Logic*, p. 32.

此值得我们认真体会。简单地说，"是"乃是用来进行表达的一个非常普遍、或者说特别常用的词，它的表达形式是系动词。而在哲学中，当人们把它当做一个对象来谈论的时候，通常要用与它相应的名词、动名词、分词或不定式等形式。在这样的表达中，如果上下文非常清楚，那么对于我们不存在理解的问题。如果上下文不清楚，我认为，可以有两种理解。一种理解是：我们把它理解为"是"，即这个动词本身；另一种理解是：我们把它理解为凡是可以用它来表达的东西，即"是者"。也就是说，是者与是虽然联系十分密切，却又是不同的。我们对此应该有比较清楚的认识。正像穆尼兹所说，巴门尼德在残篇 8 中论述的乃是是者，而在残篇 2 中论述的乃是是，这两种不同的论述是不应该混淆起来的。

应该指出，对于卡恩的研究成果，人们并不是没有异议[①]，人们参照卡恩的成果来研究巴门尼德，所得结论也并不是完全一致的。但是几乎有一点是共同的，这就是人们比较一致地把巴门尼德在残篇 2 中的主要论述理解为表达了一个句子框架。穆尼兹的以上论述显然是这样的。此外，我们还可以看到下面这样的理解。比如"esti 确实代表判断的形式"，按照这样的理解，残篇 2 中两句关键的话被翻译为：

> 一条路：——是——，并且不可能——不是——，……另一条路：——不是——，并且——不是——乃是对的……[②]

这里，巴门尼德所说的"是"显然被理解为一个句子框架。我认为，不能说这样的理解在今天已经占主导地位，但是至少表明，今天人们理解巴门尼德与过去已经有了很大的不同，而这样的不同与卡恩的研究结果是有很大关系的。针对巴门尼德残篇 2 的思想，穆尼兹非常明确地指出：

> 至此巴门尼德并没有探讨任何专门的问题。在某种意义上说，他没有作

[①] 由于这不是本文讨论的重点，因此我没有展开论述。卡恩受到的最大的质疑是他没有探讨希腊文"是"这个词表示"同一"的含义，参见 Tugendhat, E.: "Die Seinsfrage und ihre sprachliche Grundlage", in *Ernst Tugendhat Philosophische Aufsätze*, Suhrkamp Verlag 1992；此外，也有人认为，卡恩的"断真用法"这个概念过于宽泛，而且他所说的"是这样的情况"这个表达太空洞，参见 Mourelatos, A. P. D.: *The Route of Parmenides*, Yale University Press, 1970；还有人认为卡恩关于存在句的分类有错误，参见 Williams, C. J. F.: *What is Existence?*, Clarendon Press 1981.

[②] Mourelatos, A. P. D.: *The Route of Parmenides*, pp. 54-55.

出任何断定；他没有提出任何专门关于世界的知识陈述。他关于"esti"所不得不说的仅仅是一种框架、一种模式、一种逻辑形式。这种框架、模式或逻辑形式适用于任何可被认识的东西，即适用于任何能够用作这种一般形式或模式的内容、填充、例子、说明或案例研究的特殊可认识的主题或问题。因此，一些解释者是错误的，因为他们以为，关于 esti 的这个陈述已经给我们提供了巴门尼德关于实在的性质、关于是或"to eon"的观点的本质。他们把"esti"这个公式的模式与一个例子——巴门尼德的一个非常重要的例子，然而，肯定仍然是一个例子——混淆起来或混在一起。对于巴门尼德来说，这个公式应该用来不仅表示研究是（to eon），而且也表示研究比如自然（物理学），即宇宙学、天文学、气象学、心理学，等等。[①]

这段话是不难理解的。它所强调的无非是表达方式与所表达的内容是有区别的。简单地说，巴门尼德所说的表达方式具有普遍性，正是这种具有普遍性的表达方式适用于广泛的、属于不同的领域的表达内容。如果把这样两种东西混淆起来，就无法理解甚至可能会完全曲解了巴门尼德的思想。

我认为，对于巴门尼德的理解，在卡恩的成果问世之前和之后，是有很大差异的。我强调这种理解的差异，或者说意见的分歧，不仅是因为我赞成后来的这种理解，而且更主要地是因为，在我看来，基于系词对 estin 的理解，或者简单地说，对"是"的理解，对于理解巴门尼德的思想乃至理解整个西方哲学与此有关的思想来说，乃是至关重要的。

三、疑难与问题

在上一节，我以卡恩的研究成果为分界，简要介绍了人们对巴门尼德思想的不同理解和解释。原则上说，我比较赞成穆尼兹的解释，但这并不是说，我认为根据他的解释我们理解巴门尼德就完全没有问题，也不是说，我认为以前人们的解释都是错误的。我比较赞成穆尼兹的解释，主要是因为它仅仅从巴门尼德的原话出发，在不设想加字或减字的情况下提出了一种有道理的解释，而且这种解释恰恰符合希腊语 einai 这个词的主要用法和含义。

---

① Munitz, M. K.: *Existence and Logic*, p. 28.

应该看到，以上解释主要是针对巴门尼德的残篇 2，虽然提到了他的其他残篇，特别是残篇 8，但是对它们基本上没有进行比较详细的研究和分析。因此一个直观的问题是：这样的解释是不是适合于其他残篇，特别是残篇 8？根据穆尼兹的解释，这似乎是容易理解的，因为残篇 2 论述的乃是"是"的一种表述框架或模式，而残篇 8 论述的乃是它所表述的东西。具体地说，残篇 2 论述的是 esti，而残篇 8 主要论述的是 to eon，这两种东西不同，也不应该混淆起来。但是，一如穆尼兹所说，"像任何知识对象、任何可认识的东西一样，to eon 将需要满足 esti 这种表述式的一般形式要求：（1）它存在；（2）它是这样的（或者有这样的性质）；（3）关于它可说的乃是真的"①。这样就说明，巴门尼德在残篇 8 主要探讨的是"是者"（to eon），而不是"是"（esti），但是他关于是者的探讨乃是与是紧密相连的。不过，这样的解释似乎还是有些太概括了。为了进一步说明这个问题，让我们看一看残篇 8 的第一段话：

> 只剩下一条路可以说了，即：是。这条路上布置了许多符号。是者乃是非创造的，也是不可消亡的，因为它是整体的、不动的和无穷的。它不是在过去，也不是在将来，因为它是现在，完全作为整体，一个一，持续的；因为你将寻求它的什么起源呢？它是如何生长的？来自何方？我也不允许你从不是者来说或思考；因为不是乃是不能说的，也是不能思考的。如果从不（是）开始，什么需要会驱使它在晚些时候而不是早些时候成长呢？这样它必然要么完全是，要么不是。除了是者，真信念的力量也不会允许从不是者能够产生任何东西；因此正义不会放松锁链，允许它产生或消亡，而是把它抓牢；对这些问题的判定就在于：是或不是。但是作出肯定就已经判定，一如必然的情况，撇开一条道路，它是不可思考的和无名的，因为它不是真之路，考虑另一条道路，它是实在和真的。然而，是者如何消亡？是者又如何产生？因为如果它过去产生，它现在就不是，如果它在未来将是，它现在也不是。因此产生乃是消逝，而消亡乃不可想象。②

---

① Munitz, M. K.: *Existence and Logic*, p. 32.

② 本段译文参考了以下几种版本的翻译：Bormann, K.: *Parmenides*, S. 38-43; Diels, H.: *Die Fragmente der Vorsokratiker*, S. 235-237; Kirk, G. S., Raven, J. E.: *The Presocratic Philosophers*, p. 273; Parmenides: *Über das Sein* (Griechisch/ Deutsch), Reclam 1981, S. 10-11; 苗力田主编：《古希腊哲学》，第 93 页。

这段话被认为是巴门尼德关于本体论的一段非常重要的论述，受到研究者们的高度重视。在这段话里，巴门尼德谈论的主要是"to eon"，德文一般译为 Seiendes，英文一般译为 what is。即使以"存在"（exist）来翻译巴门尼德的 estin 的人在这里的翻译也不用"存在"，而用 being①。因此，巴门尼德谈论的乃是是者，这一点大概是一致的看法。问题是：这个是者是什么？

我认为，这段话有些地方是非常清楚的，没有理解的问题，比如是者的那些性质：非创造的、不可消亡的、整体的、不动的、无穷的，等等。但是有些地方是不清楚的，不太容易理解，而最不清楚和最不容易理解的是：是者怎么会有这样的性质？当然，这个问题与"是者是什么"这个问题的联系是非常密切的。

穆尼兹强调指出，为了理解巴门尼德使用 to eon 表示什么，以及他关于它所说的各种东西，我们需要的基本线索是他在谈论世界的存在，确实有一个世界。绝对重要的是，我们把世界存在的这一纯粹事实分离出来集中考虑，而不掺入其他被（错误地）看做与它同一的事实。世界的存在本身不是一个物体，本身也不是真。它不具有持续时间或形状，本身也不坐落在时空中。它本身不是多数或多重的对象或事件，本身并不经历任何种类的变化，在概念上不可能分析为更基础或更进一步的构成概念，因此完全是独一无二的。按照穆尼兹的这种解释，巴门尼德这里确实是在谈论世界的存在，因此可以说，是的表达方式与世界的存在是相关的。

我认为，穆尼兹的解释本身是有道理的。但是他的这个解释有一个前提，即假设巴门尼德是在谈论世界的存在。而且他把这一点当做理解巴门尼德这段话的一条"基本线索"。一般来说，从事古希腊哲学研究的人接受这个前提是不困难的，因为大家都承认，古希腊哲学家主要是探讨世界的本原，并对世界的本原作出回答。特别是，巴门尼德在这里也明确谈到"寻求"是者的"起源"，因此假设这个前提似乎也是顺理成章的。此外，把非创造的、不可消亡的、整体的、不动的、无穷的等这些性质看做世界的性质，乃是完全可以接受的，而且好像我们也只有把它们看做世界的性质，否则，还能把它们看做什么东西的性质呢？或者说，还有什么东西会有这些性质呢？但是，即便如此，我觉得这里还是有一些问题：在这种情况下，为什么巴门尼德不明确地谈论世界的起源或世界的存在呢？为什么

① 参见 Taran, L.: *Parmenides*, p. 85.

他偏偏要谈论是者呢？难道在巴门尼德时代，人们还不会使用"世界"这个表达吗？难道哲学家就是要以这样一种不同寻常的方式谈论问题吗？说得通俗一些，为什么巴门尼德要用是者来表示世界或世界的存在呢？

我想，理解这个问题，肯定不能离开巴门尼德的著作，而对于这个问题的解答，大概就在巴门尼德这段话中，也在穆尼兹关于巴门尼德残篇 2 和残篇 8 的关系的解释之中。在残篇 8 中，我们看到，巴门尼德显然对"是"和"是者"有明确的区别。他称研究之路为"是"，谈论的却是"是者"，因为他不允许人们"从不是者来说或思考"；他强调对问题的判定就在于"是或不是"，等等。特别是，他从"是"出发，进而谈论"是者"。因此，我们是不是可以认为：他说的"是者"乃是从他说的"是"来的？因为他先谈论了是，然后从关于是的论述过渡到后来的与是有关的论述。由于二者的紧密联系，所以他采用了是者这个术语。我想，这样的解释应该是可以成立的。

如前所述，按照穆尼兹的解释，残篇 2 论述的是 esti，是一种句子框架或结构，残篇 8 论述的是 to eon，而不是 esti，二者关系密切，残篇 2 的论述是为了残篇 8 的论述服务的。如果这种解释是对的，那么巴门尼德在残篇 8 谈论是者也是很自然的。因为这是从残篇 2 过渡来的，而且还要依赖于残篇 2 的论述和思想，所以采用了与残篇 2 相似的术语，至少是字面上具有密切联系的术语。我想，这样的解释应该也是可以成立的。

如果我的这种理解是有道理的，那么至少可以得出两个结论。第一，巴门尼德在残篇 8 中论述的究竟是不是世界或世界的存在，我们可以根据他说的那些性质去思考，并且作出相应的判定。第二，从巴门尼德的思维方式和表达方式来看，我们大概不能非常肯定地说，他谈论的就是世界或世界的存在。可以用是表达的东西都可以叫做是者，因此，是者显然比世界或世界的存在的范围或含义宽泛得多。当然，也许在不少古希腊哲学家的眼中，世界是最宽泛的东西，或者说，世界是最根本的东西。但是从巴门尼德的论述中，我们毕竟没有十分明确地看到这样的说法。我们看到的只是关于是的论述，以及从这里出发，关于是者的论述。在这种情况下，我们自然会问：巴门尼德为什么要从是出发来谈论是者？谈论与世界或世界的存在相关的东西难道不是更明确吗？

四、真

众所周知，在巴门尼德的残篇中，有两个非常重要的思想和概念，一个乃是是或是者，另一个则是真。关于是，前面我们谈了许多，但是关于真，我们却没有论述。穆尼兹的研究的主要缺陷也是在这里。应该看到，穆尼兹并不是没有谈论真。除了前面所说的关于是的断真用法以外，他有时候也明确地谈论真。比如，他认为，巴门尼德会说，谁若是清楚地知道从事知识研究是怎么一回事并且声称成功地完成了这种研究，那么有一个假设是必要的，这就是接受他对是的这种概念分析。也就是说，"我们应该能够以有条理的、真的、逻辑有效的和明白清楚的语言来表达或传达这种研究的成果，而且这种知识乃是对、关于或同一于存在的东西的，就是说，乃是对存在的东西具有揭示性的"①。他特别强调说，"哪里获得知识，哪里研究成功，哪里就有 aletheia，即真，揭示、直接显示情况是怎么样，而在这种意义上就有一种心灵和是的等同——同一性，这正是巴门尼德在一些地方，比如在残篇 3 中表达的东西"②。但是总的来说，穆尼兹对真没有做专门的考察和论述。也许在他看来，说明了是的句子框架或结构的作用就足够了，由此一定可以达到真。

在过去关于巴门尼德的研究中，人们对真是有论述的，而且不少人都有专门的论述。但是一般来说，他们有一个缺点，这就是他们关于真的论述往往是孤立的，没有与关于是的论述结合起来，特别是没有与关于作为一种表示句子框架或结构的"是"的论述结合起来。即使在卡恩的研究成果问世以后，人们也没有非常有意识地这样做。为了使这个问题更明确，下面我以莫瑞拉脱斯的研究为例做一些说明。

莫瑞拉脱斯认为，卡恩的工作精确地说明，"希腊本体论根本考虑的不是'存在'的问题，而是'什么'或'本质'的问题"③。莫瑞拉脱斯指出，今天用"存在"表达 einai 的句法的绝对用法仍然是最普遍的，关于巴门尼德的 esti 这个词，用"存在"来表达"更是令人吃惊的，因为把它译为'存在'，无论怎样填补其他细

---

① Munitz, M. K.: *Existence and Logic*, p. 28.

② Munitz, M. K.: *Existence and Logic*, p. 28.

③ Mourelatos, A. P. D.: *The Route of Parmenides*, p. 48.

节构造，都是很容易遭到反对的"①，他认为卡恩的建议是"更有希望的"②。莫瑞拉脱斯探讨了应该如何理解巴门尼德的 esti，并提出了自己的一些看法。他认为，"to be"这个希腊文动词的分词确实保留了这个动词的歧义；它可以指存在的东西，也可以指事实、情况、状态、出现；巴门尼德对"to be"这个动词的分词的用法是一个新的、几乎是技术性的用法，它的意义依赖于这个无主语的 esti 的确切意义；它在诗中的普遍用法不利于一种清晰的存在用法，以致排除了其他可能性。他还探讨了 esti 的断真用法，并且提出一个处于这种用法范围之内的、比它还要窄一些的概念：思辨谓述。莫瑞拉脱斯的研究与穆尼兹的研究相似之处比较多，也有不同之处。特别是他专门论述了真这个概念。

莫瑞拉脱斯认为，在荷马的著作中，aletheia 只是表示现实的、赤裸裸的、质朴的、地道的事实，也就是说，它表示很少有例外发生的情况。它主要的作用是名词，总是起断定动词的直接对象的作用。因此，对于荷马来说，aletheia 就是报道的真，恰恰与谎言、推诿、歪曲或误传相对照。在古代，与这种更古老的用法并行发展了另一种用法：作为真正、可靠或实在的真——与掩饰、隐蔽、错觉、表面现象相对照。在这种意义上，"真就不是一个起名词作用的概念，而是一个起副词作用的概念：它乃是事物是的一种方式或程度"③。在荷马的著作中，与 aletheia 相关的有三个词：A，事实；B，通报者；C，关注者。aletheia 的极端对立面是在从 A 到 C 的传递过程中所形成的曲解。但是在后荷马时期的用法中，A 和 B 垮掉了。不是提供消息的人不可靠，而是事实可能以歪曲或引人误解的形式表现出来。因此，人们必须总是"钻研"或"挖掘"aletheia。对于任何给定的对象，人们都必须提高警惕，准备区别其 A 成分和 B 成分。我觉得，莫瑞拉脱斯区分出来的 aletheia 最初的这两类用法，是值得我们认真注意的。

莫瑞拉脱斯认为，aletheia 这个词字面的严格的英文翻译本该是"非—潜藏"（non-latency）或者"不—被隐藏"（un-concealedness），尽管后者也许有些不太恰当。但是，通行的却是其他两种翻译："揭示"（disclosure）和"不—潜藏"（un-concealment）。这种通行的翻译不是直接的、而是间接的翻译，它们是通过 aletheia

---

① Mourelatos, A. P. D.: *The Route of Parmenides*, p. 49.

② Mourelatos, A. P. D.: *The Route of Parmenides*, p. 49.

③ Mourelatos, A. P. D.: *The Route of Parmenides*, p. 63.

的德文翻译"不隐蔽"（Unverborgenheit）这个术语而流行起来的。这个德文名词有一个否定前缀"un"，去掉这个前缀，Verborgenheit 确实意味着"是潜藏的、含糊的、隐蔽的这种状态或条件"。但是它也允许带有"隐藏、退隐、引退、回退"这样一种活动的含义的翻译。当我们加上否定前缀，这种活动含义就被扩大了。在英语翻译中很容易证实这一点（逃脱隐藏、走出隐蔽、长出，等等）。莫瑞拉脱斯认为，利用 Verborgenheit（隐藏）的这种歧义来解释 aletheia，最先是海德格尔提出来的。它可能会说明一些问题，现在也获得一些德国学者的青睐。根据这样的解释，aletheia 甚至对"光"和"光辉"这样的概念具有特殊的亲缘性，它实际上成为"照耀"（painesthai）的同义词。但是，这样的解释"太强了，得不到'非潜藏'这个概念或应用的语言事实的支持。非潜藏这种状态或条件所面对的不过是一些因素的缺乏，比如掩饰、搞模糊、歪曲或混淆，它们使我们与实际上是怎样的事物分离开来。这个词本身并不隐含着一种意思：处于那种条件的对象对其非潜藏负有因果责任。当然，它也不隐含着：是我们这些关注者或认识者为其发现或揭示负责。这些都是附加的意义；非潜藏对于这些意义是中立的"①。

莫瑞拉脱斯特别指出，当我们考虑出现 aletheia 的哲学语境和希腊语表达认识的词的使用方式时，上述第二类用法的意义就比第一类用法的意义显现得更清楚，出现得也更多。也就是说，在哲学语境中，在表述认识的语境中，aletheia 更多的是一个起副词作用的概念，它表示的乃是事物是的一种方式或程度。"这一点极为普通，在 50 年以前本来是不需要论证的。但是（具有讽刺意味的是）Verborgenheit（隐藏）使这幅图画变得模糊不清"②。

莫瑞拉脱斯认为，在巴门尼德的著作中，aletheia 的用法与荷马时代那种古代倾向于副词作用用法的方式是不同的。其中，"非—潜藏"这种意义和"事实、通报者、关注者"这种三元结构仍然都是可以分辨出来的。事物在最深的实在之中并不是像它们向凡人显示的那样或者像凡人认为它们是的那样。此外，aletheia 被理解为学习、思想、认识和谈论的对象，而这些东西应该被理解为"批判的"认识的模式。人们有理由假定"道路"的目标是 aletheia。而且，很可能重要的是巴门尼德并没有把肯定的道路等同于真，他其实称它为"说服的过程"，并补充

---

① Mourelatos, A. P. D.: *The Route of Parmenides*, p. 65.

② Mourelatos, A. P. D.: *The Route of Parmenides*, pp. 65-66.

说后者"达到真"。另一方面，他毫不迟疑地称肯定的道路为 etentumon，"断真的"。这个形容词被专门用来指一些指明真的陈述或情况。得到满足或实现的正是这个恰当地表示了预料、预言、预兆、猜测或预告的形容词。总之，"说服的过程"和"断真的道路"加强了下面的建议：这条道路通向真，思辨的"是"乃是事物从近似却"潜在的"同一到超验却"非潜在的"同一的传达者。"不幸的是，'真之路'这个名称在巴门尼德的研究中已经变得非常普遍。这种用词不当也许应该为现代解释中的许多混淆负责。"①

从莫瑞拉脱斯的解释来看，他显然认为"真"这个翻译有问题，但是他仍然认为，"就翻译巴门尼德的 aletheia 而言，最好坚持已经确立起来的'真'（有时候'Truth'）"②。他认为，在巴门尼德的著作中，aletheia 和 to eon 是同义词。不加区别地提及它们常常是有用的，因此他甚至使用"实在的东西"或"实在"来表示它。

应该说，莫瑞拉脱斯的研究不仅深入细致，而且比较广泛，既探讨了 aletheia 这个词的词源，也谈到今天对它的翻译；既分析评价了海德格尔的翻译以及英文和德文译法，也比较了这样的翻译与古希腊时期这个词的含义的同异；既指出"真"这个译法存在的问题，又提出了解决的尝试办法，因此可以给我们提供许多有益的启示。但是，我认为，莫瑞拉脱斯的研究有一点是不能令人满意的，这就是他没有从是与真的关系这一角度来考虑，因此没有把关于是的讨论与关于真的讨论结合起来。我们看到，他实际上已经谈到二者的联系，比如，他谈到了 aletheia 在古希腊时期的第二类用法：它不是一个起名词作用的概念，而是一个起副词作用的概念，它乃是"事物是"的一种方式或程度。这里，是与真显然有一种联系。但是他似乎根本忽略了这种联系。他不仅孤立地谈论真，甚至批评"真之路"这个名称在巴门尼德的研究中是"用词不当"。虽然他接受了卡恩的结论，认为巴门尼德的"to be"这个动词的分词的用法是一个新的技术性的用法，它的意义依赖于 esti 的确切意义，但是他认为在巴门尼德的著作中 aletheia 和 to eon 是同义词，甚至在"实在的东西"或"实在"的意义上谈论它们，而恰恰忽略了 to eon 所依赖的 esti 的确切意义，因此没有联系 esti 的意义，特别是它作为一种句子

①　Mourelatos, A. P. D.: *The Route of Parmenides*, p. 67.

②　Mourelatos, A. P. D.: *The Route of Parmenides*, p. 67.

框架的意义来论述真。

我之所以比较多地介绍了莫瑞拉脱斯关于真的论述，并不是因为我同意他这方面的观点而不同意其他人这方面的观点，也不是因为我认为他比其他人在这方面论述得更好，而主要是想以他为例来说明，在研究古希腊哲学特别是巴门尼德的著作中，孤立地论述是和真乃是一种比较普遍的现象。卡恩的成果问世以前是这样，他的成果问世以后也是这样。我认为，这样的理解是有重大缺陷的。对于理解巴门尼德的思想是不利的。

五、理解巴门尼德

有了以上的论述，现在可以谈一谈我自己如何理解巴门尼德的思想了。前面我们说过，理解巴门尼德的思想，仔细认真地理解残篇2的一段话非常重要。为了下面的讨论，让我们再次引用这段话：

> 一条路乃是（那）是，且不可能不是，这是确信的道路，由它得出真；
> 另一条路乃是（那）不是，且必然不是，我告诉你，这是完全走不通的路，
> 因为你认识不了不是的东西，这是不可行的，也是不可说的。

从前面的论述可以看出，我是比较赞同穆尼兹的解释的，即这段话表达了一种句子框架，而这部分论述是为后来残篇8中关于是者（实在的东西或实在）的论述服务的。但是我对他的解释和理解也存在一些疑问。具体地说，巴门尼德为什么要以穆尼兹解释的那种方式来思考问题呢？不这样做难道就不行吗？既然巴门尼德主要是想谈论实在的东西或实在，那么直接谈论不就行了吗？为什么他要绕这样一个大圈子，先说"是"，然后再说"是者"，用是者来指实在的东西或实在呢？既然关于是的论述乃是为关于是者的论述服务的，那么这种论述方式的作用和好处究竟在哪里？我之所以有这样的问题，主要是因为，仅仅从穆尼兹的论述我实在看不出，巴门尼德这样做会有什么好处？如果说实在的东西或实在指的是世界或世界的存在，那么他这种先论述"是"，再论述"是者"的方式，对世界或世界存在的探讨有了哪些深入，得到什么样的结果？换句话说，我同意穆尼兹的基本解释，但是并不满意他的结论。我认为，我们可以根据穆尼兹的解释再做进一步的考虑。而所谓进一步的考虑，就是把真与是联系起来。

　　我认为，在残篇 2 中，至少有两点是比较清楚的。其一，巴门尼德指出的探求之路乃是是；其二，从是可以得出真。而从这两点出发，我们还可以非常清楚地看出第三点：既然从是可以得出真，因此是与真一定是相互联系的。这里要特别注意英译文、德译文与中译文的区别。把"得出"这一点翻译出来还是不翻译出来，是有很大区别的，而且会造成理解方面的重大差异。从前面的引文来看，英译文和德译文基本上把"得出"都翻译出来了，其间的差别主要在于从谁得出谁，此外还有细微的理解差异，比如也可以理解为"从……达到"或"跟着"。但是无论如何都可以看出，其间有从一方得出（或达到）另一方的关系。而中译文的翻译分别为"与真理同行"、"真理是在这条路上"、"它符合真理"、"它遵循真理"。从这样的翻译却看不出从一方得出（或达到）另一方的关系，尽管"符合"和"遵循"表达了一种"依据"或"与……相一致"的含义。

　　同样，在这段话中，至少也有两点是不太清楚的。其一，这里说的"是"究竟是什么？其二，为什么或者如何由是可以得出真？而从这两点出发，我们还会产生第三个疑点：是与真会有什么样的联系？接受了卡恩的研究结果和穆尼兹的解释，可以说我们基本上解答了第一个疑问。现在我来尝试着解决其余两个问题，而且正如下面将看到的那样，对这两个问题的探讨有助于我们更好地理解第一个问题。

　　根据穆尼兹的解释，残篇 2 所说的"是"乃是一种句子框架，我们接受了这种解释，因此我们的第二个疑点就成为：为什么由这种句子框架可以得到真？从这种句子框架如何达到真？这两个问题是不容易直接回答的，因为我们看不到巴门尼德的明确说明。在这种情况下，我只能对他的一些论述进行分析，提出自己的理解。巴门尼德在其残篇 1 中说：

　　　　在这里，你要经历一切：一方面，完满的真之不可动摇的内核，另一方面，全无真可信的常人意见。根据这种意见你也要学会理解：所考虑的东西只要是普遍的，就一定是有效的。[①]

[①]　Bormann, K.: *Parmenides*, S. 43; Diels, H.: *Die Fragmente der Vorsokratiker*, S. 238; Kirk, G. S., Raven, J. E.: *The Presocratic Philosophers*, p. 267; Parmenides: *Über das Sein* (Griechisch/Deutsch), S. 13；苗力田主编：《古希腊哲学》，第 91 页。

这段话非常重要，它提纲挈领地说明了残篇的主旨，指出了两条截然不同的路。特别明确的是，它以"真"为分界，区分出这两条路。我认为，以往人们在理解这段话时，往往只是强调真（或说服）与意见的区别（国内学界则强调真理与意见的区别），而忽略了这里所说的"完满的真之不可动摇的内核"①。简单地说，这句话强调的是"真之内核"，也就是说，它强调的并不是真，而是真所具有的或者说与真相关的"内核"。即使我们换一种方式理解，认为这里强调的是"完满的真"，那么也应该是"具有不可动摇的内核的完满的真"。特别应该注意的是，这里的内核并不是随随便便的，而是"不可动摇的"。因此忽略它绝对是不应该的。我们至少应该说，这里强调了真，也强调了真的"内核"。那么在这种情况下，直观上就应该考虑，这种内核是什么？

内核是一种比喻的说法，意思是不难理解的，简单地说，它是核心的东西，引申地说，它是根本的东西，因此它是决定真的东西，"完满"则更是一种形容，说明没有缺陷，理解起来可以更任意一些。但是，正由于它是一种比喻的说法，因此尽管我们明白这种意思，但还是无法具体说清楚它到底是什么。不过，当我们把它与残篇2结合起来考虑，特别是如今有了卡恩的研究结果和穆尼兹的解释，我们就会明白，这种"内核"指的是一种以"是"表示的句子框架。巴门尼德明确地说，由它得出真，因此，把它理解为决定真的东西或真之内核，也不会有什么问题。直截了当地说："是"这种句子框架决定了真。

以上的理解是不是有道理，还可以结合反面的意见来考虑。从这段引文可以看出，巴门尼德所说的真并不是任意的，而是"完满的"。与此相对照，他谈到了"全无真可信的常人意见"。值得注意的是，巴门尼德同时又告诫我们，根据常人意见要学会理解：所考虑的东西只要是普遍的，就一定是有效的。这样看来，他并不排斥常人意见，否则他不会说常人意见是有效的。因此也可以说，在巴门尼德看来，常人意见并不是荒谬的，而只是不可信。这里，他只是以真为界，区分出两种不同的东西，一种是完满的，一种是不可信的。如上所述，对"完满的"的理解可以更任意一些。既然是没有缺陷，那么当然是可靠的。如果把它与巴门

---

① 英译文："the unshaken heart of well-rounded truth"（Kirk, G. S., Raven, J. E.: *The Presocratic Philosophers*, p. 267）；德译文："der wohlgerundeten Wahrheit unbewegtes Herz"（Bormann, K.: *Parmenides*, S. 43）。

尼德所说的"全无真可信的常人意见"看做是相反的或对照的说明，则可以把它理解为"令人信服的"。在这种情况下，我们就可以说，真之所以令人信服，乃是因为它以一种牢固的句子框架作依托，而常人意见之所以不可信，则在于缺乏这样的支持。

以上解释虽然有道理，却存在一个十分重大的问题：即使我们承认真之内核乃是一种以"是"为特征的句子框架，它决定了真，或者说，由它得到真，但是我们怎么能够说常人意见就没有这样的句子框架的支持呢？难道常人意见不是通过这样的句子框架结构表达出来的吗？特别是有了卡恩的研究结果，我们对古希腊语的这种结构的主要特征和不同性质有了比较明确的认识以后，我们更有权利提出这样的问题。

这样的提问是自然的，也是非常有道理的。因此我们必须认真考虑。我的看法是，我们没有理由怀疑巴门尼德知道 einai 的三种用法，也知道这种用法与真的联系。但是他在这里的论述大概不是指简单的断真用法，也不是指说出了"是"，就断定了真。否则，他关于"完满的真之不可动摇的内核"和"全无真可信的常人意见"的区别就没有什么道理。我认为，巴门尼德说的乃是"是"这样的句子框架，但是他想的却很可能是一种能够决定真的结构。这种结构绝不是像他说的这样简单，但是他仅仅想到这一步。也许他只是悟到这一步，认识到应该有一种结构，这种结构与真有关，可以决定真。他感到这样的东西才是真的，是可信的，是能够说服人的，而通常的表达虽然是有效的，但是无法说服人，无法使人相信为真。所以他以真作区别，指出两条不同的道路。

如果我这种理解是对的，那么应该说，巴门尼德实际上已经隐隐约约考虑到了逻辑和逻辑证明。他最明确的说法大概是在残篇 7：

> 因为是又不是的东西乃是永远无法证明的，但是你要让你的思考离开这条研究道路，也不要让富有经验的习惯迫使自己踏上这条路，瞎看、乱听、乱说；你要根据理性来判断我说过的那些非常有争议的论证。[1]

对于这样的论述，人们过去更多的是联系巴门尼德与古希腊其他哲学家的论

---

[1] Kirk, G. S., Raven, J. E.: *The Presocratic Philosophers*, p. 267; Bormann, K.: *Parmenides*, S. 43.

战来考虑，认为他是在反驳其他哲学家，比如赫拉克利特。我认为，这样的考虑当然是可以的，但是在穆尼兹研究的基础上，这样的考虑就不够了。显然，这里巴门尼德认为我们不能说"某物是又不是"，这当然可以看做是对赫拉克利特等人的具体论证的反驳，比如他实际上认为，我们不能说"某事物是在一点上又不在一点上"。但是应该看到，巴门尼德的论述绝不仅仅限于这样具体的反驳。在我看来，这是对一种比较普遍的论证模式的反驳，之所以反驳它是因为巴门尼德认为这是无法证明的。因此应该说，这种反驳追求的也是一种普遍的模式，即使说它是证明模式也不为过。此外，巴门尼德还让人们抛弃经验习惯，显然他也不主张经验证明。综合这两种情况，巴门尼德显然是在考虑一种与经验不同的而且又具有普遍性的可以用来进行证明或论证的东西。

问题是，什么是能够证明的呢？巴门尼德没有说。能够依据什么来进行证明呢？他也没有说。联系上下文，看来就是一个"是"。但是仅此一个"是"难道不是过于简单了吗？它难道真能证明什么吗？我认为，这才是巴门尼德真正还没有想明白的地方，所以他才没有说。在他那个时代，逻辑还没有出现，巴门尼德也还没有能力创造出逻辑这门科学。但是，他确实想到并提出了一些与逻辑相关的非常重要的东西，这就是句子中恒定的结构和真。

如果我的理解是对的，那么许多问题是比较容易解决的。下面我简单谈几个问题。

首先是关于穆尼兹的解释。根据他的解释，巴门尼德先论述了"是"，表述了一种句子框架，然后论述"是者"，即探讨世界或世界的存在，而他论述前者是为论述后者服务的。前面我曾经表示过我的疑问：巴门尼德为什么要这样论述？这样论述又有什么好处？有了以上的解释，就可以看出，巴门尼德想论述的并不是一般的句子框架，而是一种逻辑框架或逻辑结构，这种框架或结构能够保证我们得到真。这说明，他感到，这样类似于后来亚里士多德称为逻辑的东西乃是基础性的，是为哲学探讨服务的，因此是我们探讨哲学问题首先要考虑的。但是，尽管他有了这样的直觉，甚至有了这样的设想，却没有什么具体的进展，而是只把握住语言中最独具特色的恒定的语言要素，这就是"是"。在这样论述的基础上，他进一步的探讨就是"是者"，而不是世界或世界的存在。这样，一方面是为了突出强调"是"这种结构与所论述的东西密切相关，另一方面也表明，他关于这种决定真的结构还没有非常清晰具体的考虑，只是比较模糊和粗浅的，因此他的论述常常是不清楚的，需要我们去细心体会。

其次是关于同一律的问题。过去一般人们都认为巴门尼德在残篇2谈论的是"A是A"这样的同一律，因此他的论述涉及逻辑。根据我的解释，这样的理解是有问题的。巴门尼德虽然批评了"某物是又不是"这种说法，认为它们无法证明，这种说法本身表明巴门尼德是坚持同一律的，但是他本身论述的却不是同一律，而是一种句子框架，而且他想表达的乃是一种比"是"所能够表达的要复杂得多的结构。如果巴门尼德在残篇2表达和谈论的是同一律，那么他的意思就会是说，令人信服的真之不可动摇的内核乃是"A是A"，其他方式都是不可信以为真的，这样一来，他的绝大部分讨论就会是没有意义的，特别是残篇8；许多论述也是不好理解的。比如，"A是A"显然是真的，我想，即使在古希腊人那里，即使在那些主张辩证法的人那里，这一点大概也是显然的。但是在这种情况下，从它怎么得出真呢？此外，"A是A"虽然被后人称为同一律，但是作为一条思维规律，它在思维中大概是表现得最少的，而且人们往往在谈到矛盾律或排中律的时候才谈到它。很难想象巴门尼德竟会挑出它来进行论述。如果巴门尼德真是这样考虑问题，他是不是也太简单了一些？甚至太僵化、太笨了一些？

最后是关于思维与语言的问题。在残篇8中，我们还看到巴门尼德非常明确地谈到"说或思考"，而且从他的论述来看，说与思考差不多是一致的。他还认为："可说的和可想的必然是是者。"（残篇6）[①] 他还明确地说："可被思考的不过是是者是这种思想。"（残篇8）[②] 用我们今天的话说，他的这些论述涉及思维与语言表达的关系，而且在他看来，思维与语言表达乃是一致的。联系这些论述，我们是不是可以认为：他关于是的论述乃是关于一种语言框架和结构的论述，因而也是一种关于思维方式的论述呢？在我看来，这是一种引申的考虑和探讨，当然也是非常有意思的话题，但是限于篇幅而且与本书的目的也没有直接的联系，因此这

[①] Bormann, K.: *Parmenides*, S. 37; Diels, H.: *Die Fragmente der Vorsokratiker*, S. 232; Kirk, G. S., Raven, J. E.: *The Presocratic Philosophers*, p. 270; *Parmenides*: *Über das Sein* (Griechisch/Deutsch), S. 9; 苗力田主编：《古希腊哲学》，第92页。

[②] Bormann, K.: *Parmenides*, S. 43; Diels, H.: *Die Fragmente der Vorsokratiker*, S. 238; Kirk, G. S., Raven, J. E.: *The Presocratic Philosophers*, p. 277; *Parmenides*: *Über das Sein* (Griechisch / Deutsch), S. 13; 苗力田主编：《古希腊哲学》，第95页。

里就不展开了。

应该承认，我这种理解也存在问题，最明显的问题大概就是对巴门尼德谈到的否定不太容易理解。直观地说，如果巴门尼德在谈论"是"的时候想到的是一种逻辑结构，他认为由此可以达到真，那么他谈论的"不是"就一定是指一种不符合"是"这样的逻辑结构，因此他才会认为这条路走不通。但是问题会不会就是这样简单？这里涉及希腊人对肯定和否定的理解，还涉及希腊人关于表达和论证、语言和思维的认识，因此是一个比较复杂的问题。在这个问题上，巴门尼德本人确实没有说清楚，这样就给我们的理解造成了困难，也带来了一些余地。好在西方的思想是有渊源的，也是有继承的，因此我们可以带着这个问题继续往下走，看一看巴门尼德的这些思想后来是不是还有人论述，如果有，又是如何论述的。

第四章　亚里士多德的形而上学

　　亚里士多德（公元前 384—前 321 年）是古希腊著名哲学家和逻辑学家，是形而上学的创始人，因此他的思想值得我们认真研究。十分庆幸的是，他关于形而上学的著作基本被完整地保留下来了，而且前人在这部著作的注释和研究方面也取得了许多非常重要的成果。这样，我们今天的研究不仅获得了比较可靠的依据，而且还有一个比较好的基础。这一章，我们专门研究他的《形而上学》。

　　亚里士多德的《形而上学》是后人编辑而成，经历了中世纪和近现代的翻译和解释。我们自己也有中文翻译著作和研究解释。面对亚里士多德的著作和后人的这些研究成果，我感到，若想真正理解亚里士多德的形而上学思想并搞好对它的研究，至少需要解决两个问题。首先我们必须注意语言问题。具体地说，我们必须仔细分析和研究其中的 einai 以及与 einai 相关的几个概念和短语，因为亚里士多德的形而上学的核心内容主要是围绕着它们形成的。其次我们应该仔细分析亚里士多德企图表达的思想和他表达思想的方式，因为二者是不同的，却又是相互联系的。弄清楚这一点会有助于我们理解亚里士多德的思想。鉴于这种考虑，我的论述分以下几步进行：首先谈一谈几个术语翻译的问题，其次探讨一下亚里士多德的思路，然后论述亚里士多德的思想，最后阐述我自己的一些理解和看法，并提出一些依然存在的问题。

一、翻译术语的问题

　　在关于亚里士多德的《形而上学》的研究中，首先存在着翻译的问题，当然也就涉及理解和解释的问题。其中最难翻译的是 ousia，它是《形而上学》第 7 卷（Z 卷）主要探讨的问题，也被认为是《形而上学》主要探讨的问题。与此相关的还有 on 和 to ti en einai, 前者是《形而上学》第 4 卷（Γ 卷）提出的问题, 后者是探讨 ousia 时而谈到的问题。在这几个术语的翻译中, 争议不大的是 on, 问题比较多的是 ousia 和 to ti en einai。应该看到, 亚里士多德的中译文著作主要是译自英文和德文, 因此, 由于在英语和德语翻译中存在着问题, 自然给中文的翻译也带来许多问题, 因而给我们的理解也就带来许多问题。所以, 为了更好地探讨亚里士多德的思想, 首先探讨和分析一下翻译方面的问题是有好处的。

希腊文 on 是动词不定式 einai 的单数分词形式, 亚里士多德在使用它时还加上定冠词 to。to on 一般被翻译为 "being" 和 "Seiend", 比如:

> 译文 1: There is a science which investigates being as being and the attributes which belong to this in virtue of its own nature. ①

> 译文 2: Es gibt eine Wissenschaft, welche das Seiende als Seiendes untersucht und das demselben an sich Zukommende. ②

英文 being 是动词不定式 to be 的分词形式, 德文 Seiend 也是动词不定式 Sein 的分词形式。因此这些翻译与希腊文是比较接近的。当然, 也有例外的翻译。比如科文的翻译如下:

> 译文 3: There is a discipline which studies that which is qua thing-that-is and those things that hold good of this in its own right. ③

这里把 to on 翻译为 that which is, 这与翻译为 being 显然是不同的。科文认为, to on 是由 einai 的现在分词加上定冠词组成的。在希腊文中常常有形容词加定冠词的类似表达, 比如 the beautiful（字面意思是: 那—漂亮的）, 它可以表示 "那个（提到的）漂亮的东西" 或 "那个是漂亮的东西"。一般来说, 形容词后面要跟名词, 而这里的定冠词加形容词的表达却不跟名词, 而且这样的情况非常普遍。科文认为, "也许是以与这后一种用法形似的方式, 过去一直把亚里士多德的 'to on'

---

① Aristotle: *The Works of Aristotle*, vol. Ⅷ, *Metaphysica*, ed. by Ross, W. D., Oxford 1954.

② Aristoteles: *Metaphysik*, Bücher Ⅰ-Ⅵ, griech. -dt., in d. übers. von Bonitz, H.; Neu bearb., mit Einl. U. Kommentar hrsg. von Seidl, H., Felix Meiner Verlag 1982, S. 123.

③ *Aristotle's〈Metaphysics〉*, *books Γ, Δ, and E*, tr. with notes by Kirwan, C., Oxford University Press 1971, p. 1.

翻译为 'being'（它在单数时一定是一个动名词，即 das Sein，而不是分词的名词用法，即不是 das Seiende）；但是，尽管希腊文的形容词可以抽象地使用，分词是不是也可以这样使用却是令人怀疑的"①。也就是说，一方面，科文认为 being 区别不出究竟是动名词用法，还是分词的名词用法；另一方面，科文怀疑是不是可以在形容词加定冠词这种用法的意义上理解 to on。所以，他要翻译出这里的区别。这样，他不用 being 来翻译 to on，而且，除了以 "that which is" 来翻译 "to on" 以外，还用 "thing-that-is" 来翻译不带定冠词的 "on"。

应该看到，不论如何翻译，being、das Seiende 和 that which is 至少在字面上都反映出希腊文 to on 的意思，因此至少从字面上保持或保留了与它的一种联系。这种字面和意义上的联系对于表达和理解亚里士多德的思想当然是非常重要的。

中文翻译主要有以下三种：

> 译文 4：存在着一种考察作为存在的存在，以及就自身而言依存于它们的东西的科学。②

> 译文 5：有一门科学，专门研究"有"本身，以及"有"借自己的本性而具有的那些属性。③

> 译文 6：有一门学术，它研究"实是之所以为实是"，以及"实是由于本身所应有的禀赋"。④

从这些中译文看，to on 被译为"存在"、"实是"或"有"。我认为，这里的主要差异在于，至少从字面上我们看不出"存在"和"有"与 to on 的联系，而"实是"毕竟还保持了这种联系。问题是，"存在"的翻译最为普遍，也是我们的一种最主要的理解；"有"的译法虽然不多，但是在黑格尔的《逻辑学》中也可以看到它的延续；而"实是"这种译法不仅少，在文献中被采用的也少。因此，一个很直观的问题是，中文翻译，比如"存在"和"有"，是不是有助于我们对 to on 的理解？

---

① *Aristotle's ⟨Metaphysics⟩*, *books Γ, Δ, and E*, tr. with notes by Kirwan, C., Oxford University Press 1971, p. 76.
② 苗力田主编：《亚里士多德全集》第 7 卷，第 84 页。
③ 北京大学哲学系外国哲学史教研室编译：《古希腊罗马哲学》，商务印书馆 1982 年版（以下只注书名），第 234 页。
④ 亚里士多德：《形而上学》，吴寿彭译，商务印书馆 1991 年版（以下只注书名），第 56 页。

特别是，上面这段话一般被认为是亚里士多德关于形而上学这门学科的性质的说明，如何翻译这段话就显得更为重要。

希腊文 ousia 是由动词不定式 einai 的现在分词的阴性单数形式 ousa 而形成的。它一般被翻译为 "substance"、"Substanz"（实体），或 "essence"、"Wesen"（本质）。这两种翻译都有很长的历史。

据说，substance 和 essence 这两个英语翻译都来源于拉丁文，而在拉丁文中，与 ousia 对应的最古老的尝试用语是 "essentia" 和 "queentia"。这两个词都遵循了希腊词中所见的词法形式。"queentia" 似乎是由 "queens" 形成的，即它依循由 queo 而来的形式。"essentia" 基于一个假定的分词 "essens"，而这个分词是由 "esse" 形成的，就像 patiens 是由 pati 形成的。最终，queentia 没有留存下来，而 essentia 保留下来了，是人们接受的 ousia 的拉丁语表达。欧文斯认为[①]，如果记住 essentia 的词法形成过程，那么它相当准确地表达了希腊文的 ousia。在某种意义上，这个词回答 an sit 的问题。这是在一事物 "是" 这一事实的意义上对有关它的 essentia 或 "beingness" 的探询的回答。而在另一种意义上，"一事物" 或 "一事物的自然基础" 是由这个表示的。这会意谓着，它回答 quid sit 的问题。

大约在公元4世纪的时候，substantia 这个词开始经常出现，它是 essentia 的一个同义词。在有些文献中，substantia 非常得体地表示它的词源使人想到的东西——某种 "处于" 性质、名称或偶然特征 "之下" 的东西。而在另一些文献中，它的意思更近似于事物的本质或永久的特征。这样，substantia 和 essentia 被当做同义词使用。不过，它们还是有区别的，比如在哲学和逻辑著作中，人们使用 substantia。而在神学著作中，人们使用 essentia。据欧文斯说，波爱修在对亚里士多德的逻辑著作的注释中一直用 substantia 翻译 ousia。通过他的逻辑注释，亚里士多德的思想在中世纪广为传播并且变得非常出名。结果，经院学者接受了 substantia 作为亚里士多德的 ousia 这个词的翻译，由此这个词也转变为现代语言的哲学词汇。

---

① 欧文斯的《亚里士多德形而上学中的是的学说》(Owens, J.: *The Doctrine of Being in the Aristotelian Metaphysics*, University of Toronto Press 1957 ）是一本重要著作，它系统考察了亚里士多德使用的 einai 这个概念以及与此相关的概念，特别是它探讨了这个概念在中世纪时期的用法和发展以及与此相关的思想，阐述了这个概念的发展史。我这里的论述主要就是根据它，参见其中第4章。

随着亚里士多德著作英文版的问世，"substance"被牛津译者正式用来翻译 ousia，因而成为比较普遍的翻译。但是在一些不便于使用"substance"的地方，英译者们也常常使用"essence"。当然，也有一些学者喜欢用"essence"作为正规的翻译。特别是德文译者，他们似乎更愿意使用与 essentia 相应的"Wesen"，而不特别喜欢用 Substanz。

值得注意的是，在经院哲学时期，还出现一个拉丁文术语 entitas。这个词的演变是这样的：动词不定式 esse 的分词形式是 ens，由这种分词形式再变成具有抽象名词词尾的名词，就成为 entitas。因此，这个词是以抽象派生的方式产生出来的。欧文斯认为"它与是的直接关系表达得非常清楚"①。

16 世纪末出现了使用英语"entity"这个词。它可以既指抽象的是，又指具体的是，并且同样适用于本质和存在。在 17 世纪上半叶，出现了它表示一个个体和表达一事物的本质性质的用法。它像一般接受的是的范围那样宽泛。它是一个中性词，完全是非承诺的。

今天，substance、essence 和 entity 都是本体论讨论中的重要概念，也是亚里士多德思想讨论中的重要概念。但是在关于亚里士多德的《形而上学》这部著作的讨论中，特别是在关于其中 ousia 的翻译和讨论中，用得最多的是 substance 和 essence。当然对这两个概念人们也是有不同看法的。

欧文斯认为，根据亚里士多德的观点，ousia 乃是是的首要情况。所有其他是者都依赖于 ousia。所有其他东西都由它命名为是。它是"事物中是的原因"。它带有对"是乃是什么？"这个问题的回答。此外，ousia 又是有歧义的。因此，对它的翻译"必须显示出 ousia 与是相关的首要作用，然后能够依照正确的比例关系表示由这个希腊词所表示的所有不同事物"②。从词法的角度说，ousia 是从表示"是"的希腊动词派生出来的。因此，一方面，它的意思乃是与是这个概念相联系的，另一方面，从 ousa 到 ousia，词尾发生了变化，这种变化起一种作用，这就是使意思比"是"这个分词用作名词时更加抽象。从这一点考虑，应该在 to be 的分词 being 再加一个抽象名词的词尾 ness，从而构成英语中与 ousia 相应的词 Beingness。但是，欧文斯认为，ousia 常常表示具体的东西，比如一个"动物"或"一

① Owens, J.: *The Doctrine of Being in the Aristotelian Metaphysics*, p. 72.

② Owens, J.: *The Doctrine of Being in the Aristotelian Metaphysics*, p. 72.

个植物"或任何简单物体都是一个 ousia；而且 ousia 在第一哲学中还总是指高度个体的东西；此外，ousia 还表示质料，而在这三种情况，使用 Beingness 这个英语词都是不合适的。因此，尽管英语 Beingness 在词法上与 ousia 最近，但是它与《形而上学》中 ousia 的通常的几种意义一点儿也不相符，因此不能用来作 ousia 的翻译①。由此我们也可以看出，substance 并不是英语中与 ousia 最相近的词。

欧文斯还指出，人们发现"substance"这个英文词作为 ousia 这个希腊词的翻译是不令人满意的。因为"substance"没能表达出与由 ousia 所表示的是的直接关系。此外，它可能是非常引人误解的。由于洛克的影响，"substance"在英语哲学用法中非常强烈地使人恰恰联想到它的词源所表示的东西。它变幻出某物"处于"其他某物"之下"的观念。这样一种看法必然歪曲亚里士多德的 ousia，并且最终像在洛克的著作中那样使偶性具体化。因此，在现代哲学的背景下，substantia 更容易引起曲解。因为它的词源阻碍它传达希腊文 ousia 所表达的概念，而当与一个非亚里士多德、甚至反亚里士多德的参考框架联系在一起的时候，情况就更为严重。Substance 无法传达亚里士多德使用的 ousia 这个词的首要意义。

帕兹希与欧文斯的观点大致相同，但是提出了不同的解释。他认为，当亚里士多德询问 ousia 的时候，他的意思常常是询问某种至少在前苏格拉底时期就已经被含蓄地询问过的东西。在帕兹希看来，似乎最迟在柏拉图时期，柏拉图已经把 ousia 这个表达引入了哲学。柏拉图的追随者也明确地提出了这个问题，而且正像人们能够看到的那样，亚里士多德把柏拉图的回答看做是与他自己在 Z 卷中发展的理论相对抗的看法。这一历史背景是重要的。但是"当人们用 Substanz 来翻译 ousia 并且在亚里士多德的 Substanz 的意义上理解它时，这一重要的历史背景被搞得模糊不清。因为前苏格拉底时期和柏拉图时期都没有人询问亚里士多德意义上的 Substanz"②。帕兹希的这一论述基于对亚里士多德的《范畴篇》和《形而上学》的研究，他认为，亚里士多德在这两部著作中都论述了 ousia，思想却不同，而使用 Substanz 这个概念，只适用于在《范畴篇》所涉及的一种观点，却无法反映《形而上学》Z 卷中对这种观点的根本修正。因此他在其翻译和研究中保留了

①　参见 Owens, J.: *The Doctrine of Being in the Aristotelian Metaphysics*, pp. 66-67.

②　Frede, M., Patzig, G.: *Aristoteles 'Metaphysik Z'*, Text, Übers. u. Kommentar, Beck'sche Verlagsbuchhandlung, München 1988, Band Ⅰ, S. 36.

ousia 这个词。

关于 essence 这个词，欧文斯认为，它具有直接来源于动词 "to be" 的拉丁文形式的优越性，但是也有缺点。这个词在现代人听来好像表示某种与 "存在"（existence）的对立。在《形而上学》中，在是的用法中没有任何这种对立的痕迹。他指出，einai 既表示 "是"（to be），又表示 "存在"（to exist），而且希腊文只有一个动词表示英文的 "to be" 和 "to exist" 以及它们的派生形式。没有任何东西表达出 "essence" 与 "existence" 的对立和这样的反差。因此 "存在一种危险：'essence' 可能是一个指示错误方向的符号。在第一哲学中有还是没有 '本质' 与 '存在' 的区别，必须从文本中确定。在对一个这方面完全中立的希腊术语的翻译中，不应该悄悄引入一个指向这种区别的符号"①。鉴于这一点，有人认为可以不加区别地以 "to be" 和 "to exist" 来翻译这个希腊动词和它的派生词，而罗斯则明确地说，在亚里士多德的形而上学中，表示存在的 "是" 不能与系词相区别，尽管可能有一种逻辑区别。看到这些明显的反对意见，一种隐含着本质与存在之间对立的翻译就会是非常有害的。②

此外，在牛津翻译和其他标准翻译中，"essence" 还被用来表达专门的亚里士多德以 einai 表示占有者的与格，以及相应的短语 to ti en einai。这种用法不必一定与 "essence" 作为 ousia 的翻译的意义相冲突。这两个希腊文词组在它们的首要情况下可能表示完全相同的东西。但是它们在次要的情况下肯定是不同的。ousia 能够表示一事物的质料，而 to ti en einai 从不这样表示。不应该从一开始就认为这两种意义肯定是同一的。它们可能代表来自两种不同观点的看法，即使它们最终都达到相同的目的。关注亚里士多德的表达形式要求我们在翻译中保留不同的表达方式。即便选择另一种与 "essence" 不同的方式来翻译与格的习惯表达，也不能忽视这个词在标准翻译中这种意义上的通常用法。必须假定这个词的意义或多或少是固定的。它的翻译 ousia 的其他用法将造成混淆，至少从亚里士多德的表达形式来看是这样的。

在中文翻译中，一般采用的翻译是 "实体"，但是也有不同意见。汪子嵩先生认为，"substance 这个词，现在通常译为 '实体'，容易被误解为具体实在存在

---

① Owens, J.: *The Doctrine of Being in the Aristotelian Metaphysics*, p. 71.

② Owens, J.: *The Doctrine of Being in the Aristotelian Metaphysics*, pp. 70-71.

的物体",因此他主张把它翻译为"比较抽象的'本体'"。^①我认为,汪先生的意见不是没有道理的。但是从以上论述可以看出,不论是"实体"还是"本体",都比较接近英文的 substance,而与 ousia 的意思还是有不小的距离。

希腊文短语 to ti en einai 是亚里士多德在探讨和论述实体时使用的一个重要表达式。对它的理解和翻译也非常重要。根据史学家的研究,翻译这个短语有两个难点。一个难点是关于这个句子的结构,另一个难点是它的过去未完体^②这种时态,即这个短语中使用的 en。罗斯认为,ti en einai 是对"是如此这般的乃是什么"这个问题的回答;这个短语乃是 ti en aotoi、to aimati einai 这样的短语的概括;而对它的过去时,罗斯认为,按照一般习惯,这里似乎应该是 ti estin einai 才对。^③塞德尔认为,从语法结构上看,to ti en einai 这个概念的完整表达是: to ti en to toi ekastoi einai,它的字面翻译是:"Was war das für jedes Einzelding wesensmässige Sein?"(每个个别事物根据本质而是(过去)乃是什么?)他还指出,"严格地说,在希腊文中,由于前面有一个冠词,这个问题被再次名词化,这在德语中是无法模仿的"^④。关于过去时,塞德尔认为,en 这个过去时表达了所问的本质性的无时间的持续,它现在是什么,过去就已经总是什么这个问题,即"……(过去)是什么?",而且 ti en 还使人们回想起苏格拉底—柏拉图式的问题: ti estin,这个问题引向每个事物的普遍什么(Washeit)。^⑤帕兹希认为,to ti en einai 是一个缩短的表达,完整的表达大概是: ti en toi anthropoi anthropoi einai。他指出,可以在"哲

---

① 汪子嵩:《亚里士多德关于本体的学说》,生活·读书·新知三联书店 1982 年版(以下只注书名),第 1 页注释。

② 讲英语者称它为 "philosophical imperfect",参见 Ross, W. D.: *Aristotle's Metaphysics*, a revised text with introduction and commentary, vol. Ⅰ Oxford 1924, p. 127;讲德语者称它为 "philosophisches Imperfekt",例如参见 Frede, M. / Patzig, G.: *Aristoteles 'Metaphysik Z'*, Band Ⅰ, S. 19.字面的意思是"哲学过去时"或"哲学未完成体"。本书"过去未完体"这一术语是采用苗力田先生的意见,参见苗力田:《亚里士多德的〈形而上学〉笺注》,《哲学研究》1999 年第 7 期。

③ 罗斯还谈到人们关于这个问题作出的三种解答:其一,en 被说成是"哲学过去时",指论证中前面陈述的某种东西;其二,可以把这种过去时看做是代表持续性;其三,可以认为这种过去时是亚里士多德关于形式在其特殊质料中体现之前而存在的学说。参见 Ross, W. D.: *Aristotle's Metaphysics*, p. 127.

④ 参见 Aristoteles: *Metaphysik*, Bücher Ⅰ-Ⅵ, griech. -dt., S. ⅩⅩⅪ.

⑤ 参见 Aristoteles: *Metaphysik*, Bücher Ⅰ-Ⅵ, griech. -dt., S. ⅩⅩⅪ.

学过去时"的意义上理解 en，然而它在德语中，尤其是在科学语言中没有相应的表达。因此他认为，用"wesenswas"来翻译，似乎是完全无法理解的；而用"das wesentliche Sein"、"Wesensbegriff"和"Sosein"等短语来翻译，又"过于普通"。他建议把 to ti en einai 翻译为"Was es heisst, dies zu sein"①。帕兹希批评的这几种翻译在亚里士多德研究的德语文献中是比较常见的。他提出的翻译的字面意思是"是这，意谓什么"或"什么叫做是这"，通俗地说，它的意思就是："是什么，就是什么。"

关于 to ti en einai，苗力田先生与罗斯的观点差不多，肯定了"这一词组是从日常生活而来，它就是要回答：何以事物是如此如此的样子"②。他提出中文应该用"是其所是"来翻译。苗先生也很重视这里的时态问题，对此亦有论述。他认为"古希腊语重体不重时，这里 ti en 不在于其过去是，而在于永完不了的所是"③。但是值得注意的是，在翻译《形而上学》时，苗先生不无遗憾地指出，汉语中没有时态变化，"万难对未完成体和不定式作出区别"④。而在后来发表的论文《亚里士多德的〈形而上学〉笺注》中，他却认为，"在对亚里士多德关于 ousia 的这一原理的转译中，无时态变化的汉语却独占了优势。其所是的是，过去、现在、永远的将来同样的是"⑤。苗先生的看法显然是有变化的。但是不管怎样，我觉得苗先生提出的"是其所是"这个翻译是非常好的，而且它与帕兹希的翻译也非常接近。所以我建议采纳这个翻译。

最后，还应该说一下 ti esti（n）。这个短语在亚里士多德的其他著作中也出现过，在《形而上学》这里，主要是在第 7 卷解释和说明 ousia 的时候，起非常重要的作用。这里，亚里士多德使用了两个词来说明 ousia，一个是 ti esti，另一个是 tode ti。后者指个体，相应于《范畴篇》中所说的"第一实体"；而 ti esti 大致相应于那里的"第二实体"，它的英文翻译一般是"what a thing is"或"essence"，德文翻译一般是"Was etwas ist"或者"Was"。

罗斯认为，一个 ti esti 乃是某物的 ti esti，即对"这是什么？"这个问题的回

---

① Frede, M., Patzig, G., C. H., *Aristoteles 'Metaphysik Z'*, Band Ⅰ, S. 19.

② 苗力田主编：《亚里士多德全集》第 7 卷，第 33 页。

③ 苗力田：《亚里士多德的〈形而上学〉笺注》，《哲学研究》1999 年第 7 期，第 43 页。

④ 参见苗力田主编：《亚里士多德全集》第 7 卷，第 33 页。

⑤ 苗力田：《亚里士多德的〈形而上学〉笺注》，《哲学研究》1999 年第 7 期，第 43 页。

答。而且无论这某物是一个个体还是一个普遍的东西，它的本质只能被陈述为一种普遍的东西或一种普遍的东西的组合。在他主编的翻译中，这个短语被翻译为斜体的"*what*"，由此也说明，它表示的不是个体，而是种和属。此外，罗斯还认为，ti esti 与 ti en einai 有时候是有区别的，有时候则是在相同意义上使用的。[①] 帕兹希则认为，把 ti esti 翻译为"Ein Was"或"Was eines Dinges""与希腊文本相距太远"[②]。他主张把它翻译为"Was etwas ist"，而当对象已经确定的时候，把它翻译为"Was es ist"。这里，前一个翻译的意思是"某物之所是"，后一个翻译的意思是"这（东西）之所是"。我认为，帕兹希的观点有一点非常重要，就是要把这个希腊文短语中的那个"是"（esti）翻译出来，至于它表示的是什么意思，则可以进一步讨论。比如说，一事物之所是乃是它的本质。而罗斯的翻译则直接突出了"什么"，尽管这"什么"乃是对问题的回答，尽管他还认为 ti esti 与 ti en einai 有时候意思是一样的。

在中文翻译中，我们有"什么"和"是什么"这样的翻译。苗力田先生主张后一种翻译。他认为，"这个是什么，既可当做谓词，又可当做所以是的是，当做本质和形式。在作谓词时就是一般，……但在它不再单纯是表示是什么，而是表示其所以是什么 to ti en einai 的时候，这个 ousia 就是在原理、认识和时间方面的第一"[③]。我觉得，苗力田先生的解释与罗斯的说明大体上是一致的，但是他提出的这个翻译显然比英文的"*what*"要好，因为它反映出 ti esti 这个短语中的"esti"所表达的那个"是"。实际上，"是什么"与帕兹希提出的翻译是一致的。

以上我们考察了关于"to on"、"ousia"、"to ti en einai"和"ti esti"这几个希腊文术语的翻译。如果总结一下，我们就会发现一个非常明显的问题：翻译与希腊文是有距离的！具体地说，"to on"、"ousia"、"to ti en einai"和"ti esti"这几个希腊文短语是不同的，表达的意思也有一些区别，但是无论它们有什么不同，它们的共同点是明显的，即它们都与希腊文动词不定式 einai 有关，因为这一点是仅从字面上就可以看出来的。相比之下，在英文和德文翻译中，有些术语还保留了与动词不定式的联系，即从字面上还可以看出它们之间的相互联系，但是有些

---

① 参见 Ross, W. D.: *Aristotle's Metaphysics*, pp. 159-171.

② Frede, M., Patzig, G.: *Aristoteles 'Metaphysik Z'*, Band Ⅰ, S. 20.

③ 苗力田:《亚里士多德的〈形而上学〉笺注》,《哲学研究》1999 年第 7 期, 第 92 页。

翻译，比如"substance"、"essence"、"Wesen"、"Wesenheit"、"Was"，等等，这样的联系就不大看得出来了。① 在中文里也是同样的，比如"存在"、"实体"、"本体"、"本质"，等等，我们根本看不出它们与"是"的联系。在研究亚里士多德的时候，我们固然可以认为，亚里士多德的论述有这样那样的意思，表达了这样那样的思想，但是对于这些关键而重要的术语的翻译，保留字面的联系与不保留字面的联系，还是有很大差异的。

此外，还有一点值得我们注意。今天，亚里士多德的研究者们似乎有一种倾向，这就是尽可能地忠实于原文，保留希腊文的原意，包括其字面的意思，甚至不惜直接使用原文，这一点在帕兹希的著作中表现得最为明显。我想，这样的做法是值得我们深思的。因为我们使用的语言——汉语——属于与印欧语系完全不同的语系，其语言特点本身与印欧语系的语言相距甚远。且不论我们的思想文化传统与西方有什么不同，有多大的差异，这样的语言至少会在我们对思想文化传统的表达方面造成一些差异，至于这差异会有多大，则需要我们在研究中仔细体会。欧文斯在论述关于 ousia 的翻译时认为，对这个词的英语翻译应该有四条标准：第一，不隐含有利于任何在亚里士多德以后形成的是之理论的偏见；第二，在形式上比"是"更抽象；第三，能够表示个体，包括具体的和非构成的；第四，在英国人听来表达了一种与是的直接关系。② 不论这四条标准是不是科学、是不是有道理、是不是被广大学者所接受，我认为，至少有一点是非常值得我们注意和借鉴的，这就是其中三条都涉及"是"的问题，都与"是"有关。

关于我们这里讨论的四个术语，余纪元提出如下译名：是（to on），本是（ousia），恒是（to ti en einai），是什么（ti esti）③。我认为这也是很有参考价值的。按照我的体会，我们可以如下翻译：

to on	ousia	to ti en einai	ti esti
是	所是（所是者）	是其所是	所是者

如果考虑到西方传统的习惯，也可以按照英译或德译把 ousia 翻译成"实体"或"本体"。但是，我们应该清楚，在研究亚里士多德思想的时候，所谓的实体或本

---

① 如果仔细辨认，有些术语还是可以看出来的。比如，essence 来自 esse，Wesen 来自 gewesen。但是，Was 肯定是不容易看出来的。

② 参见 Owens, J.: *The Doctrine of Being in the Aristotelian Metaphysics*, pp. 71-72.

③ 参见余纪元:《亚里士多德论 ON》,《哲学研究》1995 年第 4 期。

体是指什么。

二、"S是"与"S是P"

《工具论》是亚里士多德的逻辑著作，为后人所编。谈论亚里士多德的逻辑思想，自然要依据这部著作。但是在我看来，《工具论》所论述的并非都是逻辑。因此如果严格地谈论亚里士多德的逻辑思想，是应该做一些区别的。① 不过，本章主要是论述他的《形而上学》，因此不纠缠这些专门的逻辑区别。在《工具论》的意义下，我想谈两个问题。本节主要谈句子结构的问题，下一节谈范畴的问题。我认为，对于我们理解亚里士多德的形而上学来说，这两个问题是密切相关的。

亚里士多德逻辑主要体现为三段论以及与三段论相关的一些论述。最简单地说，一个三段论由三个命题组成，其中两个是前提，一个是结论。因此构成三段论的基本单位是命题。一个命题的基本形式是"S是P"，在此基础上加上量词和否定，形成传统的A、E、I、O四种形式的命题。② 这些是常识，我们不再对它们进行深入探讨，而以它们作为我们探讨的出发点。

由此出发，可以说亚里士多德逻辑所谈论的肯定是"是"，大概实际上也没有什么人会说这里谈论的是存在。因为"S是P"中的"是"是显然的。但是我想指出，在亚里士多德的逻辑著作中，除了这些明显的关于是的论述外，还有一些好像不那样明显的关于是的论述，比如"S是"。我想探讨的是，在这些不太明显的地方，亚里士多德所说的究竟是"S是P"，还是"S存在"？我认为，这样的探讨是有意义的。因为它不仅可以澄清亚里士多德所说的东西，而且可以说明这是亚里士多德的一种表达方式。因此这里的探讨不仅有助于我们理解亚里士多德在逻辑著作里所说的内容，而且有助于我们理解他在形而上学著作中以同样方式所说的内容。

"S是"这种说法在几个地方出现。我们首先看《解释篇》。这是亚里士多德比较全面详细论述"S是P"这样的命题形式的著作。在第一章，亚里士多德认为，

---

① 参见王路：《逻辑的观念》，商务印书馆 2000 年版（以下只注书名）。
② 研究亚里士多德逻辑的形成，无疑会增强我们对亚里士多德有关"是"的论述和思想的理解和认识。限于篇幅，这里只是指出这一点，而不展开论述。参见王路：《亚里士多德的逻辑学说》，中国社会科学出版社 1991 年版。

名词和动词是有区别的，仅有名词有意义，但是没有真和假，而名词和动词结合起来，就有了真或假。他给了两个例子，一个是"人"和"白"，另一个是"羊—鹿"。他明确地说，"如若不再增加什么"，即"若不加上'是'或'不是'"，那就无所谓真假。① 从这段论述，我们可以清楚地看到两点。第一，在表达思想，特别是涉及思想的真假的时候，"是"和"不是"是必要的要素。第二，第一个例子显然是"人是白的"。而这个例子与全书所论述的"S 是 P"这种形式显然也是相符的。但是，第二个例子似乎却不是这样。"羊—鹿"加上"是"应该是"羊—鹿是"。而且在《后分析篇》也有这样的说法。不论这个例子是什么意思，至少它与"人是白的"这个例子的句子形式是不同的，因而与《解释篇》全书主要论述的"S 是 P"这种形式是不同的。

接下来的两章分别讲名词和动词。亚里士多德认为，动词是有意义的，借助动词，说话者表达，听话者理解。但是，"它们的出现并不表示判断，无论是肯定的还是否定的。因为'是'和'不是'以及分词'是'都不表达任何事实，除非增加某种东西。因为它们自身不表示任何东西，而是意味着一种联系，离开了所联系的东西，我们无法形成构想"②。这段话大概是亚里士多德对"是"的最明确的说明。而从这里的说明来看，是显然是个系词，因为它"自身不表示任何东西，而是意味着一种联系"。如果是这样，前面的"人是白的"这个例子就很容易理解，书中"S 是 P"这样的形式也很容易理解，而"羊—鹿是"这个例子则不太容易理解。

接下来几章论述了肯定命题与否定命题以及它们的基本形式，还论述了含有"必然"和"可能"等模态词的命题及其形式。第十章是带有总结性的论述。这里，亚里士多德有两段话值得我们注意。一段是：

　　肯定命题是对某一事物是什么的陈述，其主项或者是名词，或者是无名

---

① 参见苗力田主编：《亚里士多德全集》第 1 卷，中国人民大学出版社 1990 年版（以下只注书名），第 49 页；Aristotle: *The Works of Aristotle*, ed. by W. D. Ross, Oxford 1971, vol. 1, 16a10-20; Aristoteles: *Kategorien und Lehre vom Satz*, Eugen Rolfes, Verlag von Felix Meiner Hamburg 1974, S. 95.

② 参见 Aristotle: *The Works of Aristotle*, ed. by W. D. Ross, vol. 1, 16b20-25; Aristoteles: *Kategorien und Lehre vom Satz*, Eugen Rolfes, S. 97；苗力田主编：《亚里士多德全集》第 1 卷，第 51 页。

称的事物。……所以，"人是"与"人不是"便形成最基本的肯定命题和否定命题，其次是"非人是"与"非人不是"，最后是"所有的人是"与"所有的人不是"，"所有的非人是"与"所有的非人不是"。①

这段话所用的句子形式显然都是"S 是"。问题是，我们能不能仅从字面上理解，认为这里所谈的不是系词的是，而仅仅是存在的是，甚至就是存在，比如"S存在"？如果联系前面的论述来看，我认为是不能这样理解的。亚里士多德所谈的肯定命题和否定命题就是"S 是 P"和"S 不是 P"这样的命题，加上量词的讨论则是"所有 S 是 P"和"所有 S 不是 P"。应该注意的是，亚里士多德在《解释篇》还没有像后来在《前分析篇》中那样使用字母变元，主要仍然使用了自然语言。因此他探讨句子形式的时候主要是用"人是白的"这样显然的命题。我想，这主要是为了使人们不去考虑句子的内容，而把注意力集中在句子的形式上，因为这才是他主要研究和讨论的。在这种意义上说，"人是"是他表示句子形式的一种说法，因为只要把"是"和"不是"说出来，就把句子的形式说出来了。所以可以把"是"后面的东西省略。特别是，他这里是在谈什么是肯定命题，什么是否定命题。使用字母变元，则可以完整地说出句子的肯定形式"S 是 P"和否定形式"S 不是 P"。而在不使用字母变元的情况下，说出"是"和"不是"大致也可以达到同样的效果。亚里士多德接下来说：

> 当动词"是"被用来作为句子中的第三种因素时，会产生两种肯定命题与否定命题。如在句子"人是公正的"中，"是"这个词被用作第三种因素，无论你称它是动词还是名词。②

上一段是一般性地谈论肯定命题和否定命题，而这一段是对上一段的进一步说明，因此要具体地论述命题形式。显然亚里士多德的做法仍然是从对是的论述出发的。他把是作为句子的第三种因素，这样就区别出主项和谓项其他两种因素，因而说明了"S 是 P"这样的句子的不同形式。

---

① 苗力田主编：《亚里士多德全集》第 1 卷，第 61-62 页。另参见 Aristotle: *The Works of Aristotle*, ed. by W. D. Ross, vol. 1, 19b5-20; Aristoteles: *Kategorien und Lehre vom Satz*, Eugen Rolfes, Verlag von Felix Meiner Hamburg 1974, S. 105-106.
② 苗力田主编：《亚里士多德全集》第 1 卷，第 62 页。

但是另一章似乎显示了与这里不同的解释。亚里士多德在论述矛盾命题时指出,"人是"的矛盾命题是"人不是","人是白的"的矛盾命题是"人不是白的"。[①]这里好像不能把"人是"看做是对最简单的句子形式的说明,它似乎表明实际上就有这样的句子。而从这里的说明出发,上述两段话似乎应该表明,最简单的句子形式首先是"S是",其次才是"S是P"。即使这里没有表明"S是"是比"S是P"更简单的句子,似乎至少也应该说明这是两种不同的句子。

第十一章有一段讨论也值得注意。亚里士多德举的例子是"荷马是如此如此的",比如"诗人"。他问,由此能不能推出"荷马是"。他认为,在"荷马是诗人"中,"这个'是'只是偶然地被用于荷马,因为这个句子是说荷马是诗人,而不是在这个词本来的意义说他是"[②]。这里谈论到"荷马是诗人"与"荷马是"这样的句子,而且讨论到从谁推出谁。因此可以说,这里的"荷马是"应该不是"S是P"这样的句子形式。那么,无论这里所说的究竟是"是",还是"存在",至少可以认为,"S是"这样的句子是存在的,而亚里士多德也是谈到了。以此为证也可以说明,上述关于"S是"和"S是P"的区别是存在的。

此外,如果说亚里士多德在《解释篇》对"S是"和"S是P"这样形式的句子论述得还不是十分清楚和明确的话,那么在《后分析篇》第2卷,我们确实可以看到比较明确的论述。在那里,亚里士多德明确地谈到"纯粹的是"和"是如此这样的"的区别,还谈到"特殊意义的是"和"一般意义的是"的区别。[③]这两种区别大致相应于这里所说的"S是"和"S是P"。因此我们不能不考虑亚里士多德对"S是"作为一种独立句式的讨论。

作为一种独立的句式,"S是"在亚里士多德的著作中是显然的,地位也是非常奇特的。说它显然,乃是因为亚里士多德明确地说到它。说它奇特,则是因为我们不太容易确定它的位置和意义。比如在《解释篇》虽然谈到它,但是论述得

---

① 参见苗力田主编:《亚里士多德全集》第 1 卷,第 69 页;Aristotle: *The Works of Aristotle*, ed. by W. D. Ross, vol. 1, 21a35-40; Aristoteles: *Kategorien und Lehre vom Satz*, Eugen Rolfes, S. 112.

② 参见苗力田主编:《亚里士多德全集》第 1 卷,第 68 页;Aristotle: *The Works of Aristotle*, ed. by W. D. Ross, vol. 1, 21a25-30; Aristoteles: *Kategorien und Lehre vom Satz*, Eugen Rolfes, S. 111.

③ 参见王路:《究竟是"是"还是"存在"——读亚里士多德〈工具论〉中译本有感》,《哲学译丛》2002 年第 2 期。

非常少，而且在亚里士多德与"S 是 P"有关的论述中没有它。也就是说，在所探讨的命题的诸种逻辑形式中没有它的位置。在《后分析篇》中也差不多。因为那里亚里士多德是在论述三段论在科学证明中的地位和作用，虽然他也提到"S是"这样的句式，但是主要还是探讨和论述"S 是 P"，即探讨是什么和原因。因此，对"S 是"的探讨似乎总给人一种不那么重要的感觉。如果从亚里士多德逻辑的角度来理解，甚至似乎可以不考虑它。

我认为，在亚里士多德的著作中，有些论述是非常清楚的，有些论述则不是特别清楚。因此重要的是首先应该准确地理解他论述得非常清楚的那些东西，然后再努力把他论述得不是那样清楚的东西搞明白。在《辩谬篇》中，亚里士多德明确指出"是某物与绝对的是乃是不同的"①。他认为，"是某物"与"是"乃是有区别的，"不是某物"与"不是"也是有区别的。但是"由于表达的近似，即由于'是某物'与'是'，'不是某物'与'不是'区别很小"，使它们好像没有什么区别②。这里清楚的思想是，"S 是"与"S 是 P"这两种表达尽管近似，但却是不同的；它们尽管不同，区别却很小。而不太清楚的思想是，虽然对它们不加区别有时候会产生谬误，但是这种区别究竟是什么？我们知道，《辩谬篇》是亚里士多德早期的著作，而《解释篇》和《分析篇》是后来的著作。因此我们也可以联系这里的思想来理解我们前面的论述。

如上所述，亚里士多德明确地说，"是"自身不表示任何东西，而是意味着一种联系。这一说明显然是针对作为系词的是而说的，但是难道它不适合于"S是"中的是吗？如果适合，那么似乎不太容易理解"S 是"这样的句式是什么意思。如果不适合，那么亚里士多德不是明显遗漏了一种对是的涵义的说明吗？考虑到亚里士多德是在论述逻辑，那么他究竟是因为疏忽还是因为认为不重要而遗漏了那种涵义呢？从逻辑的意义上说，《解释篇》的研究比《辩谬篇》的研究已经大大深入了。那么联系后者来理解，我们能说这是因为这种区别很小而被忽略了吗？

这里还有一点值得注意。亚里士多德论述命题形式的时候，所使用的主项一般都是类概念，他在三段论中也是排斥了单称词作主项的。因此他所说的"S 是 P"

① Aristotle: *The Works of Aristotle*, ed. by W. D. Ross, vol. 1, 167a; Aristoteles: *Sophistische Widerlegungen*, Eugen Rolfes, Verlag von Felix Meiner Hamburg 1968, S. 8.

② Aristotle: *The Works of Aristotle*, ed. by W. D. Ross, vol. 1, 167a; Aristoteles: *Sophistische Widerlegungen*, Eugen Rolfes, Verlag von Felix Meiner Hamburg 1968, S. 8.

这样的句子中的 S 一般都是类名词。但是他在谈论 "S 是" 这样的句式时，所给的例子往往是专名，比如前面所说的 "荷马"，后来在《后分析篇》中所说的 "月亮"。虽然我们很难说在两部著作都出现的 "羊—鹿" 一词是专名，但是这显然是亚里士多德造的一个词，以此表示一种没有的东西。如果把这一表达看做与 "荷马" 是同类的东西，它也可以算是一个专名。因此可以说，亚里士多德所说的 "S 是" 的这种句式中的 S 一般不是类名，而是专名，所以这种句式应该是 "a 是"。如果这样理解，"S 是 P" 与 "a 是" 确实是可以得到区别的，但是上述关于 "人是" 的论述依然不太容易有明确的理解。

应该指出，亚里士多德的逻辑系统即三段论，明确排除了专名作主词，这是毫无疑问的，因为他在那里使用了字母变元，从而使自己所想揭示的句子结构显示得非常清楚。在非逻辑系统的陈述中，他的思想一般也是清楚的，这从他关于句子的肯定与否定、全称与特称、矛盾与反对等的论述可以看得很清楚。但是由于使用自然语言陈述，因此有时候也不是那样清楚。"人是" 大概可以说明这一点。它既可以说明句子的肯定形式和否定形式，从而起到对 "S 是 P" 的说明作用，也可以表示与 "人是白的" 的句式的区别。特别是在古希腊语中确实是可以说 "a 是" 的，因此这样的区别也是重要的。在起 "S 是 P" 这种说明作用的意义上，"人是" 是一种逻辑的说明，而在起 "a 是" 这种说明作用的意义上，"人是" 是一种句法的说明。从逻辑的角度，很难说亚里士多德这样的论述是严格的，而从句法的角度说，亚里士多德显然又是有道理的。问题是，在逻辑的意义上它可以作 "是" 的理解，即系词。但是在句法的意义它还是作 "是" 来理解吗？难道不可以把它理解为 "存在" 吗？

究竟是 "是"，还是 "存在"，我们是可以讨论的。① 但是，至少有一点是明确的，这就是在逻辑的意义上，"S 是" 应该在系词的意义上来理解。如果不是在逻辑的意义上来理解，人们可能会认为这里有其他一些涵义，比如 "存在"。不能说这样的理解没有道理。问题是，这样一来，又该如何理解它在亚里士多德逻

---

① 关于亚里士多德所说的 "a 是" 究竟是在 "存在" 的意义上理解，还是在系词的意义上理解，讨论是非常多的。值得注意的是，关于 "荷马是诗人" 和 "荷马是" 的论述，有人认为这是亚里士多德在《解释篇》中唯一一处谈到 "存在" 的地方，参见 R. V. Brennekom: "Aristotle and Copula", in *Journal of the History of Philosophy*, 24, January 1986.

辑著作中的地位呢?

除此之外,我们还应该看到,逻辑研究与真密切相关。亚里士多德逻辑也是这样。在他的逻辑著作中有大量关于真的论述。其实我们前面已经提到这样的论述,比如加上"是"或"不是"以后,涉及真假。这表明,是与真假是密切相关的。还有,亚里士多德认为,语言的组合和分离产生真和假。所谓组合和分离是指名词通过动词,即"是"联系起来,从而形成句子。他还明确地说:"并非每一个句子都是命题,只有本身含真假的句子才是命题。"① 因此,他要研究的不是任意的句子,而是今天一般所说的陈述句。由于他研究自身含真假的句子,通过研究这样的句子结构形成了他的逻辑理论:《解释篇》是关于"S 是 P"这样的句子形式的说明;《前分析篇》中是有关由"S 是 P"这类句子所构成的三段论。由此可见,在亚里士多德的逻辑著作中,是与真是密切相关的。他通过研究含有是的句子,形成了一种逻辑理论,从而提供了一种达到真的方法。

三、范畴学说

在亚里士多德的著作中,谈及范畴的地方很多,但是只有两处提出十种范畴的完整分类,并且这两处都在《工具论》中。在《范畴篇》,亚里士多德提出十种范畴。他说:

> 非复合的表达式表示实体、量、质、关系、地点、时间、位置、状态、活动或遭受。②

在《论辩篇》,亚里士多德说:

> 我们必须区别发现了上述四种形式的谓词的类。这些类是 10 种:本质、量、质、关系、地点、时间、位置、状态、活动、遭受。任何事物的偶性、属、

---

① 参见苗力田主编:《亚里士多德全集》第 1 卷,第 52 页;Aristotle: *The Works of Aristotle*, ed. by W. D. Ross, vol. 1, 17a5; Aristoteles: *Kategorien und Lehre vom Satz*, Eugen Rolfes, S. 97-98.

② 参见 Aristotle: *The Works of Aristotle*, ed. by W. D. Ross, vol. 1, 1b25-27; Aristoteles: *Kategorien und Lehre vom Satz*, Eugen Rolfes, S. 45;苗力田主编:《亚里士多德全集》第 1 卷,第 5 页。

固有属性和定义都应在这些范畴之中，因为任何通过这些谓词所形成的命题都表达事物的本质，或者事物的性质或量，或者其他一种谓词。①

这两种范畴分类有一个非常重要的区别，它们的第一个范畴是不一样的：在《范畴篇》中是"实体"，而在《论辩篇》中是"本质"。值得注意的是，亚里士多德的范畴学说是哲学史上一个非常重要的理论，但是人们的研究和解释过去主要集中在《范畴篇》上，而比较忽略《论辩篇》，并根据《范畴篇》的理解把《论辩篇》的第一个范畴也读作实体。在 20 世纪，这一现象不仅得到根本的改观，而且使亚里士多德范畴理论的研究有了重大进展。所有这些主要来自对《论辩篇》的研究，特别是对这两种范畴分类的区别的研究。

根据现有的研究，《论辩篇》的范畴分类比《范畴篇》的更早，而且两者也不同。《论辩篇》的范畴分类是对谓词或谓述方式的分类，而《范畴篇》的分类是对一般语词的分类，或者说，它是对语词所表述的事物的分类。不应该把这两部著作中的范畴分类混淆起来。② 我非常同意这些观点，并且认为它们对于研究亚里士多德的范畴思想非常重要，值得我们认真学习。与本书相关，我认为有以下几点值得多说几句。

首先是关于范畴这个术语。由于《工具论》的第一篇著作就命名为《范畴篇》，因此过去人们很自然地认为该书讨论的就是范畴，由此不仅形成了对《范畴篇》的解释，而且也成为对范畴思想的解释。有人甚至认为，人们解释这部著作的历史就是"哲学史的一面镜子"③。事实确是如此，亚里士多德的十个范畴，即实体、质、量，等等，在众多哲学家的著作中，不断得到讨论和研究。但是，正像阿克里勒指出的那样，《范畴篇》的第一个范畴是实体，"这个希腊文词是来自动词'是'

---

① 参见 Aristotle: *The Works of Aristotle*, ed. by W. D. Ross, vol. 1, 103b20-25; Aristoteles: *Topik*, Eugen Rolfes, Verlag von Felix Meiner Hamburg 1968, S. 11; 苗力田主编:《亚里士多德全集》第 1 卷，第 362 页。

② 参见 J. L. Ackrill: *Categories and De Interpretione*, Oxford 1963; M. Frede: Categories in Aristotle, in *Studies in Aristotle*, ed. by Dominic J. O'Meara, The Catholic University of American Press 1981. pp. 1-24; K. Oehler: *Aristoteles: Kategorien*, Damstadt, 1984; T. Ebert: Gattungen der Prädikate und Gattungen des Seienden bei Aristoteles, in *Archiv für Geschichte der Philosophie*, 1985, no. 2, S. 113-138; 王路:《亚里士多德的逻辑学说》。

③ K. Öhler: *Aristoteles: Kategorien*, S. 56.

的一个名词,'是者'或'实体'也会是与它字面相等的词"①;此外,亚里士多德也用"是什么"来表示实体这个范畴,而且他是从《论辩篇》开始这样做的,那里他给出一个完整的范畴分类,其第一个范畴就是"是什么"(即我们所说的"本质")。阿克里勒认为,《论辩篇》整个关于范畴分类的这一章都"值得研究"②。弗雷德则认为,且不论"范畴"一词是后人编辑亚里士多德著作时所加的题目,也不考虑它是否合适,这篇文章是不是关于范畴的至少也是很不清楚的③,它甚至仅仅在两行提到"范畴"这个词。而在《论辩篇》第1卷第9章中,不仅多次明确提到"范畴"这个词,而且与它相关地谈到十种范畴分类。因此探讨亚里士多德的范畴理论,首先应该考虑《论辩篇》。弗雷德指出,在《论辩篇》中,范畴一词是在谓述、谓述的方式、谓述的种类和谓词的种类这样四种意义上使用的。通过对这些不同使用方式的分析和论证,他得出几个重要的区别:其一,在技术意义上使用的范畴一词;其二,由谓述方式所定义的谓词的类;其三,存在的终极的类。这里重要的是第三种区别。它表明,终极的类不是谓述的方式,也不等同于谓词的类。它们是《范畴篇》所探讨的范畴,而不是《论辩篇》所探讨的范畴。这样,这两部著作所讨论的东西也得到区别。④

　　阿克里勒和弗雷德的论述是非常有道理的。但是我认为,我们还可以从另一个角度来考虑《论辩篇》和《范畴篇》的区别,这就是考虑它们各自范畴的分类原则。在《范畴篇》中,亚里士多德的范畴分类有两条原则:其一,谓述主体或不谓述主体;其二,在主体之中或不在主体之中。根据这两个原则就会有四种情况:谓述主体,不在主体之中;谓述主体,在主体之中;不谓述主体,在主体之中;不谓述主体,不在主体之中。这里最重要的是区别出第四和第一种情况,这分别就是第一实体和第二实体。第一实体是个体,第二实体是种和属。第一实体不能作谓词,只能作主词。这也说明,亚里士多德最终所考虑的是语言所表达的事物。他试图通过语言描述的方式使这些事物得到说明。

　　在《论辩篇》中,看不到明显的范畴分类。但是前面引文提到"上述四种形

---

① J. L. Ackrill: *Categories and De Interpretione*, p. 77.

② J. L. Ackrill: *Categories and De Interpretione*, p. 80.

③ 参见 M. Frede: "Categories in Aristotle", in *Studies in Aristotle*, p. 3.

④ 参见 M. Frede: "Categories in Aristotle", in *Studies in Aristotle*, pp. 8-10.

式的谓词的类",这就涉及亚里士多德的四谓词理论。四谓词理论是亚里士多德所建立的第一个逻辑理论。它说明,在一个"S 是 P"这样的命题中,谓词 P 对主词 S 的表述方式共分为四类:定义、固有属性、属和偶性。亚里士多德分析四种谓词依据两条原则:其一,看谓词对主词表示本质或不表示本质;其二,看谓词与主词能不能换位。这样就区别出上述四种谓词。如果表示本质并且能够换位,就是定义。比如"人是理性动物","理性动物"是"人"的定义,因此也可以说"理性动物是人"。如果表示本质但是不能换位,就是属。比如"人是动物","动物"是"人"的属,不能说"动物是人"。如果不表示本质但是能够换位,就是固有属性。比如"人是会文法的动物","会文法的动物"是"人"的固有属性,也可以说"会文法的动物是人"。如果不表示本质也不能换位,就是偶性。比如"人是白净的","白净的"是"人"的偶性,不能说"白净的是人"。由此我们可以清楚地看到,在探讨四谓词理论的情况下考虑范畴分类,肯定会与这两条分类原则有关,而在这样的考虑中,表示本质或不表示本质是非常重要的。因此《论辩篇》的第一个范畴是本质。①

这里特别值得我们注意的还有两点。第一,《论辩篇》中的第一个范畴,即本质,原文是 ti esti,《范畴篇》中的第一范畴,即实体,原文是 ousia。如前所述,这两个希腊文本身也是有一些区别的。而这种区别与在《论辩篇》和《范畴篇》中的区别也是相应的。第二,亚里士多德的四谓词理论排除了个体词作主词。这是由它的分类原则决定的。但是,亚里士多德在论述如何使用这个理论的时候,也谈到个体。比如他认为,个体分享种,也分享属。但是这并不说明四谓词理论包括个体作主词,而只是表明建立一个理论与使用一个理论是有区别的。②

综上所述,根据《论辩篇》,亚里士多德的范畴应该是对谓词或谓述方式的进一步分类,也就是对"是什么"的不同回答。所谓谓词或谓述方式,不过是指"S 是 P"中的"是 P",或者就是"是"。而根据《范畴篇》,这样的解释似乎就有些狭窄,因为那里讨论的第一实体是个体,而个体不能作谓词,第二实体则包括最高的类,而最高的类也不能作谓词。因此《范畴篇》的讨论显然超出了仅仅是谓词或谓述方式的类的考虑。除此之外,也还有其他一些问题需要考虑,比如亚

---

① 参见王路:《亚里士多德的逻辑学说》,第37-47页。
② 参见王路:《亚里士多德的逻辑学说》,第46-59页。

里士多德的范畴思想在哪部著作中是主要的，它是如何从《论辩篇》向《范畴篇》发展的等等。但是，从今天的研究成果来看，谈论亚里士多德的范畴理论和思想，不认真研究《论辩篇》显然是不行的。而一旦考虑它，我们就可以说，亚里士多德的范畴分类是与谓词或谓述方式相关的。在这种意义上，它最主要的似乎还是关于"是什么"或"是如何"的思考和研究。简单地说，它与"是"有关。

除此之外，这里还有一个如何从逻辑的角度来理解的问题。如果从亚里士多德的逻辑来考虑范畴，四谓词理论就是重要的。而在这种意义上说，对范畴做谓词或谓述方式意义上的理解就是重要的。因为四谓词理论排除了个体词，也排除了最高的类，因此比较适合于《论辩篇》中关于范畴的解释。《范畴篇》讨论的范畴虽然更宽泛一些，超出了谓述方式的范围，但是，作为一个逻辑学家，亚里士多德对自己的逻辑理论大概不会不应用，因此我们似乎也不应该排除他在《范畴篇》里会有一些逻辑的考虑。比如，尽管他要探讨的问题确实超出了与四谓词理论相关的范围，但是这是不是会妨碍他应用已有的逻辑理论和方法以及一些相关的成果呢？在这种意义上说，研究《范畴篇》的范畴，不考虑《论辩篇》的范畴确实也是不应该的。亚里士多德本人对此往往没有什么明确的说明。但是我觉得，我们在研究的时候还是应该有比较清楚的认识。因为一个逻辑学家不仅有逻辑的技术，而且有逻辑的修养。逻辑的技术是通过运用逻辑的理论和手段体现出来的，而逻辑的修养仅仅是一种背景性的东西，它以逻辑理论和技术作依托，在研究中起非常重要的作用，只不过表现得不那么具体罢了。

四、《形而上学》

亚里士多德不仅是逻辑的创始人，也是形而上学研究的开创者。一个直观的问题是，他的逻辑与他的形而上学有没有什么关系？如果没有，那么研究他的形而上学而不考虑他的逻辑大概也是可以的。如果有，我们就应该认真考虑他的逻辑思想在他的形而上学中是如何体现的，并且结合他的逻辑理论来理解和研究他的形而上学。亚里士多德认为，逻辑是从事哲学研究之前所要具备的修养。他还认为自己所建立的逻辑是一切证明的基础。因此我们大概很难说他的逻辑与他的形而上学没有关系。

亚里士多德的形而上学蕴涵着非常丰富和复杂的思想。在这里，我不准备对它做全面的研究。我想谈的仅仅是本章开始所说的那个问题，即他在形而上学中主要说的是是还是存在。如上所述，是乃是亚里士多德逻辑研究所涉及的一个核心概念，与此相关又有许多关于真的论述，因此是与真就有一种密切的联系。我的问题是，亚里士多德这种有关是与真的思想，在形而上学中是如何体现的？我认为，这一点对于我们理解亚里士多德的形而上学非常重要，是值得我们认真注意的。

亚里士多德的《形而上学》共 14 卷。人们一般认为有 4 卷的位置不合适，即不是它原来的部分。但是今天人们一般认为它们也是亚里士多德的著作。而在这 4 卷中，有 2 卷与是和真有直接的关系。这就是第 2 卷和第 5 卷。第 2 卷被认为相当于一个导论。它专门论述真。它明确地说："称哲学为真之科学也是正确的。"[①] 联想到亚里士多德在第 4 卷所说的有一门科学研究"是本身"，即使不能说研究是就是研究真，至少从形而上学本身的研究来看，是与真是密切结合在一起的。第 5 卷被认为相当于哲学词典，其中第 7 章专门论述是的含义。为了比较清楚地说明亚里士多德的思想，我把这段话翻译如下：

> 事物被说成"是"，可以在偶性的意义上，也可以依其自身。（是者有时候是在偶性的意义上表达的，有时候是依自身表达的。）比如，在偶性的意义上，我们说"公正的人是文雅的"，"这个人是文雅的"，"这位文雅者是人"；这正如我们说，"这位文雅者在造屋"，因为这个造屋的人恰好是文雅的，或者这位文雅人恰好是建筑师；因为在这里，"这是这"的意思是说："这是这的一种偶性"。上述情况就是这样，因为当我们说"这个人是文雅的"，"这位文雅者是人"，或者说"这个白净的人是文雅的"或"这位文雅者是白净的"时，在一种情况，这是因为两种性质恰巧属于同一个东西，而在另一种情况，这是因为一种性质，即谓词，恰巧属于一个是者。而"这位文雅者是人"的意思是说，"文雅的"是人的一种偶性。（在这种意义上，"不白净的"也被说成"是"，因为以它作偶性的那个东西"是"。）这样，一事物在偶性的意义上被说成是另一事物，要么是因为二者属于相同的是者，要么是因为前者属于一个是者，要么是因为前者虽然是一种被谓述的性质，但本身是一

---

① Aristoteles: *Metaphysik Bücher* I-VI, Griechisch-Deutsch, S. 73; 苗力田主编：《亚里士多德全集》第 7 卷，第 59 页。

个是者。

依自身而是恰恰表现为那些谓述形式；因为有多少种谓述形式，"是"就有多少种意义。所以，在谓述表达中，有些表示一事物是什么，有些表示量，有些表示质，有些表示关系，有些表示动作或承受，有些表示地点，有些表示时间，"是"与这些谓述表达分别是相同的。因为在"一个人是一个保持健康者"和"人保持健康"之间没有区别，在"一个人是一个行走者或收割者"与"一个人行走或收割"之间也没有区别。而且在其他情况也是如此。

此外，"是"表示一个陈述是真的，"不是"表示一个陈述不是真的，而是假的，就像肯定和否定的情况一样。例如，"苏格拉底是文雅的"意思是说，这是真的，或者"苏格拉底是不白净的"意思是说，这是真的，而"对角线不是可通约的"意思是说这是假的。

此外，"是"和"是者"表示我们提到的东西有些是潜在的，另一些是完全实在的。因为关于潜在的看和现实的看，我们都说这是看，同样，关于能够应用知识和正在应用知识，我们都说这是知道，关于已经静止的东西和能够静止的东西，我们都说这是静止的。在实体的情况也是如此。我们说赫尔墨斯是在石块中，半条线是在整条线中，我们还说未熟的谷物是谷物。至于一事物什么时候是潜在的，什么时候不是潜在的，必须在别处说明。①

应该说，亚里士多德的这段论述是比较清楚的。第一，它比较集中地阐述了"是"的主要用法。从亚里士多德给的例子来看，它的用法的主要形式是"是如此如此的"。第二，这里谈到范畴。正如前面所说，亚里士多德对范畴的论述有《论辩篇》和《范畴篇》的区别。如果从《论辩篇》出发，范畴主要是对谓词或谓述表述的划分，也就是说是对是所表述的东西的分类，比如本质、质、量、关系，等等。若从《范畴篇》出发，范畴可能含有对语言所表述的事物的类的划分。而在这段引文中，亚里士多德所说的乃是"是什么"，即 ti esti。它恰恰相应于《论辩篇》中的第一个范畴。因此我们至少不能排除《论辩篇》中那样的考虑。第三，这里明确指出，一方面，"是"表达了不同的涵义，另一方面，"是"断定真，即

---

① 参见 *The Works of Aristotle*, vol. 8, ed. By Ross, W. D., 1017a7-1017b9; *Aristotle's* ⟨*Metaphysics*⟩, by Kirwen, Ch., pp. 39-40; Aristoteles: *Metaphysik*, Bücher Ⅰ-Ⅵ, griech. -dt., S. 203-205.

当我们说"一事物是如此如此的"时，不仅表达了一事物是如此如此的，而且表达了这是真的。第四，还应该看到，"是怎样"是语言中最基本的表达形式，"不是怎样"则是与之相应的另一个最基本的表达形式，它们恰恰就是人们常说的肯定和否定。而且，人们作出的肯定和否定是与真假联系在一起的。最后还有一点值得注意。在第二段中，亚里士多德谈到"一个人是一个保持健康者"和"人保持健康"之间没有区别。对于这个例子，亚里士多德没有更多的说明。因此值得思考，这个例子放在这里是什么意思？我认为，从这里大概可以看出，亚里士多德知道"是"不是语言中唯一的表达方式，但是他认为"是"乃是最基本的一种表达方式，其他不用"是"的表达方式都可以划归为用"是"的表达方式。这样，他关于"是"的探讨才更有意义。我想，综合起来应该可以得出一个比较肯定的结论：亚里士多德这里所说的乃是系词意义上的是。绝没有什么存在意义上的东西。

我认为，在上述说明中，特别值得注意的是亚里士多德所说的是与真的联系。虽然亚里士多德给出的都是例子，比如"是文雅的"，"是人"，"是白净的"，等等，但是我们看到，这些例子的形式基本上都是"一事物是如此如此的"。举例是为了说明问题。因此用这些例子表达的主要还是这种形式的句子。在这种意义上，说这样的句子是真的，实际上与句子自身含真假的说法不是很接近吗？特别是，"是"表示真的，"不是"表示假的，虽然也可以说是一种字词的解释，但是加上"就像肯定和否定的情况一样"这一句，难道不是一种对句子的说明和解释吗？这样一种解释难道没有把句子的结构凸现出来吗？在我看来，这种说法与亚里士多德在逻辑著作中关于命题的肯定和否定的论述完全是一样的。在这种意义上来理解，显然"是"与"真"的联系表明了一种对句子形式的表达，而从这里所给的例子来看，这种句子形式就是"S 是 P"，因此这样的论述显然是与逻辑论述密切相关的。

值得一提的还有括号中的话："'不白净的'也被说成'是'，因为以它作偶性的那个东西'是'。"表面上看，这里的"是"似乎应该在存在意义上来理解，就是说，存在着不白净的人。但是从上下文来看，更确切的涵义似乎是说，"不白净的"是人的一种偶性，因此人们可以说"这个人是不白净的"。因此我想，亚里士多德在这里表现出一种省略的说法，他主要是突出自己所强调的"是"，也就是我们前面所说的句子结构或句式。它的表现形式正好是"S是"。需要指出的是，这样的论述方式在亚里士多德的著作中还是比较多的。由于这里是通过举例来说明的，因此我们可以比较清楚看到他是在系词的意义上说的。而在其他一些地方，特别是那些没有例子的地方，这一点就不容易看得十分清楚了。但是，如果我们能够意识到，在亚里士多德的论述中，这样省略的、强调句式的谈论方式是存在的，那么我们在理解他的著作的时候就会多一层次的考虑。也就是说，在他孤立地谈论"是"的地方，我们最好也不要轻易排除他在系词意义上的考虑。

在《形而上学》这部著作中，第7卷大概是最重要的。因此我们论述亚里士多德的形而上学，就不能不考虑它。以其第1章为例：

正如我们在本书前面论述词的各种意义时指出的那样，在好几种意义上，人们都可以说一事物是；因为在一种意义上，所谓的"是"乃是"一事物是什么"或"这个"，而在另一种意义上，它意谓质或量或者其他一种像它们一样作谓述的东西。由于"是"有所有这些含义，显然"是"者最主要的是"什么"，它表示事物的实体。因为当我们谈到一事物是什么质的时候，我们说它是好的或坏的，而不说它是三肘长或它是一个人；但是当我们说它是什么的时候，我们不说"白的"、"热的"或"三肘长"，而说"一个人"或"一个神"。所有其他东西被称为是，乃是因为它们有些是这种第一意义上是者的量，有些是它的质，还有一些是它的属性，还有一些是它的其他属性。

因此人们可能甚至会对"走"、"是健康的"、"坐"这样的词产生疑问：它们是不是涉及是者，对其他类似的情况也是如此。因为它们各自是不能自身存在或与本质分离的，相反，在一般情况下，坐的东西、走的东西和健康的东西属于是者。因为这些东西似乎更是是者，这是因为有一些确切的规定性构成它们的基础，而这种规定性是实体和个体的东西，它以这样一种表达方式表现出来。因为，没有这种规定性，是善的东西，坐的东西是不能被称谓的。因此可以看出，只有通过本质，有上述规定的东西才是是者。由此可以得出，那种是第一性是者——不仅是特定意义上的是者，而且是绝对的是者——的东西就是实体。

现在，"第一性"是在许多意义上使用的。然而，在各种意义上，实体都是第一性的，无论是根据定义，还是根据认识和时间。因为没有东西能够与其他种类的规定性分离；只有实体可以做到这一点。因此实体根据定义也是第一性的。因为在定义中必须包含着实体的定义。而且我们认为，当我们知道一事物是什么，比如人是什么，火是什么，而不是仅仅知道它的质，它的量或它的地点的时候，我们最完全地知道它。因为我们只有知道量或质是什么，才能知道这些性质。

　　这个早就提出并且仍在提出而且总是要提出的问题，这个总是充满疑问的问题，即"是者是什么？"恰恰是这样一个问题：实体是什么？因为恰恰是这个问题，有人说是一，有人说是多，有人说是有限的，有人说是无限的。因此我们必须主要地、首要地、而且几乎专门地考虑：一种东西，它是这种意义上的是者，这种东西究竟是什么？①

有了前面的分析，应该说，亚里士多德这里的意思是比较清楚的。简单地说，他认为，一事物是如此如此的，乃是人们最基本的表述方式。被表述的乃是是者，表述出来的则是对是者的规定。但是，这样的表述是不同的，分为"是什么"，即实体，以及其他一些范畴，诸如质、量，等等。此外，除了像人这样明确表示"是什么"、好的这样明确表示质、三肘长这样明确表示量以外，显然还有其他一些属性，比如走、坐，等等。在所有这些表述亦即规定中，最重要的是"是什么"。它决定了其他诸种规定性。因此，我们对事物的认识，可以多种多样，比如认识它是什么，或认识它有什么性质、有多大的量，等等。但是最重要最完的认识则是认识它是什么。因此，亚里士多德认为，过去人们总是对各种事物提问"是什么"，而这实际上就是在问"实体是什么"。所以，他要重点考虑这个问题。实际上，实体是什么，不仅是第 7 卷所探讨的问题，而且也正是形而上学所考虑和探讨的问题。

　　限于篇幅，这里仅再指出以下三点。第一，亚里士多德在开始的地方所说的"可以说一事物是"，无疑是一种"S 是"的方式。从后面的解释来看，它比较清楚地显示出省略特征，因此前面我们关于这个问题的论述就值得注意和思考。第二，这里明白无误地谈到范畴，因此前面关于范畴的论述也必须予以考虑。第三，

---

① *The Works of Aristotle*, vol. 8, ed. by Ross, W. D., 1028a10-1028b8; Aristoteles: *Metaphysik*, Bücher Ⅶ-ⅪⅤ, griech.-dt., S. 2-7; *Aristoteles 'Metaphysik Z'*, Frede, M., Patzig, G., Band Ⅰ, S. 60-63.

这一段最后提出的关于实体是什么的问题，表明亚里士多德把关于是者的问题，要划归为关于实体的问题，或者说，他想通过对实体的探讨，来回答什么是是者的问题。这里的实体，原文是 ousia。如前所述，ousia 是《范畴篇》的第一个范畴，在那里亚里士多德区别出第一实体和第二实体。因此实体 ousia 的涵义与本质 ti esti 是不同的。所以，亚里士多德关于实体的讨论要更为复杂一些。但是无论如何，从这一段话，从我们指出的这三点来看，都可以比较肯定地说，亚里士多德探讨的绝不是存在，至少绝不仅仅是存在。

在亚里士多德的《形而上学》中，涉及真的论述非常多。这里我们仅以矛盾律为例来看他的有关是与真的论述，而且他关于矛盾律和排中律的论述也是非常重要的：

> 首先，"是"或"不是"这个词有明确的意义，因而并非所有事物都会是"既这样又不这样"，这一点至少是显然的。此外，如果"人"有一种意义，那么它可以是比如"两足动物"；关于有一种意义，我是这样理解的：如果人意谓某种东西，那么如果一物是人，则对它而言，这某种东西就是"是一个人"。①
>
> 然而这里的问题并不在于同一事物是不是能够名义上是人又不是人，而在于它实际上是不是能够是人又不是人。如果"人"和"非人"的意思没有什么不同，那么人与不是人的意思显然没有什么不同，因此是人也就会是不是人。因为它们会是一回事。是一回事，意思是说，它们就像外衣和罩衣一样，如果表述是相同的。而且，如果是人与不是人是一回事，它们的意思就一定是相同的。但是前面已经表明，它们的意思是不同的。因此，如果对任何事物，说它是人是真的，那么它一定是两足动物；因为这正是人所意谓的东西。如果这是必然的，那么这同一事物同时又不是两足动物就是不可能的，因为是必然的，意思是说，不可能不是。在这种情况下，说同一事物同时是人又不是人，就不可能是真的。②

---

① 参见 The Works of Aristotle, vol. 8, ed. by Ross, W. D., 1006a29-35; Aristotle'〈Metaphysics〉, by Kirwen, Ch., p. 9; Aristoteles: Metaphysik, Bücher Ⅰ-Ⅵ, griech. -dt., S. 140-141.

② The Works of Aristotle, vol. 8, ed. by Ross, W. D., 1006b22-35; Aristotle'〈Metaphysics〉, by Kirwen Ch., p. 10; Aristoteles: Metaphysik, Bücher Ⅰ-Ⅵ, griech. -dt., S. 142-143.

并且，要么在所有情况下都是这样，一事物是白的又不是白的，既是又不是，并且对所有其他肯定和否定都是这样；要么在一些情况下是这样，而在另一些情况下不是这样。如果不是在所有情况下都是这样，那么就会承认例外的情况。如果在所有情况下都是这样，那么要么当肯定为真时否定也是真的，并且当否定为真时肯定也是真的，要么当肯定为真时否定也是真的，而当否定为真时肯定并不总是真的。①

亚里士多德关于矛盾律的论述蕴涵着非常丰富的思想，既有语言和逻辑方面的含义，也有本体论和认识论方面的含义。②限于篇幅，这里不想展开讨论，而仅想指出，亚里士多德主张必须遵守矛盾律，反对违反矛盾律，并认为这是最基本的原理之一。矛盾律的表述是：一事物不能同时既是如此又不是如此，简单地说，便是：一事物不能同时既是又不是。亚里士多德的论证很清楚，"是"的含义是确定的，"不是"的含义也是确定的，"是"与"不是"又是不同的，因此不能说"一事物既是如此又不是如此"。同时，亚里士多德的论述又包含非常丰富的思想：这样的论述表现为断定，因而涉及肯定和否定。"是怎样怎样"与"不是怎样怎样"乃是最基本的断定形式。正因为这样，也就涉及真和假。③无论如何，"一事物既是如此又不是如此"不是真的，因此绝不能使用这样的论说方式。与此相关，亚里士多德有一段非常著名的话：

在矛盾的东西之间不可能有中间情况，因为必然要么断定一方，要么否定一方。从真和假的定义可以看出这一点。因为否定是的东西或肯定不是的东西就是假的，而肯定是的东西和否定不是的东西就是真的；因而任何关于任何事物是或不是的判断都陈述了要么是真的东西要么是假的东西。④

这段话被认为是真之符合论的经典表述。无论其哲学意义是什么，不管人们是不

---

① *The Works of Aristotle*, vol. 8, ed. by Ross, W. D., 1008a8-15; *Aristotle's〈Metaphysics〉*, by Kirwen, Ch., p. 13; Aristoteles: *Metaphysik*, Bücher Ⅰ-Ⅵ, griech. -dt., S. 148-151.

② 参见周礼全：《周礼全集》，中国社会科学出版社 2000 年版（以下只注书名），第 304-340 页。

③ 关于真假的问题，其实是非常重要的问题。它不仅反映出亚里士多德思考问题的方式，而且说明"是"与"真"是密切相关的问题。限于篇幅，这里仅指出这个问题，但不展开论述。

④ *Aristotle's〈Metaphysics〉*, 1011b24-28.

是同意它，至少我们可以看出，它的论述是基于对是与真的理解，基于对肯定和否定的说明，由此也涉及陈述和判断。如果联系逻辑来考虑，这样的论述显然是非常清楚的。因为亚里士多德在其逻辑理论中对于什么是肯定、什么是否定、什么是真、什么是假，都有非常明确的说明。即使我们认为亚里士多德在形而上学中的论述肯定超出逻辑的范围，因而不会仅仅局限在逻辑的思考之内，我们大概也不能说他的形而上学论述与他的逻辑论述没有什么关系。在这种意义上说，理解亚里士多德的形而上学绝不能不考虑他的逻辑。

五、如何理解《形而上学》

通过以上论述我们可以看出，亚里士多德在《形而上学》这部著作中明确提出研究"是者本身"或"是本身"的学问（第4卷）。他把这种研究，即探索"是者是什么"归结为询问"实体是什么"（第7卷），并且对这个问题进行了深入的研究。在他的研究中，涉及许多问题，包括范畴、谓述、真假，使用了一些专门的术语，如"是其所是"、"是什么"（本质），还产生了许多重要结果，如四因说①，等等。因此我们说亚里士多德的形而上学的思想是非常丰富而复杂的。加上它的开拓性地位及其对后来的影响，我们有充分的理由说它是非常重要的。

亚里士多德用 to on 这一个词表达了形而上学研究的对象。通过前面对术语翻译的讨论可以看出，他使用了"是"（是者）、"所是"（所是者、实体或本体）、"是其所是"、"是什么"（所是者）等一些不同的术语来讨论他所说的这种 to on。实际上，所有这些术语都是与希腊文 einai 相关的词。因此，这里有一个基本的也是核心的问题：一方面，对这些术语固然可以而且也应该分别进行不同的翻译；另一方面，如果需要用一个词来涵盖或尽可能地涵盖所有这些不同涵义，那么我们该用什么词呢？明确地说，对于亚里士多德所说的 to on 我们该如何理解呢？穆尼兹指出，这单独一个词——甚至在英文中——隐藏了一连串的意义，因为它覆盖了一种可能的歧义：究竟是应该把它看做一个分词还是看做一个名词呢？而且，即使作为一个名词，它对于我们也是不清楚的。比如，究竟它是不是一个"抽象的"

---

① 亚里士多德的四因说是非常著名的，即形式因、质料因、目的因、潜在因。限于本书的目的，我们没有论述它。

名词呢？无论如何，当亚里士多德以希腊文提出这个问题的时候，他清楚地想到一连串的意义，它们包括不定式 einai（"是"），用作系词 esti（"是"），分词 on（"存在物"），作为名词化的和作为单称使用的分词 to on（"是者"，"所存在者"），和复数 ta onta（"存在的事物"，"实体"），最后还有名词 ousia（"实体"）。对于亚里士多德来说，这些词相互之间肯定有重要联系。他的主要任务是回答"是者是什么？"这个广泛的问题，以便揭示这些不同的相互联系。但是，"在理解亚里士多德的过程中，非常重要的是在一开始就认识到，为了说明这些相互联系，公正地处理这个复杂的问题，他并不是只考虑一个方向。或者，用语言学的话说，他并没有从不定式、系词、分词和名词混在一起的口袋中仅仅取出一种词而排除其他类词。相反，他对它们全体进行研究"①。我完全赞同穆尼兹的这种看法，因为开始的一步对于以后的理解是非常重要的。在对这个术语的理解上，我认为依然要根据卡恩对希腊文 einai 的研究结果，也就是说，由于它最主要的用法是系词，因此我们主要应该在系词的意义上理解它，或者结合系词的用法来理解它。这样，我们就应该在"是"的意义上来理解 to on。或者说，我们应该在系词的意义上来理解亚里士多德所说的 to on，可以把它理解为"是者"。

　应该指出，绝不能说这样做就没有什么问题了。因为亚里士多德的论述所包含的内容实在是太丰富了。比如，我们确实不能说亚里士多德的探讨根本就没有存在的涵义。而对于我们中国人来说，从字面上看，"是"与本体论的距离确实太大了一些，似乎不如"存在"表达得那样自然、贴切。关于是与存在的问题，我在后面还会讨论。这里我仅想指出，如何看待和处理这个问题，不仅在我们的汉语语言中存在，在西方语言中也是存在的。比如，阿克里勒认为，在亚里士多德的著作中，有些地方所说的"是"乃是在存在的意义上理解的。"希腊文用一个词表示系词'是'和'存在'；由于这产生一些哲学问题，因此翻译者通常最好是使用'是'（to be，is，等等），以此来保留这种歧义性，甚至在用'存在'（to exist、exists）这样的英语更为自然的地方也是如此。"②这段话除了表明在英语翻译中也面临着与我们相似的问题以外，至少还说明，英语中的 to be（是）与 exist（存在）在意义上也是有非常重大区别的。

---

① Munitz, M. K.: *Existence and Logic*, p. 45.

② J. L. Ackrill: *Categories and De Interpretione*, p. 118.

前面我们还说过，理解亚里士多德的形而上学，应该联系他的逻辑。而根据他的逻辑，显然应该用"是"来理解他所说的 to on。亚里士多德逻辑的核心是三段论。表面上看，三段论是一种以"S 是 P"这样形式的句子所形成的推理。因此也可以说，亚里士多德逻辑蕴涵着或基于对"S 是 P"的研究。在这样一种研究中，通过对句子语法形式的分析，尤其是对"S 是 P"中的"是"及其相关要素（包括量词和否定）的分析，揭示出逻辑结构，形成了逻辑理论。在这样的语法和逻辑分析中，"是"主要体现出一种谓述形式，由此区别出主词、谓词和系词。在这种意义上，我们也可以说，是或是者不过是"是"这个动词的名词称谓。或者，一如穆尼兹所说，"在亚里士多德看来，是乃是一个由谓述联系体现出来的形式概念"[1]。问题是，这样一个"是"，所体现的乃是人们一种最基本的表达方式，即"是如此如此的"。如果考虑到人们的表达也反映了人们的认识的话，那么这样的表达方式对于我们来说，就不是无足轻重的。正是在这种意义上，逻辑的理论以一种抽象的形式具体地体现出来，因而也具有了一种普遍的意义。至少在亚里士多德这里，"S 是 P"虽然没有体现所有的表现形式，至少体现了基本的表现形式。比如，虽然有些句子没有"是"这个动词，例如"人康复"，但是也可以说"人是在康复中"，这样就把这类句子划归为带"是"的句子。通过这样的抽象，形成了对"S 是 P"这样的句子形式的研究，并且以这样的研究为基础构成了著名的三段论，从而提供了一种具有普遍意义的逻辑理论和方法。

特别应该看到的是，"S 是 P"不仅是最基本的表达形式，而且也是对"这是什么？"这种最基本的疑问的回答形式。"这是什么？"乃是古希腊哲学家最基本的追问。人们不仅以这种方式对身边的世界发问：世界的本原是什么？而且还对自身发问：什么是正义？什么是勇敢？什么是美德？什么是善？这样的发问，不仅体现了希腊哲学家求知的本性，而且也体现了人类求知的活动。正是在这种发问与回答中，逻辑不仅与形而上学发生密切的联系，而且也对形而上学具有十分重要的意义。概括地说，亚里士多德逻辑所研究的"是"乃是句子中最基本的谓述方式。亚里士多德形而上学所研究的"是"恰恰就是"是本身"，因为它不是某一具体学科或领域的东西。因此，至少从普遍性上说，逻辑与形而上学有一种天然的联系。

---

[1] Munitz, M. K.: *Existence and Logic*, p. 58.

　　除此之外，逻辑与形而上学的联系还在求真方面体现出来。逻辑研究是求真的。在亚里士多德那里，通过对"S 是 P"这种基本句子形式的研究，揭示了以此为基础的一些推理形式。换句话说，逻辑表明，一个句子在什么情况下是真的，在什么情况下是假的。比如，如果"所有 S 是 P"是真的，那么"有 S 不是 P"就是假的。因此，从前者得不出后者。如果"所有 S 是 P"是真的，那么"有 S 是 P"就是真的。因此，从前者可以得出后者。这样，逻辑本身提供了一种方法，依靠这种方法人们不仅可以识别假，而且可以达到真。同样，形而上学研究也是求真的。人们研究世界是什么，并且提供相关的描述。这样就存在着人们的描述与实际的情况是不是相符的情况。若想使人们的描述与实际的情况相符，可能需要符合许多条件。但是，在描述中，必要的规范大概是起码的要求。因此，对这样的规范的意识就是十分重要的。在这种情况下，逻辑应运而生并且与形而上学发生一种密切的联系。非常保守地说，逻辑肯定无法解决形而上学的所有问题。但是，满足逻辑的条件，至少可以保证从真的前提一定得出真的结论。

　　对于逻辑与形而上学的关系，亚里士多德确实没有太多的说明。对于逻辑所探讨的是与真与形而上学所探讨的是与真，亚里士多德也没有什么过多明确的区分。然而有一点却是常识，他不仅建立了逻辑，也开创了形而上学。仅仅基于这一点，我们在研究他的思想的过程中就不应该割裂逻辑与形而上学的联系。正是在这种意义上，我们确实应该时时看到和想到"是"与"真"的联系。

第五章　中世纪的探求

从古希腊到近代，经历了漫长的中世纪。这一时期的哲学，可以简单地统称为中世纪哲学[①]。在我看来，中世纪哲学至少有三个特点：第一，它与宗教神学紧密结合；第二，它形成了独特的围绕"上帝存在"的本体论证明以及相关的讨论；第三，它建立了自己独特的逻辑理论，这些理论也为它的哲学研究服务。研究中世纪哲学也有三个难点：其一，时间跨度大，至少有一千多年；其二，哲学家层出不穷，特别是有影响的大哲学家众多；其三，哲学著作卷帙浩瀚，而且大部分依然是拉丁文原本，还没有翻译成其他文字。鉴于以上特点和难点，这一章将仅从与本书相关的问题出发，有重点地选择两个人物进行讨论。首先讨论波爱修，他是从古希腊哲学到中世纪哲学的一个非常重要的过渡人物，他的思想对中世纪哲学影响极大。然后讨论托玛斯·阿奎那的一些论述，他是中世纪最重要的哲学家，也比较有代表性。最后还要讨论一些逻辑学家的论述，逻辑学家对本书讨论的问题有一些专门的论述，有助于我们对这个问题的理解。

一、波爱修

1982 年，剑桥大学出版社出版了一本研究中世纪的大部头著作《剑桥史：晚期中世纪哲学》。与此同时，该出版社还策划出版一系列原著翻译《剑桥翻译系列：

[①] 也可称它为基督教哲学。参见 Armstrong, A. H.: *The Cambridge History of Later Greek and Early Medieval Philosophy*, Cambridge 1967; Kretzmann, N.: *The Cambridge History of Later Medieval Philosophy*, Cambridge 1982; 赵敦华:《基督教哲学 1500 年》, 人民出版社 1994 年版（以下只注书名）。

中世纪哲学文献》，作为中世纪研究的辅助读本，并于 1988 年出版了第 1 卷[①]。该卷所选第一篇就是波爱修的著作，足见他在中世纪哲学中的地位。

波爱修（480—525 年）的工作主要有两方面。一方面，他翻译和注释了亚里士多德的逻辑著作，这些著作先后成为中世纪的基本教材。其中，《范畴篇》和《解释篇》很早就成为基本教材，甚至是"亚里士多德学说的唯一教科书"[②]，影响很大。波爱修的翻译"极其忠实于原文，竭尽全力逐词逐句把原文表达为规范的拉丁文句子结构"[③]。由于他的这些翻译，他是中世纪哲学"最重要的语言创制者"[④]，他"将一些重要哲学概念由希腊文译成拉丁文，并规定了它们的标准定义"[⑤]，由此对中世纪哲学产生重要影响；另一方面，他撰写了许多著作，内容广泛，包括哲学、逻辑、数学和神学，等等。他的这些著作不仅影响大，而且极为广泛，有的甚至"被思想家和诗人称为杰作"[⑥]。正如史学家评论的那样，"毫不奇怪，他的权威应该与亚里士多德和奥古斯丁的权威并驾齐驱"[⑦]。

波爱修讨论神学问题的五篇文章构成《神学文集》(*Opuscula Sacra*)，其中第三篇论文专门探讨"是"这个概念。在这篇文章中，波爱修不仅对"是"的不同含义作出了一些区分，而且还提出了九条公理。下面我们详细探讨他的这些公理。

在这九条公理中，第一条是关于公理的一般性质，主要说明公理的涵义，即公理是一些陈述，它们一旦建立，一般就被接受。第九条公理是阐述愿望和善，以及与它们对立的东西之间的复杂关系。其他七条公理则直接与是有关。这七条公理如下[⑧]：

---

① Kretzmann, N., Stump, E.: *The Cambridge Translations of Medieval Philosophical Texts*, Cambridge 1998, vol. 1.

② 威廉·涅尔:《逻辑学的发展》，张家龙、洪汉鼎译，商务印书馆 1985 年版（以下只注书名），第 244 页。

③ Ebbesen, S.: Boethius as an Aristotelian Commentator, in Sorabji, R. ed.: *Aristotle Transformed*, Gerald Duckworth & Co. Ltd. 1990, p. 375.

④ Schulthess, P./ Imbach, R.: *Die Philosophie im Lateinischen Mittelalter*, Artemis & Winkler Verlag Zürich 1966, S. 62.

⑤ 赵敦华:《基督教哲学 1500 年》，第 183 页。

⑥ Marenbon, J.: *Early Medieval Philosophy* (480-1150), Routledge 1991, p. 27.

⑦ De Wulf, M.: *History of Medieval Philosophy*, tr. by Messenger, E. C., Thomas Nelson and Sons Ltd 1951, vol. 1.

⑧ 参见 De Rijk, L. M.: "On Boethius's Notion of Being", in *Meaning and Inference in Medieval Philosophy*, ed. by Kretzmann, N., Kluwer Academic Publishers 1988, pp. 18-21.

公理一：是和是者乃是不同的；确实，自身所接受的是尚还不是；而接受了是的形式的是者才是作为一个实体。

公理二：是者可以被其他某种东西所分享；然而，从是的自身考虑时，是却不能被其他任何东西所分享；因为当某种东西已经是时，就产生了分享，而且当某种东西接受了是时，情况就是这样。

公理三：是者除了它本身是什么以外，也能具备某种东西；然而，从是的自身考虑时，是却没有任何混合物。

公理四：仅仅是某种东西与是某种作为是的东西乃是不同的；前者确实表示某种偶然的情况，而后者表示一种实体。

公理五：所有为了是而分享是的东西都为了是某种东西而分享"某种东西"，因此，是者为了是而分享是，但是，为了分享随便什么东西，是者是。

公理六：所有简单的东西都有它的是和它的所是，二者是一样的。

公理七：所有复合的东西与是乃是不同的，它们的是本身也是不同的。

关于这七条公理，有两点需要说明。首先，它们的出发点是一个形而上学论题：对每一个是者，是和是善的乃是一样的。其次，波爱修对这些公理的论述非常简洁，解释不多，他把合适的论证留给了"聪明的解释者"[①]。第一点表明，这些公理的论述与上帝有关。因为考虑这个形而上学论题的人实际上必须要区别两种东西：一种乃是是善的东西，另一种则是善自身。而在神学家那里，善自身就是上帝。第二点表明，这些公理被看做是自明的，因此没有过多的解释。这样，一方面我们需要依赖于字面的意思来理解它们，另一方面也需要联系一些背景知识来理解它们。

在这些公理中，据我所见，比较清楚的思想有以下几点。首先是区别是与是者。不仅公理二明确地这样说，而且好几条公理（如三、四、六）都阐述了它们的区别。其次是区别是与是某种东西，如公理四、五、六等，并以此说明是与是者的区别。特别是，这两种区别基本上构成了这七条公理的核心思想，因此值得我们认真思考。

从字面上看，理解"是某种东西"应该没有什么问题，因为它的表达方式乃

---

① Marenbon, J.: *Early Medieval Philosophy* (480-1150), p. 38.

是"S 是 P"，这也符合我们的习惯。而理解单纯的"是"则会有些问题，因为它的表达方式乃是"S 是"，这不太符合我们的表达习惯。不过，如果我们可以习惯这样的表达，那么也就不会存在理解的问题。假定这样的表达是正常的，那么"S 是"与"S 是 P"当然是不同的。从字面上看，是（esse）与是者（id quod est）显然是不同的。因此也应该没有什么理解的问题。这样，结合"S 是"与"S 是 P"的区别，一些基本的思想就清楚地表达出来。比如，"是者是"与"是者是某种东西"是不同的。

应该说，以上理解是清楚的。但是，它仅仅是一种句法方面的理解。我们显然还应该从语义方面进行理解。在这种意义上说，是与是者乃是不同的。因为是者分享是，是却不分享是者；是者可以被其他某种东西所分享，是却不能被其他任何东西所分享。因此，是乃是第一位的东西。这样，单纯的是与是某种东西乃是不一样的。由此也就区别出简单的东西和复合的东西。简单的东西有是和它的所是，而且它的是和它的所是乃是一样的。但是复合的东西却不是这样，它与是不同，而且它们的是本身也是不同的。根据这样的理解，是者和是似乎都成为思考的对象，而且是不同的对象。

如果我们把句法和语义的理解结合起来，就可以得出以下结论。我们可以说"一事物是"，也可以说"一事物是某种东西"，然而它们是不同的。这里的区别主要在于"是"有不同的涵义和作用。

我认为，尽管波爱修的这七条公理还涉及许多东西，但是与本书相关，上述理解乃是它们最主要的内容和思想。如果对比一下他与亚里士多德的相关论述，我们很容易发现，他与亚里士多德有一点非常不同。亚里士多德在论述中谈到"S 是"与"S 是 P"是不同的，但是认为它们区别很小，并且主要论述的乃是"S 是 P"，而对"S 是"并不怎么强调。波爱修则非常强调"S 是"与"S 是 P"的区别，并且突出"S 是"的意义与作用。鉴于波爱修是亚里士多德著作的翻译家和注释家，他的许多思想基本上也是来自亚里士多德。因此一个直观的问题是，为什么在论述是这个非常重要的问题上，波爱修会与亚里士多德有如此重大的区别？

我认为，这主要是探讨的对象造成的。前面我们说过，波爱修的这篇论文是为了论证是与是善的之间的区别，而是善的乃是指上帝。因此，波爱修的探讨与上帝有关。为了说明这个问题，我们还可以看一看波爱修在注释亚里士多德的《解释篇》中的一段话：

> 当我们说"上帝是"时，我们不是说他是现在，而只是说，他是处于实体中，在这种程度上，这个（"是"）确实不是与某个时间，而是与他的实体的不变性相联系的。但是，如果我们说"这是白天"，那么它（即"是"）与"白天"这个实体没有关系，而是仅仅与它的时间确立有关。因为这乃是"是"所表示的东西，一如我们说"是现在"。所以，当我们使用"是"来表示实体时，我们在没有限制的意义上加上"是"；然而，当我们以某种方式使用"是"，从而使某种东西被表示为现在时，我们在时态的意义上加上它。①

波爱修作出这段注释是为了区别实体和现在时这种时态。关于时态的论述，他与亚里士多德差不多。但是关于实体的论述，他显然有一些独到之处。最引人注意的是，他在解释亚里士多德的著作的时候引入了"上帝是"这样的例子，并且根据当时人们对上帝的认识来论述是，这样，"是"就获得了一种特殊的意义，用他的话说，就是与上帝的实体的不变性相联系，因此也就有了与一般所说的是的区别。如果在这样的背景下看待波爱修的七条公理，也就比较容易理解为什么他一定要强调"S是"与"S是P"的区别。因为"S是"不是无足轻重的，而是"上帝是"这个句子的句式的具体体现。

按照后来中世纪的讨论以及今天的一般认识，"上帝是"的涵义就是"上帝存在"。因此这里似乎自然而然地当然要考虑，波爱修所说的"S是"究竟是不是"S存在"，或者说有没有"S存在"的意思？实际上，学者们在这一点上观点也并不一致。比如关于公理中所说的"是者"的理解。有些人认为这里所说的是者乃是指存在者。这样的理解，尤其是对于我们中国人来说，是比较容易接受的。但是也有人认为，把是者（id quod est）翻译成"存在者"（that which exists）乃是"严重的误解"，这里所说的"是"（esse）与外界中的存在没有任何关系。② 我认为，究竟这两种看法哪一种更有道理，乃是可以研究和讨论的。但是有一点特别值得我们注意：虽然波爱修在解释亚里士多德的逻辑著作时引入"上帝是"这样的例

---

① De Rijk, L. M.: "On Boethius's Notion of Being", in *Meaning and Inference in Medieval Philosophy*, p. 14.

② 参见 De Rijk, L. M.: "On Boethius's Notion of Being", in *Meaning and Inference in Medieval Philosophy*, p. 19.

子，虽然他带着关于"上帝是"这样的思考强调"S 是"和"S 是 P"这样的句子的区别，因而强调"是"的不同涵义，甚至也许已经在存在的意义上探讨了是，但是他确实没有引入"存在"一词。因此我们至少可以非常保守地说，他还没有明确地提出"存在"这个概念，也没有十分明确的关于存在的讨论。

尽管波爱修没有十分明确的关于存在的探讨，但是他关于是和是者的区别，关于简单的是与是某物的区别却有十分重要的意义。尤其在公理七，虽然他还没有明确地探讨本质与存在之间的关系，但是这里已经"暗示"了后来的思想：上帝的本质和上帝的是乃是同一的思想。① 他的这些讨论"常常被 13 世纪参加关于本质与存在之间的关系的讨论者所引用"②，产生了非常大的影响。

二、托玛斯·阿奎那

托玛斯·阿奎那（1224/1225—1274 年）是中世纪最重要的思想家之一，我们选他的思想进行讨论，希望可以有代表性。

有人认为托玛斯是中世纪最重要的哲学家③，也有人认为托玛斯是神学家，"谁若是不把他作为神学家来理解或解释，就错误地理解他"④。这两种观点均有许多支持者。我想，评价这两种观点哪一种更有道理，即使简单做一表态，也会涉及对哲学与神学本身的理解。这样的工作无疑超出了本书的范围。但是探讨托玛斯的思想，肯定要涉及哲学与神学的讨论，因而无法回避对于哲学与神学的理解。由于本书主要探讨哲学，因此我们关于托玛斯思想的探讨也侧重在哲学方面。鉴于这种考虑，我们不探讨他的《神学大全》。虽然这是他晚期的成熟著作，是他最重要的著作，尽管我们也可以说这是他的哲学著作，然而这是一部神学著作乃是确切无疑的。下面我想主要讨论他的《论是者与本质》。这是他的早期著作，尽管里面有许多关于神学的讨论，却无疑是他的哲学著作。有人认为这是托玛斯

---

① 参见 De Rijk, L. M.: "On Boethius's Notion of Being", in *Meaning and Inference in Medieval Philosophy*, p. 21.
② Kretzmann, N.: *The Cambridge History of Later Medieval Philosophy*, p. 393.
③ 参见赵敦华:《基督教哲学 1500 年》，第 364 页。
④ Thomas von Aquin: *Prologe zu den Aristotele's kommentaren*, übersetzt von Cheneval, F./ Imbach, R., Vittorio Klostermann Frankfurt am Main 1993, IX.

"文选中最著名的著作，而且毫无疑问是人们真正研究过的唯一著作"①，显然它也是十分重要的。除此之外，它与本书所讨论的内容直接相关。

《论是者与本质》篇幅不长，主要探讨如何理解是者与本质。在开篇处，托玛斯指出讨论这一问题的三个难点。第一，是者和本质这两个概念是什么意思？第二，本质在不同事物中是如何体现的？第三，本质与属、种、种差等逻辑概念是如何联系的？该书的论述基本上是围绕这三个问题展开的。前三章分别讨论了这三个问题，后三章进一步讨论了第二个问题。所以，托玛斯重点讨论的是第二个问题。

理解托玛斯的思想，第一章至关重要。它解释了是者和本质的含义，成为后面几章探讨的基础。我认为，这一章有三段话值得我们认真思考。首先是下面这段话：

> 引文 1：正像哲学大师在《形而上学》第 5 卷所说，是者本身乃是以两种方式谈论的。以第一种方式它分为十种范畴。以第二种方式它表示命题的真。
> ……
> 本质这个词不是取自是者这个词的第二种意义。……本质乃是取自是者的第一种意义。②

从这段话可以看出，托玛斯的论述是从亚里士多德的《形而上学》出发的。由此也说明，他对是者和本质的解释基于亚里士多德的论述。具体地说，他把亚里士多德关于是者的论述简单地归结为两种意义，并由此得出本质的意义。是者可以在表示范畴的意义上理解，也可以在表示真的意义上理解，而本质只能在表示范畴的意义上理解。在这种意义上，本质表示某种东西，这种东西对于某一种类中所有事物乃是共同的。本质常常被用来表示一事物是什么，这种是什么有时候也被称为形式，或被称为本性（自然）。托玛斯引用亚里士多德在《形而上学》

---

① Thomas von Aquin: *Das Seiende und das Wesen*, Lateinisch/Deutsch, übersetzt von Beeretz, F. L., Philipp Reclam 1987, S. 110.

② Thomas von Aquin: *Das Seiende und das Wesen*, Lateinisch/Deutsch, S. 4-5; Thomas Aquinas: *On Being and Essence*, tr. by Maurer, A., The Pontifical Institute of Mediaeval Studies 1950, pp. 26-27.

第 5 卷的话说，每一种实体都是一种本性。由此出发他认为：

> 引文 2：在这种意义上，本性这个词似乎意谓事物的本质，一如它与事物的专门活动有关，因为任何事物都不是没有其专门活动的。而是什么一词来自定义所表示的东西，但是本质意谓这样的东西，通过它并且在它之中一个是者具有是。①

引文 2 之所以重要，乃是因为其中对本质得出了新的意义，即通过本质，或者在本质中，一个是者具有是。尤其是对照第一段引文，这种差异看得非常清楚，因为那里没有这样的描述。特别值得注意的是，在下面的引文中，还可以看到这种新的意义：

> 引文 3：此外，一些实体是简单的，一些实体是复合的，并且本质是在二者之中。但是，在简单实体中，本质表现得更真，更完善，因为它们也具有更完善的是。就是说，它们是复合实体的原因，至少第一简单实体，即上帝，就是这样。②

这里不仅又提到了本质的新性质，即"具有是"，而且对实体和本质也有了进一步的说明。实体分为简单的和复合的，本质在简单实体中，也在复合实体中。此外还说明，简单实体是复合实体的原因。

从这三段引文可以看出，托玛斯从亚里士多德的著作和思想出发，对本质提出了新的解释。清楚了这一点，我们大致也就可以明白，后面他的论述都是为了说明他在这里所说明的东西。

阐述和解释亚里士多德的著作和思想，或者从亚里士多德的著作和思想出发，阐述自己的思想，是中世纪哲学家的普遍做法。因此，中世纪哲学家的许多思想是与亚里士多德的思想联系在一起的，并且是在亚里士多德思想的基础上发展起来的。应该指出的是，亚里士多德的《形而上学》和《前分析篇》《后分析篇》等著作传入欧洲中世纪较晚，大约 12 世纪的时候开始可以见到这些著作的拉丁文

---

① Thomas von Aquin: *Das Seiende und das Wesen*, Lateinisch/Deutsch, S. 8-9; Thomas Aquinas: *On Being and Essence*, p. 28.

② Thomas von Aquin: *Das Seiende und das Wesen*, Lateinisch/Deutsch, S. 8-9; Thomas Aquinas: *On Being and Essence*, p. 29.

译本，到了 13 世纪，这些译本才开始广泛流传起来。人们一般认为，托玛斯的《论是者与本质》这部著作大约写于 1254—1256 年。因此从时间上看，亚里士多德的《形而上学》大约刚开始流传起来。亚里士多德的《形而上学》无疑有对是、是者、实体、本质等的探讨，因而也有对形式与质料、定义、属、种与种差的探讨。特别是，这部著作明确提出研究是本身。因此托玛斯从亚里士多德的《形而上学》出发来探讨是者与本质，乃是最自然不过的。

尽管托玛斯从亚里士多德的著作出发，但是他对亚里士多德著作的理解与亚里士多德显然是不同的。亚里士多德对本质有比较明确的说明。虽然对本质的说明涉及形式与质料等一些问题，有时候也比较复杂，然而比较简单的说明乃是定义表达本质，而定义由属加种差而形成。因此人们大致也可以体会什么是本质。这种本质就是一种是什么。比如说，动物是人的本质，或者说，理性动物是人的本质。但是，无论复杂还是简单，亚里士多德对于本质都没有托玛斯所说的"具有是"的解释。我认为，这里有一个问题是值得认真对待的。一方面，我们不能断然地说托玛斯曲解了亚里士多德的思想；另一方面，我们也不能简单地说托玛斯发展了亚里士多德的思想。关键是，无论亚里士多德的思想有什么样的问题，比如属加种差是不是能够表达本质，属和种差是不是清楚，等等，至少本质表达出是什么，这一点应该是没有什么问题的。而且从亚里士多德的思想本身来看，本质这个词的字面意思也是"是什么"（ti esti）。问题是，从"是什么"能不能得出"具有是"？也就是说，托玛斯的这种新意是不是从亚里士多德关于本质的论述自然而然地得出来的？

我强调这里的问题绝不是想小题大做。因为托玛斯对是（esse）与本质（essentia）的区别是非常出名而重要的，在中世纪哲学家的相关讨论中也被认为是具有代表性的。这一区别不仅与后来的存在与本质的区别相关，而且被认为促成并导致了这样的区别。托玛斯的有关思想是在后来的著作中发展起来和全面阐述的，但是该书的英译者认为，他在《论是者与本质》中"正在制定形而上学中一场革命的纲领"，简单地说，这场革命就是使形而上学家从一直留恋于形式和本质的兴趣"转向了存在的活动"[1]。基于这种认识，英译者甚至把该书中"具有是"（habet esse）这一表达式直接译为"具有存在的活动"（has its act of existing

----

① 参见 Thomas Aquinas: *On Being and Essence*，译者序，第 8-9 页。

［esse］）①，尽管译者承认这个在书中经常出现的术语是"未定义的"②。我认为，英文的翻译是有问题的，但是上述评价却是可以接受的。

后来托马斯确实对表示活动的是有明确的说明。他认为，是（esse）的意义来自动词是（est），是本身的意义并不指一个事物的是，……它首先表示被感知的现实性的绝对状态，因为是的纯粹意义是在活动，因而才表现出动词形态。是这个动词的重要意义表示的现实性是任何形式的共同现实性，不管它们是本质的，还是偶然的。③他明确地说：

> 是指谓一种特定的活动，因为说一事物是，不是因为它是处于潜在状态，而是因为它是在活动中。④

是这个词具有在活动的意义，这在托马斯的这些论述中表达得清清楚楚。正是根据这一点，托马斯区别出本质与是的两种不同的含义，而这种具有活动意义的是表达的就是存在。在上述《论是者与本质》一书的引文2中，我们还看不到这样明确的说明，但是，有一点却是清楚的：托马斯似乎确实想表示出是这个词具有表示活动的性质和特点。因为他谈到"任何事物都不是没有其专门活动的"。以此类推，他大概是想说，是这个词所表达的东西也应该是有专门活动的，或者说，由于任何东西都可以表达为是，因而是乃是它们的一种专门活动。尽管他没有非常明确地表达出来，但是这一思想与后来的思想差不多是一致的。

假定以上理解是正确的，那么可以说托马斯的思想是清楚的。但是在这里仍然存在一个问题。托马斯这种关于是的理解虽然是从亚里士多德的思想出发的，与亚里士多德的思想似乎却没有什么关系。因为亚里士多德没有这样的思想。虽然托马斯引用亚里士多德的话说到本性，似乎自然地谈到"与事物的专门活动有关"，并由此与本质联系起来进行解释，但是却有些牵强，因为他并没有像后来那样明确地把"是"解释为一种活动，因此这里关于是的解释与"事物的专门活动"似乎没有什么直接的关系，至多也只是可以让人们去体会其中的意味。非常保守地说，托马斯的思想也许是杰出的，但是这里的解释本身至少有些不那么自

---

① 参见 Thomas Aquinas: *On Being and Essence*, 译者序，第 28 页。
② 参见 Thomas Aquinas: *On Being and Essence*, 译者序，第 11 页。
③ 赵敦华：《基督教哲学 1500 年》，第 375 页。
④ Copleston, F. S. J.: *A History of Philosophy*, The Newman Press 1985, Vol. Ⅱ, p. 332.

然。我觉得，如果他不从亚里士多德的思想出发，直接阐述本质表达了使一事物具有是的含义，就像他后来的解释那样，反而可能会更加自然。

关于简单实体和复合实体的区别，我认为是自然的。虽然关于谓述、实体、本质等思想在字面上都与亚里士多德的论述有关，但是由于这里没有引用亚里士多德的话，因此我们不必考虑它们是不是与亚里士多德的思想相符。这里，最重要的乃是对简单实体的强调，即它更真，更完善，而且更完善地具有是。有了引文 2 的论述，这里的论述也是自然的。

综上所述，三段引文反映了《论是者与本质》第一章的主要思想，也说明了托玛斯所要讨论的第一个问题，即关于是者与本质这两个概念的解释。这三段引文的思想基本上是清楚的。但是引文 2 的思想有些不自然的地方。由于引文 2 涉及托玛斯形而上学中最重要的思想部分，因此这种不自然就值得我们认真考虑。我认为，这种不自然主要是因为托玛斯有一个强烈的前提，他时时刻刻要考虑这个前提，并且要回答与这个前提有关的问题，这就是上帝的问题。这从引文 3 看得非常清楚。此外，虽然引文 2 没有提及上帝，但是仅仅在字面上就可以看出它与引文 3 在这一点上的联系。引文 2 提出"具有是"，这是它的新思想。而引文 3 则讲"更完善地具有是"。如果说引文 1 是出发点，引文 3 是托玛斯主要想探讨的问题，那么引文 2 则是一个过渡，因为从引文 1 无法直接到引文 3。有了引文 2 的过渡，尽管不那么自然，但是终究是可以谈论引文 3 了。

如果我们具体地看一看该书后面几章，就可以看得比较清楚。第四章主要讨论一般实体与纯粹精神实体的区别。第五章则专门探讨上帝。在第四章，托玛斯认为，"是与本质或是什么不同，也许除非有一个是者，他的是什么就是他的是。只能有一个这样的是者，即第一者"。[1] 而在第五章，他明确地说："有上帝这样的是者，他的本质就是他的是本身"[2]；"上帝的这种是具有这样一种性质，对它不能加任何东西。所以，正是由于它的纯粹性，它是一种与各种是不同的是"[3]；"上

[1] Thomas von Aquin: *Das Seiende und das Wesen*, Lateinisch/Deutsch, S. 48-49; Thomas Aquinas: *On Being and Essence*, p. 46.

[2] Thomas von Aquin: *Das Seiende und das Wesen*, Lateinisch/Deutsch, S. 54-57; Thomas Aquinas: *On Being and Essence*, p. 50.

[3] Thomas von Aquin: *Das Seiende und das Wesen*, Lateinisch/Deutsch, S. 56-57; Thomas Aquinas: *On Being and Essence*, pp. 50-51.

帝在他的是中具有所有完善性"①。托玛斯对上帝的这些性质进行了详细的讨论，论述了上帝与一般实体和一般精神实体的不同，阐述了自己的独特看法。在他的论述中，是的纯粹性，或者说具有这种纯粹性的是，乃是他思想的核心，以此他论证了上帝的性质。因此也可以理解为，他在第一章从亚里士多德思想出发，并为论证上帝做准备。这一过渡可谓是用心良苦。

所谓用心良苦，我认为，大概也是没有办法的事情，或者说，这是中世纪哲学的主要特点之一。在中世纪，哲学家与神学家虽然不是没有任何区别，因而也不是不可区分，但是首先要考虑上帝，这一点对于他们大概没有太大的区别。因此，哲学家的论述即使不完全是为神学服务的，至少也是在神学的指导下进行的。而神学的核心就是上帝。哲学家们关于上帝的表述自然是来自神学家，而神学家关于上帝的表述是来自《圣经》。上帝告诉摩西的话"我是我之所是"乃是人们知道的关于上帝的唯一表述。从这句话里，人们知道，上帝是什么就是什么，换句话说，人们仅仅知道"上帝是"，因为他说的那个"我之所是"仍然仅仅表明"上帝是"。神学的讨论是从相信出发的，关于上帝是不能怀疑的。因此，根据这个"上帝是"，既不能随便说上帝是什么，又要相信有这样一个上帝，因此这个"是"就成为上帝唯一独特的性质。此外，神学家们还必须从这里出发论证上帝的至高无上性、完美无缺性、全知全能性，等等。神学家们是如此，哲学家们大概也不会例外。

这里，有一点值得我们特别注意。一方面，从"上帝是"出发来论证上帝，在中世纪关于上帝的讨论中乃是贯彻始终的；另一方面，中世纪哲学家的讨论往往是从亚里士多德的著作出发的。因而，随着亚里士多德的《形而上学》的引入，他们开始从《形而上学》的内容出发，他们的讨论也就产生了大量与之相关的内容。这样一种变化，至少从托玛斯的《论是者与本质》这部早期著作来看是清楚的，它明白无误地说明是从亚里士多德的著作出发的。亚里士多德的《形而上学》提供了许多思想和术语可以供人们讨论和使用，比如关于第一哲学，关于是本身，还有是者、是、形式、质料、本质、属、种、种差，等等。这些概念和思想无疑极大地丰富了中世纪哲学家们关于上帝的讨论，但是，由于亚里士多德的著作不

---

① Thomas von Aquin: *Das Seiende und das Wesen*, Lateinisch/Deutsch, S. 58-59; Thomas Aquinas: *On Being and Essence*, p. 51.

是神学著作，他的论述也不是关于上帝的专门理论，因此在把亚里士多德的思想运用到关于上帝的讨论时，能不能那么合适就是值得考虑的。以托玛斯为例，表面上，他是从亚里士多德出发，他似乎也对亚里士多德的思想进行了许多解释，但是他最终仍然是为了探讨上帝。即使在《论是者与本质》这部专门的哲学著作中，这一点也是显然的。如果说在这部著作中我们只是感到他从亚里士多德的思想出发进行的过渡有些不太自然的话，那么从他后来在神学著作中的论述则可以更清楚地看出他的自然的思想。

托玛斯在他最重要的著作《神学大全》中谈到与我们考虑相关的问题。他认为，"他之所是"① 乃是上帝最合适的名字。他说：

> "他之所是"是比"上帝"更合适的，因为它使我们可以在第一意义，即他是（esse）的意义上使用这个名字，因为它以一种不加限制的方式表示他，还因为它的时态，正像我们已经说过的那样。但是当我们考虑用这个词表示什么意思时，我们必须承认，"上帝"是更合适的，因为它被用来表示这种神圣的本性。更合适的甚至是"他是他之所是"，它被用来表示上帝这种不可传达的实体，或者表示上帝这种个体实体，如果我们可以说这样的东西的话。②

表面上看，阿奎那提供了三种理由，说明"他之所是"是上帝的名字，有时候甚至是比上帝更合适的表达。第一是由于它的意思，因为它不表示任何特殊的形式，而只表示是（esse）本身。第二是由于它的普遍性，因为其他任何名字都要么不太普遍，要么至少会增加一些细微的意义差别，这样就会限制或确定原初的意义。第三是由于它的时态，因为它是现在时，而上帝恰恰既不是过去的，也不是将来的。但是实际上，这三种理由不过就是一个理由：用"是"来表达，乃是最普遍、最没有限制的，而这恰恰符合上帝的性质。

---

① 关于"上帝是"的说法有许多种，阿奎那这里的说法是用的间接引语，因此不是"我之所是"，而是"他之所是"（Qui est）。参见 St. Thomas Aquinas: *Summa Theologiae*, vol. 3, tr. by Herbert McCabe, O. P. Blackfriars 1964.

② 参见 St. Thomas Aquinas: *Summa Theologiae*, vol. 3, pp. 92-93. 引文中的标出拉丁文 "esse" 的地方，英文翻译为 "existence"。

无论托玛斯是怎么想的，他对是与本质的区别，确实是重要的，他的讨论对于上帝存在的讨论的影响，确实也是重大的。

三、是的存在涵义

托玛斯讨论了是与本质的区别，在这一讨论中他发展出关于"是的活动"的讨论。人们认为这是他关于存在的讨论，有人甚至认为他所说的"是的活动"也就是"存在的活动"。但是值得注意的是，在《论是者与本质》中，存在（exist）一词出现得并不多，而且都不是在解释是与本质的区别之处。[①] 应该说，存在一词的出现乃是一种重要的哲学现象。这种结果与人们探讨是乃是相关的。作为史学研究，比较直观的问题是，"存在"（exist）这个术语和概念究竟是什么时候产生的？它在什么时候广为流行并被普遍使用？对于这些问题，本书不做详细探讨。但是，区别表示存在的是，对本书的研究又是至关重要的。我想，看一看当时一些逻辑学家的论述，大概会有助于我们更好地理解这个问题。

希雷斯伍德的威廉（约 1250 年）是与托玛斯大约同时代的人。他在《论助范畴词》这部著作中有三章专门讨论"是"（est）。其中，一章探讨作为助范畴词或不作为助范畴词的是，一章探讨作为第三组成部分的是，一章探讨现实的是与条件的是。与本书讨论相关，我们只考虑其中第一章。

把是作为一个助范畴词进行讨论，用威廉自己的话说："不是因为它是一个助范畴词，而是因为它被许多人假定为助范畴词。他们依赖亚里士多德的说法，即'是'意味某种特定的组合方式，没有组合物，就无法理解这种方式。"[②] 但是另一方面，人们又认为它不是一个助范畴词。这是因为"一个命题是由一个名字和一个动词形成的，因此'是'本身乃是一个动词。所以，它被说成带有意义，不是

---

① 英译本由于把 esse 翻译为"存在的活动"（act of existing），因此通篇都把 esse 译为"存在"。在德文译本中，基本都译为 Sein，"存在"的翻译较少。根据我的阅读，拉丁文原文只有三处用了"存在"，分别表示"存在的种"（speciei existens）、"自身存在的原则"（principium in ipso existens）、"存在的事物"（res exsitens）。但是，这三处"存在"都不是动词。参见 Thomas von Aquin: *Das Seiende und das Wesen*, Lateinisch/Deutsch, S. 16, S. 20, S. 32.

② William of Sherwood: *Treatise on Syncategorematic Words*, tr. by Kretzmann N., University of Minnesota Press, 1968, p. 90.

因为它与另一个词一起表示意义并且是一个表达式中的一个组成部分，而是因为它意味着它与它主要表意的东西组合在一起"。①

在逻辑研究中，中世纪逻辑学家形成了著名的助范畴词理论。他们认为，词分为两类，一类是范畴词，另一类是助范畴词。范畴词是自身有意义的词，比如名词、动词、形容词。助范畴词是自身没有意义的词，它要和其他词结合在一起才有意义。威廉关于是的讨论清楚地反映了中世纪的助范畴词理论。当然，由此也反映出中世纪逻辑学家对是这个词的认识和看法。把是归为助范畴词，显然是认为它自身没有意义，一定要与其他词结合在一起才有意义。在这种意义上理解，是这个词就不可能有存在的意思，因为它自身没有任何意义。相反，把是本身看做是一个动词，显然是承认它自身有一种意义，理解它不用借助其他词，因此它就不是助范畴词。有专家认为，把是描述为具有助范畴词的特征，威廉大约是最早这样做的。② 由于处理中世纪文献的复杂性，这种说法是不是正确仍然有待考证。但是我们至少可以看出，在威廉这里，也就是说，大约在托玛斯的时代，关于是已经有了以助范畴词理论为基础的明确说明。

卢鲁（1235—1316 年）也是一位与托玛斯大约同时代的人。他在《新逻辑》这部著作中专门论述了是。他认为应该以三种方式考虑是。第一，有潜能的是与现实的是。第二，可以根据一和多来考虑是。第二种方式则与我们的讨论有关。卢鲁认为，第二种方式又可以分为两种，一方面，"是被看做是者，它在自身是某种它所是的东西，就像比如自身乃是是者的实体，因为它通过自身存在（quae in se est ens，eo quod per se existit）"③；另一方面，"是被看做乃是在另一个是者中的是者，因为它不是通过自身存在（eo quod per se non existit）"④。这里比较引人注目的是卢鲁引入了"存在"这一术语来进行区分，而且这里的"存在"是动词。"通过自身而存在"这一表达式还在其他地方出现过，比如"实体是通过自身而存在

---

① William of Sherwood: *Treatise on Syncategorematic Words*, tr. by Kretzmann N., University of Minnesota Press, 1968, p. 91.

② 参见 William of Sherwood: *Treatise on Syncategorematic Words*, tr. by Kretzmann N., University of Minnesota Press, 1968, p. 90.

③ Lullus, R.: *Die neue Logik*, Lateinisch-Deutsch, text von Lore, C; übersetzt von Hösle, V./Büchel, W., Felix Meiner Verlag 1985, S. 6-9.

④ Lullus, R.: *Die neue Logik*, Lateinisch-Deutsch, text von Lore, C; übersetzt von Hösle, V./Büchel, W., Felix Meiner Verlag 1985, S. 6-9.

的是者（quod per se existit）"①。这样，通过是者与存在的区别，他关于是也区别出两种含义。可以看出，卢鲁的讨论与威廉的讨论有十分明显的不同。卢鲁没有使用助范畴词理论，而威廉利用了助范畴词理论。卢鲁使用了存在概念，而威廉没有使用这一概念。不过，他们两人区分所得的结果差不多是一样的。

　　波利（1275—约1344年）是比托玛斯稍晚的逻辑学家。他在《论逻辑艺术的纯粹性》这部著作中也专门探讨了是。他认为，"联结体现了谓述词项与主项的统一或联系。这样，联结通过动词'是'被表达出来，同样也通过以有意义的形式从'是'导出的动词表达出来，比如'曾是'、'将是'，如此等等"②。因此，他不仅把是看做主项与谓项的一种联结方式，而且把是看做一种动词。对于是这个动词本身，波利指出，"动词'是'可以以两种方式来理解。首先，它是作为第二个补充物进行谓述的东西，比如'人是'；其次，它是作为第三个补充物进行谓述的东西，比如'人是动物'。当'是'这个动词作为第二个补充物进行谓述的时候，它表达的乃是在自身所是的东西，也就是一种现实的是，或者一种存在的是（esse existere）"③。他特别强调，"当'是'这个动词作为第二补充物被表达出来的时候，它自身涉及一个范畴表达，因为在这种情况下它作为谓词或作为自身包含谓词的东西而起作用。而且它还表达一种特定的本性，即作为存在的是（esse existere）"④。在推理中也是一样，"当'是'这个动词作为第二补充物进行谓述的时候，它表达了一种绝对的是，即一种事实的是或者存在的是（esse existere）。而当它作为第三补充物进行谓述的时候，它不表达绝对的是，而是表达一种如此是，即一种如此确定的是，一如它通过那个谓词所表达的一样"⑤。

　　从波利的论述可以看出，他的论述有两点与亚里士多德有些相像。首先，他

---

① Lullus, R.: *Die neue Logik*, Lateinisch-Deutsch, text von Lore, C; übersetzt von Hösle, V., Büchel, W., Felix Meiner Verlag 1985, S. 12-13、85-86.

② Burleigh, W.: *Von der Reinheit der Kunst der Logik*, Lateinisch-Deutsch, übersetzt von Kunze, P., Felix Meiner Verlag Hamburg 1988, S. 160-161.

③ Burleigh, W.: *Von der Reinheit der Kunst der Logik*, Lateinisch-Deutsch, übersetzt von Kunze, P., Felix Meiner Verlag Hamburg 1988, S. 162-163.

④ Burleigh, W.: *Von der Reinheit der Kunst der Logik*, Lateinisch-Deutsch, übersetzt von Kunze, P., Felix Meiner Verlag Hamburg 1988, S. 162-163.

⑤ Burleigh, W.: *Von der Reinheit der Kunst der Logik*, Lateinisch-Deutsch, übersetzt von Kunze, P., Felix Meiner Verlag Hamburg 1988, S. 162-163.

论述了是这个词所表达的时态性，这显然具有语言方面的考虑。其次，他也把是分为两类，一类乃是"人是"，另一类则是"人是动物"，尤其是他所使用的一些术语，比如第二个补充物、第三个补充物，等等，几乎就是亚里士多德使用的。但是，他的论述也有与亚里士多德明显不同的地方。这主要表现在对是的区分上。他通过引入"存在"这一概念，明确说明为什么"是"可以单独作一个谓词，在这种情况下它表示什么意思。这样的思想在亚里士多德那里确实是看不到的。

一般来说，以亚里士多德的《前分析篇》《后分析篇》等逻辑著作的引入为标志，中世纪逻辑经历了两个时期。前一个时期的逻辑被称为旧逻辑，后一个时期的逻辑被称为新逻辑（或现代逻辑）。这两种说法一方面表明中世纪逻辑在晚期较早期有了非常大的发展，有了根本的改观；另一方面也说明中世纪逻辑学家对于亚里士多德的逻辑思想和理论依赖很大。实际上，中世纪逻辑正是在解释亚里士多德的逻辑思想和理论的基础上发展起来的。我们介绍的几位逻辑学家都属于后一个时期。这一点甚至从卢鲁的著作名称就可以看出来。虽然我们的讨论仅仅限于他们关于是的论述，但是也可以说明，这反映出他们比较成熟的逻辑理论和思想。

在上述几位中世纪逻辑学家关于是的论述中，我们可以看到两个比较有意思的特征。首先，他们与托玛斯不同，在进行严格的说明时没有使用"上帝是"这样的例子。也就是说，他们没有以"上帝是"作为典型的句式进行讨论。当然，在逻辑学家们的具体讨论中，有时候也会看到"上帝是"这样的例子。不过在这种情况下，它与"苏格拉底是"这样的例子乃是一样的，没有什么不同。如果我们把托玛斯看做哲学家的代表，那么可以说这一区别反映了逻辑学家与哲学家的不同。哲学家大概首先要从上帝出发来进行探讨，虽然他们也会从亚里士多德著作出发，比如像托玛斯那样，但是首先并且时时刻刻要考虑的大概还是"上帝是"和与之相关的问题。逻辑学家首先要考虑的是推理和与之相关的句式，而且他们还要从亚里士多德的著作出发。比如，威廉显然明确地提到亚里士多德。卢鲁和波利虽然没有明确地提到亚里士多德，但是他们关于考虑是的三种方式的划分、关于"人是"和"人是动物"的谈论方式，显然是从他的论述出发的。

其次，这几位逻辑学家之间也有一个比较明显的区别。威廉依据助范畴词理论，对"S是"与"S是P"进行了区分。而其他两人没有依据助范畴词理论，而是引入"存在"概念进行了区分。我认为，这一区别是很大的。助范畴词理论是中世纪形成的逻辑理论。这一理论的重要意义不仅在于区别出什么是助范畴词，什么不是助范畴词，而且也在于指出逻辑要考虑的是助范畴词，而且逻辑所考虑的一些助范畴词是与真相关的。依据这样一种理论对是进行考虑，自然会考虑它是不是助范畴词，是则怎样，不是则又怎样。这样的考虑无疑是清楚的。如果认为是乃是助范畴词，则要说明它自身没有意义，因此它具有一种语法涵义或功能，这显然是在"S 是 P"的意义上理解它，或者说把它理解为系词。如果认为它自身有意义，那么显然不能把它看做助范畴词。在这种情况下，就要对它提供其他说明。威廉也是这样做的。这就说明，是这个词本身可以具有两种性质，一种是句法方面的，另一种不是句法方面的。逻辑研究的乃是它句法方面的性质。它的非句法方面的性质，则不是逻辑研究的东西。

不依据助范畴词对是进行思考，显然没有这样明确的句法说明。在这种情况下，引入存在这一概念，主要是一种语义解释，说明是本身具有这样一种涵义。无论是"绝对的是"，还是"如此是"，都是一种语义解释。它主要是想表明，是的表达有不同涵义。尤其是当它单独地、不加任何东西表达的时候，它表示什么意义。在这样的说明中，我们看不到这个词的句法作用，或者说，我们至少无法非常清楚地看到这个词的句法作用。逻辑研究的目的之一是要提出一些规范的东西。在这样意义上，依据助范畴词理论当然更好一些。因为所得结果不仅更为规范，而且这种规范的结果也会让人看得更加清楚。

但是另一方面，我们的确清楚地看到，逻辑学家们引入了存在这一概念，并且以它对是作出明确说明。应该指出，尽管逻辑学家做了这样的工作，却绝不能说这是逻辑学家们创造性的工作，因为他们只是总结或利用了中世纪有关这个问题长期研究讨论的结果。然而，由于这是在逻辑著作里谈的，因此我们大致也可以说，是的存在意义已经得到了明确的规范意义上的探讨，得到了人们的认同。限于文献的考察和把握，即使我们无法断定是的存在意义是不是得到人们的普遍认同，至少也可以说，这样的认识得到了一些人的认同。从这样的论述来看，这与托玛斯的论述，与托玛斯以前哲学家的论述，与前面我们说过的波爱修的论述，显然有了根本的区别。具体一些，一种方式是说，"S 是"中的"是"与"S 是 P"中的"是"乃是不同的。另一种方式是说，"S 是"中的"是"表示存在，"S 是 P"

中的"是"不表示存在。这两种方式的区别当然不是无足轻重的。因为，引入一个新概念，或者产生一个新概念，无疑会对哲学的讨论产生重大的影响，带来极大的变化。

我觉得，对于存在这个概念，至少有两点是值得认真对待的。第一，它究竟是什么时候引入的？从一些文献来看，至少在阿伯拉尔的著作中就已经提到了。比如他认为，从"彼得是人"到"彼得是"的推理与对是这个动词的解释并不相干，也许与"人"的谓述方式有关系，而这里的这个人"只是一个存在物（existentis rei）的名字"[①]。如上所述，用存在来修饰事物，在托玛斯的著作中也提到了。第二，从什么时候开始，存在从形容词演变成动词，并且得到了如同上述逻辑著作中那样的规范说明[②]？阿伯拉尔和托玛斯的论述显然还不是针对是这个概念本身，还没有把存在作为一个动词来说明是，还没有形成在存在的意义上对是的规范说明。我们看到，从波爱修关于是的论述到波利对是的论述，形成了关于是的规范说明。这种规范的说明显然有一个从没有引入"存在"概念到明确使用"存在"这一概念的发展过程。这一过程无疑显示了中世纪关于是的讨论的一个非常显著的特点。

四、是本身与上帝是

根据前面的论述，不难看出，有关是这个问题，中世纪的研究有两个特征：其一，他们依据亚里士多德的思想；其二，他们引入存在解释是，并形成对是的存在意义的说明。我觉得，这两个特征是显著的，而构成这两个特征的原因却是比较复杂的。既然中世纪的哲学家和逻辑学家从亚里士多德的思想出发进行解释，就很难说这不是亚里士多德思想研究的结果，当然更不能说这样的结果与亚里士多德的思想没有关系。但是我们清楚地看到，在解释亚里士多德的思想的时候，比如在托玛斯的论述中，存在着十分明显的不自然的地方。因此我们也就不能说，

[①]　De Rijk, L. M.: "Peter Abelard's Semantics and His Doctrine of Being", in *Vivarium*, XXIV, 2, 1986, p. 122.

[②]　专家们认为，一部关于本质和存在之间关系的争论的完整历史仍然有待于撰写。但是，在托玛斯之后，在吉尔斯（Giles）、哥德弗雷（Godfrey）和亨利（Henry）的著作中，"存在的是"（esse existentiae）和"本质的是"（esse essentiae）经常出现，有人为了方便起见还把它们看做是同义的。参见 Kretzmann, N.: *The Cambridge History of Later Medieval Philosophy*, 第 392 页，注 37；第 400 页，注 74。

这样的结果是亚里士多德思想解释的必然结果。既然从是这个词分析出存在这种涵义，似乎当然可以认为这个词本身确实具有这样的涵义。但是我们清楚地看到，存在这一概念并不是从一开始就引入的，而是经历了一个过程，尤其是，作为逻辑的规范意义上的说明，它确实经历了很长时间。因此我们也就无法断定，它自始至终就应该属于是。我们至少可以问：为什么会引入这样一个概念来解释是？我以为，这两个原因都与神学有关，即与上帝的讨论有关。下面我想从两个角度来探讨一下这个问题。

首先我从解释亚里士多德的思想来考虑这个问题。如前所述，亚里士多德从逻辑的角度、从形而上学的角度对是都有论述，并且形成不同的理论。因此理解和解释他的思想，要从他的这些不同论述出发。在论述形而上学的过程中，亚里士多德也谈到神，但是他所说的神与中世纪所说的上帝是有很大区别的。在亚里士多德的著作中，不少地方有关于神的论述，比如在《物理学》中，他探讨了宇宙万物的层次，谈到了第一推动者，这个第一推动者不被其他东西所推动。在《形而上学》第12卷的几章他也有相应的讨论和论述。由于这些说明与中世纪关于上帝的说明比较接近，因此人们也用它们来支持关于上帝的说明和论证，并认为这些章节是亚里士多德的神学著作，形成中世纪神学的思想来源。当然，人们对亚里士多德这些论述的评价是多种多样的。在众多评价中，我比较同意两种看法。

一种看法认为，亚里士多德所说的神"不是宗教的神，而是哲学的神"[①]。从亚里士多德自己的论述来看，"神是赋有生命的，生命就是思想的现实活动，神就是现实性，是就其自身的现实性，他的生命是至善和永恒"[②]。因此确实可以说，在亚里士多德这里，神属于理性范围，而不是空间中的东西。这与中世纪的神的观念显然差距极大。

另一种看法认为，亚里士多德所讨论的神不是单一的，而基督徒讨论的上帝总是单一的。这就说明，在基督教的世界里，上帝占据独一无二的特殊地位，而在亚里士多德的世界里，神远远没有这样的位置。因此亚里士多德关于神的思想与中世纪关于上帝的思想非常不同。[③]

---

① 汪子嵩：《亚里士多德关于本体的学说》，第83页。
② 苗力田主编：《亚里士多德全集》第7卷，第279页。
③ 参见 Gilson, E.: *The Spirit of Medieval Philosophy*, tr. by Downes, A. H. C., Sheed & Ward, London 1936, pp. 45-50.

　　我之所以赞成这两种观点，不仅是因为它们非常有见地，而且因为它们给人深刻的启示。因循这两种观点，我们可以深入思考两个问题。一个问题是形而上学乃至哲学与宗教的区别；另一个问题是上帝的核心地位与是本身的核心地位的区别。这里，我们仅考虑第二个问题。

　　如前所述，亚里士多德明确提出研究是本身，并围绕这一思想，形成了他的形而上学理论。是本身乃是一个哲学问题。与此相关，有关于范畴的探讨，有关于实体的探讨，有关于本质的探讨，有关于形式与质料的探讨，有关于四因的探讨，等等，形成了丰富的内容和理论体系。在所有这些探讨中，核心的东西乃是那个是本身。一切都是围绕这个是进行的。特别是，我们还强调过，为了这样的探讨，亚里士多德还提供了一套逻辑理论。而这套逻辑也是围绕着是而形成的。这样一种形而上学包含了事物、事物的表达和人们对事物的认识，形成了相关的哲学理论。因此，亚里士多德所说的研究是本身的学问，乃是在爱智慧层面上的东西，反映出一种对普遍知识的探求，充满了理性的精神。在这样的讨论中，虽然谈到神，但是，神不是核心的东西，不是讨论的出发点，更不是讨论的依据。

　　与亚里士多德的讨论不同，在中世纪，由于神学的影响，上帝是核心的东西。正是由于上帝的核心地位，上帝不仅是讨论的出发点，而且是讨论的原则。在这种精神指导下，虽然人们也从亚里士多德的著作出发，但是这仅仅是表面现象。实际上，人们坚持那些与上帝学说相符的思想，而修正与上帝学说不符的思想。核心仍然是上帝，而不是亚里士多德的思想。这种做法不仅表现出与亚里士多德思想的差异，而且也形成了中世纪独特的理论。比如，关于本质的说法，在亚里士多德那里是比较清楚的，本质就是属加种差。而且这是定义所必须具备的。但是，这样的思想和理论到了中世纪就出了问题。而这个问题又恰恰出在上帝身上。因为对上帝不能定义，或者说不能以属加种差的方式下定义。人们无法说出上帝的属是什么，也无法说出上帝的种差是什么。人们只知道"上帝是"（"我是我之所是"，或"他是他之所是"），因而也只能说"上帝是"。为了上帝，为了人们所知道的这个"上帝是"，必须修正已有的理论和方法，必须在这个"是"上说出一些新的东西来。结果，是被解释为一种活动，与本质区别开来。在这种意义上，是本身就表示本质。但是，它只在上帝这里表示本质。因此，在上帝这里，是与本质融为一体。特别是，托玛斯区别出本质与存在的不同，但是他仍然要说"上帝是"，而且这是中世纪哲学家们的普遍做法。这就说明，即使这里的是具有存在的涵义，也只能说或者必须说"上帝是"。这样的结果，经过分析是不难看出的。而在更多的地方，根本不用这样分析。比如邓·司各特在其名著《第一原理》的开始部分说：

> 我主上帝，当你的仆人摩西渴望知道你这位最真的老师叫什么名字，以便可以对希伯来人的子孙说时，你大概完全知道以芸芸众生的理解力关于你能够把握些什么；你在"我是我之所是"这个回答中显示了你神圣的名字。你即是那真是，你即是那全是。如果可能的话，这（我相信，这）就是我想知道的。主啊，请帮助我研究，我们的自然理性在什么程度上能够从是者，即你关于你所表述了的东西，达到一种关于真是，即你之所是的认识。①

这段论述使我们想起前面说过的托玛斯关于上帝名字的说明，因为其相似性是显然的。托玛斯和邓·司各特都是中世纪非常重要的哲学家，而且他们在哲学家中也十分有代表性。抛开其他方面的特征不说，这些具有典型意义的论述无疑是从上帝出发的。

应该看到，这里确实有语言方面的问题。著名中世纪研究学者吉尔森指出：

> 从柏拉图的时代起，无论"是"可能会意味什么，至少本质总意味"是那种是所意味的东西"。在所有哲学语言中，无论希腊文还是拉丁文，"本质"这个词很少脱离它的词根，而它的词根就是动词"是"。当一个希腊人说一事物是实体（ousia）的时候，他的意思是说那事物是实在的。当一个拉丁人说某一事物是本质（essentia）时，他也是在指那事物的现实性。②

根据这样的解释，一方面，是与本质具有天然的联系。在这种意义上，不能说中世纪哲学家关于是本身的分析没有道理；另一方面，当希腊人和拉丁人说是或本质的时候，并没有存在的意思。在这种意义上，中世纪关于是的存在涵义的解释确实是一种创造。问题是，这样的创造是从上帝出发而产生的结果，而不是从亚里士多德的思想出发产生的结果。这里我们可以考虑一个反例。奥卡姆在《逻

---

① Scotus, J. D.: *Abhandlung über das erste Prinzip*, Lateinisch-Deutsch, übersetzes von Kluxen, W., Wissenschaftliche Buchgesellschaft, Darmstadt, 1974, S. 2-3.

② Gilson, E.: *Being and Some Philosophers*, Medieval Studies of Toronto 1949, p. 82.

辑大全》中也有一章专门论述是。他也谈到亚里士多德在《形而上学》中关于表示本质的是和表示偶性的是的区分。他说：亚里士多德"作出这种区别不应该被理解为意味着一些东西是本质的是者，而另一些东西是偶然的是者。相反，他作出这种区别乃是在指出，一个东西可以通过'是'这个媒介谓述另一个东西"。①他论述的东西与依循的著作与托玛斯是完全一样的。但是他的解释却与托玛斯不同。当然，这里的原因可能有许多，而且奥卡姆也晚于托玛斯。但是，他的论述至少是一种对亚里士多德思想的解释，而且更接近亚里士多德本人。这至少说明，从同样的思想可以解释出不同的结果。对照之下，更可以说明，托玛斯的解释是从上帝出发的。

最后我从逻辑的角度来考虑这个问题。在中世纪，逻辑与语法和修辞并列为三大基础学科，并称"三艺"，是学生的必修课。中世纪逻辑是在亚里士多德逻辑的基础上建立起来的，对亚里士多德逻辑著作有许多注释和解释，同时又有许多自己的发展。②

根据前面的论述我们可以看出，一方面，在波爱修注释亚里士多德的逻辑著作的时候，引入了"上帝是"这个例子，但是后来到了卢鲁和波利的逻辑著作中，在专门论述是的问题时，这个例子却不见了；另一方面，在波爱修论述是的七条公理中，讨论了是的不同涵义，但是没有引入存在这一概念。而后来在卢鲁和波利的逻辑著作中，明确引入了存在概念，并用它来说明是，特别是说明"S 是"这样的句式的涵义。概括起来，在中世纪逻辑研究中，人们引入或考虑了"上帝是"这样的例子，形成了用存在对是的解释。我认为，这个现象是值得注意的，因为它表明了与亚里士多德逻辑十分重大的区别。

首先我们看"上帝是"这个句子。从字面上看，它表现为"S 是"这样的句式。在亚里士多德的逻辑论述中，也有这样的说法。但是如前所述，亚里士多德在逻辑论述中谈到"人是"和"荷马是"，而没有谈到"上帝是"。其实，问题并不在于亚里士多德没有使用"上帝是"这样的例子。即使他使用了这个例子，比如把"荷马是"这个例子换成"上帝是"，对于形成他的理论，对于我们现在所

---

① Ockham: *Theory of Terms*, tr. by Loux, M. J., University of Notre Dame Press 1974, p. 123.

② 关于中世纪逻辑的研究，参见王路：《中世纪逻辑的现代研究述评》，《哲学动态》1991年第 1 期。

得到的他的逻辑理论，也没有任何影响。在亚里士多德那里，"荷马是"不过是一个例子，是他探讨与"荷马是诗人"之间关系的一个例子。如果把它换成"上帝是"，大概依然会是一个例子，以此探讨与"上帝是如此如此的"之间的关系。而"人是"则不是一个简单的例子。更多的时候，它主要是为了凸现句子的形式结构，表达出句式，即"S 是 P"。此外，前面我们还说过，"荷马是"与"人是"有一个重大区别，即前者是以个体词作主词，而后者是以类名作主词。二者可以导致重大的逻辑区别。正因为这样，亚里士多德的逻辑理论排除了个体词作主词，只保留了类名作主词。在这种情况下，他的逻辑理论不会给个体词留下位置。这也是亚里士多德逻辑的一个显著特点。最为重要的是，亚里士多德逻辑研究命题，即含真假的句子。他研究的乃是普遍的形式，也就是说，具有普遍性的东西，逻辑上最重要的东西。在这种意义上，"上帝是"这个句子没有进入他研究的视野，至少说明，在他的时代，上帝还不是人们必须要考虑的东西，这样的句子还不是反映真假的最主要的句式。

到了中世纪，这种情况得到根本的改变。随着神学的发展和逐渐占据支配地位，"上帝是"成为人们谈论的中心问题和考虑问题的出发点。正因为这样，在研究逻辑的时候，同样是研究句式，必须对它进行考虑，而且还要作为一种主要句式来进行考虑。从逻辑的角度看，"S 是"与"S 是 P"明显不同。自亚里士多德以来，"S 是 P"得到了比较明确的说明，而"S 是"则需要新的说明。也就是说，必须对"上帝是"中的"是"进行说明。这样的说明自然会形成相应的论述，即关于"S 是"的论述。比如，依据助范畴词理论，人们可以说"S 是 P"中的是乃是助范畴词，而"S 是"中的是则不是助范畴词。从是本身出发，人们也可以说"S 是 P"中的是乃表示如此是，或某种确定的是，而"S 是"中的是则表示存在。即使在后来一些规范的逻辑著作中，人们不用"上帝是"这个例子，而用"人是"这样的说明，而且"人是"与"人是动物"、"第二补充物"和"第三补充物"等表达在字面上与亚里士多德的论述几乎没有什么两样，但是我们仍然可以非常清楚地看出，这样的论述与亚里士多德的论述是有根本区别的。这里的区别不在"人是动物"上，因为它与亚里士多德所说的"人是白的"是一样的，它们都指"S 是 P"这种句式。区别主要是在"人是"上。尽管从字面上看，中世纪的论述与亚里士多德的论述是完全一样的，但是它们表述的东西是完全不同的。在波利的著作中，"人是"表达的是"上帝是"这样的句式。而在亚里士多德那里，至少在绝大多数地方，"人是"乃是"人是如此如此的"的省略表达，与"S是P"表达的差不多是一样的。确切地说，在亚里士多德那里，"人是"的主项仍然是类名，而在中世纪这里，"人是"的主项主要是专名。无论是不是清楚这里的逻辑区别，亚里士多德在他的逻辑中排除了个体词作主词，从而保证了他的逻辑理论在这方面没有什么问题，而中世纪的逻辑学家保留了个体词作主词，从而也留下了这方面的问题。

就存在本身而言，也是有问题的。亚里士多德没有使用这个概念来说明是，而是明确地说"是"在句子中是系词，联结主词和谓词。这样就从句法方面规定了是的作用和涵义。这种做法不仅清楚，而且也符合逻辑自身的特性。但是在中世纪，人们用存在来规定和说明是的涵义，尽管不能说这不是一种说明方法，也不是没有起到说明的作用，但它毕竟仅仅是一种语义的说明，没有形式说明那样清晰明白。比如，它甚至不如依据助范畴词理论的说明。因为，根据这一理论，如果是这个词自身有涵义，它就不是助范畴词。"S是"中的是自身有涵义，因此不是助范畴词。至于它有什么涵义，那是另外一个问题，逻辑可以不予考虑。而用存在来解释，由于存在自身有涵义，因而可以表明这样的是与系词的区别。但是这样的解释却超出了逻辑的范围。更重要的是，"S是P"与"上帝是"的句子形式是不同的。前者的主项是类名，后者的主项却是专名。因此前者在亚里士多德那里表达了类与类之间的关系。而后者却不是这样。这里的区别涉及个体、谓词和存在的关系，这样的关系中存在着较为复杂的逻辑问题。中世纪逻辑显然还无法很好地解决这些问题。因而它根据存在的语义所提供的解释是不能令人满意的。实际上，关于上帝存在的本体论证明的问题，确实是在中世纪产生的，而且也一直流传下来，直到现代逻辑问世以后才得到新的解答。

综上所述，无论中世纪哲学有多大的发展，也不管中世纪哲学带来多少问题，有一点是非常清楚的：中世纪考虑问题的出发点是上帝，而这样一种考虑的核心是"上帝是"。由于神学的强大影响，"上帝是"这个"非哲学陈述从此变成哲学史上一个划时代的陈述"[1]。正是这样的思考方式，带来了对是的解释的变化，产生了存在的论述，也形成了中世纪独特的哲学。虽然亚里士多德的著作是中世

---

[1] Gilson, E.: *God and Philosophy*, Yale University Press 1941, p. 40.

纪哲学家和逻辑学家研究的基础，尽管亚里士多德的思想与中世纪学者的思想交织在一起，但是其间的许多区别还是可以看得非常清楚的。吉尔森认为，中世纪哲学的核心的东西乃是"不得不使用希腊人的技术来表达一些从未进入希腊哲学家头脑的观念"。[①] 我想，这一解释是十分耐人寻味的。

---

① Gilson, E.: *God and Philosophy*, Yale University Press 1941, p. 43.

第六章 近代哲学

　　按照哲学史的划分，中世纪哲学之后的哲学一般称为近代哲学。从文献来看，近代哲学至少有以下三个特点：其一，"近代"（modern）一词也有"现代"的意思，因此人们对所谓近代哲学的时间跨度的理解并不一样。比如，黑格尔的近代哲学一直写到费希特和谢林，[①] 罗素的近代哲学则一直写到弗雷格和分析哲学。[②] 黑格尔和罗素对近代哲学的理解无疑包含了"现代"的涵义，但是今天也有人把近代哲学写到德国古典哲学，以此与后来直到当代的哲学分开。[③] 其二，如果说以上差异可以表明人们对近代哲学的结束存在不同看法，那么对于它的开端看法却比较一致。人们一般一致认为笛卡尔是近代哲学的创始人。[④] 其三，近代哲学涉及哲学与宗教和科学的关系，同时也涵盖许多著名哲学家的思想和著作，内容十分丰富。其中，英国经验主义和欧洲大陆理性主义之间关于天赋观念的讨论尤为重要。特别是，这场讨论由于有洛克、贝克莱和休谟，有笛卡尔、莱布尼兹、斯宾诺莎和康德等人的参与，因而与他们的思想直接相关，而这些哲学家又是近代哲学中的经典作家，[⑤] 这不仅使这场讨论更为引人注目，而且也使它的内容具有永久的学术价值。

　　本书不是哲学史研究专著，因此不准备详细探讨这一时期的哲学思想和著作，而只想探讨与是相关的一些问题。鉴于近代哲学的上述三个特点和本书的目的，

---

① 参见黑格尔：《哲学史讲演录》。

② 参见罗素：《西方哲学史》（上、下卷），何兆武、李约瑟译，商务印书馆 1976 年版（以下只注书名）。

③ 例如，参见 Wedberg, A.: *A History of Philosophy*, Clarendon Press 1982.

④ 例如，参见黑格尔：《哲学史讲演录》第 4 卷，第 63 页；罗素：《西方哲学史》下卷，第 79 页；Schacht, R.: *Classical Modern Philosophers*, Routledge & Kegan Paul 1984, p. 5.

⑤ 参见 Schacht, R.: *Classical Modern Philosophers*.

我想探讨三个问题：第一，笛卡尔的"我思故我是"；第二，洛克、贝克莱和休谟等人关于天赋观念和存在的一些论述；第三，康德对上帝存在本体论证明的反驳。我讨论的目的主要不在于阐述这些思想内容，而在于揭示与是相关的思想发展脉络。

一、笛卡尔的"我思故我是"

笛卡尔（1596—1650年）在哲学史上占有十分重要的地位，因为他引入了"思（考）"这一概念，并使它成为哲学的核心问题，从而开创并形成了认识论的研究。他的思想的集中体现就是他的名言"Cogito, ergo sum"。这句话的英译是"I think, therefore I am"，德译是"Ich denke, deshalb ich bin"，而汉译一般是"我思故我在"。按照我的理解，笛卡尔的这句话，英译和德译没有什么问题，但是汉译却有问题。根据王太庆先生的建议，我把它翻译为："我思故我是。"

笛卡尔从怀疑出发，包括怀疑各种感觉，进而谈到总有一些东西不能怀疑，特别是进行怀疑的"我"是不能怀疑的，由此得出"我思故我是"这条哲学中的第一原理。罗素说这一思想是"笛卡尔的认识论的核心，包含着他的哲学中最重要之点"。[①] 一般来说，笛卡尔这一命题主要强调的是思考或思维活动：由于我进行思考，我才怎样怎样。因此，讨论笛卡尔的思想，似乎主要应该探讨他关于"思"的论述才对。在西方哲学著作中，一般也是这样做的。当然，这样的探讨，并不是像看上去那样简单，比如关于这里的"故"究竟是不是推论，就是有不同看法的。[②] 但是，无论怎样，探讨思考总是要与是相联系的，因此，我们的讨论虽然主要不集中在关于思考的问题上，而集中在是这个问题上，也不是完全没有意义的。

此外，我们过去一直把笛卡尔这句名言翻译为"我思故我在"，因而也自然而然地理解为：由于我思维，因此我存在。这样，笛卡尔的思想就是强调精神和物质的关系，而且强调精神先于物质。且不考虑过去甚多的唯物唯心的评价，一个显然的疑问是：如果我不存在，那么我如何能够思考呢？人们不禁会感到奇怪，对于这样一个简单的问题，像笛卡尔这样的大哲学家怎么会出现问题呢？在这种

---

① 罗素：《西方哲学史》下卷，第87页。
② 例如，参见黑格尔：《哲学史讲演录》第4卷，第70-72页。

意义上说，我们探讨对这句话中是的理解，即这里说的究竟是是还是存在，不仅不是没有意义的，而且是非常有意义的。

众所周知，笛卡尔从"我思故我是"这个原理出发，或者说，他从探讨解释这个命题出发，得出了一个非常重要的结论：我是一个在思考的东西。从我思考出发，得出我是一个在思考的东西，无论这种说法能不能成立，有没有毛病，我们都可以看出，这一结论是自然的。而且，他强调的还是思考，整个思想也是一致的。但是，我的问题是：如果从"我思故我在"出发，那么得出"我是一个在思考的东西"还是不是那样自然？① 这里强调的无疑还是思考，但是整个思想还是不是那样一致？

从字面上理解，以思考作为出发点，认为由于我思考，因此我存在，也就是说，有我。再从思考出发，对这个被认为存在的我进行反思，问这个我究竟是什么，因此得出我是一个在思考的东西。这似乎也是顺理成章的。我的问题是：笛卡尔的意思是不是这样？

笛卡尔的《第一哲学沉思集》共有6章，第2章主要探讨了这个问题。为了清晰准确地理解笛卡尔的思想，我们重点讨论其中两段话。第一段话如下：

> 引文1：可是我怎么知道除了我刚才断定为不可靠的那些东西而外，还有不能丝毫怀疑的什么别的东西呢？……**难道我不是什么东西吗？** 可是我已经否认了我有感官和身体。……难道我就是那么非依靠身体和感官不可，没有它们就不行吗？可是我曾说服我自己相信世界上什么都没有，没有天，没有地，没有精神，也没有物体；难道我不是也曾说服我相信连我也不存在吗？绝不是这样；当我谈论这些事情的时候，我是可靠的。可是有一个我不知道是什么的非常强大的、非常狡猾的骗子，他总是用尽一切伎俩来骗我。因此，如果他骗我，那么毫无疑问我是；而且他想怎么骗我就怎么骗我，**只要我思考我是某种东西，他就绝不会使我什么都不是。** 所以，在对上面这些很好地加以思考，同时对一切事物仔细地加以检查之后，最后必须作出这样的结论，而且必须把它当初确定无疑的，即**我是**（Ego sum），**我存在**（ego existo），

---

① 必须指出，"我思故我在"中的"在"与"我是一个在思考的东西"中的"在"，二者的意思是不同的。后者不是一个动词，也是原文中所没有的，因此可以不翻译出来，而采用"进行"一词，即"我是一个进行思考的东西"。

这个我常常说出或在心里想到的命题必然是真的。①

在这段话中，被我加上黑体的几句话是非常值得注意的。第一句"难道我不是什么东西吗？"这是笛卡尔从怀疑出发，提出了一个不能怀疑的问题。当然，这还仅仅是一个问题，还不那样确定。第二句"只要我思考我是某种东西，他就绝不会使我什么都不是"，这是对第一句的一个正面回答。而且，这是在考虑了上帝的因素之后作出的回答，因此是非常肯定的回答。也就是说，我是某种东西，即使上帝也不会否定的。第三句"我是，我存在"，这是一个必然真的命题。它是从第二句得出来的。这里的"必然真"显然是借助了上帝的力量。我们只求理解笛卡尔的意思，不考虑它的论证的合理性。

从这三句话，我们可以看出一个十分显然的特点，这就是它们有一个共同的成分"是"。无论是"我不是什么东西吗？"（即"我是某种东西"），抑或"不会使我什么都不是"（即"一定会使我是某种东西"），还是"我是"，都含有一个"是"。想到笛卡尔是在论证他的命题"我思故我是"，似乎这个特点也算不了什么。相反，值得注意的好像倒是另外两个问题。第一，在这三句话中，前两句与后一句是有差异的。从字面上看，前两句肯定是表达了"（不）是某种东西"，但是后一句话只表达了一个"是"。因此，后一句话表达的究竟是"是"还是"存在"？第二，在后一句话中，除"我是"外，还跟有"我存在"，对此该如何理解？它们是同位语吗？是语词解释吗？是递进解释吗？

应该说，笛卡尔的这段话是非常清楚的，不会产生什么歧义。如果它的意思是连贯的、一致的，那么第三句话应该是前两句话的继续，即仍然是要说明"我是某种东西"。在这种意义上说，"我是"应该是一种省略的表达，省略了"是某种东西"后面的成分。我以为，这样的理解是顺理成章的。但是能不能令人信服，似乎还需要论证。也就是说，即使按照上下文可以理解笛卡尔是从一般的"我是某种东西"过渡或抽象到"我是"，我们还要找到足够的证据说明，笛卡尔为什么要进行这样的省略或抽象。其实，这样的论证在笛卡尔的著作中是不难找到的。

---

① 笛卡尔:《第一哲学沉思集》，庞景仁译，商务印书馆 1996 年版（以下只注书名），第 23 页。其中几处有修改，参见 Descartes: *Meditationen*, Felix Meiner Verlag 1972, S. 18; Descartes: *Meditationes De Prima Philosophia*, Librairie Philosophique J, VRIN, 1978, p. 25.

同样是在谈论我是什么的时候，笛卡尔说：

> 引文2：……在我有上述这些想法之前，我先要重新考虑我以前认为我是什么；……那么我以前认为我是什么呢？毫无疑问，我想过我是一个人。可是一个人是什么？我是说一个有理性的动物吗？当然不；因为在这以后，我必须追问什么是动物，什么是有理性的，这样一来我们就将要从仅仅一个问题上不知不觉地陷入无穷无尽的别的一些更困难、更麻烦的问题上去了，而我不愿意把我剩有的很少时间和闲暇浪费在纠缠这样的一些细节上。①

这一段话实际上还没有完，还有很长，接下来区别了应该归于身体的东西和应该归于灵魂的东西，涉及著名的身心二元区别，并且提出"灵魂是什么"的问题，等等。不过，这里的引文已经足够可以回答我们的问题了。

简单地说，笛卡尔省略"是"以后的东西，乃是因为它们会涉及许许多多问题，这些问题非常麻烦，而且也不容易回答，浪费时间和精力，最主要的，它们并不是笛卡尔主要想回答的问题。因此笛卡尔不考虑它们。换一种方式说，对于我是什么，可以有许多不同的思考和说法，而且无论怎样思考和表达（像过去那样），都会涉及更多的问题，这些问题与笛卡尔主要考虑的问题无关。"思"才是他要考虑的主要问题。这里，与思（考）相关的主要是思考"我是某种东西"，仅此而已，而这一问题的抽象就是"我是"。所以，完全可以肯定，引文1中第三句话的的确确是前两句话的继续，因而是它们的省略或抽象表达。

在引文1的这句话中，"我是"的后面还紧跟着"我存在"，直观上给人一种印象，这里的"是"的意思就是"存在"。我认为，这样的理解不是不可以的，特别是当西方人这样谈论的时候。但是应该看到，即使这样理解，我们也只能说，这是用存在来解释是，即说是的时候，可以表达存在。引申一步，说某物是怎样怎样，则可以表示某物存在。问题是，即使承认了这样的理解，"是"本身还有没有更多的含义？"我是"是不是还表达更多的内容？这里，还有一点值得注意："我是，我存在"乃是一个命题，它是思考和表达的东西。在这种意义上理解，存在当然可以是对是的进一步说明和解释。

笛卡尔在作出身心二元区别之后，再次提出"我到底是什么呢？"的问题。

---

① 笛卡尔：《第一哲学沉思集》，第24页。

在谈论灵魂的属性——感觉和思维——时，他说：

> 引文3：现在我觉得思维是属于我的一个属性，只有它不能跟我分开。我是（Ego sum），我存在（ego existo），这是靠得住的；可是，多长时间？只要我在思维；因为假如我停止了思维，也许很可能我就同时停止是了。我现在对不是必然真的东西一概不承认；因此严格说来我只是一个在思维的东西，也就是说，一个精神，一个理智，或者一个理性，这些名称的意义是我以前不知道的。那么我是一个真的东西，真正存在的东西了；可是是一个什么东西呢？我说过，是一个在思维的东西。还是什么呢？我要再发动我的想象力来看看我是不是再多一点的什么东西，我不是……①

这里，笛卡尔明确阐述了他的一个最重要的思想：思维是与我不可分割的属性，从而正面论证了思维的重要性。然而十分显眼的是，虽然他在这里再次提到上述引文中的第三句话，但是却明确强调"我是一个在思维的东西"，并且进一步问"是一个什么东西"，"是什么"等问题。如果我们接着笛卡尔的论述往下走，就会看到，他还不断地在问："我究竟是什么呢？"②"什么是一个在思维的东西呢？"③并且通过自己的论证说明"比以前稍微更清楚明白地认识了我是什么"④。在这样的背景下，难道我们还能够说，笛卡尔谈论的是存在吗？我认为，笛卡尔主要谈论的乃是是，存在乃是关于是的一种解释，一种引申的说法。用它来理解是，固然也是可以的，但是，我们不能忘记，笛卡尔主要是谈论思考，因而谈论的最主要的问题是对"我是某种东西"的理解，因为这是人们最直观、最简单、最经常的思考方式，至少在他看来是这样。

讨论笛卡尔的思想，即使仅仅讨论他的"我思故我是"，以上论述也是不够的，大概至少还要探讨他关于上帝存在的论证才行。《沉思》除第3章和第5章专门

---

① 笛卡尔：《第一哲学沉思集》，第25-26页。其中几处有修改，参见 Descartes: *Meditationen*, S. 20; Descartes: *Meditationes De Prima Philosophia*, p. 27.

② 笛卡尔：《第一哲学沉思集》，第25-26页。其中几处有修改，参见 Descartes: *Meditationen*, S. 20; Descartes: *Meditationes De Prima Philosophia*, p. 27.

③ 笛卡尔：《第一哲学沉思集》，第25-26页。其中几处有修改，参见 Descartes: *Meditationen*, S. 20; Descartes: *Meditationes De Prima Philosophia*, p. 27.

④ 笛卡尔：《第一哲学沉思集》，第25-26页。其中几处有修改，参见 Descartes: *Meditationen*, S. 20; Descartes: *Meditationes De Prima Philosophia*, p. 28.

论及上帝的存在外，其他各章均有一些论述。因此，笛卡尔与上帝相关的论述对于我们理解他的"我思故我是"这一思想，乃是非常值得参照和思考的。

如果按照上文的理解，笛卡尔关于上帝存在的表达应该是"上帝是"。但是我们看到，笛卡尔除了谈论"上帝是"以外，还明确地谈论"上帝存在"。不同之处在于，他一般不大问"上帝是什么？"而总是肯定"上帝存在"，并借助上帝的存在来论证"我"怎样怎样。这里，我不探讨笛卡尔是如何论证上帝存在的，他的论证对不对，有没有道理。我的问题主要是："上帝存在"与"上帝是"有没有区别？

在笛卡尔的论述中，"上帝是"与"我是"是有区别的。在我看来，这种区别与其说是字面上的区别，不如说是使用上的区别。如上所述，虽然笛卡尔也把"我存在"与"我是"并列来谈，甚至给人一种印象，好像他是用"我存在"来解释"我是"，但是实际上它们还是有区别的，而且这种区别是可以从他论述的方式，特别是从引文1前两句话到第三句话的过渡体会出来的。但是在"上帝是"和"上帝存在"这里，我们却根本看不到这样的过渡，因而一般来说体会不到它们之间明确的区别。在这种意义上说，"上帝是"和"我是"当然是有区别的。

此外，非常值得注意的是，笛卡尔有许多关于上帝的本质和上帝的存在的讨论。他明确地指出，"上帝的存在不能同他的本质分开"[①]，除了上帝以外，他不知道还有什么东西的"存在是必然属于它的本质的"[②]。因此，"存在性和上帝是不可分的"[③]。也就是说，对一般事物而言，本质和存在是分开的。而在上帝这里，本质和存在是不分的。上帝的存在就是它的本质，上帝的本质就是它的存在。针对反对者的一些质疑，特别是像"三角形的存在和本质如何分开？"这样的质疑，笛卡尔有如下一段解释：

> 引文4：必然的存在性在上帝那里真正是一种最狭隘意义上的特性，因为它仅仅适合于上帝自己，只有在上帝身上它才成为本质的一部分。这就是三角形的存在性之所以不应该和上帝的存在性相提并论的缘故，因为在上帝身上显然有着在三角形上所没有的另外一种本质关系；……说本质和存在，

①　笛卡尔：《第一哲学沉思集》，第70页。
②　笛卡尔：《第一哲学沉思集》，第72页。
③　笛卡尔：《第一哲学沉思集》，第70页。

无论是在上帝身上或者是在三角形那里，都能分开来单独领会，这话也不对，因为上帝乃是他的是，而三角形并不是它自己的是。①

我觉得这段解释有三点值得注意的地方。首先，它说明存在性是上帝的一种性质，而且是一种狭义的性质。这样我们就不能在一般意义上理解它。其次，在上帝身上，本质与存在不能分开理解，而对其他东西，本质和存在是可以分开来理解的。由于这两点，而产生了第三点很有意思的结论：上帝的是和三角形的是乃是不同的。然而，如果我们仔细分析，则可以清楚地看出，这三点意思完全可以归为一点：在上帝这里，本质和存在是不分的，而在其他事物那里，本质和存在是有区分的。这与前面提到的笛卡尔的那些论述显然是完全一致的。问题是，这种区分究竟是什么意思？为了能够更好地理解笛卡尔的思想，我们再看他的另一段话：

> 引文5：如果"是动物"属于人的本性，那么可以断定人是动物，如果"三角之和等于两直角"属于三角形的本性，那么可以断定直角三角形三角之和等于两直角。如果存在属于上帝的本性，那么就可以断定上帝存在，等等。②

这是笛卡尔在答辩别人对于《沉思》第2章的反驳时关于自己的论证的一段说明。他是想论证，只要我们认为属于一事物本性的东西，就可以被正确地断定为属于该事物。虽然这段话仅仅涉及与本性相关的问题，而没有直接回答存在与本质的区别与否，但是可以帮助我们理解笛卡尔的有关思想，因为这里的解释是非常具体的。动物是人的本性，因此可以断定"人是动物"；三角之和等于两直角是三角形的本性，因此可以断定"直角三角形是三角之和等于两直角"；存在是上帝的本性，因此可以断定"上帝存在"。这段解释的意思不难理解，也没有什么问题。本性与本质虽然近似，无疑却是有区别的。在笛卡尔时代，人们非常清楚来自亚里士多德的传统的本质定义，即属加种差。也就是说，说明一事物的本质需要说出它的属和种差。这里关于本性的说明，显然不是关于本质的说明，

---

① 笛卡尔：《第一哲学沉思集》，第381-382页。其中有两处修改，参见 Descartes: *Meditationen*, S. 350。

② 笛卡尔：《第一哲学沉思集》，第152页。译文有修改，参见 Descartes: *Meditationen*, pp. 135-136。

因为看不到属加种差。动物显然仅仅是属，而不是种差。但是在这里我们看到了一种非常重要的东西，这就是与表达本质相似的表达方式。"是动物"，"是直角之和等于两直角"，等等。以人为例。不管谈论他的本性（"人是动物"），还是谈论他的本质（"人是理性动物"），表达方式都是一样的，即"S 是 P"。也就是说，本性也好，本质也罢，都要表达为"是怎样怎样"。问题是，对于任何事物都可以这样谈论和考虑，唯独对上帝不行。因为上帝的本性就是存在，所以对它的本性的表述就是一个"存在"。推而广之，上帝的本质也是同样的。

有了这里的理解，再看引文 4，我们就可以明白，笛卡尔的那三层意思是什么了。我们现在倒着分析那三层意思。说"三角形是"乃是不行的，因为这样并没有对三角形有任何说明，也就是说，仅仅一个"是"，还没有说明三角形的本性，因为三角形的本性必须要通过其他东西来说明。而对于上帝，我们仅说"上帝是"就可以了，因为这个"是"在这里既表达了上帝的存在，又表达了上帝的本性。正因为这样，上帝的这种本性与三角形的本性是不同的。因此，说三角形存在与说上帝存在的意思也是不同的。因为说三角形存在并没有表明它的本性，而说上帝存在也就同时表明了他的本性。正因为这样，"上帝存在"中的存在，与我们一般所说的那种存在乃是不同的，这是一种特殊的存在，即狭义的存在。只有对上帝才能这样说，而对其他事物是不能这样说的。

在笛卡尔的著作中，他用"存在"和"是"来论述上帝，因此他说"上帝是"，"上帝存在"，而且这两种用法确实常常是不分的，意思也是大致相同的。但是，从以上论述我们确实可以看出，这里还是有细微差别的。最重要的一个差别是，对上帝可以说"是"，也可以说"存在"，二者是等价的；或者，对上帝只能说"是"，但是这种"是"乃是在"存在"的意义上理解的；但是，对于其他事物，也就是说，对于除上帝以外的其他任何东西，都不能简单地这样说。

在笛卡尔的哲学著作中，虽然他关于上帝存在的证明进行了许多论述，但是我们最关心的并不是他关于上帝的论证，而是他关于"我是"的论证。因此"我是"乃是我们考虑的重点。我们既然看到上述差别，自然就会说，"我是"与"上帝是"的意思是不一样的。因为，"我"与上帝是不同的，乃是上帝以外的东西，因此在"我"的身上，存在与本质是相区别的。"我"的存在与本质或本性并不在于我自身的是，而是需要有其他的说明。在这样的背景下，对于引文 1、引文

2 和引文 3 的论述是不应该有什么理解上的问题和歧义的。特别是对于引文 1 中从前两句话到第 3 句话的过渡的理解，也是不应该有什么问题和歧义的。

二、洛克论天赋原则和天赋观念

洛克（1632—1704 年）、贝克莱（1685—1753 年）和休谟（1711—1776 年）是英国经验主义最负盛名的代表人物。他们最著名的著作，即洛克的《人类理解论》、贝克莱的《人类知识原理》和休谟的《人性论》，几乎是关于同一个论题的。这就为我们研究他们的相关思想提供了可靠的依据。在这三位哲学家中，一般来说洛克最为重要。因为经院主义的基本观点和思想主要是他提出来的，贝克莱和休谟不过是在不同程度上发展了它们。有人甚至认为，近代哲学也是从洛克开始的。[①] 无论这些看法和评价是不是有道理，它们至少说明，在英国经院主义哲学家中，洛克占有举足轻重的地位。[②] 因此我们下面主要探讨洛克的思想，同时也探讨贝克莱和休谟的一些相关思想。

洛克思想的核心内容是反对天赋观念，认为经验是一切知识的基础和根据。他不仅提出了非常直观而形象的"白板说"，而且明确指出，我们在理性和知识方面所有的一切材料，"都是从'经验'来的，我们的一切知识都是建立在经验上的，而且最后是导源于经验的"。[③] 关于这些观点，洛克进行了详细的分析和论证。他的这些思想观点如今已成为哲学史上的常识，因此我们没有必要展开详细论述。这里，我想主要讨论两个问题。一个是洛克关于天赋原则和天赋观念的讨论。另一个是洛克关于存在观念的讨论。这两个问题不仅与本书相关，而且本身也很

---

① 例如，麦坎教授认为，笛卡尔的工作虽然是开创性的，但是他的论证方式却是经院主义的。恰恰在这一点上，洛克与笛卡尔完全不同。参见王路：《经验主义与理性主义——与麦坎教授的访谈》，载哈佛燕京学社 / 三联书店主编：《理性主义及其限制》，生活·读书·新知三联书店 2003 年版。

② 详细说来，对培根的研究也是非常重要的，因为他是归纳法的创始人。在这种意义上说，他是英国经验主义的方法论的创始人，对英国经验哲学当然也具有开创性的意义。本书不是专门研究哲学史，也不是专门研究英国经验主义哲学的，因此不考虑培根的思想。

③ 洛克：《人类理解论》下卷，关文运译，商务印书馆 1991 年版（以下只注书名），第 69 页。

有意思，值得予以注意和重点研究。

洛克的著作共四卷，第一卷专门探讨天赋原则和天赋观念。从洛克的讨论来看，所谓天赋原则，是指"是者是"（What is, is），和"一事物不能既是又不是"（It is impossible for the same thing to be, and not to be）。他明确地说，在一切原则中，这两条原则"算是最有权利配称为天赋原则的，而且它们都被人确认为是普遍承认了的公理"。① 众所周知，洛克说的这两条原则就是人们一般所说的同一律和矛盾律。洛克认为，即使这样公认的基本原则也不是天赋的，而是通过经验获得的。在莱布尼兹的著作中，我们可以看到大量反驳论述。二人的论述体现了经验主义者和理性主义者不同观点的巨大反差。如上所述，由于这些内容已是哲学史上的常识，我们就不展开了。

值得注意的是，洛克除了讨论天赋原则外，还讨论了天赋观念。而且他对天赋观念的讨论，似乎是从天赋原则出发的。经过关于天赋原则的讨论之后，他指出，"原则中的观念如果不是天赋的，则原则亦不是天赋的"②，由此引出对观念的讨论。以同一性这个观念为例。洛克说，假定"一事物不能同时既是又不是"是一条天赋原则，能说"不可能"和"同一性"是两个天赋观念吗？洛克认为不能。他指出，这样的观念，不仅儿童没有，"许多成年人亦没有这些观念"③，所以同一性不是天赋观念。这样的说明，大概有一层重要涵义，即一条原则是由一些观念构成的。如果其中的观念不是天赋的，那么由这些观念构成的原则也就不会是天赋的。这里的关键在于原则与观念的区别，原则是由观念构成的。因此，探讨人类知识和理解，不仅一些一般的原则重要，而且构成原则的观念更重要。由此，洛克开始了自己的探索。第二卷探讨观念，这也是全书的重点，是最长的一章。

这里无疑存在非常有意思的问题。比如原则与观念，哪一个居先？哪一个更为重要？如此等等。由于存在这样的问题，自然我们就会问：洛克是不是把它们说清楚了？如果结合全书来看，第三卷探讨语言，第四卷探讨知识，这里又包括了对原则的探讨，似乎就可以说，洛克最终还是要探讨原则。在这种意义上，上

① 洛克:《人类理解论》上卷，第7页。关于这两条原则的原文，参见 Locke, J.: *An Essay of the Human Understanding*, George Routledge and Sons Limited, London 1946, p. 13.
② 洛克:《人类理解论》上卷，第46页。
③ 洛克:《人类理解论》上卷，第48页。

述"说清楚"的问题似乎就不那么重要了，因为洛克的最终目的是对人类知识和理解作出说明，只要做到这一点就可以了。当然这里依然会存在问题，比如原则与观念的上述关系对于说明人类知识和理解有没有关系？①

我认为，这里最重要的问题是，洛克关于原则和观念的探讨反映出二者的一种区别。这种区别，从语言形式上说，就是句子和词的区别。原则就是句子，或者严格地说，原则是以句子表达的东西，比如"是者是"，"一事物不能既是又不是"。而观念是词或者以词或词组所表达的东西，比如"同一性"。无论洛克本人是不是清楚地认识到这一点，是不是清楚地说明这一点，他的讨论至少可以使我们清楚地看到这一点。

洛克在第三卷专门论述语言。他分专章论述了词，词的意义，简单观念、复杂观念及实体的名字，抽象的和具体的词，还论述了词的一些用法，但是没有专章论述句子。从这些论述可以看出，他确实是在讨论观念，而且他对这一点也是比较明确的。而对于句子，他就没有这样明确的专门说明和探讨。尽管如此，我们还是可以看到一些与句子相关的论述。比如，他认为，"连词可以连接句子的各部分，或各整个句子"②；表达思想的方式很多，"类如'是'和'不是'就是表示人心肯定或否定的普遍标记。不过离开肯定或否定，各种文字虽然无所谓真或假，不过人心在向他人表示自己的意见时，不只要联系命题的各部分，而且要按着各种依属关系，来连合各个整句，以构成紧凑的议论"③。这些论述虽然不是专门论述句子，却显然与句子相关。到了第四卷论述知识的时候，相关的论述就更多了。洛克明确地说：

> 所谓知识，就是对两个观念的一致或不一致的一种感知——因此，在我看来，所谓知识不是别的，只是对任何观念间的联系和一致，或不一致和矛盾的一种感知。④

---

① 这些问题十分有意思，可以作为专题进行研究。限于篇幅与本书的目的，这里无法进行深入探讨。

② 洛克：《人类理解论》下卷，第 456 页。

③ 洛克：《人类理解论》下卷，第 457 页。译文略有修改，参见 Locke, J.: *An Essay of the Human Understanding*, pp. 381-382.

④ 洛克：《人类理解论》下卷，第 515 页。译文略有修改，参见 Locke, J.: *An Essay of the Human Understanding*, p. 424.

虽然从字面上看不出这里的论述涉及句子，但是如果我们仔细分析，就会发现，所谓两个观念的联系，无论是一致还是不一致，实际上都是由句子表达出来的。洛克随后举了一个例子："三角形三内角之和等于两直角。"这显然是一个句子。联系这个句子就可以看得更加清楚，观念的一致与否是由句子表达的。明白了这一点，也就可以看出，洛克在第四卷不仅有许多与句子相关的论述，而且许多章节甚至就是直接论述句子或由句子所表达的东西的。比如关于普遍命题、公则、显然的命题、判断的论述，等等。

我强调洛克关于句子和词的区别，因为这里涉及一个非常重要的问题。这就是关于真的探讨。真作为一个观念，洛克自然也认为它不是天赋的。但是洛克对它的论述却是耐人寻味的。除了散见于书中各处的谈论外，洛克有两章专门探讨真。

一章是在第二卷，洛克专门探讨真观念和假观念。在这一章的开篇，洛克明确指出：

> 真和假照其本意讲只是属于命题——顾名思义讲来，虽然只有命题才有真假之分，可能各种观念有时亦被人叫做是真的或假的，因为我们看到，人们在用词时，都很随便，都容易违背了谨严的、本来的意义。不过我仍觉得，我们在称各种观念为真或假时，仍有一种秘密或暗中的命题作为那种说法的基础。如果我们考察它们被称为真或假的那些特定情况，我们就会看到这一点。在所有这些情况，我们将会看到某种肯定或否定，它们是那种说法的理由。因为我们的观念，既然只是心中一些现象或知觉，因此它们本身不能说是真的或假的，正如任何事物的名称不能是真的或假的一样。[1]

这段话无疑有几点清晰明确的涵义。第一，严格地说，真属于命题。第二，把真用于观念不符合其严格意义的用法。第三，即使把真用于观念，真仍然没有脱离它那种本意的基础。第四，真的本意是与句子的肯定联系在一起的。第五，真不能用于观念。概括起来：句子有真，观念无真。在这几种涵义中，我认为第一种和第四种是最重要的。也就是说，真与句子相关。这里我强调第四种，主要

---

[1] 洛克：《人类理解论》上卷，第363页。译文略有修改，参见 Locke, J.: *An Essay of the Human Understanding*, p. 306.

在于强调这里所说的"肯定"，联系前面的引文"'是'和'不是'就是表示人心肯定或否定的普遍标记"，可以看出，洛克所说的肯定就是指"是"所表达的东西。因此可以说，在洛克这里，真与是乃是紧密联系在一起的。

讨论真的另一章是在第四卷，洛克专门探讨一般的真。在这一章，尽管洛克要一般地探讨"什么是真？"这个问题，尽管后来他进行了许多努力，比如他试图区别心理的命题和口头的命题，文字上的真与非文字方面的真，道德的真与形而上学的真，但是他还是再次强调了与第二卷那一章几乎相同的思想：

> 真就是各种标记（就是观念或文字）的正确组合或分离——在我看来，所谓真，顾名思义讲来，不是别的，只是按照实在事物的一致或不一致而进行的各种标记的组合或分离。这里所谓各种标记的组合或分离，也就是我们以另一个名称称之为命题的东西。①

洛克的这段论述是比较含糊的。它似乎表明，所谓组合是指构成肯定句，所谓分离是指构成否定句，因此由于组合或分离，就有了肯定句和否定句，因而也有了真和假。这样的说明，虽然看上去不影响对真的论述，实际上却是有问题的。因为在这样的说明下，组合和分离变成了区别肯定和否定的标准。由于肯定和否定都是句子，因此组合和分离也就成为区别两种不同形式的句子的标准，而不再是区别句子与非句子的标准。不过，这是洛克论述中不太清楚的地方。无论如何，真乃是属于命题的，至少这一点是非常清楚的。由此我们可以断定，在洛克的思想中，真与句子相关，而与词无关。至于句子与命题的区别，句子与词的区别，他的论述虽然不是那样清楚，但是并不妨碍我们理解他关于真的主要思想。

这里，我们可以把洛克的思想与莱布尼兹、贝克莱和休谟的相关论述和思想进行对照。由于莱布尼兹的著作《人类理智新论》完全是针对洛克的著作，几乎从内容的安排上完全相同，所以莱布尼兹差不多论述了洛克所谈论的相同问题。不同的是莱布尼兹认为除了经验获得的认识外，还有一些不依赖于经验的知识。在真这个问题上，莱布尼兹区别出必然的真和事实的真、一般的真和特殊的真，除此之外，尤其是在真与句子的关系方面，他也没有比洛克论述更多的东西。但

---

① 洛克：《人类理解论》下卷，第 566 页。译文略有修改，参见 Locke, J.: *An Essay of the Human Understanding*, p. 491.

是这样的讨论，在贝克莱和休谟的著作中则是少而又少。

在贝克莱的著作中，关于天赋原则的论述几乎没有。虽然有些地方谈到真，但是与之相关的基本都是观念，很少看到关于句子的说明。也就是说，在他的著作中，我们几乎看不到关于真与句子的关系的论述。

在休谟的著作中，关于天赋原则的论述，不能说丝毫也没有。比如他认为，最明显的矛盾是"一事物可能既是又不是"①。这显然是说到矛盾律。但是他确实没有专门的论述，即使这样的论述也非常少。此外，休谟虽然表述过符合论的观点，比如"真或假在于对观念的实在关系或对实际存在和事实的一致或不一致"②，但是他没有明确讨论过真究竟是与句子相关，还是与观念相关。即使专门论述真的那一章，也不是在讨论理解的第一卷，而是在讨论情感的第二卷。这样的讨论与洛克的论述形成鲜明对照，应该说差别是很大的。但是，休谟也有一处十分重要的论述：

> 可是突然之间，我却大吃一惊地发现，我所遇到的不再是命题中通常的"是"与"不是"等系词连接，而是每一个命题都是由一个"应该"或一个"不应该"联系起来的。这个变化虽是不知不觉的，却是有极其重大的关系的。③

这就是休谟著名的"是—应该"问题，也就是他关于事实判断与价值判断的著名区别。④字面上看，这一区别是建立在对"是"与"应该"这两个词或观念的认识上。但是归根结底，它还是建立在关于不同类型的句子的认识上。"是"代表的是一般所说的直陈句，"应该"代表的是含有一种模态词的句子。二者具有根本的区别。根据这一区别，我们的确很难说休谟丝毫没有对句子的考虑和认识。同时我们也看到，虽然休谟提到这一区别，但是他有许多地方没有说清楚。尤其是他确实没有对句子进行什么说明，即使在谈论真的时候也没有这样做。因此我们也有理由怀疑，他对句子的作用的认识不是那样清楚。不管怎样，休谟的这些

---

① 休谟：《人性论》上册，关文运译，商务印书馆1991年版（以下只注书名），第31页；译文有修改，参见 Hume, D.: *A Treatise of Human Nature*, Oxford 1978, p. 19.

② 休谟：《人性论》下册，第498页。译文有修改，参见 Hume, D.: *A Treatise of Human Nature*, p. 458.

③ 休谟：《人性论》下册，第509页。译文有修改，参见 Hume, D.: *A Treatise of Human Nature*, p. 469.

④ 参见周晓亮：《休谟》，湖南教育出版社1999年版，第243-248页。

论述确确实实为我们提出了这样的问题，可以使我们考虑对句子的思考在他的思想论述中的作用。这无疑是十分有趣的现象。

三、洛克论存在

在洛克的讨论中，除了关于天赋原则、真的讨论外，还有专门关于存在（existence）的讨论。在贝克莱和休谟的著作中也有这样的讨论，它甚至是贝克莱著作中的核心论述。因此值得我们特别注意。

洛克在第四卷的九、十、十一这三章专门讨论存在。第九章有三节，第一节说明一般的确定的命题与存在无关，第二节说明关于存在有三层知识，即关于存在的知识、关于上帝存在的知识和关于其他事物存在的知识。他认为，我们凭直觉认识自己的存在，凭证明认识上帝的存在，凭感觉认识其他事物的存在。[①] 他不仅区别出这三层关于存在的认识，而且分别在接下来的第三节、第十章、第十一章对它们进行了详细的讨论。如前所述，洛克的这些思想已是哲学史上的常识，因此我们不再进行讨论。为了说明我们感兴趣的问题，我们重点探讨他在第九章第一节的思想，因为这里可以看到洛克关于存在的一般看法。这一节如下：

> 我们迄今只考虑了事物的本质，而这些本质由于只是抽象的观念，并由此在思想中脱离了特殊的存在（考虑一个观念所依据的唯一存在就是它在理解中所具有的东西，乃是心灵专门的抽象活动），因此根本不给我们任何关于现实存在的知识。顺便说一下，这里我们可能注意到，我们可以确切知道其真假的普遍命题与存在无关；此外，特殊的肯定或否定命题若是变成一般的，就不会是确定的，因此所有这样的命题只与存在有关：它们表明的只是存在事物中观念的偶然联系或分离，而这些观念就其抽象性而言并没有已知的必然联系或矛盾。[②]

这段话至少有两个意思：第一，本质与存在不同；第二，普遍的命题与存在无关，特殊的命题与存在有关。第一个意思非常清楚。洛克此前有许多关于本质和实体的探讨，至少是涉及这方面内容的探讨。这里的论述就是要强调存在与本

---

① 参见洛克：《人类理解论》下卷，第 613-614 页。
② Locke, J.: *An Essay of the Human Understanding*, pp. 526-527.

质是不同的。如前所述，中世纪哲学家关于存在与本质的区别有许多探讨，进入近代以后，笛卡尔的论述也涉及这方面的问题。本质的表达是"是什么"，技术性的表达大约是"实体"，对本质的技术性说明则是"属加种差"。因此洛克这里的区别不仅是清楚的，也是毫不奇怪的。因为它不过是延续了哲学史的相关讨论。

但是，第二个意思却不是那样清楚。如果从逻辑的角度来理解，这里说的意思就会是全称（universal）命题与存在无关，特称（particular）命题与存在有关。不能说这样理解完全没有道理，因为传统逻辑学家们一般认为，全称命题不表示存在，而特称命题表示存在。问题是在洛克的著作中很难看到这样的意思，因此我们不能这样来理解。

莱布尼兹对这段话是这样理解的：以命题的方式来表达，如果同样的东西既可以赋予属或种，也可以赋予属或种下的个体，那么这样的命题就是不确定的，它属于存在，因为它只是人们知道特殊存在的事物中的一种偶然联系。比如"某人是博学的"。"正是在这种意义上，哲学家们也常常在什么是本质的和什么是存在的之间作出区别，把一切偶然的或或然的东西归为存在。"① 莱布尼兹的解释比洛克的解释显然清楚，而且还给出一个例子，因此更容易理解一些。理论上说，一种性质或类似的东西既可以赋予类，也可以赋予个体，当然是偶然的，而不是必然的。从这个例子来看，"博学的"不是人的本质，因此与某个人的联系是偶然的。莱布尼兹这样的解释很容易使人想起亚里士多德关于本质与偶性的区别，不同之处在于他谈的是本质与偶性的区别，用语却是本质与存在。这样就很容易使人想到托玛斯·阿奎那关于本质与是的活动的区分，以及最终所导致的本质与存在的区分。不过，莱布尼兹究竟是在亚里士多德意义上理解的，还是在阿奎那意义上理解的，这样的讨论在当时是不是很普遍，乃是需要考察和论证的。由于莱布尼兹随后确实提到亚里士多德关于偶性的解释，而没有提到阿奎那的解释，因此我们可以暂且在亚里士多德的意义上来理解。

但是，即使在这种意义上理解莱布尼兹的话，仍然有一个问题：这究竟是不

---

① 莱布尼兹:《人类理智新论》下卷，陈修斋译，商务印书馆 1982 年版（以下只注书名），第 508 页。译文有修改，参见 Leibnitz, G. W.: *New Essays Concerning Human Understanding*, tr. by Langley, A. G., The Open Court Publishing Company 1916, pp. 497-498.

是洛克本人的意思？我觉得，引文中"顺便说一下"这个短语值得注意，它至少可以表示以下的说明与前面的说明无关。如果有这种意思，莱布尼兹的解释大概就有问题。因为这个短语后面的说明虽然谈到偶然，却与本质没有任何关系。此外，这里还谈到"确切知道其真假的普遍命题"。在洛克的著作中，它们一般是指同一律和矛盾律这样的命题。鉴于这一点，我们就应该做更多的考察。

洛克认为，知识是对观念之间的一致或不一致的感知。他把所谓观念的一致或不一致分为四层，即同一或差异，关系，共存或必然的联系，现实存在。比如，"蓝不是黄"说的是同一性，"两条平行线之间等底的两个三角形是相等的"说的是关系，"铁是可受磁力影响的"说的是共存，"上帝是"说的是现实存在。① 他认为，这四种一致和不一致"包括了我们所能有的一切知识"。② 其中，同一性是最明确的，也是洛克论述最多的，这就是同一律和与同一律相关或相符合的表述。现实存在是最独特的，却是洛克论述最少的。洛克认为，现实存在"指具体现实的存在和观念之间的一致"，"在心外有某种现实的存在"。③ 即使在展开对现实存在的论述的时候，尽管洛克明确地说，"在现实存在方面，我们全没有自明的命题"，④但是他的论述也仅仅如下：

> 说到现实存在，既然它除了同"我们自身"和"第一是者"（first being）的观念有联系外，并不与我们任何其他观念有联系，因此我们在其他一切是者的现实存在方面，既没有证明的知识，也没有自明的知识。⑤

"第一是者"是中世纪哲学家表达上帝的用语。前面提到洛克给的例子又是"上帝是"，因此"上帝是"乃是洛克考虑的一种情况，"我们自身是"或"我是"

---

① 参见洛克：《人类理解论》下卷，第 517 页；Locke, J.: *An Essay of the Human Understanding*, p. 426.

② 参见洛克：《人类理解论》下卷，第 517 页；Locke, J.: *An Essay of the Human Understanding*, p. 426.

③ 洛克：《人类理解论》下卷，第 517 页。译文略有修改，参见 Locke, J.: *An Essay of the Human Understanding*, p. 425.

④ 洛克：《人类理解论》下卷，第 589 页。译文略有修改，参见 Locke, J.: *An Essay of the Human Understanding*, p. 508.

⑤ 洛克：《人类理解论》下卷，第 589 页；Locke, J.: *An Essay of the Human Understanding*, p. 508.

大概是笛卡尔说的"我思故我是",或者来自他的这一说法。因此洛克所说的与存在相关的两种情况是指"我是"和"上帝是"。由此可以看出,洛克明确无误地在用存在解释"是"的含义。前面我们还提到洛克专门有关于我们存在的论述。联系这两点来看,这里的论述无疑是清楚的。它表明,现实存在只与我们自己和上帝的观念有关。

需要注意的是洛克在对存在的说明中说到的"自明的命题"。他的意思是说,现实存在方面没有自明的命题,而同一性方面有自明的命题。也就是说,"是者是"和"一事物不能既是又不是"这样的命题是自明的。而"某事物存在"这样的命题不是自明的。自明的命题就是作公则或公理的命题,因此也是真命题。如果我们可以在这种意义上理解洛克所说的"确切知道其真假的普遍的命题",那么就可以对前面提到的第二点含义提供一种解释,即普遍的命题指同一律和矛盾律这样的命题,而特殊的命题指不是这样的命题。

在另一个地方,洛克谈到,只要注意考虑一个命题,最终感知其中用语所表达的观念的同异,那么不仅可以知道这个命题的真,还可以知道这个命题中的用语是代表更一般的观念,还是代表不太一般的观念。比如,"是者是"是不是对"是"这个一般观念的肯定,"一个人是人"是不是对一个更特殊的观念的肯定。[①]虽然洛克这里是在论述同一性的问题,但是从他的举例和相关论述来看,他似乎把"是"看做更一般的观念,而把具有具体含义的词,如人、白的等等看做是更特殊的观念。由此看来,同一律自身的表述与符合同一律的命题的表述也存在着一般和特殊的区别。比如,"是者是"是一般的,与存在无关,而"蓝的是蓝的"是特殊的,与存在有关。根据这里的说明,如果可以把洛克上述所谓"普遍的命题"理解为这里所说的"一般的命题",那么也可以对前面第二种意思提供一种解释,即同一律和矛盾律这样的命题与存在无关,而含具体观念的命题与存在有关。

仔细阅读洛克的著作,大概还会发现其他一些不同的解释。但是上述解释至少说明,洛克的论述不是特别清楚,因此可以有不同的解释。尽管如此,我们还是可以发现,在洛克关于存在的论述中,与同一律和矛盾律这样的东西不仅相联系,而且进行了许多区别。无论这是由什么造成的,这至少说明,在洛克的思想

---

① 参见洛克:《人类理解论》下卷,第 586-587 页;Locke, J.: *An Essay of the Human Understanding*, pp. 506-507.

和论述中，存在这一观念与同一律和矛盾律这样的观念是不同的，与表述这样的规律的"是"也是不同的。

如果说是与存在的区别是洛克关于存在的论述中的显著特点，那么这种特点在贝克莱和休谟的论述中就几乎看不到了。贝克莱认为，人类知识的对象是观念，认识或感知观念的是心、精神、灵魂或我自己。观念在心中存在，或者说，观念被心感知，"因为一个观念的存在，正在于其被感知"。[1] 这是贝克莱最著名的观点。对于这里的存在（existence）一词，他进行了详细的说明：

> 只要人一思考"存在"一词用于可感知事物时作何解释，他是可以凭直觉知道这一点的。我说我写字用的这张桌子存在，就是说，我看见它，摸着它；如果我走出书室，就应该说它存在过，我的意思是说，如果我在我的书室，我可以感知到它，或者是说，有别的精神当下就真看见它。我说有一种香气，是说它是被闻到的，我说有一种声音，是说它是被听见的，我说有一种颜色或形象，是说它是通过视觉或触觉被感知的。这就是所有我用这些说法和相似的表达所能够理解的东西。因为所谓不思想的事物的绝对存在，与它们是被感知的没有任何联系，似乎是完全不可理解的。它们的 esse（是）就是 percipi（被感知），因而它们不可能会在感知它们的心灵或思想的东西之外有任何存在。[2]

贝克莱关于存在的解释是清楚的，没有什么理解的困难。值得注意的是最后所说的"esse（是）就是 percipi（被感知）"。从他的思想来看，他的意思当然应该是说："存在就是被感知"，但是这里他没有像此前那样使用"存在"（existence）一词，而是用了 esse 这个拉丁文。而这个词的字面意思却是"是"，或者说主要是"是"，或至少有"是"的涵义。贝克莱的这一用法也许有特殊的含义，比如他想表明一种哲学讨论的延续，表明自己是对传统问题提出了一种新解，如此等等。但是由于他没有详细说明，这一点就不太容易判断。因为通篇贝克莱都是谈

① 贝克莱：《人类知识原理》，关文运译，商务印书馆1973年版（以下只注书名），第20页；Berkeley, G.: *The Principles of Human Knowledge*, The Open Court Publishing Company, Chicago 1910, pp. 30-31.

② 贝克莱：《人类知识原理》，第20-21页。译文有修改，参见 Berkeley, G.: *The Principles of Human Knowledge*, The Open Court Publishing Company, Chicago 1910, pp. 30-31.

存在，而谈到 esse 或 being 的地方非常之少。

休谟的著作中也有专门关于存在的探讨，内容虽然不多，下面两段话却值得我们注意。休谟认为：

> 我们可以意识或记忆的任何印象或观念，没有一个不被想象为存在的。显而易见，是（being）的最完善的观念和信据是从这种意识得来的。根据这一点，我们可能会形成一种可以想象的最清楚最确定的两难境地，即我们既然在记忆起任何观念或印象时，总是要赋予它们以存在，所以存在观念要么必然得自一种独特的印象，而这种印象是与每一种感知或我们思想的对象联系在一起的，要么必然与感知的观念或对象是同一的。①

这段话有两层含义。其一，休谟认为存在乃是最主要最重要的观念，甚至人们关于是（being）的观念也是从存在这个观念来的。这无疑是一种存在优先的论述。这也说明，存在的观念与是的观念乃是不同的。其二，休谟认为存在要么与感知或思想的对象相联系，要么与感知的观念或对象同一。对此我们不进行讨论。只要看到这里主要是在论述存在，就足够了。休谟还认为：

> 存在观念和我们想象为存在的东西的观念是同一的，单纯地反省任何东西和反省它所存在的，这两件事情并无不同之处。存在观念和任何对象的观念结合起来时，并没有为它增加任何东西。无论我们想象什么，我们总是想象它是存在的。我们任意形成的任何观念都是一个是者的观念；一个是者的观念也是我们所任意形成的任何观念。②

这段话仍然在说存在的观念与存在的东西同一的问题。虽然我们依然不准备对这个问题进行深入讨论，但是这里由这一观点所产生的结果却值得注意。由于休谟认为存在观念与存在的对象同一，因此他认为把存在观念与存在的对象结合起来，并没有为这个对象增加任何东西。这个结论对不对姑且不论，至少可以使我们想到康德反驳上帝存在的本体论证明时的论据。面对休谟的论述，我们不禁会问：难道康德仅仅是重复了休谟的观点而已吗？

---

① 休谟:《人性论》上册，第 82 页。译文有修改，参见 Hume, D.: *A Treatise of Human Nature*, p. 66.

② 休谟:《人性论》上册，第 82-83 页。译文有修改，参见 Hume, D.: *A Treatise of Human Nature*, pp. 66-67.

四、康德关于上帝存在的反驳

在哲学史上，康德（1724—1804年）占有十分重要的地位，他的名著《纯粹理性批判》也是划时代的经典著作，他的思想对他的同代人以及后代，直至今天，产生了巨大的影响。鉴于本书的内容，我们只探讨他关于上帝存在本体论证明的反驳。在《纯粹理性批判》中，有几节专门探讨上帝存在的本体论证明的可能性问题，其中有一段话非常著名：

> 是（Sein）显然不是真正的谓词，即不是一个关于任何某种能够加在一事物概念上的东西的概念。它纯粹是一事物的位置，或是某种自身的规定。在逻辑使用中，它仅仅是一个判断的系词。"上帝是全能的"这个句子包含两个带有对象的概念：上帝和全能；"是"这个小词并没有引入一个谓词，而仅仅引入了使谓词与主词联系起来的那种东西。如果我现在把这个主词（上帝）与它的全部谓词（全能也属于此）合并起来并且说："上帝是"，或者"这是上帝"，那么我为上帝这个概念没有增加任何新的谓词，而仅仅增加了这个主语本身与它的全部谓词，并且增加了与我的概念相联系的对象。[1]

应该说，这段话没有什么理解的问题。它主要说明，是乃是一个系词，而不是一个谓词，它的作用是使谓词与主词发生联系，而不是对主词进行说明。起说明作用的不是"是"这个系词，而是由它引入的谓词。这段话里面的两个例子也充分说明这一点。一个例子是"上帝是全能的"，比较清楚地说明是的系词作用。另一个例子是"上帝是"，字面上看不出是的系词作用，康德则认为这是把"是"与全部谓词合并起来，比如把"是"与"全能的"合并起来，因此没有为上帝这个观念增加任何新的谓词。正是根据这里的论证，康德说："当我思考一事物时，无论我（本人在这种一般性规定中）想通过什么谓词和通过多少谓词，当我补充说，这个事物是时，以此对这个事物没有增加任何东西。"[2] 从字面上看，康德的论述与休谟显然是不同的，因为他这里论述的乃是"是"，而不是存在。因此我们可以认为，康德的论述与休谟的观念是不同的。但是，鉴于是与存在的联系，

---

① Kant: *Kritik der reinen Vernunft*, Suhrkamp Verlag, Band 2, 1974, S. 533.

② Kant: *Kritik der reinen Vernunft*, Band 2, S. 534.

我们也应该思考，虽然字面上是不同的，康德的意思与休谟实际上是不是相同？也就是说，康德在这里谈论的字面背后的东西与休谟的观点是不是相同？或者简单地说，能不能在存在的意义上理解康德的这段论述？

如果仔细阅读康德的著作，我们就会发现，这里的问题比较复杂。直观上说，康德的这一论证是结论性的。因此，为了弄清楚他的思想，有必要看看他此前的一些论述。恰恰是在这段论证之前，康德有一段关于存在的明确论述：

> 当人们把事物的存在（Existenz）概念引入一事物的概念时，就已经有了矛盾，尽管人们只是想思考它的可能性，而且冠以各种巧妙的名义。如果人们承认这一点，那么就赢得了表面的胜利，但是事实上什么也没有说。因为这里仅仅是同义反复。我要问：这或那事物（我们承认它是可能的，无论它是什么）存在，这个句子是一个分析句还是一个综合句？如果它是一个分析句，那么通过这个事物的存在（此是），你们为你们关于这个事物的思考没有增加任何东西，但是这样一来，要么你们具有的思想必然会是这事物本身，要么你们具有的思想预先假定了一种属于可能性的存在（此是），然后根据前面确定的东西从内在可能性推论出这种存在，而这不过是一种贫乏的同义反复。……如果承认每一个存在句都是综合的，正像每一个理性的人都必须承认的那样，那么你们会如何断言存在这个谓词是不能没有矛盾地被扬弃的呢？这种性质其实只适合于分析句，因为它恰恰依赖于分析句的特征。①

对比一下休谟的论述，不难发现，康德与他是有根本区别的。休谟不加怀疑地使用存在观念，由此探讨存在观念与对象观念的同一性，而康德则明确指出，引入存在概念本身就产生了矛盾。虽然康德对休谟没有指名道姓，但是显然是在批判休谟或与休谟相似的引入存在的探讨，更确切地说，他是在批判自中世纪以来人们关于上帝存在的探讨。他鲜明地指出，"每一个时代人们都在谈论那绝对必然的本质，而且人们并不努力理解是不是能够和如何能够思考这样一个事物，而是努力证明它的存在。尽管这样一个概念的名词解释是非常容易的，即它是某种这样的东西，它的不是乃是不可能的；但是通过这样的做法人们丝毫没有变得更聪明，同样看不出怎么可能把一事物的不是看做绝对不可思考的东西，而实际

---

① Kant: *Kritik der reinen Vernunft*, Band 2, S. 532-533.

上人们是想知道，我们通过这个概念究竟是不是可以普遍地思考某种东西"。① 这说明，在关于上帝的探讨中，产生了与本质相关的问题。由于只能说"上帝是"，因此把这里的"是"解释为上帝绝对必然的本质。通过对这种绝对必然的本质的讨论，又引入了存在。但是康德认为，即使以存在来解释是，也不能解决这里的问题。问题的关键在于，系词与谓词是不同的。系词是逻辑谓词，不是真正的谓词，而真正的谓词是对事物的规定，是"一种加在主词上并使它得以扩展的谓词"。② 这是康德的看法，也是康德的论证思路，同时还是他揭示出来的问题的实质。他明确指出，这样的做法是行不通的，实际上是一种幻想，而且几乎无可救药。③

值得注意的是康德在论证中提到的分析句和综合句。这是他论证的一个重要依据。他所说的对事物的思考增加什么东西和不增加什么东西主要也是依据这里。分析句和综合句的区别，康德在《纯粹理性批判》这部著作中的导言部分就明确提出来了，并且贯彻始终。康德认为，判断有两类。一类是所谓分析句，其特征是谓词包含在主词之中，因此并不为主词的表达增加任何东西。另一类是所谓综合句，其特征是谓词完全在主词之外，因而扩展了主词的表达。比如，"物体是有广延的"是分析的，而"物体是有重量的"是综合的。按照康德的说明（这种说明也是当时人们的认识），广延包含在物体之中，而重量不包含在物体之中。有了这样的区分，结合先验与后验的区别，康德就得出一些重要结论：经验判断完全是综合的；数学命题是先验综合的；自然科学中的一些原理是先验综合的；形而上学的一些命题是先验综合的；等等。在我们重点考虑的有关存在的论述里，康德再次运用了分析与综合的区别。上述引文明确无误地表明，康德认为，存在的性质只适合分析句，而不适合综合句。因此，"一事物存在"这样的句子是分析句。由于存在有这样的性质，因此存在一词没有为对该事物的思考增加任何东西。

还值得注意的是引文中康德的提问："这或那事物存在"究竟是分析句还是综合句？这一提问与对"上帝是"的相同提问是有根本区别的。"上帝是"乃是自中世纪以来哲学家们一直在讨论的一个非常重要的命题。但是无论这个命题多么重要，它也仅仅是一个具体的命题。在这种意义上，它仅仅是一个具体的例子。而"这

---

① Kant: *Kritik der reinen Vernunft*, Band 2, S. 529.
② Kant: *Kritik der reinen Vernunft*, Band 2, S. 529.
③ Kant: *Kritik der reinen Vernunft*, Band 2, S. 533.

或那事物存在"则不是一个具体的命题，因而不是一个具体的例子，而是一个表达了一般句式的命题，它其实就是表达了一种一般的句式，因而具有一种普遍性。

应该说，康德的论证方式是清楚的，结论也是清楚的。然而，他的论证本身是不是有效，结论是不是很有道理，却是令人怀疑的。比如，为什么广延这个概念包含在物体之中，而重量这个概念就不包含在物体之中？存在这个概念为什么是分析的，而不是综合的？尤其是在今天，有了奎因关于分析与综合的著名论证[①]，有了克里普克关于分析与必然的详细区别[②]，人们不仅知道康德的论证存在问题，而且也知道这里的问题非常复杂。这里，我不想详细探讨这些问题，而想重点探讨一下康德的论证方式。

康德依据分析与综合的区别进行论证，这一点无疑是清楚的。康德区别分析与综合的方式也是清楚的，这就是看谓词的表述是不是包含在主词之中。表面上看，他的区别是清楚的，也没有什么问题。谓词要么包含在主词之中，要么不包含在主词之中，这样的区分是符合排中律的，因为一个谓词不可能既在主词之中，又不在主词之中，否则就违反了矛盾律。问题是，即使这样的区分是必然的，但是一定能够具体说明什么样的谓词包含在主词之中，什么样的谓词不包含在主词之中吗？比如关于物体的广延和重量的说明。这里，一方面有逻辑的论证，另一方面有非逻辑的论证。康德相信自己的逻辑论证，由此也就相信了自己基于逻辑的那些非逻辑论证。问题是，即使逻辑方面的考虑可以接受，非逻辑方面的论证也是存在问题的。

其实康德自己也知道逻辑与非逻辑方面是有区别的。他认为，概念由于有自身所不包含的东西，因而是不确定的，要"受到可确定性原理的支配：在两个相互矛盾对立的谓词之间，只能有一个谓词适合它。这条原理基于矛盾律，因而是一条纯逻辑原则，它抽象掉认识的所有内容，仅仅注重逻辑形式本身"。[③] 而"事物就其可能性而言，还受到一般性规定这条基本原理的支配。根据这条原理，在

---

①　参见奎因：《从逻辑的观点看》，江天骥等译，上海译文出版社 1987 年版（以下只注书名），第 19-43 页；王路：《走进分析哲学》，生活·读书·新知三联书店 1999 年版（以下只注书名），第 133-145 页。

②　参见克里普克：《命名与必然》，梅文译，涂纪亮校，上海译文出版社 1988 年版（以下只注书名）。

③　Kant: *Kritik der reinen Vernunft*, Band 2, S. 515.

事物所有可能的谓词中，只要把它们和与它们对立的谓词相比较，必然有一个适合它。这条原理不是仅仅基于矛盾律，因为除了两个相互矛盾的谓词的关系外，它还考虑每一事物与所有可能性的关系，把它们看做该事物所有谓词的全体，这样，它把这些先验地预先假定为条件，从而把每一事物想象为：它由于参与了那种整体的可能性，因此推导出它自己的可能性。所以，这条一般性规定原则与内容有关，而不是与纯逻辑形式有关"。① 康德的论述虽然复杂，思想却比较简单。概括地说，一方面，概念表达事物，概念要受逻辑原理的支配，这就是要符合矛盾律；另一方面，事物要受一般规定性的支配，这就是看对事物的表述是不是符合它。用比较通俗的话说，对于事物的表达，既要有形式方面的考虑，也要有内容方面的考虑。从形式方面考虑，必须遵守逻辑规律，而从内容方面考虑，则必须符合事实。因此也可以说，康德实际上是从形式和内容两方面分析和探讨了概念和事物的表述。在这一背景下，我们再来理解康德关于分析与综合的区别，并由此再来理解康德关于存在的探讨，最终再来理解康德那段关于上帝本体论证明的反驳，我们就可以看出，康德的论述与休谟的论述是完全不同的。

　　康德与休谟最根本的区别就在于对逻辑的考虑。休谟对逻辑没有什么考虑和依据，而在康德的思考过程中，逻辑始终占据非常重要的位置。从康德的著作中，我们无法判定他受中世纪逻辑多少影响。但是只要从逻辑出发来考虑问题，他就离不开亚里士多德的逻辑理论，或在亚里士多德逻辑基础上发展起来的逻辑理论。而在所有这样的理论中，"S 是 P"都是最基本的句子形式。因此，从逻辑出发来考虑问题和论述问题，尤其是涉及基本的句子形式和断定形式，肯定要考虑"是"。康德认为，从形式和内容两方面来考察谓词，"我们就发现，通过一些谓词表现了一种是，而通过另一些谓词，表现了一种纯粹的不是。仅仅通过'不'这个小词而表达出来的逻辑否定实际上从不与一个概念相关，而是只与判断中一个概念与另一个概念的关系相关，因此它远远不能从内容方面充分地表达一个概念"。② 这里显然谈的是"S 是 P"和"S 不是 P"这样两种形式，因此对"不"的说明也可以以同样的方式适用于"是"。此外，从上述引文也可以看出，康德甚至认为"上帝是"这个句子中的"是"也是系词，因为这里的"是"不过把其后的谓词，比

① Kant: *Kritik der reinen Vernunft*, Band 2, S. 515.
② Kant: *Kritik der reinen Vernunft*, Band 2, S. 517.

如"全能的"，合并起来而已。由此清楚地表明，"是"表达的是逻辑肯定，与句子中一个概念与另一个概念的关系相关，而与概念本身无关。因此，康德不仅明确地说是显然不是真正的谓词，而且他这样明确地谈论是也是自然的。

从康德的著作来看，康德关于存在的讨论显然是有针对性的，而且也是必需的，因为他发现了这里面的问题。他不仅指出引入存在概念会带来问题，而且明确地说：

> 我若不是发现了人们有一种几乎无可救药的幻想，即以为用一个逻辑谓词可以替换一个真正的谓词（即替换对一事物的规定），我也会希望通过确切地规定存在这个概念而直截了当地终止这种煞费苦心的论证。[①]

这段话在具体的论证方面没有什么新鲜内容，但是它明显表明，康德对引入存在概念持彻底的否定态度，对试图通过探讨存在概念来解决传统的哲学争论持彻底的否定态度。由此也可以说明，他所要探讨的乃是是，而不是存在。

回到我们前面的问题，我们现在可以明确地说，康德的论述与休谟的论述不仅字面上是不同的，而且实际上也是完全不同的。

最后还应该指出两点。一点是引文中提到的所谓一般性规定。如上所述，这是指内容方面的考虑。在后人的著作中，比如在黑格尔的著作中，也会看到相似的表达。另一点是康德在引文中讨论是与存在的过程中使用的 Dasein［我在这里把它译为"存在（此是）"，以示与存在一词的区别］。我无法确定这个词最初是如何引入和使用的，也就是说，我不知道，这个词是不是康德最先提出和使用的[②]，但是这个词以及它所表达的内容却是非常重要的。一方面，这一概念是康德关于是与存在的论述中一个非常重要的中介，因而对于我们理解康德的相关论述十分重要；另一方面，这一概念后来不仅在黑格尔的著作中，而且在海德格尔的著作中都得到讨论。因此康德的用法值得我们注意。

在探讨上帝本体论证明的几节中，康德在标题上使用的不是"存在"，而是"存在（此是）"这个概念。如果康德的论述确实是有针对性的，特别是针对

---

① Kant: *Kritik der reinen Vernunft*, Band 2, S. 533.
② 康德在《纯粹理性批判》导言中论述分析与综合的区别时使用了这个词，他认为，在关于某种发生的东西的概念中，人们会想到"存在"（此是）（参见 Kant: *Kritik der reinen Vernunft*, Band 2, S. 54.）。

洛克和休谟的著作，那么就可以把这里所说的存在（此是）理解为存在。从上述引文的讨论来看，康德确实也是在用存在（此是）来解释存在。因此我们似乎可以把这两个概念理解为同一的。我的问题是，即使它们是同一的，它们与是的含义是不是相同？康德为什么批评人们引入 Existenz（存在）这一概念，而经过用 Dasein［存在（此是）］的替代解释，最终却还是要强调 Sein（是）呢？也许德国人愿意使用自己的语言，Dasein 毕竟是地地道道的德语，而 Existenz 却是一个外来词。Dasein 是 Da 与 Sein 两个词的组合。而这两个词的组合正是"ist da"的名词形式。"ist da"的字面意思是"是在那里"，或"（是）有了"，用康德的解释就是："是被给定的"（ist gegeben）。① 即使不考虑这里有什么含义，至少我们可以看出一点，在字面上，Dasein 与 Sein 更为接近。通过关于 Dasein 的讨论，讨论 Sein 就会更直接，更自然一些。关于这一点，在另一个地方康德讨论"我是"的问题时，也许可以看得更清楚一些。康德说：

> 与此相反，我在一般表象的多重性的超验综合中，因而在知觉的综合原初统一性中意识到我自己，不是像我向自己表现的那样，也不是像我是在自身中那样，而仅仅是我是。这一表象是一个思想，而不是一个直觉。为了认识我们自己，除了思想的活动外还需要有一种确定的直觉：思想活动使各种可能直觉的多重性成为知觉的统一性，通过确定的直觉则产生这种多重性。因此，尽管我自己的存在（此是）不是现象（更不是纯幻象），但是产生对我的存在（此是）的规定*只能是根据特定的方式与内在感觉的形式相符，如同内在直觉中给定的我所组合的多重性一样。由此一来，我对我就没有如我所是那样的认识，而仅仅有如我向自己表现的那样的认识。②

这段论述使用了许多术语，表达得也比较复杂。但是因循西方哲学史的线索，我们依然可以理解它所表达的内容。它从思想的角度探讨了一与多。思想活动与直觉不同，前者达到统一性，后者达到多重性。我所关注的不是这样的讨论是不是有道理，而在于这样讨论产生的一个结果：思想活动导致对"我是"的意识，而直觉活动则导致与"我是"不同的东西。而且在这样的讨论中，引入了"存在（此

---

① 参见 Kant: *Kritik der reinen Vernunft*, Band 2, S. 530.

② 参见 Kant: *Kritik der reinen Vernunft*, Band 2, S. 152-153.

是)"，并谈到对它的规定。如前所述，规定是指内容方面的考虑。因此，这里所说的规定指什么，就值得思考。此外，引文中的星号是一个注释，这个注释如下：

> "我思"表达出那种确定我的存在（此是）的活动。由此也就给定了存在（此是），但是由此还没有给定我应该规定它的方式，也就是说，属于它的、我应该有的多重性，由此还没有给定。这里包含一种自身直觉，它基于一种先验给定的形式，即可感觉的、为可确定的东西可接受的时间。现在，如果我尚未有另一种自身直觉，它把在我起确定作用、而我只意识到其自发性的东西同样置于确定作用之前，就像时间在可确定的东西之前一样，那么我就不能确定我的存在（此是）是一种自足的本质，相反，我只能向我表现我的思想的自发性，即规定的自发性，而我的存在（此是）总是仅仅感觉上可确定的，即作为一种现象的存在（此是）。然而这种自发性的结果是，我称自己为智性。①

在这段引文中，康德从我思谈到我的存在（此是）。因此这里所说的"存在（此是）"似乎相当于"我是"中的"是"。把它与正文结合起来看，康德似乎是说，思想活动使我意识到"我存在（是在那里）"，因此也就有了"存在（此是）"，即一般所说的统一性。但是由此还没有对"存在（此是）"的规定方式，也就是还没有一般所说的多重性。这里康德再次谈到规定性。我们知道，在康德这样的论述中，总有两方面的考虑，一方面是从逻辑角度，另一方面是从非逻辑角度。而如果从逻辑角度出发，能不能把康德的意思理解为思想活动使我们意识到"我是"，但是由于尚没有对"是"的规定，因此不知道"我是什么"或"我是如何的"呢？我认为是可以这样理解的。而一旦可以这样理解，而且如果我们也明白了康德是这样的意思，那么剩下来的问题不就是"存在"与"存在（此是）"的关系了吗？鉴于后者与是的联系，因此归根到底，这里的问题仍然涉及"存在"与"是"的关系问题。

我认为我们可以走得稍微远一些，更进一步地思考这个问题。康德为什么批评引入"存在"这一概念？引入了这个概念，无疑可以使用它，比如说"x 存在"。多一个术语和概念比少一个术语和概念难道不是更好吗？我想，这里的问题大概

---

① Kant: *Kritik der reinen Vernunft*, Band 2, S. 152.

主要在于，人们引入存在概念乃是为了用它翻译或解释"是"这个概念。而在这样的情况下，问题就产生了。一般的"是"所表达和体现的主要还是"S 是 P"那种意义上的东西。至少在像康德这样的哲学家看来，无论如何不能取消从逻辑的角度来思考问题，因此至少不能不考虑"S 是 P"这样的情况。而考虑这样的情况，那么"x 存在"也许就应该是对"S 是"的解释。这样一来，所谓"S 是"的那个"是"不过是把 P 包含在一起了。因此"存在"表示的是分析判断。但是，"S 是 P"表示的绝不仅仅是分析判断，而且还有综合判断。因此用"存在"来解释"是"不仅有悖于哲学传统的讨论，而且一定是有问题的。

概括地说，康德批判人们对存在（Existenz）的引入。在探讨这个问题的时候，他用 Dasein［存在（此是）］表示存在，通过一系列分析和论证，最后达到对 Sein（是）的说明：是显然不是一个真正的谓词。这是一个一般性的、具有普遍意义的结论。对于这一点，对存在本身的说明和探讨无疑是不太容易做到的，即使从字面上说，从存在到是的过渡也是不容易的，因为它们没有共同之处。但是，通过存在（此是），康德似乎找到从存在到是的过渡，并且最终达到对是的说明。至少在字面上，我们可以看到 Dasein［存在（此是）］与 Sein（是）的联系。

五、问题与谈论问题的方式

从笛卡尔到康德，时间不长，只有 200 年左右，但是产生了一大批划时代的哲学巨匠，涌现出丰富多彩的哲学思想，形成了风格迥异的哲学流派，展示了哲学史上一个独具特色的时代。笛卡尔是开创性的，洛克是开拓性的，康德同样也是开创性的。不仅如此，由于他们讨论的许多问题今天仍然被人们继续讨论，他们的主要思想和理论也是今天讨论的基础，因此他们还具有承前启后的意义。

研究这些哲学家的思想，当然应该仔细研究他们那些创造性的思想和贡献。但是这里我却更愿意思考和研究另一个问题：哲学的历史和传统在他们那里是如何延续的？在我看来，哲学是有历史和传统的，任何一种开创性的哲学研究也不会完全背离哲学的传统。因此，哲学的生命力在很大程度上依赖于它的历史和传统。通过研究和探讨哲学的历史和传统是如何延续的，有助于我们理解哲学的本质。我认为，哲学的历史和传统的延续方式多种多样，但是至少可以以问题和思考问题的方式来体现。也就是说，哲学的发展至少可以有几种不同的方式：既可以是以新的方式提出和探讨老问题，也可以是以老的方式提出和探讨新问题，还可以是在传统问题和方式的继承上以新的方式提出和探讨新问题。沿着这一思路，我想就以上几节的内容谈谈自己的看法。

"我思故我是"乃是笛卡尔哲学的核心命题，是他认识论思想的集中体现。如上所述，这个命题强调的是"思"，涉及"是"，而在具体论证过程中，包含了大量关于上帝存在的讨论。如果没有任何哲学背景知识，人们也许会问：为什么笛卡尔要使用"我是"这样一种方式来讨论他想强调的"我思"？探讨"我思"和"我是"，为什么要涉及关于上帝存在的讨论？而如果有了哲学史的知识，大概就不会提出这样的问题。这是因为，"我是"的核心不在于我，而在于是，而这个是恰恰就是自古希腊以来西方形而上学乃至哲学的核心问题。而上帝存在，则是中世纪一直在讨论的问题，不仅是神学中探讨的主要问题，而且也是哲学中探讨的主要问题。因此，笛卡尔的"我是"并不是随便说的。他的这个命题以及相关的探讨，是围绕着西方哲学的核心问题进行的，同时也反映出中世纪哲学的强大影响和继续。

在笛卡尔的探讨中，我们看到，最容易令人迷惑和产生问题的地方乃是是和存在的区别。无论是关于上帝与其他事物的区别，还是关于本质和存在的区别，实际上都与是和存在的区别有关。根据引文1、2和3，笛卡尔的思想是清楚的。因此，我们理解的困难显然主要不在"我思故我是"这句话本身，而在于涉及上帝以后。如果不谈论上帝，大概也就不用区别存在与本质，因此也就不用有那么多相关的讨论，也就不用区别是与存在了。问题是，在笛卡尔那里，谈论上帝，甚至以上帝为出发点，已经成为哲学传统，因此他不得不谈论，而且必须谈论。在洛克、贝克莱和休谟的著作中也是这样，在康德的著作中，同样是这样。

谈到上帝，自然就涉及有关上帝存在的本体论证明的问题，因此涉及是与存在的区别。我们在上一章已经说明，这一区别是中世纪讨论的一个结果，也是与上帝相关的一个结果。上帝告诉摩西的话"我是我之所是"乃是人们知道的关于上帝的唯一表述。从这句话里，人们知道，上帝是什么就是什么，换句话说，人们仅仅知道"上帝是"。神学的讨论是从相信出发的，关于上帝是不能怀疑的。因此，根据这个"上帝是"，既不能随便说上帝是什么，又要相信有这样一个上帝，因此这个"是"就成为上帝唯一独特的性质。托玛斯·阿奎那甚至认为"他之所是"是上帝最合适的名字。此外，神学家们还必须从这里出发论证上帝的至高无上性、完美无缺性、全知全能性，等等。因此，必须对这个"是"作出区分。区分的结果就是得出：是乃具有两种含义，一种是作系词，另一种是表示存在。而应用这一结果来探讨，就得出：只有在上帝这里，存在与本质是统一的。而在其他任何东西那里，都不能是这样。

无论这样的结论是不是有道理，是不是可以说清楚，近代哲学家们还是免不了要讨论。因为这是哲学的核心问题，而讨论这样的问题也是哲学的传统。因此不仅笛卡尔要谈论"我是"，或"我是，我存在"，"上帝是"，或"上帝存在"，还要探讨上帝的存在性与上帝是不可分的。除了笛卡尔所使用的三角形的例子外，这样的探讨几乎可以说就是中世纪相关探讨的继续，与中世纪的讨论几乎如出一辙。即使是哲学家们在专门关于存在的讨论中提出了与中世纪完全不同的解释，比如贝克莱关于存在的解释、休谟关于存在的解释，我们仍然可以看到，这些问题的讨论是哲学史的继续，是传统哲学问题的继续。

与此相似的问题还有所谓天赋原则。洛克讨论经验是一切知识的基础和根据，出发点却是这样的原则，即"是者是"和"一事物不可能既是又不是"。它们被称为同一律和矛盾律，被认为是最基本的思维规律。如前所述，亚里士多德在《形而上学》中对这些原则有非常详细和深入的探讨，这样的探讨甚至还可以追溯到巴门尼德。因此，洛克从这样的问题出发是不足为怪的。这些原则不仅是哲学史上的基本问题，而且也是过去人们认为支配思维活动的最基本的原则。经验是一切认识的基础和根据，无疑是洛克提出的新观点，但是他谈的许多问题，特别是这样的天赋原则，却恰恰是哲学史上非常古老的问题。

如果说近代哲学中讨论的是、存在、上帝、天赋原则等问题十分明显地表现出哲学的历史与传统的延续，那么在思考这些问题的方式上，哲学的历史与传统却并非总是那样明显。但是如果我们给予足够的注意，特别是经过仔细的分析，仍然可以看出这一点。其中最显著的就是对真、对逻辑的考虑。

如上所述，在洛克的论述中有一种从天赋原则到天赋观念的过渡，其中显示出思考句子和思考观念或概念的区别。对所谓天赋原则的考虑，实际上是对句子的考虑。由于这种思考方式的区别，所得的结果也是不同的。我们看到，在洛克的探讨中，有专门关于真的论述。关于真的论述涉及组合、分离，因此与句子、命题、肯定句、否定句有关。这些论述与亚里士多德的一些论述其实是差不多的。这种相似，实际上表现出一种思考问题方式的相似。如前所述，洛克这种关于句子的考虑在贝克莱和休谟的著作中就比较少见，至少不太明显。因此贝克莱与休谟的思考方式与洛克不太一样，当然与亚里士多德的思考方式也不一样。我以此并不是想说明，贝克莱和休谟的思考方式没有来源，而只是想指出，在洛克那里，我们可以比较清楚地看出亚里士多德思考问题的方式的延续性。

我之所以强调这种思考问题的方式，最直观的原因在于它会带来不同的结果。洛克与贝克莱和休谟关于是与存在的探讨显然是不同的。这里，我想以康德的论述为例把这个问题再进一步深入探讨一下。

前面我们关于康德的探讨是从他的著名论题"是显然不是真正的谓词"开始的。其实这一论题本身就非常明显地体现了从句子出发或思考句子的特征。谓词是一个语法术语，相对于主词，和主词一起构成句子。因此谈谓词离不开句子。与此相应，无论是康德所说的"引入使谓词与主词联系起来的那种东西"，还是康德所给出的那两个例子，都可以表明康德是从句子出发在考虑问题。如果说这不过是字面上的问题与理解，那么我们还可以深入分析一下这里的探讨所依据的分析与综合的区别。

康德认为，他所提出的分析判断与综合判断的区别是以前没有人考虑过的。[①]无论这种看法对错，关于分析与综合的区别确实是康德的一个著名论题，也是一个重要论题。这一区别的核心思想是：看谓词的表述是不是包含在主词之中。这样的考虑显然涉及谓词与主词的关系，当然是从句子出发的。前面我们说过，谓词的表述要么包含在主词中，要么不包含在主词中，这样的要求符合排中律。根据这一要求，谓词就不能既在主词中，又不在主词中。否则就违反了矛盾律。如果把排中律和矛盾律看做是思维的基本规律，那么可以说康德关于分析与综合的区别是有道理的。但是即便如此，在具体说明什么样的谓词包含在主词中，什么样的谓词不包含在主词中的时候，仍然是有问题的，因为这里涉及谓词所表达的具体内容。面对康德的论述，我们不禁会想起亚里士多德划分四谓词的两条原则：看谓词与主词是不是可以换位，谓词是不是表达主词的本质。我们可以接受谓词与主词要么可以换位，要么不可以换位，但是我们如何可以断定什么东西就

---

① 参见康德：《纯粹理性批判》，第 50 页。

是表达本质呢？看到这一点，也就不难理解，康德的论证与亚里士多德其实没有什么太大的区别。他们都是从句子出发进行考虑，都考虑到谓词与主词的关系。他们都有形式方面的考虑，也有内容方面的考虑，并且结合这两方面的考虑进行论证。他们都有成功的地方，但是也存在相似的问题。如果我们再进一步分析，其实还可以看出，就逻辑论证本身来说，康德的论证与亚里士多德的论证还是有一些区别的。在亚里士多德那里有两条原则。谓词与主词换位或不能换位，确实体现了形式方面的考虑，而且仅仅体现了形式方面的考虑。此外，亚里士多德又提出一条表述本质的要求。而在康德这里只有一条原则：谓词包含在主词之中或不包含在主词之中。通过分析我们可以发现，谓词包含在主词中，或不包含在主词中，谓词不能既在主词中又不在主词中，这是逻辑方面的考虑，是形式方面的考虑。而谓词究竟是不是包含在主词中，却不是逻辑方面的考虑，而是内容方面的考虑。因此，康德关于形式与内容方面的区别不如亚里士多德那样清晰明确。但是这并不妨碍我们看出，他们思考问题的方式是差不多的。

从笛卡尔到康德，在与上帝相关的论述中，无论关于存在进行了什么样的探讨，进行了哪些探讨，总是可以看到一种思考方式的延续，这就是围绕着"是"进行探讨。无论是笛卡尔说的"我是"，或"上帝是"，还是康德所说的"此是"，无论是洛克谈论的"是者是"或"一事物不能既是又不是"，还是康德所说的"是"，思路是一样的。他们以类似的表达，不仅强调了自古希腊以来的主要问题，而且突出了断定句的形式。这一点，我们从康德对存在（此是）的用法可以看得比较清楚。

如上所述，笛卡尔从"我思"出发，谈论"我是"，因为这里的是体现了哲学史最核心的问题。在笛卡尔的讨论中，"上帝是"也是讨论的核心，因为这是中世纪的影响，特别是神学对哲学的影响。由于对"上帝是"的讨论产生了"上帝存在"的表达，因此产生了直接关于"上帝存在"乃至一般关于存在的探讨，贝克莱和休谟的思想比较清楚地说明了这种情况。存在虽然与是相关，但是关于存在的讨论是不是偏离了传统的关于是的讨论，仍是值得深思的。康德对引入存在概念提出批评。而他的工作则是从这种关于存在的探讨回到关于是的探讨。在这一过程中，他引入了存在（此是）这一概念。不论在意义上，存在（此是）与存在有什么关系，或者有什么区别，至少在字面上，此是与是乃有十分密切的联系。通过这一联系，康德使关于存在的讨论又回到关于是的讨论，因而又回到关于哲学史上最核心问题的讨论。

在上一章我们曾经说过，中世纪由于宗教的影响，"上帝是"不仅是一个讨论的具体命题，而且也体现了一种句式，由此产生了用存在来定义是的含义的结果。而在康德这里，我们清楚地看到，"上帝是"只是一个例子，是一个与"上帝是全能的"一样的例子，而不是一个具有普遍性的句式。同样，在探讨存在的时候，他也没有用"上帝存在"作句式，而是用"这或那事物存在"作句式。他给出的解释是"我们承认它是可能的，无论它是什么"，因此这里的"这或那事物"没有特定的所指，显然表明这是一个句子模式。再从这样的存在出发，经过引入此是，最终回到对是的说明，实际上还是回到了一般句子的说明。

实际上，无论是在笛卡尔那里，还是在康德这里，通过"我是"或"是"还是表达了一种句式，而且，他们试图通过对这种句式的探讨，或者从这种句式出发进行探讨，最终达到对是本身的说明。无论这样的讨论有什么样的问题，最终结果怎样，其思维方式与传统是一致的。有了前面几章的讨论，我想，这一点应该是显然的。

第七章　黑格尔的《逻辑学》

黑格尔（1770—1831 年）是德国古典哲学最主要的代表人物之一。他在批判前人的基础上，构造了自己的哲学体系。与本书所讨论的问题相关，他的思想主要体现在《精神现象学》《逻辑学》《小逻辑》等著作中。为了便于讨论，下面我们主要集中探讨他的《逻辑学》。

顾名思义，《逻辑学》本该是一部逻辑著作。黑格尔本人确实是把它作为逻辑著作来写的，而且他自认为是在发展逻辑。但是实际上，这却是一部哲学著作。这里的原因不仅复杂，也很有趣。[①] 本书虽然不对这些原因进行探讨，但是明确这一点，即黑格尔是把它作为逻辑著作来写的，对于我们的理解和探讨是非常重要的。

黑格尔把逻辑分为客观逻辑和主观逻辑。他的客观逻辑主要是从"是"和"不"这两个概念出发，围绕着"是"和"不"这两个概念，通过"变"的解释，进行"是"和"不"之间的推演，构造了一个思辨的逻辑系统，建立了他的辩证法。他的主观逻辑主要是依据他的辩证法，系统地阐述了一般逻辑所说的各种概念、判断、推理的联系和发展。下面我们分别探讨他的这些思想。

一、是与不

"是"这个观念是黑格尔的客观逻辑的出发概念。黑格尔对它有非常明确的说明。在论述它的一般划分时，黑格尔说：

> 是首先乃是针对别的东西而被规定的；其次它是在自己内部起规定作用的；第三，抛弃了这种划分的暂时性，它就是抽象的无规定性和直接性，而

[①] 参见王路：《逻辑的观念》，商务印书馆 2000 年版（以下只注书名）。

在这种无规定性中，它一定是开端。

根据第一条规定，是本身乃是针对本质区分的，因为它在随后的发展中表明它整体上只是概念的一个范围，并且把这个范围作为一种要素，使另一个不同的范围与它形成对照。

根据第二条规定，是乃是这样一个范围，在这个范围中有对它反思的规定和全部活动。这里，是将被确定为如下三项规定：

1）规定性，这样的；质；

2）被扬弃的规定性；量；

3）在质方面规定的量；度。

这里的这种划分，正像在导论中使人想到的这些一般的划分一样，是一种暂时的列举，只有从是本身的运动出发才能形成它的这些规定性，并由此表明这些规定是正确的。此外，这里的范畴分类偏离了通常列举的范畴，即量、质、关系和模态。关于这一点这里不做任何考虑，因为全部解释将表明本书根本偏离了范畴的通常排列和意义。①

这是黑格尔在正式论述是的过程开始之前说的一段话，大体上体现了他关于是的一般看法和论述的出发点。从字面上看，似乎没有什么理解的问题。但是由于这里的表述非常抽象，细究起来，还是有一些问题的。在第一条规定中，"针对别的东西说的"的意思应该是明确的，即：是总是要针对其他一个东西。然而这究竟是什么意思？根据文中的解释，这里说的是"针对本质区分的"。既然提到本质，我们自然会想到"人是理性动物"，这是自亚里士多德以来说明本质的最著名的例子。由此来理解，这里的"是"就是针对"人"而说的，"是理性动物"也是针对"人"而说的。我们不可能凭空说"是"，不表述任何东西地说"是"。此外，说它表明概念的一个范围，与其他范围形成对照。这是不是意味着，是的一种表达与另一种表达是不同的呢？比如"人是动物"与"人是植物"是不同的，因为动物和植物表示不同的东西，属于不同的范围。由于黑格尔没有这样说，我们也只能是猜测。

在第二种规定中，对"在自身内部起规定作用"也应该没有理解的问题，即：

---

① Hegel, G. W. F.: *Wissenschaft der Logik*, Ⅰ., Suhrkamp Taschenbuch Verlag 1993, S. 79-80.

是的含义要从它自身来理解。但是这话到底该如何理解？根据文中的解释，在哲学史的背景下，我们大概会想到"上帝是"。这里，是似乎具有对所述说的对象的"反思的规定和全部活动"，因为对上帝的表达只有一个"是"字。在这种意义上，是的含义虽然来自上帝，与上帝相关，但是，如果它有确定的含义，那么这种含义只能是来自它的自身内部。此外，说它是一个范围，包括了对它反思的规定和全部活动，大致也适合于对"上帝是"的解释，因为这里的"是"包含了对上帝表述的一切。如果不考虑这个例子，还是想到"人是理性动物"，这里的说明似乎就不太合适。因为"理性动物"虽然表达了人的本质，是不是包括了反思规定和全部活动，却是有疑问的。即便如此，我们也许仍然会认为，由于有了"是"，这句话就有了意思，如果没有"是"，它就没有意思。"是"的意思与其他词，比如"人"和"动物"的意思，显然有区别。除了语法方面的区别外，我们当然可以说，"人"和"动物"的意思虽然来自这些词的自身，但是归根到底还是来自我们实际上对人和动物的认识、理解和规定，而这些认识、理解和规定则来自于实际生活和实践，也就是说，来自于我们对一些具体的东西的具体的理解。能不能说这些东西是这些词本身之外的东西，固然可以讨论，但是显然它们与"是"的意思是不同的。是的含义和对是的理解与对具体事物的认识、理解和规定没有任何关系。在这种意义上，是的含义难道不也是来自它的自身内部吗？如果在哲学史的意义上理解，那么我们举的这两个例子是非常典型的，因而应该没有什么问题。但是即便如此，由于黑格尔没有给出这样的例子，也没有通过这样的例子来说明，因此我们也就不能非常肯定我们这里的解释是没有问题的。

无论关于是的前两种规定的解释是不是正确，我们至少可以看出，它们大致与是这个词的具体用法有关。然而，是的第三种规定与它们根本不同：它明确地抽象掉是的前两种规定，它明确地要考察这个抽象的概念本身，因此可以说与是本身的用法无关。这就是说，黑格尔在考虑是的时候，要抽象掉是在具体用法中的含义，而考虑它的抽象的或纯粹的含义。

值得注意的是黑格尔在第三种规定相应的论述中提到三个范畴，而且明确地说它们与通常的范畴不同。通常的范畴显然是指亚里士多德最初确立的西方传统的实体、质、量、关系等范畴。而这些范畴正是对"是"的表述的一种分类论述。相比之下，黑格尔没有明确地说自己所讨论的是与哲学中通常讨论的是乃是不同的。这就使我们有理由按照传统的含义来理解他所说的是。通常所说的范畴与是乃是密切相关的。黑格尔谈论的范畴字面上与传统哲学讨论的范畴相同，而他所讨论的是本身又是传统哲学的根本问题，因此他才会认为有必要指出范畴方面的区别。他强调这一区别，大概也有专门的考虑。因为按照习惯，亚里士多德及其传统一直在探讨是，也探讨范畴；黑格尔这里也在探讨是，并谈到范畴。由于在传统的意义上，是与这些范畴联系在一起，而黑格尔的谈论也使人感到它们之间存在联系，因此很容易把黑格尔的范畴想当然地看做是传统所说的那样的范畴。黑格尔固然对这两种范畴做出区别，但是实际上表明，他所讨论的是的问题与传统的是的问题是一致的。

表面上看，是的第三条规定最清楚，最没有问题。但是实际上却不是这样。首先，这条规定的清晰性在于它说明消除了前两条规定，因而说明是的无规定性和直接性。但是这里却把它确定为质、量和度。尽管黑格尔说这是一种暂时的划分，有待于在具体的论述中展现出来，尽管我们可以原谅黑格尔总要为自己的论述找到一种思路，但是我们同样可以问，这种暂时的划分难道就不是一种规定吗？我们可以明白黑格尔的用意，也可以理解他要找到一个论述的开端，他想把是作为这样的一个开端，因而同样可以不追究这里的问题。但是，我们必须明白他的这个开端，即他所说的是，究竟是什么。

经过这些预备说明以后，黑格尔开始系统地论述"是"、"不"和"变"。

> 是，纯是，没有进一步的规定。在它无规定的直接性中，它仅仅等于自己，而且针对其他东西也不是不相等，在它的内部没有差异，根据外界也没有差异。通过任何规定或内容，在它规定的内容或通过这种内容把它规定为与另一个东西不同，它就不会保持它的纯粹性。它是纯无规定性和空，在它看不到任何东西，即使这里可以谈论观看；或者它仅仅是这种纯粹的空的观看本身。在它同样没有什么可以思考，或者它仅仅正是这种空思考。这种是，这个无规定的直接的东西实际上就是不、而且比不既不多，也不少。[1]

> 不，纯不；它就是与自身相等，完全的空，没有规定和没有内容，在它没有区别。就这里可以谈论观看或思考而言，它被看做一种区别，表示看到

---

[1]　Hegel, G. W. F.: *Wissenschaft der Logik*, Ⅰ., S. 82-83.

或思考到某种东西或没有看到或思考到任何东西。因此没有看到或思考到任何东西也有一种意义；不乃是（存在）在我们的观看或思考中；或者它就是空的观看和思考本身；并且是与纯是一样的空观看或思考。因此，不乃是相同的规定，或者说乃是没有规定，因而纯是是什么，不就是什么。①

纯是和纯不乃是同一的。什么是真，它既不是是，也不是不，而是：（不是（那）是向不并且（那）不向是的转变）而是是转变成了不，不转变成了是。但是，真也不是它们的没有区别，而是：它们是绝对不同的，只是一方同样直接在其对立面消失。因此它们的真是这种一方向另一方直接消失的运动：变，即这样一种运动，在这个运动中，二者是通过一种区别而不同的，但是这种区别本身同样也已直接消失。②

有了上面的解释，这三段话不会有太多的理解问题。把"是"看做初始的概念，把"不"看做初始的概念，但是，它们是不同的。"变"就是它们之间的转换。"是"转变为"不是"，"不是"转变为"是"，这里，真这个重要的问题也发生了。如果"是"是真的，那么"不是"就不是真的，如果"不是"是真的，那么"是"就不是真的。这里黑格尔考虑是实际上还是语言的基本表达形式"是"和"不是"，只不过他是以自己独特的思辨方式表达出来罢了。

这里还需要解释几句的是"不"这个概念。黑格尔用的主要是大写的"Nichts"，有时候也用小写的"nichts"。特别是当把"nichts"与"etwas"相对使用时，似乎"nichts"就是表示"无"或"什么也没有"。但是，应该看到，当以副词"nicht"为对象进行探讨和论述时，显然不能直接用它，因为这样就会造成对象语言与元语言的混淆，从而产生混乱，就像探讨"ist"这个概念时必须使用名词"Sein"或动名词"Seiend"一样。"nicht"的表述形式显然只能是代词"nichts"或名词"Nichts"，这是德语行文的习惯。根据一般的看法，"'nichts'与'Nichts'同音可以说明，可以把'Nichts'这个概念解释为来自日常语言经常使用的'nichts'的名词形式，尽管这里这种名词化的意义和合理性是不清楚的。""从词源上看，'nichts'是'nicht'〔今天的否定词'不'（nicht）〕的名词第

---

① Hegel, G. W. F.: *Wissenschaft der Logik*, Ⅰ., S. 83.
② Hegel, G. W. F.: *Wissenschaft der Logik*, Ⅰ., S. 83.

二格，它的意义相当于今天使用的 'Nichts' "。①因此，虽然名词形式的 "Nichts"
与否定词形式的 "nicht" 有一些意义方面的差异，但是还是应该在否定词的意义
上来理解。这一点，我们从黑格尔的论述也可以看出来。比如，他在陈述了 "是"、
"不" 和 "变" 之后，首先解释的就是 "不"。他说：

> 不乃通常与某物相对立，但是某物已是一个与其他某物相区别的特定的
> 是者。因此与某物相对立的不也就是任何某物的不，一种特定的不。但是这
> 里应该在无规定的简单的意义上理解不。——如果人们认为正确的看法是，
> 与是对立的并不是不，而是（那）不是（Nichtsein），那么从结果看，不会有
> 什么可反对的东西，因为在不是中包含了与是的关系。这个不乃是一起说出
> 的是和是的否定这二者，就像它在变中一样。但是它首先不是与这种对立的
> 形式有关，就是说，它不是同时与这种关系的形式有关，而是与这种抽象的、
> 直接的否定有关，即与这种不有关，——这些东西，如果人们愿意，也可以
> 通过纯粹的不（Nicht）来表达。②

这里可以看出，黑格尔是在谈论 "nicht" 的抽象形式。他的意思是说，"不"
在具体的用法中乃是与是联系在一起使用的，构成对是的否定，但是他要谈论的
首先是抽象掉这种具体用法中的意思的 "不"。黑格尔没有像论述 "是" 那样划
分 "不" 的三种或几种含义，但是他认为 "不" 与 "是" 是一样的初始概念，因
此他会认为 "不" 也首先具有与 "是" 一样的那种无规定性的直接的意思。这就
是他在这里说的 "抽象的、直接的否定"，"自为的"、"没有关系的否定"。黑格
尔的论述是一种思辨的论述，所以我们应该搞清楚两点，第一点，他说的是什么
意思？第二点，他说的有没有道理？我们这里的探讨只限于第一点，因此对第二
点不作进一步的论述。

二、此是与存在

在上述引文中，黑格尔多次谈到规定，因此这种规定性值得注意。我们看到，

---

① Krings, H., Baumgartner, H. M. und Wild, C.: *Handbuch philosophischer Grundbegriffe*, vol. 4, Kösel Verlag München 1973, S. 993.

② Hegel, G. W. F.: *Wissenschaft der Logik*, Ⅰ., S. 84.

他在论述是之前，首先论述了规定性（质），这是对是的进一步说明，并且是为系统地论述是作准备的。黑格尔认为：

> 是乃是无规定的直接的东西。针对本质而言，它没有第一条规定，并且在它自身之内没有第二条规定。这种没有反思的是就是是，如同它自身是直接的一样。
>
> 由于它是无规定的，因而它是没有质的是；但是无规定性这种特征只有与规定的东西或质的东西相对立时才属于它。由此出发，这样的规定的是与一般的是乃是对立的，或者说，由此它的无规定性本身形成它的质。由此应该说明，首先，是乃是根据自身而被规定的，因而第二，它过渡到是此，即它乃是此是；但是这种此是作为有限的是扬弃了自身，而向是与自身的无限关系转变，因而第三，转变为自为的是。①

这段引文有两段话。第一段话比较清楚。它表明，当探讨是的时候，只考虑抽象的是，不考虑具体的是，就是说，不考虑是在上述两种用法中的意思。这就是"无规定的直接的"的含义。它既没有比如"人是理性动物"中这个表示本质的"是"的意思，也没有可以表示"上帝是"这种一般的"是"的意思。第二段话则不那样清楚。它大致说明，这种抽象的是的特征乃是与具体的是的特征相对的，是可以转化的。我觉得，在黑格尔这段表述中，"是乃是根据自身而被规定的"这句话是最不清楚的。对它的意思大概可以有两种理解：其一，由于具有这种抽象的特征，因此可以说，是乃首先是由这种性质决定的；其二，由于是乃具有可以表达"S是P"的这种"是"的一般的意思，因此它可以转化为"此是"。我理解，前一种解释大概比较合理，因为这样就是谈论抽象意义上的"是"与具体应用意义上的"此是"的转化，也符合黑格尔所说的这两种是的特征的相对性。但是，后一种解释虽然是在"是"的具体用法的意义上谈论的（这似乎不符合这段话的意思），却也不是一点道理都没有。因为，由于是的自身内有意义（第二条规定），所以可以说"此是"。因此我认为黑格尔这里说得不是十分清楚。后面的话大致没有理解的问题，此是乃是具体的是，因此是有限的是，它扬弃了自身的无规定性和直接性，所以可以形成无限的表达，成为独立的东西。

---

① Hegel, G. W. F.: *Wissenschaft der Logik*, Ⅰ., S. 82.

在上述引文中，我们看到黑格尔谈到是从自身的规定过渡到此是①。在对是进行了论述以后，黑格尔专门论述了此是。前面我们说过，康德在探讨存在的时候引入了存在（此是）。黑格尔则从是的探讨引入此是。直观上我们就会问：他说的此是究竟是什么意思？与康德的意思是不是一样？为了说明这里的问题，我们分别来看一看黑格尔这两方面的论述。

黑格尔从是的规定性出发，用三章分别论述了是、此是和自为的是。在关于是的一章论述了是、不和变，在关于此是的这一章论述了与纯是对立的此是。从上述讨论来看，是乃是开端，乃是直接的、没有规定的，也可以说，乃是一般的是，纯是。与它对立的东西则是有规定的是，因而从是过渡到此是。黑格尔的论证是，是乃是开端，因而是没有规定的；正由于它没有规定性，这样就形成了它的质。无论这里的论证是不是清楚，有没有问题，我们都可以看出，黑格尔的说明从是过渡到此是。由此出发，他开始了对此是的论述。

我们看到，黑格尔从三个方面，即从此是自身、有限和无限，对此是进行了说明。他对此是本身也有许多论述。他认为，"此是乃是规定的是，它的规定性乃是是的规定性，即质"②，"此是从变产生。此是乃是是与不的纯粹统一"③。在黑格尔的众多讨论中，有一段话值得我们注意：

> 此是不是纯粹的是，而是此是。从词源上理解，它是在某一个特定地方的是，但是这里不包含空间表象。根据它的变，此是就是带有不是的是，但是这样，这个不是就与是被统一地接受了；此是就是规定的是。④

我重视这段话，主要在于它提到了此是一词的词源，并对这个词的用法进行了解释。如前所述，此是的德文是 Dasein，这是 ist da（是在这里）这一表达的名词形式。这里的 da 表示"这里"，即某个特定地方，或所谓某个空间。也就是说，Dasein 这一表达从词源上讲是有空间形式表述的。但是黑格尔明确说明他这

---

① 在论述康德的思想时，我们以"存在（此是）"翻译"Dasein"，在黑格尔这里，我们以"此是"翻译"Dasein"，以后在论述海德格尔的思想时也是这样。应该注意在这一术语上思想的延续性和联系。

② Hegel, G. W. F.: *Wissenschaft der Logik*, Ⅰ., S. 115.

③ Hegel, G. W. F.: *Wissenschaft der Logik*, Ⅰ., S. 116.

④ Hegel, G. W. F.: *Wissenschaft der Logik*, Ⅰ., S. 116.

里的用法是没有这样的含义的。因此我们面临两个问题：其一，这里的 da 没有空间形式的含义，还有没有其他含义？其二，由于 da 没有空间含义，Dasein 的意思是不是就等同于存在？我觉得，搞清楚黑格尔的意思是不太容易的。也就是说，说清楚这两个问题比较困难。但是我们至少可以看出，不能直接断定黑格尔在这里有存在的意思。因为他与康德不同，他不是从存在出发，而只是从是过渡到此是，而且他只是说，此是乃是规定的是。而对于规定的是，我们大概很难理解为存在。比如，黑格尔认为，由于事物没有任何规定性，就不会看做什么也不是。"在这种意义上，人们当然无法知道，该事物自身是什么？因为'什么？'这个问题要求给出规定性。"[①] 这里被强调的"什么"这个问题乃是"该事物自身是什么？"的缩写。由此可以看出，这里所说的给出规定，显然指对"是什么？"这个问题的回答。因此，至少从这里的说明可以理解，所谓规定，就是说出"是什么什么"。在这种意义上，此是显然不是指存在。

黑格尔的客观逻辑包括两部分，一部分乃是是的学说，另一部分则是本质的学说。在探讨本质的过程中，有一章专门探讨存在。因此，与上述讨论相关，我们可以看一看黑格尔关于本质和存在的论述。

黑格尔认为，德语中本质一词与是相关，由是这个动词的过去时演变而来；这一过程与认识相关：从是出发，进而扬弃是，最后达到本质。他明确地说，"这一过程就是是本身的运动"[②]。所以，本质与是密切联系在一起。按照黑格尔的说法，"本质乃是扬弃了的是"[③]。"是乃是现象（Schein）"[④]，而"本质是反思"[⑤]。"反思是规定的反思，所以本质是规定的本质"[⑥]。尽管黑格尔的论述非常复杂，同样依循了他的是的学说的论述思路，但是我们还是可以看出，黑格尔通过是与本质的关系，探讨了认识活动。值得注意的是，这里所说的反思规定与是的学说中是的规定乃是不同的。而且，黑格尔要通过这种不同来论证自己的看法。为了更好地说明问题，我们集中探讨一下黑格尔关于思维规律的论述。他把同一性、差异性和

---

① Hegel, G. W. F.: *Wissenschaft der Logik*, I, S. 130.
② 参见 Hegel, G. W. F.: *Wissenschaft der Logik*, II, S. 13.
③ 参见 Hegel, G. W. F.: *Wissenschaft der Logik*, II, S. 18.
④ Hegel, G. W. F.: *Wissenschaft der Logik*, I, S. 19.
⑤ Hegel, G. W. F.: *Wissenschaft der Logik*, I, S. 24.
⑥ Hegel, G. W. F.: *Wissenschaft der Logik*, II, S. 35.

矛盾性说成是本质的性质，或自身反思的规定，通过对这些性质的探讨来说明什么是本质。

以同一律为例。黑格尔认为，对"什么是植物？"这个问题，如果回答"植物是——植物"，那么虽然人们承认它是真的，却会认为它什么也没有说。同样，如果一个人许诺阐述什么是上帝，却说"上帝是——上帝"，那么就使人们的期待落空。这样的命题尽管是真的，却是"绝对废话"，"反复咀嚼同一事物"，令人"讨厌和腻烦"[①]。黑格尔认为，"植物是——"是一个开端，它表明准备说些什么，有待于作出进一步的规定。而同一律所表明的却是相反的情况。因此"这样的同一说法，本身是矛盾的"[②]。所以黑格尔推广一步说，"A 是，是一个开端"，它所要表述的是一个有差异性的东西，因而"A 是—A"[③]。

再以排中律为例。黑格尔认为，对于"一事物或者是 A，或者是非 A"这个命题，人们的理解往往只局限于谓词，而忽略对主词的考虑，因此是不对的。"例如采用甜、绿、四方等规定——而且这样会要采用一系列谓词——来说精神要么是甜的，要么不是甜的，要么是绿的，要么不是绿的，如此等等，那就是什么也引导不出来的废话。"[④]

必须指出，黑格尔对于同一律和排中律的批评肯定是错误的。同一律表示，符合"S 是 S"这样形式的命题都是真的。排中律表示，符合"S 是 P 或非 P"这样的命题都是真的。作为逻辑规律，它们都不会考虑这里所说的 S 和 P 究竟是什么。黑格尔批评同一律等于什么也没有说，批评排中律没有考虑主词与谓词的联系，而这样的批评恰恰违背了逻辑的本性。就黑格尔的具体讨论来说，他可能有自己的想法，比如，他可能认为谓词对主词要有所陈述，因而"上帝是上帝"是废话，因为它没有任何表述；主词与谓词表达了一些关系，而"精神是甜的或不是甜的"也是废话，因为精神与甜没有关系。本书不想具体探讨黑格尔的思想，因此这里不对他的这些论述进行深入探讨。但是从黑格尔的这些论述我们至少可以看出，他所探讨的乃是是，而不是存在。

---

① 黑格尔：《逻辑学》下卷，第 35 页。
② 黑格尔：《逻辑学》下卷，第 35 页。
③ 黑格尔：《逻辑学》下卷，第 35 页。
④ Hegel, G. W. F.: *Wissenschaft der Logik*, Ⅱ, S. 64，译文有修正，参见 Hegel, G. W. F.: *Wissenschaft der Logik*, Ⅱ, S. 73.

在专门论述"存在"的一章，黑格尔首先从"凡是者是"谈到"凡是者存在"，并且谈到关于上帝存在的证明。其次，十分引人注目的是，他还谈到康德，说"康德把存在理解为规定的存在（此是），某物由此就进入整个经验语境中，即进入他物是（Anderssein）的规定和与他物（Anderes）的关系中"[①]。最后，他得到对存在的一般说明。他认为，不能把存在理解为谓词或本质规定，因而不能说"本质存在或本质具有存在"。相反，"本质过渡为存在；存在是本质的绝对外在化，本质也不停留在外在化的彼岸。所以这个命题就会说：本质是存在，它与它的存在并不相区别"[②]；"因为存在本质上是与自身同一的中介，所以它在自身中具有中介的规定，……它直接规定自身为一个存在物和事物"[③]。

由于我们不具体探讨黑格尔的思想，因此依然如上所述，无论黑格尔的这些论述是不是有道理，他有没有论证或论证是不是充分，我们至少可以看出以下几点：第一，黑格尔对存在的探讨沿袭了传统，即他是从关于"是者是"这样的表述开始的。第二，黑格尔对存在的探讨也沿袭了康德的相关论述，即谈论了康德关于存在（此是）的探讨。因此我们可以联系康德的论述来考虑黑格尔这里的论述。第三，黑格尔的论述始终没有离开他本人关于是的学说的思考。综合这三点，可得出一个比较明确的结论：存在与是显然是不同的。问题是：存在与此是有没有区别？由于黑格尔的论述不是那样清楚，因此这个问题并不是非常清楚的。但是由于有这样的疑问，我们至少不能非常肯定地说，存在就是此是，或此是就是存在。因此，现在我们又可以回到前面的问题：此是究竟是不是存在？或者，黑格尔所说的此是究竟是什么？

三、系词

黑格尔关于是的学说和本质的学说属于他的客观逻辑，按照他的说法相当于形而上学。在那些论述中，我们已经看到黑格尔提到"系词"、"谓词"等表达，而这样的表达显然是从句法方面考虑的。也就是说，他在讨论中利用了这些术语所表达的意义和作用。尽管如此，我们尚未专门从句法的角度来探讨黑格尔的思

① Hegel, G. W. F.: *Wissenschaft der Logik*, Ⅱ, S. 126.
② 黑格尔:《逻辑学》下卷，第 120 页。
③ 黑格尔:《逻辑学》下卷，第 120 页。

想。我认为，句法方面的考虑不仅本身十分重要，对于理解黑格尔的思想来说也是十分重要的。在黑格尔的上述讨论中，实际上有许多句法方面的考虑，而在他探讨主观逻辑的时候，这样的考虑则表现得更为充分。下面我们专门看一看他这方面的考虑。

黑格尔在他的主观逻辑中论述了概念的学说，或概念的逻辑。他按照传统逻辑的结构，从概念、判断、推理等几个方面出发，运用他关于是的学说和关于本质的学说进行了论述。他的论述篇幅很长，内容也十分复杂，因此我们不准备全面探讨①。这里我们只集中探讨其中关于系词和与系词相关的一些论述。

黑格尔认为，判断包含主词和谓词。主词表示被规定的东西，谓词表示普遍的东西、本质或概念。主词最初只是一个名词，谓词才表示出主词是什么，因而包含着概念意义上的是。比如人们通常会问："这是什么？"或"这是一种什么植物？"这里就涉及"是"的询问。黑格尔说：

> 所追问的这个"是"，常常仅仅是指名词，假如得悉名词，人们也就满足，并且知道这东西是什么了。这是主词意义上的是。但是概念，或至少本质和一般普遍的东西，才会给予谓词，并且在判断的意义上询问这样的东西。——上帝、精神、自然或不论是什么，作为判断的主词，因此只不过是名词；这样一个主词是什么，就概念而言，是要在谓词中才呈现的。②

从"这是什么？"这个问题出发，明确提出对"是"进行追问，这一思考显然表明，判断具有"S 是 P"这样一种形式。而在这样一种形式的句子中，"是"无疑是一个系词。当然，这里涉及主词和谓词以及它们所表达的东西的关系与区别。黑格尔大概是想说明"S 是"（主词意义上的是）和"是 P"（在谓词中呈现）的区别，因此他没有明确地把"是"称为系词，而是仅仅笼统地谈主词和谓词。但是，他毕竟明确地提到"所追问的'是'"，而且从他的论述可以看出，这个"是"与这里所说的主词和谓词都是不同的。

在谈论主词和谓词的关系的过程中，黑格尔还举了几个例子。比如，"这行

---

① 参见周礼全：《黑格尔的辩证逻辑》，中国社会科学出版社 1989 年版。
② 黑格尔：《逻辑学》下卷，第 294-295 页。译文有修改，参见 Hegel, G. W. F.: *Wissenschaft der Logik*, Ⅱ, 第 303 页。

为是好的","亚里士多德是在……73 岁时死的","我的朋友是死了",等等。从这几个例子也可以看出,他所考虑的句子都是"S 是 P"这样的形式。黑格尔试图用这些例子说明不同的问题,比如用后两个例子说明命题和判断的区别,而在前一个例子的说明中则谈到系词。他说:"'这个行为是好的',这个系词表明,谓词属于主词的是,而不是仅仅外在地与它相联系。"[①] "如果判断通常被解释为两个概念的联系,那么当然可以让联系这个不确定的表达适用于外在的系词,此外,被联系的东西至少应该是概念。"[②] 在黑格尔看来,语法的东西是外在的,与概念等东西相对,或者说概念等东西是内在的。是乃是系词,无论它表示谓词属于主词,还是表示谓词和主词所表达的概念之间的一种联系,它都标明了谓词与主词之间的关系。

黑格尔对主词和谓词还有许多说明,比如主词是个别的,谓词是普遍的;主词表现为是的或自为之是的东西,谓词表现为对对象的反思;可以把主词看做自在之是,而把谓词看做此是等等。此外,他还谈到:

> 系词乃是作为一般的是的尚未规定的关系:A 是 B;因为概念或端词的规定性的独立性乃是判断中的现实性,概念在判断中具有这种现实性。假如是这个系词已经确立为主词和谓词的那种规定的和实现了的统一,确立为它们的概念,那么它就会已经是推理了。[③]

我们可以不深究这里判断和推理的区别,也可以不理会黑格尔所说的主词和谓词之间的诸种关系,因而我们也就不用评判黑格尔的论述是不是有道理。但是我们至少从这些论述可以看出,黑格尔关于主词和谓词的论述涉及是。特别是,从他明确地说出"S 是 P",并以此来说明系词,说明是,并由此谈论主词和谓词的关系,我们可以有充分的理由断定,黑格尔对是的论述主要基于对"S 是 P"这样的句子的考虑。在这样的意义下,他关于主词和谓词的探讨,他关于系词的

---

① 黑格尔:《逻辑学》下卷,第 296 页。译文有修改,参见 Hegel, G. W. F.: *Wissenschaft der Logik*, Ⅱ,第 305 页。

② 黑格尔:《逻辑学》下卷,第 297 页。译文有修改,参见 Hegel, G. W. F.: *Wissenschaft der Logik*, Ⅱ,第 305-306 页。

③ 黑格尔:《逻辑学》下卷,第 300 页。译文有修改,参见 Hegel, G. W. F.: *Wissenschaft der Logik*, Ⅱ,第 309 页。

探讨，无论多么复杂，不管得出什么样的结果，始终是围绕着联系着 S 与 P 的那个 "是" 进行的。

在讨论判断的过程中，黑格尔还对判断进行了分类。他把判断分为此是判断（Urteil des Daseins）、反思判断、必然判断、概念判断，等等。从具体的内容来看，此是判断探讨了肯定、否定和无限判断等；反思判断探讨了单称、特称、全称判断；必然判断探讨了直言、假言、选言判断等；概念判断探讨了实然、或然、确然判断等。这实际上是分别探讨了传统逻辑中所说的判断的质、直言判断、非直言判断和模态判断。只不过黑格尔采用了不同的说法和论证方式。与我们的讨论相关，下面我们只简单谈一谈他的此是判断，并且主要只考虑其中的肯定判断和否定判断。

黑格尔认为，此是判断的主词直接是一个抽象的、是的、个别的东西，是一个某物那样的东西；而谓词是主词的一种直接的规定性或相似性质，是一种抽象的普遍的东西。主词和谓词所表达的两个概念之间的规定是确定的，同样，"它们之间的关系，即 '是' 这个系词，也是这样；它同样只能具有一种直接的抽象的是的意义。由于这种尚未含有中介或否定的关系，判断被称为肯定的"①。对于这样的肯定判断，传统逻辑的表达是 "S 是 P"。黑格尔的描述在形式上其实是一样的，即系词 "是" 把主词和谓词联系起来。但是黑格尔认为他所描述的肯定判断是 "个别的东西是普遍的"，而不是 "S 是 P"。因为在后一个表述中，S 和 P 是没有内容的，也是没有意义的。而他所说的个别的东西和普遍的东西则不是这样，而是有具体内容的。

除了 "个别的东西是普遍的" 这种肯定判断以外，黑格尔认为还有另一种肯定判断："普遍的东西是个别的。" 他认为这两种判断是不同的。前一种是从判断的形式来看的，后一种是从判断的内容来看的。比如，"玫瑰花是红的" 属于前一种，而 "玫瑰花是香的" 则属于后一种。黑格尔的解释是，香是玫瑰花的诸种性质之一，因此后一个句子只表达了玫瑰花的一种性质。而作为主词的玫瑰花在这里是普遍的东西，因为它最初是个别的、具体的、有多种多样性质的东西，但是由于被反思、被规定，所以成为自为之是，在主词中就是普遍的东西。这样，

---

① 黑格尔：《逻辑学》下卷，第 303 页。译文有修改，参见 Hegel, G. W. F.: *Wissenschaft der Logik*, II，第 312 页。

香不过是把玫瑰花中与诸种性质一起生长的一种性质个别化了。因此这样的句子就表明：普遍的东西是个别的。对于主词和谓词之间这种相互转化的个别和普遍关系，黑格尔有明确的说明：

> 当我们把主词和谓词这种相互规定列比一下，就发生了这样双重的东西：1）主词尽管直接是作为是者或个别的东西，谓词却是普遍的东西。但是由于判断是二者之间的关系，而主词通过谓词被规定为普遍的东西，所以主词是普遍的东西。2）谓词是在主词中被规定的，因为它不是一种一般的规定，而是主词的规定；玫瑰花是香的，这种香气不是任何一种不曾规定的香气，而是玫瑰花的香气；所以谓词是个别的东西。……因此，假如主词被规定为普遍的东西，那并不是要从谓词那里把它的普遍性规定也接受下来——那样就会不成其为判断——而是只要接受它的根本性规定；当主词被规定为个别的东西时，应该把谓词当做普遍的东西。①

黑格尔的说明自然有他自己的想法和道理，但是却存在十分明显的问题。比如，他认为主词是个别的，这显然是考虑到了单称判断。稍有逻辑知识的人都会知道，单称判断的主词一般是专名或与专名类似的名词，表示个体。单称判断表示一个个体具有某种性质。个体是个别的，性质是普遍的，因此黑格尔把主词看做是个别的。这一点从他给的例子"卡尤斯是博学的"也可以看出来。但是，个体与类是不同的，专名与类名也是有根本区别的。黑格尔对这一点似乎没有进行很好的区分。我们固然可以接受"卡尤斯是博学的"的主词是个别的，表达了个别的东西是普遍的，但是我们却要问：比如，为什么"玫瑰花是红的"表达了"个别的东西是普遍的"，而"玫瑰花是香的"就表达了"普遍的东西是个别的"呢？无论对"红的"做什么样的解释，难道它不是玫瑰花诸种性质中的一种吗？当然，人们可以像黑格尔那样以一种辩证的方式说，在这种意义上，玫瑰花是个别的，而红的是普遍的，在那种意义上玫瑰花又是普遍的，而红的则是个别的。但是这样一来，就无法得到逻辑的说明。问题是黑格尔在这里恰恰是谈论逻辑。这不能不说是有问题的。然而，这里我们依然和以前一样，不深入探讨他的论述是不是

---

① 黑格尔：《逻辑学》下卷，第 305 页。译文有修改，参见 Hegel, G. W. F.: *Wissenschaft der Logik*, Ⅱ，第 314-315 页。

有道理，而只考虑他关于是的论述。

虽然黑格尔对主词和谓词的解释与众不同，尽管他试图把自己对肯定判断的说明与"S 是 P"这种传统逻辑的表述明确区别开，但是我们还是可以看出，他所说的肯定判断依然是"S 是 P"这样形式的句子，只不过他对其中的 S 和 P 做了不同的说明和解释。特别是，他在这一过程中举了一些例子。比如上述"玫瑰花是红的"、"玫瑰花是香的"、"卡尤斯是博学的"等这些例子无疑都是"S 是 P"这样形式的句子。再联系到黑格尔对系词的明确说明，我们可以断定，黑格尔所讨论的肯定判断与一般传统逻辑所说的肯定判断的形式基本是一样的，不同之处只是他对主词和谓词本身含义的一些具体说明。

除肯定判断外，黑格尔还探讨了否定判断。与对肯定判断的论述一样，这里黑格尔同样有许多独特的不同论述。比如他认为，肯定判断有其真，首先是在否定判断中，即个别的东西不是普遍的，而是特殊的；否定判断就普遍的范围来说，还是肯定的；第一次否定不是规定，第二次否定才是规定；由于否定的某种性质，普遍的东西是普遍的东西，等等。正像对肯定判断的论述存在问题一样，这些对否定判断的论述同样存在不少问题。比如，他对否定与否定判断的区别没有十分明确的说明，因而在他的论述中，内容的否定与形式的否定的区别有时候就不是十分清楚。事实上，如果是在一般的论述中，对这一区别含糊一下大概也不会有太大的问题。但是在逻辑的论述中，或在讨论逻辑问题的时候，这一区别却是至关重要的。由于这不是我们探讨的重点，我们只是指出这个问题，而不予深入考虑。下面我们只看一看黑格尔与否定词"不"直接相关的一些论述。

传统逻辑的否定判断是"S 不是 P"，即在肯定判断"S 是 P"中加上否定词"不"。因此，这个否定词不仅是否定判断的标志，而且在否定判断中起至关重要的作用。黑格尔认为，逻辑学家并不反对"把否定判断的'不'连到系词上去"[1]。他提到"必须把系词的'不'加到谓词上，同样也必须把谓词规定为不普遍的东西"[2]；"假如根据直接的不是（Nichtsein）这种完全抽象的规定来确定否定的东

---

[1]　黑格尔：《逻辑学》下卷，第 310 页。

[2]　黑格尔：《逻辑学》下卷，第 310 页。译文有修改，参见 Hegel, G. W. F.: *Wissenschaft der Logik*，Ⅱ，第 320 页。

西，那么谓词便只是完全未规定的不普遍的东西"①。尽管黑格尔谈的否定有时候不是传统逻辑中所说的否定判断的否定，尽管他从自己的论证思路出发，甚至认为"'不'还更加直接是一个肯定的东西"②，但是从上述这些论述足以看出，他在明确地论述"S 不是 P"中的否定词"不"。他把"不是"（Nichtsein）称为直接的、完全抽象的规定。所谓 Nichtsein（不是），不过是"ist nicht"（不是）的名词形式，即 nicht（不）这个否定词加到 ist（是）这个系词上。难怪黑格尔甚至把这个"不"也看做是系词，即看做与"是"同等性质的词。他举的例子也可以说明这里的问题。比如"玫瑰花不是红的"。因此可以说，黑格尔关于否定判断的论述是基于传统逻辑的否定判断的形式，或者也许可以说，他基于自己逻辑体系论述了传统逻辑中的否定判断。

基于对黑格尔关于肯定判断和否定判断的论述，我们可以说，他所考虑和论述的是"S 是 P"和"S 不是 P"这样的句子。而在这样的句子中，他考虑和论述的乃是"是"和"不是"或"不"。这样的判断与存在无关。因此相关的论述与是和不相关，而不是与存在相关。由于黑格尔把这样的判断称为此是判断，因此可以认为，这里的此是就不是指存在。退一步说，我们至少应该问，这里的"此是"有存在的意思吗？

与此相关，我们可以顺便简单提一下黑格尔所说的此是推理（Schluss des Daseins）。该推理的第一式是：个别—特殊—普遍。黑格尔认为，推理"不单纯是一个判断，即不是一个由单纯的系词或空洞的'是'形成的关系，而是由有规定、有内容的中项形成的关系"③。他给的例子是："所有人都是要死的，卡尤斯是人，所以他是要死的。"从他的论述出发，我们可以对此是推理提出上述关于此是判断的同样问题。

---

① 黑格尔：《逻辑学》下卷，第 310 页。译文有修改，参见 Hegel, G. W. F.: *Wissenschaft der Logik*, II, 第 320 页。

② 黑格尔：《逻辑学》下卷，第 312 页。译文有修改，参见 Hegel, G. W. F.: *Wissenschaft der Logik*, II, 第 321 页。

③ 黑格尔：《逻辑学》下卷，第 347 页。译文有修改，参见 Hegel, G. W. F.: *Wissenschaft der Logik*, II, 第 358 页。

四、出发点与此是

以上择要探讨了黑格尔的客观逻辑和主观逻辑。根据我们的解释，黑格尔的客观逻辑从是、不和变这三个初始概念出发，构造了一个概念推演体系。应用这样的方式，他论述了一个从是到此是、再到自为的是的辩证过程。他的主观逻辑则是基于这样的客观逻辑对传统逻辑进行了说明，或者说，基于传统逻辑而形成了新的解释。由于传统逻辑的基本句子形式是"S 是 P"和"S 不是 P"，因此是和不也是黑格尔的主观逻辑的核心概念。这样看来，黑格尔的客观逻辑和主观逻辑似乎是对应的。问题是，我们这样的解释是不是有道理？有没有什么问题？

一个直观的问题是，黑格尔的初始概念为什么是是和不，而不是有和无或存在和无呢？即使黑格尔关于主观逻辑的论述谈论的乃是是和不，为什么他关于客观逻辑的论述就不能是有和无或存在和无呢？[1] 这个问题是自然的，也是有意思的。它涉及对黑格尔本人思想的理解和把握，值得我们认真思考。我认为，这个问题可以先简化一下。根据以上讨论，我们可以问：为什么黑格尔要从"是"和"不"这两个概念出发？我们甚至还可以问：为什么黑格尔要从"是"这个概念出发？

我认为，这里大概有两个原因：一个原因是逻辑方面的考虑；另一个原因是形而上学方面的考虑。

黑格尔在构造自己的哲学体系的时候，对开端很有讲究。他认为，"逻辑是纯科学，即全面发展的纯粹的知"[2]。因此他试图从逻辑出发。他说："开端是逻辑的，因为它应该是在自由自为的表达是的思想活动的要素中，在纯知中形成的。"[3] 因此应该在逻辑中、在纯知中寻找开端。而在逻辑中、在纯知中，我们所看到的只是"简单的直接性"[4]，而"在这个表达的真正意义上，这种简单的直接性就是纯是。正像纯知不过是应当叫做完全抽象的知一样，纯是也不过是应当叫做一般的是。是，没有任何进一步的规定和补充，否则就不"[5]。这样，黑格尔找到了一个开端，这就是

---

① 国内相关文献一般都译为有（或存在）和无。例如参见黑格尔《逻辑学》《小逻辑》。
② 黑格尔:《逻辑学》上卷，第 53 页。
③ Hegel: G. W. F.: *Wissenschaft der Logik*, Ⅰ, S. 67.
④ Hegel: G. W. F.: *Wissenschaft der Logik*, Ⅰ, S. 68.
⑤ Hegel: G. W. F.: *Wissenschaft der Logik*, Ⅰ, S. 68.

"是"。但是，他接着谈到从"是"向"不"的过渡，他认为，"它（我们所想象的思维活动中作为开端的东西）还是不，而且它应该变成某种东西。开端不是这种纯不，而是某种东西应该由之出发的一种不；因此，是也已经包含在开端中。因此开端包含是和不这二者，它乃是是与不的统一，或者说，它乃是（那）不是，而这不是又是（那）是，同时它又是（那）是，而这是又是（那）不是"①。这样，黑格尔又找到了第二个开端，这就是"不"。对于作为开端的是和不，黑格尔明确地说：

> 是与不在开端乃是作为不同的东西出现的，因为开端指示其他某种东西。——开端乃是一种不是，这种不是和作为与其他某种东西有关的是发生关系；这种开端的东西还是不，它首先与是有关。因此开端包含作为这样一种东西的是，它远离不是，或者说，它把不是作为与它对立的东西予以扬弃。②

黑格尔不仅得出了是与不这样两个所谓开端，而且对它们之间的关系还有许多论述。从这里的论述和其他地方的论述来看，尽管黑格尔的论述非常抽象和思辨，但是至少可以看得很清楚，所谓是与不乃是截然对立的东西。问题是，从逻辑出发，为什么会得出这样两个东西而不是其他什么东西作开端？这样的问题自然涉及对逻辑的理解。

逻辑自亚里士多德以来，经过中世纪的发展与演变，到了黑格尔时代，不仅三段论的推理已经成为基本的常识，而且概念、判断、推理这样的逻辑体系也已经形成。构成推理的是判断，A、E、I、O 则是四种基本的判断形式，即"所有 S 是 P"，"所有 S 不是 P"，"有 S 是 P"和"有 S 不是 P"。而在这四种形式中，最基本的形式就是"S 是 P"和"S 不是 P"。也可以说，它们之中最基本的要素显然乃是"是"和"不"。黑格尔虽然没有明确地这样说，但是他既然是在逻辑中寻找开端，而且他又非常熟悉逻辑，因而他不会看不到这一点。所以，无论他从逻辑选择出发概念的这种论述方式是不是非常有道理，我们至少可以看出，他选择的两个初始概念，即"是"和"不"，绝不是随意的概念，而是逻辑中最基本、最初始的两个概念。他选择这两个概念也不是随意的，而是依循了逻辑。

---

① Hegel, G. W. F.: *Wissenschaft der Logik*, I, S. 73.
② Hegel, G. W. F.: *Wissenschaft der Logik*, I, S. 73.

黑格尔不仅有逻辑方面的考虑，而且有形而上学方面的考虑。比如，他谈到巴门尼德、柏拉图、康德等人的观点，他也谈到所谓他的客观逻辑可以替代形而上学的问题。他甚至认为，批判哲学已经使形而上学成为逻辑。因此，如果考察形而上学的最终形态，那么"首先直接就是被客观逻辑所代替的本体论，——形而上学这一部分，应该研究一般的恩斯（Ens）；恩斯本身既包括是（Sein），也包括本质（Wesen）"①。这就说明，黑格尔的考虑是从形而上学出发的。形而上学是西方哲学中最重要和最根本的问题，而形而上学的核心问题就是"是"与"真"的问题，而其中尤其以"是"这个问题为重要，以至本体论（ontology）这个词的字面意思就是"关于是的学问"。既然黑格尔有形而上学方面的考虑，因此从是出发也是自然的。

如果仔细推究，其实可以发现，从逻辑出发，谈论是和不乃是自然的，而从形而上学出发，谈论是才是比较自然的。尤其是从亚里士多德的形而上学来看，这一点极为明显。但是，在黑格尔这里，谈论不，也是形而上学的内容：

> 由不得出不，这被认为是一般形而上学中具有重要意义的句子之一。但是在这种句子中，要么只能看到不乃是不这种没有内容的同语反复，要么当变在这里应该有确定的意义时，仅仅从不变为不，因而事实上这里没有出现变，因为不依然是不。变包含着：不乃不再是不，而是转变为与它不同的东西，即转变为是。当后来的、主要的基督教形而上学抛弃由不变不这个句子时，它以此宣称一种从不到是的过渡；由于它特别综合地或纯想象地理解这个句子，因此在最不完整的否定中也含有一点，在这一点上，是和不相遇，并且它们的区别也消失了。②

如果不对黑格尔的论述进行深入分析，我们则可以相信，不仅是，而且不，都是形而上学中讨论的主题。因此，既然他有形而上学方面的考虑，自然就会把不也看做是一个出发点或开端，并由此形成关于是与不的讨论。无论这样的考虑是不是有道理，至少在这种情况下，我们看到了一个引人注目的现象：在形而上

---

① 黑格尔：《逻辑学》下卷，第47-48页。我把原中译文的"有"改译为"是"，参见 Hegel, G. W. F.,: *Wissenschaft der Logik*, Ⅰ，第61页。

② Hegel, G. W. F.: *Wissenschaft der Logik*, Ⅰ, S. 85.

学和逻辑中可以找到共同的东西，这就是是和不；而且，它们不仅是形而上学和逻辑的共同的东西，还是形而上学和逻辑的最基本的要素或内容。

尽管是和不乃是形而上学和逻辑共同的东西，由于形而上学与逻辑的区别，是和不在形而上学和逻辑的体现还是不一样的。这一点，从黑格尔的客观逻辑和主观逻辑也可以看出来。简单地说，在他的主观逻辑中，是乃是系词，不则是对是的否定，黑格尔甚至把不是也看做系词。而在他的客观逻辑中，黑格尔一方面用是和不作初始概念，构造了从是到不的否定，再从不到自身的否定这样一种辩证体系，另一方面又根据这样的思想论述了从是到此是、再到自为的是这样一种辩证的过程。如果说在前一个体系中还可以看到是与不之间的否定的痕迹，即还可以看出其基于逻辑的理解，那么在后一个过程中则根本看不到这一点了。因为这里看到的完全是另一种否定：是自身没有任何规定，此是有规定，因此乃是对是的否定。正是在这样一种过程中，我们看到了黑格尔论述本质，论述存在。因此我们自然会问：这里所说的此是与是有什么区别？与存在又有什么区别？对于这样的问题，黑格尔有一段说明：

> 在是的范围，直接性就是是本身和此是；在本质的范围，它是存在，然后是现实性和实体性；在概念的范围，除了作为抽象普遍性的直接性以外，它就是客观性。假如不是涉及哲学概念差异的精确性的话，这些名词尽可以当做同义语来使用。[①]

根据这段话，我们可以认为，在哲学以外，也许在日常语言中，是、此是、存在等表达的意思是一样的。但是在哲学中，由于哲学要求概念表达十分精确，因此这些表达就有了区别。如果我们仔细分析，黑格尔在这里对是、此是和存在的说明，以及它们各自所适用的范围，恰恰分别相应于他关于是的论述（其中不仅包括是、不、变，而且包括此是），他关于本质的论述（其中包括存在），他关于概念的论述（其中包括逻辑句法）。因此，是、此是和存在之间，还是有区别的。

如前所述，探讨此是的时候，黑格尔谈到康德的论述。此外，探讨此是这个词的词源的时候，黑格尔指出这个词自身所含有的那个"此"没有空间的涵义，

---

① 黑格尔：《逻辑学》下卷，第 391 页。译文有修改，参见 Hegel, G. W. F.: *Wissenschaft der Logik*, II，第 406 页。

它还以这个此是表示对是的扬弃。就是说，此是从没有规定的直接的是过渡到了规定的是。我们曾经问，黑格尔说的此是与康德说的此是，意思是不是一样？我们一直在思考，这个此是是什么？这实际上也是在问，黑格尔字面上说的乃是此是，他脑子里想的是什么？这个问题虽然不是特别容易回答，但是经过认真分析，我们还是看出一个重要特征。康德谈论此是乃是从上帝存在的本体论证明出发的。黑格尔谈论此是，与康德也有相似之处。首先，他对上帝存在的本体论证明，并不是没有考虑，甚至他的一些论述与康德也是很相似的。比如，他把这个证明称为"关于上帝此是的本体论证明"[①]。此外，他在《精神现象学》中也说过，在"上帝乃是是"（Gott ist das Sein）这个句子中，"是在这里不应该是谓词，而应该是本质"[②]。这样的论述可以说与康德几乎没有什么两样。但是黑格尔与康德还是有区别的。一个区别在于，黑格尔几乎没有使用过"上帝是"这样的例子，他给出的例子是"上帝是——上帝"，即使上述那个"上帝乃是是"，字面上也保留了"S是P"这样的形式。此外，最重要的区别在于，黑格尔对此是的专门论述，如前所述，不是从上帝存在的本体论证明出发的，而首先从是出发，乃是对纯是的扬弃。我的问题是：这样一种带有规定的是，这样一种不含有空间形式的此是，与黑格尔一贯地谈论"S是P"这样的句子有没有关系？如果考虑"S是P"的情况，难道与"是P"就没有任何联系吗？"是P"当然包含规定，当然可以表达本质，当然可以涉及存在。Dasein这里的Da固然没有空间含义，但是就没有任何其他含义吗？如果有，那么应该是什么呢？由于黑格尔说得并不是特别明确，因此我们也无法肯定这里的分析。但是，退一步讲，即比较保守地说，黑格尔所说的此是大概无论如何也不是指存在，至少不是仅仅指存在。

在本章一开始，我曾强调黑格尔是把《逻辑学》当做逻辑著作来写的，并认为明确这一点对于我们理解他的思想非常重要。我认为，如果说哲学中始终会有一些不太清楚的东西，而且有一些说不太清楚的东西也是应该允许的话，那么逻辑应该是清楚的，至少相对来说比较清楚。逻辑无疑不能解决所有问题。但是考

---

① 黑格尔：《逻辑学》下卷，第389页。译文有修改，参见 Hegel, G. W. F.: *Wissenschaft der Logik*, II，第402页。
② 黑格尔：《精神现象学》上卷，第43页。译文有修改，参见 Hegel, G. W. F.: *Phänomenologie des Geistes*, Suhrkamp Verlag 1983, 第59页。

虑与是相关的论述，逻辑对我们还是会有一些帮助的。因为"是"和"不是"毕竟是逻辑所探讨的最基本的句子形式。特别是，黑格尔本人的逻辑学主要是他自己认为的对逻辑的发展。[①] 这种发展主要就在于对内容的讨论。按照他的说法，过去的逻辑只注重形式，而忽略内容；以往人们研究逻辑，只考虑了这些所谓的形式方面，而没有顾及形而上学的意义。这些从内容方面的考虑，从形而上学的角度的考虑，大大地超出了逻辑的范围。但是，既然黑格尔把逻辑看做科学，又想把形而上学做成科学或者以科学的方式研究形而上学，因而选择逻辑做开端，他就不可能非常随意地使用逻辑的成果，也不可能脱离逻辑的基本内容。换句话说，即使他批判逻辑脱离形式，因而他要考虑内容，他也不能随意地考虑内容，而必须依据逻辑的形式来考虑内容。而从逻辑形式来看，"S 是 P"和"S 不是 P"乃是基本的形式，而"S 存在"和"S 不存在"这样的形式乃是不存在的。简单地说，正是在"是"这一点上，而不是在"存在"这一点上，逻辑与形而上学找到了共同的东西。

其实，是与存在本身确实是有根本区别的。黑格尔指出：

> 人们也许很难承认，某物能够是，而不存在：但是人们至少不会把比如是这个判断系词和存在这个词混同起来，也不会说：这件货物存在得贵、合适等，金钱存在着金属或金属的，而会说：这件货物是贵的、合适的，金钱是金属。然而，是和表现、现象和现实性，以及与现实性对立的纯是通常也是相区别的，一切这些名词与客观性的区别尤其大。——即使它们应该用作同义语，哲学也应该有自由利用语言这些空洞的多余的东西来表示哲学的区别。[②]

无论此是与存在有没有区别，有什么区别，至少这段话表明，黑格尔认为是与存在乃是有区别的。

---

① 参见王路：《逻辑的观念》。我在该书中批评了黑格尔对逻辑的曲解。
② 黑格尔：《逻辑学》下卷，第 392 页。译文有修改，参见 Hegel, G. W. F.: *Wissenschaft der Logik*, II, 第 407 页。

第八章　海德格尔的追问

海德格尔（1889—1976 年）是当代最著名的哲学家之一。他的著作非常多，内容非常广泛，思想也非常丰富。然而，他最主要的思想，同时也是他影响最大的思想，乃是他关于"是"的论述。从早期的名著《是与时》[①]，到晚期的一些文章和讲演，我们都可以看出他对是的追问。可以说，对是的追问，不仅是他一生的工作，而且构成了他思考的核心。下面我们集中探讨他关于是的思想。

在海德格尔关于是的论述中，有一个十分显著的特点，这就是他的谈论一般总是非常抽象。这一点在《是与时》中表现得十分突出。比如他总是谈论"是"（Sein）和"是者"（Seiende）。他要区别"是者之是"与"是之是者"。他经常说"是者是"（Seiende ist），他还谈论"如何—是"（Dass-Sein）、"什么—是"（Was-Sein）、"在—世界—之中—是"（In-der-Welt-Sein）和"此是"（Dasein；Da-Sein），等等。这样的论述确实常常使人不太容易理解和把握。但是，如果我们仔细阅读他的著作，尤其是结合他的其他许多著作来理解他的思想，我们还是会发现一些理解的线索，由此可以读到他那些抽象的论述背后的东西。我认为，理解海德格尔的思想，有一些线索值得注意。其一是例子。海德格尔的论述虽然抽象，但是并非一个例子都没有。尤其是，他那为数不多的例子往往出现在比较关键的地方，这对于我们的理解十分重要，因此我们应该特别重视他所使用的例子。其二，海德格尔对是的句法和词源有专门的论述，这无疑有助于我们对他相关思想的理解。其三，海德格尔有大量关于语言的论述，并认为是与语言有一种内在的联系。从哲学史的角度看，在关于是的论述中，海德格尔的这三点乃是比较独特的地方，值得我们重视。因此我们在下面讨论海德格尔思想的过程中，除一般关于是的讨论

---

① 国内一般译为《存在与时间》，例如参见海德格尔：《存在与时间》。

外，对这三点也将进行重点讨论。

一、例子

在《是与时》这部著作的开始部分，海德格尔论述了对"是"的三种传统看法。他在谈到第三种看法的时候说：

> "是"乃是自身可理解的概念。在所有认识、命题中，在每一种对是者的态度中，在每一种自身对自身的态度中，都将利用"是"，而且这里的这个表达乃是"立即"可以理解的。每一个人都明白："天空是蓝色的"；"我是高兴的"，等等。①

这里，海德格尔给了两个例子："天空是蓝色的"；"我是高兴的"。他还用斜体字表示出对句子中所说的"是"的强调。因此，这里所说的"是"的含义乃是明白无误的，它就是一般所说的"S 是 P"中的"是"，或作为系词的"是"。

此后不久，海德格尔提出要对"是"进行发问，他说：

> 从对是的理解产生出关于是之意义的明确提问和向是这个概念的发展趋向。我们不知道"是"说的什么。但是，当我们问"'是'是什么？"时，尽管我们还不能在概念上确定"是"意谓什么，我们却已经处于对"是"的一种理解之中。②

这里，他虽然没有明确举一个具体的例子来说明，但是他的说明却提供了一个例子。这就是其中的提问："'是'是什么？"也可以说，他实际上是下意识地为我们提供了一个例子。

"Sein"是"ist"的名词形式。当以"ist"为对象来谈论的时候，根据语法规则，必须要么以名词的形式，即"Sein"，要么以加引号的形式，即"ist"，要么以动名词的形式，即"Seiend"来谈论。形式不同，意思却相同，因为是同一个词。所以，海德格尔在这里才会说，当我们问"was ist 'Sein'？"（"'是'是什么？"）时，我们已经处在对"Sein"（是）的理解之中。因为在我们的提问中，已经使用

---

① Heidegger: *Sein und Zeit*, Max Niemeyer Verlag Tübingen 1986, S. 4.
② Heidegger: *Sein und Zeit*, Max Niemeyer Verlag Tübingen 1986, S. 5.

了 "Sein"（是）这个概念，即句子中作动词的 "ist"（是）。从这里也可以看出，海德格尔谈论的 "是" 确实是作系词的 "是"。应该指出，这个例子非常重要。它可以说是理解《是与时》的关键点之一，甚至是理解海德格尔整个思想的关键点之一。因为它不仅说明了海德格尔所要探讨和论述的对象，而且含有对这个对象的明确解释。

在《形而上学导论》中，海德格尔给了 14 个例子。他说：

> 如果我们现在来说是，因为我们总是而且从根本上说必然要以一定的方式说是，那么我们试图注意这种说中所说出的是本身。我们选择一种简单而通常的，几乎随意地说，在这样说时，是被以一种词的形式说出来，这种形式使用频繁，以至我们几乎不注意它了。
>
> 我们说："上帝是"。"地球是"。"讲演是在大厅里"。"这个男人是从斯瓦本区来的"。"这个杯子是银做的"。"农夫是在乡下的"。"这本书是我的"。"他是要死了"。"左舷是红光"。"俄国是在闹饥荒"。"敌人是在退却"。"葡萄园里是葡萄根瘤蚜在作怪"。"狗是在花园里"。"群峰是／一派寂静"。
>
> 在每个例子中，这个 "是" 的意思都不一样。①

"ist" 是 "Sein" 的第三人称单数现在时的形式，表示目前的状况。从这 14 个句子可以看出，每一个句子里面都有一个 "ist"。其中，12 个句子的 "ist" 都是系词。中文表达不一定非用 "是" 这个系词。但是德文不行，一般来说，在陈述事情的表述中，主系表结构的句子占相当大的部分，因此海德格尔才会说这些例子是 "选择一种简单而通常的，几乎随意地说"。就是说，随便一说，就会用到 "Sein"（是）。从这样的理解出发，"是" 出现在每一个例子中，而且体现了 "简单"、"通常"、"几乎随意" 的特点。

在《关于人道主义的信》中，海德格尔有一段话，虽然不是正式举例，但是也可以起到例子的作用。他说：

> 这个是还是所有是者，而且还是离人比离任何是者更近的，无论是者是一块岩石，是一只动物，是一件艺术品，是一台机器，还是一个天使或上帝。这个是乃是最近的东西。然而这种近又距人最远。人首先总是在与并且只与

---

① Heidegger: *Einführung in die Metaphysik*, Max Niemeyer Verlag Tübingen 1958, S. 67-68.

是者打交道。但是如果思维把是者作为是者来想象，那么它就与是发生关系。尽管如此，它实际上总是考虑作为是者的是者，而恰恰不是而且绝不是考虑那个作为是的是。"是之问题"总还是关于是者的问题。是之问题尚还根本不是这个令人困惑的名称所表达的东西：关于是的问题。……哲学的思考乃是从是者到是者，在这个过程中对是的考虑一闪而过。因为是者的出路及其归路已经在是的光亮之中。①

海德格尔在这里用来说明的例子共有 6 个，即"……是一块岩石"，"……是一只动物"，等等。它们有一个共同的结构，即"……ist……"（"……是……"）。这也是我们思考和表达的基本句式。在他这样的西方哲学家看来，凡是可以用"ist"（"是"）来说的，都可以叫做"Seiende"（"是者"）。而当我们把关于"Seiende"（"是者"）的思考表述出来时，我们思考的实际上乃是"ist"（"是"）。在我们关于万物的表述中总有"Sein"（是），因此它离我们最近。但是我们总是忽略它，而注重由它表述的"Seiende"（"是者"），因此，它又离我们最远。

应该指出，与海德格尔在《形而上学导论》中给出的 14 个例句相比，他在《是与时》中所给的两个例句的确很少，但是应该看到，这是海德格尔在《是与时》开篇处给出的例句，是为了使我们明白他所探讨的是什么，因此这两个例句的重要性绝不亚于前者，应该引起我们的高度重视。还应该指出，海德格尔给出的说明"是"的例句非常少。因此，我们应该非常重视他给出的这些例句，并通过他所给出的这些例句来理解他所要探讨和论述的东西。《是与时》中的两个例句表达的乃是作系词的"是"；《形而上学导论》给出的 14 个例句中有 12 个表达的也是系词"是"。不同的情况只有"上帝是"和"地球是"这两个例子。"上帝是"这个例子来自中世纪，列出来也不奇怪，但是"地球是"这个例子有些奇怪，大概是海德格尔造出来的。其间的原因不太清楚，也许他觉得"上帝是"这样一个例子太少。不过，虽然有了这两个例子，我们至少可以说，那 14 个例句基本上表达的乃是作系词的"是"。按照卡恩的方法计算一下，在这 14 个例子中，作系词的"是"大约占 85%，与他研究古希腊语系词所占比例差不多一样。因此，海德格尔考虑的主要还是作系词的"是"。

---

① Heidegger: *Über den Humanismus*, Vittorio Klostermann Frankfurt A. M. 1981, S. 22.

除了这些比较集中的、有意给出的例子外，还有一些散见的例子。比如，海德格尔认为：

> 在任何一个命题的表述中，例如"今天是星期五"，我们都领会到这个"是"，因而领会着是这种东西。①

这里不仅提供了一个具体的例子："今天是星期五"，而且声称在"任何"命题中。联系这个例子，再推广到一切命题，我们不难看清楚海德格尔所考虑的东西究竟是什么。

二、是的句法和词源

海德格尔认为，动词、不定式和名词是确定"是"这个词的词性的三种语法形式。名词和动词的区分早在希腊语中就有，而所谓不定式（modus infinitivus）则来自拉丁语，它表明一种由动词变成名词的形式，而且这种变化还要涉及时间。海德格尔明确地说：

> 我们在我们所用的"是"（das Sein）这个词也发现同样一种关系。这个名词追溯到不定式"是"（sein），而你是（bist）、他是（ist）、我们过去是（waren）、你们曾经是（seid gewesen）等这些形式就含有这个词。"是"作为一个名词乃是从这个动词产生出来的。因此人们说，"是"这个词乃是一个动名词。说明了这种语法形式以后，就解决了"是"这个词的语言标志。②

这段话的意思十分明确，似乎用不着解释什么。概括地说，海德格尔所要讨论的"是"（das Sein）乃是名词形式的是；是的这种名词形式来自它的不定式 sein，而是的这种不定式形式又来自其动词形式。但是我却觉得有两点特别值得注意。一点是在这段说明中，"你是"（bist）、"他是"（ist）、"我们过去是"（waren）、"你们曾经是"（seid gewesen），等等，都是句子的省略形式，即省略了跟在"是"后面的东西，因为这里要说明的乃是语法，即"是"这个词及其不同变化的形式。

---

① 海德格尔：《海德格尔选集》上卷，孙周兴主编，上海三联书店 1996 年版（以下只注书名），第 116 页；译文有修改，参见 Heidegger: *Kant und das Problem der Metaphysik*, Gesamtausgabe, Band 3, 1991, S. 227。

② Heidegger: *Einführung in die Metaphysik*, S. 42.

海德格尔的意思是明确的，对于熟悉德语语法的人，也是显然的。我强调这一点，主要是想提请人们思考，"你是"、"他是"这样的表达，为的是突出"是"所表达的句子的语法结构，这在专门的语法说明中固然是清楚的。但是跳出语法的范围，在关于是的一般的论述中，这样的表达，甚至更普遍地说，"是者是"或"S是"这样的表达，难道就没有这样的含义吗？"是"的语法结构，在专门论述的时候是存在的，当不论述它的时候，也是存在的。这种语法结构乃是这种语法语言的实际特征，在说这种语言的人的思想中乃是根深蒂固的，对于专门思考和探讨是的海德格尔来说，更是明白无误的。另一点是这里所说的"语言标志"。是的语言标志来自它的语法形式，这就为我们理解是提供了一个基点。无论我们怎样考虑是，把它看做具有什么含义，出发点必须首先是它的语法形式。或者说，无论我们如何理解海德格尔关于是的论述，我们都必须看到，他的论述有这样的考虑，也就是说，他关于是的考虑和论述乃是从是的语言形式出发的。如果说这样的解释太强，那么我们可以退一步说，海德格尔关于是的考虑和论述至少含有这方面的思考和依据。

　　海德格尔对是的几种语法形式进行了考察，提出了一些自己的看法。比如他认为，究竟是应该把名词看做词的原始形式还是把动词看做词的原始形式，并不是真正的问题[①]；希腊和拉丁文献表明，不定式在语言的整个范围具有突出的意义，但是从语法学的角度说，却缺乏对是的动词形式的意义的说明[②]。特别是他认为，给是的不定式加上一个定冠词，即 das Sein，不仅把不定式改为名词，而且使空洞的是变成像一个实在的对象一样。这样一种名词形式，这样一个名词，即"是"(das Sein)，使我们注意到，理解"是"，只考虑动名词空洞的形式、只局限在不定式的抽象方式中是不行的。"如果我们想从根本上由语言方面来吃透'是'，我们就得牢牢把握：我是，你是，他、她、它是，我们是等等，我过去是，我们过去是，他们曾经是等等。但即便如此，我们对这里的'是'是什么及其本质何在的了解亦丝毫未更加清楚。"[③]无论海德格尔的这些看法是不是有道理，我们至

---

① 参见海德格尔:《形而上学导论》，第 57 页。
② 参见海德格尔:《形而上学导论》，第 68 页。
③ 海德格尔:《形而上学导论》，第 69 页。译文有修改，参见 Heidegger: *Einführung in die Metaphysik*，第 53 页。

少可以看出，他所谈论的"是"并不是抓不住逮不着的东西，它在语言中有具体的形式，而且有明确的语法形式，这就是我们称为系词的东西。它就是"S 是 P"里的那个"是"。至于说这样一种形式的词或概念所表达的是一种什么东西，有什么含义，其表达的含义或东西应该如何理解，比如是不是应该考虑它的一切用法，特别是考虑其间变化所涉及的时间等，则完全是另一个问题。引申一步，名词形式的是乃是从动词形式的是经动名词演变而来的。对于这样一个词，究竟是应该从名词出发考虑它的含义还是应该从动词出发考虑它的含义，或者说，它的含义究竟是应该来自它的动词还是来自它的名词本身，而且这样的问题究竟是不是没有意义，也完全是另一个问题。

除了从语法形式方面探讨是以外，海德格尔还从词源学的角度探讨了是。他认为有三种词干决定了是这个动词的复杂意义。第一，是这个词最古老的本来的词干是"es"，梵文是"asus"。与此相应的希腊文、拉丁文和德文分别是 eimi、einai；esum、esse；和 sunt、sind、sein。"仍然值得注意的是，在所有印度日耳曼系语言中，自始这个'是'（estin, est……）就贯彻始终。"[1] 第二，是这个词在印度日耳曼语中的另一个词干是 bheu。与此相应的拉丁文和德文分别是 fui、fuo；和 bin、bist、birn、birt。第三，是这个词还有一个词干 wes，但是它只在日尔曼语动词变形中出现，如：gewesen、es west、wesend 等。除了词形的变化发展，这三种词干还各有一些不同的含义，比如表示生活，表示生长，表示当下持续等。经过这些说明，海德格尔概括性地指出：

> 我们从这三种词干中取得三种一眼看清的确定含义：生，升起，停留。语言科学确定了它们。语言科学还确定，这些起初的含义今天已经消失了；只有一个"抽象的"含义"是"还保存下来了。在此却出现一个至关重要的问题：所举的三种词干的情况在何处并如何取得一致？什么东西支撑并引导人们说是？从是的所有语言变化来看，我们说是，依据何在？说是与理解是，二者是不是一回事？在说的过程中，是和是者又是如何区别的？上述语言科学确定的情况极有价值，对它们绝不能不了了之。因为根据这些情况才不

---

[1] 海德格尔：《形而上学导论》，第 71 页。译文有修改，参见 Heidegger: *Einführung in die Metaphysik*, 第 54 页。

得不开始追问。[①]

这段话表明了海德格尔的一个结论：三种词干的一些含义已经消失，只有一种含义保留下来。消失的是一些具体的含义，保留下来的是一种抽象的含义。海德格尔显然不满意这样的情况，对此怀有深深的疑问。在他看来，是的含义以及是的问题根本没有那么简单，也绝不会那么简单。因此他从这个结论出发，对这些具体含义的消失与这一种抽象含义的保留提出质疑。

我认为，海德格尔的论述是不是有道理，乃是可以讨论的。比如，我们可以问：他从语言学那里借用的研究结果是不是确实可靠？我们还可以问：那种保留下来的抽象含义是不是最古老的、原初的含义？如果是，那么它与那几种消失的含义有什么关系？如果不是，那么它是如何保留下来的？这样的问题当然也可以成为海德格尔以后的问题，即由此出发进一步追问的问题。但是它们至少也可以是从他的论述产生的问题。也就是说，我们首先就可以思考，他的这个结论是不是一个可靠的结论？不过，这些不是我这里要深究的东西。我想指出的是，无论海德格尔的论述有没有问题，有什么问题，这段论述至少向我们表明他正在探究的和他想探究的究竟是什么。那三种词干无疑都与系词"是"有关，并且实际上演变为系词"是"，无论是现在时，还是过去时、完成时，无论是单数，还是复数。而这一点由海德格尔所说的"'抽象的'含义'是'"表达的最为明显。无论"是"有什么含义，大概只有它作系词时的含义才能说是抽象的。而其他含义，比如"存在"、"断真"等，大概都是具体的，因而不能说是抽象的。此外，我们还看到，海德格尔在提问中明确提到"说是"、"说是和理解是"、"是和是者"的区别，并且对这里所说的"是"标出重点加以强调。而这些论述恰恰都是他从《是与时》以来就一直论述的东西，而且也是他一生所论述的东西。他也许确实认为说是与理解是乃是不同的，他的确认为"是"乃是语言中的，是言说的东西，他也一直在强调要区别是与是者，并认为传统哲学混淆了这一区别。但是，从这里的论述我们至少可以看得十分清楚，他所说的这个是恰恰就是那种抽象含义的是，即系词的是。或者我们比较保守地说，他所说的这个是就语言形式来说乃是那个作为系词的是，尽管他绝对不认为这个是的含义会像系词所表达的那样简单。

---

① 海德格尔：《形而上学导论》，第 72 页。译文有修改，参见 Heidegger: *Einführung in die Metaphysik*，第 55 页。

三、是者是

以上我们分析了海德格尔说明是所使用的一些例子，还分析了他从语法和词源的角度对是的说明。通过这些分析，我们可以看出，海德格尔所论述和想论述的主要是"是"。不论他探讨的这个概念是什么，至少它的语言形式主要是系词。因此我们可以说，海德格尔探讨的主要是"S 是 P"中的那个"是"。

在说明是的过程中，海德格尔常常使用一些抽象的表达方式。其中最常见的表达式之一乃是"是者是"。他希望能够通过对"是者是"的讨论而对"是"有所说明，从而使人们区别是与是者。有一个例子大概比较容易说明他所说的"是者是"是什么意思。

在《形而上学导论》中，他在论述是者的是与不是时认为，关键的问题是"不要为轻率的理论所迷惑，要最直接任意地按事物是怎样怎样（wie sie sind）而去体验事物"[①]。这里他举了一支粉笔作例子。一支粉笔是一个有长度、有硬度、呈一定形状的灰白色的、用来书写的东西。他说："粉笔可以在黑板上书写并被磨损，这种可能性绝不是我们想出来加到这个东西上的。它自身作为是者就是处于这种可能性之中，否则它就不会是作为书写工具的粉笔了。相应地，每一个是者自身都各以不同的方式具有这种可能性。"[②]问题是，是与是者不同，这个是乃是什么？是与是者是同一的吗？海德格尔指出：

> 我们重新这样提问。前面我们没有一同列举是，而只说出：一团质料，灰白色，轻的，如此如此形式的，易碎的。那么，是却藏在哪里呢？这个是必然属于粉笔，因为它本身，即这支粉笔是。[③]

在这个例子以及这段说明中，有比较清楚的东西，也有不太清楚的东西。最清楚的乃是粉笔具有的一些性质。粉笔是一种是者，是乃属于粉笔本身，大概也算是可以理解的。最不清楚的地方似乎是最后一句话，即"这支粉笔是"。若把它翻译为"这支粉笔存在"，似乎就没有问题了，即说明我们有这支粉笔，可以看得见，摸得着，总之，它是实在的，不是虚无的。但是，在这一段上下文里，这

---

① Heidegger: *Einführung in die Metaphysik*, S. 23.
② Heidegger: *Einführung in die Metaphysik*, S. 23.
③ Heidegger: *Einführung in die Metaphysik*, S. 24.

样的理解大概是成问题的。因为，海德格尔强调要"按事物是怎样怎样而去体验事物"。粉笔是灰白的、物质的、具有某种形式的，等等，所以我们看得见和感觉得到的也是诸如灰白色、物质的、某种形式的这样的性质，但是我们看不到也感觉不到这个是。如果对粉笔进行提问和说明，我们就要以"是怎样怎样"来提问，即"粉笔是怎样怎样呢？"（Wie ist diese Kreide？）而回答必然是"粉笔是如此如此的"，比如"它是灰白色的"，"它是易碎的"，"它是可在黑板上书写的"，等等。我们的提问与回答都是围绕着粉笔的性质，而不是关于是，但是这个是却非常自然地出现在我们的提问和回答之中。因此，这里引文中的"这支粉笔是"实际上乃是"这支粉笔是如此如此的"的缩写或简要说法。它包含了是者，即粉笔，也包含了是。由于海德格尔恰恰就是要论述是与是者，特别是要论述这个是，因此这样说就足够了。

"这支粉笔是"不仅是"这支粉笔是如此如此的"的缩写或简写，而且是"是者是"的一个例子。它使我们比较清楚地看到，海德格尔所说的"是者是"是什么意思，即他在这样说的时候，把跟在是后面的东西省略了。除了例子，海德格尔对是者本身也是有明确说明的。他认为：

> 我们称许多东西并且在不同的意义上称许多东西为"是的"（seiend）。所有我们谈论的、我们思考的、我们如此这般对待的东西都是是的，而且我们自身所是的东西以及我们自身如何是，也是是的。①

这是海德格尔在《是与时》的开始部分对"是的"（seiend）作为一个形容词使用时的明确说明。他在其他地方也说过，是者无非乃是是的东西。② 所谓称某物为"是的"，就是可以用"是"来表述某物。因此当以名词"Seiende"（是者）来表示时，发生变化的只是形式，即形容词变成了名词，而意思没有变化。

这里，我们对于"是者"应该多说几句。"是者"译自德文"Seiende"，"Seiende"是"sein"（是）这个动词的现在分词形式"seiend"〔（正在）是的〕的大写，即动名词。它可加定冠词表示单数"das Seiende"和复数"die Seienden"。在德语中，

---

① Heidegger: *Sein und Zeit*, S. 6-7.
② 海德格尔：《海德格尔选集》下卷，第 834 页；Heidegger: *Identität und Differenz*, Verlag Günther Neske Pfullingen 1957, S. 60。

理论上说，凡可被说成"seiend"（是的），都可被称为"das Seiende"（是者）。"是者"这个译法虽然有些怪，但是一般不会引起误解。即凡可以被说是的，都可以称为是者。海德格尔在论述是者的时候明确地说："我们在这里也完全没有必要使用'（一些）是者'和'（这个）是者'这些对于日常语言陌生的词。"① 这说明，在德语日常语言中一般没有这种用法。即可以说，在德语中，这种说法也有些怪，并不是那样自然。不过，为了探讨"是"，海德格尔不得不用这个凝练的表达。或者说，海德格尔用这个缩略的表达，为的是突出所探讨的东西，即"是"。因而他最终的目的还是为了探讨是。

是者乃是从是这个动词的分词形式演变来的，自身成为一个名词，成为一个探讨的对象。对于这个是者，海德格尔明确地说：

> 是总是一个是者之是。是者整体能够根据其不同范围而成为发掘和限定特定事物领域的区域。而这种特定事物领域，比如历史、自然、空间、生命、此是、语言和诸如此类的东西，能够在相应的科学研究中成为讨论的对象。②

这里的意思应该说是清楚的。在语言中，我们说"是"。一般来说，一切东西都要或可以通过是来表达。所以凡可以用"是"来表达的东西就构成一个整体。但是这个整体不是没有区别的。它可以分成许多划分为不同范围的区域，这些不同区域中的对象也是不同的，因而形成不同的研究领域，如自然、历史，等等。这里，我们实际上已经可以看出来，海德格尔考虑的实际上是语言，或者说，他是通过思考语言的方式来说明自己的思想。他考虑的其实就是"S 是 P"中的那个"是"。"S 是 P"乃是一种最普遍的表达方式。所谓普遍，乃是指其中的"是"。S 或 P，或者海德格尔所说的"是者"，所指的东西则不是普遍的，而是具体的，它们可以是科学的、历史的、语言的、文化的，等等。是者可以因所表示对象不同而不同，"是"却总是那同一个。

"是者是"（Das Seiende ist）仅仅是海德格尔使用的众多缩略或简写的表达中的一个。其他缩略或简写的表达还有"如何—是"（Dass-Sein）、"什么—是"（Was-Sein）、"在—世界—之中—是"（In-der-Welt-Sein）和"此是"（Dasein；Da-

---

① Heidegger: *Einführung in die Metaphysik*, S. 58.
② Heidegger: *Einführung in die Metaphysik*, S. 9.

Sein），等等。它们都是海德格尔在探讨和论述"是"的过程中使用的术语。不同之处在于，"是者是"省略了跟在"是"后面的东西，而其他这些表达则省略了应该在"是"前面出现的东西。注意这一点非常重要，因为由于语言差异，在中文翻译中很难像德文那样从字面上就表示清楚。

海德格尔在《是与时》开卷不久就明确地说：

> 每一次提问都是一次探索。每一次探索都有来自所探索的东西的事先引导。提问是对是者在其如何—是中和这样—是（Dass-und Sosein）中的认识探索。这种认识探索能够成为一种"研究"，这种研究使提问所问的东西得到揭示和确定。[①]

在这段话中，海德格尔显然分出两类问题，一类关于"如何—是"，另一类关于"这样—是"。应该承认，我使用的这两个中译文短语不够清楚，不足以表达海德格尔所说的"Dass-sein"和"So-sein"。但是有一点应该是清楚的。这就是，海德格尔区别出两种"是"的方式。既然海德格尔作出这样的区别，那么它们一定会有非常根本或者说比较重大的不同。因此我们应该思考，这种区别是什么？对是者进行提问，一定可以问许多许多问题，因而肯定也可以有许许多多的方式，但是海德格尔只区别了这两种方式，那么这两种方式一定能够并且也应该能够体现、代表或说明所有的方式，否则他无法以此来说明"提问"和"探索"，最终也无法说明他企图说明的"是"。因此我们应该考虑，能够并且应该能够体现、代表和说明所有方式的这两种方式究竟是什么？

在其他许多著作中，我们看到海德格尔同样只谈论两种"是"的方式，但是有时候用语不同。比如在《形而上学导论》中，他明确地谈论"如何—是"（Dass-sein）和"什么—是"（Was-sein）。"如何—是"依然如旧，变化的只是"这样—是"。如果海德格尔的思想是一致的，那么"什么—是"一定就是"这样—是"。从他始终只区别出两种"是"的方式来看，他的思想显然是一致的。因此我们应该考虑，他为什么后来不说"这样—是"，而说"什么—是"？

"什么—是"（Was-Sein）乃是"是某某事物"（ist was）的名词形式。它表示的是海德格尔在论述是这个问题时常常说到的是者的"本质"。"如何—是"

---

① Heidegger: *Sein und Zeit*, S. 5.

（Dass-Sein）乃是"ist, dass"的名词形式。"dass"后面要跟一个句子，表示对"ist"前面的东西的说明。因此"如何—是"也是对是者的说明，但是它说明的不是是者的本质，而是是者的原因、方式，等等。"这样—是"（So-sein）是"是这样的"（ist so）的名词形式，表达的比"是某某事物"的意思要宽泛。我们看到，在《是与时》中，海德格尔有时候也谈到"什么—是"，他甚至还在这个短语后面加上"本质"来说明[1]，但他基本上是谈论"这样—是"。"这样—是"和"什么—是"这种说法，也许有些区别，比如后者可能比前者更明确一些，意思却是一样的。

即使我们这种解释是有道理的，也仅仅回答了前面一个问题。就是说，我们仍然应该考虑，这两种"是"的方式是不是体现、代表和说明了所有关于"是"的方式？在这里，我们实际上看到了西方探讨本体论问题时对两类问题最重要的表达方式，即一类是关于本质的问题，另一类是关于其他不同于本质的问题。对任何一个东西，人们可以问："它是什么？"回答是："它是某某东西。"这即是关于本质的探索。人们还可以问："它是怎样的？""它为什么是这样的？"等许多问题，这些问题可以是关于性质、关系、原因等许多方面的，唯独不是关于本质的。亚里士多德区别出十种范畴，最重要的就是第一种范畴"实体"和其他九种范畴的区别。而实体的问题恰恰就是"什么—是"的问题。因此，海德格尔在论述是的过程中区别出"什么—是"和"如何—是"，绝不是随意的。他考虑的乃是西方哲学中两种最普遍最主要的探究问题的表达方式。

应该指出，对于这些表达方式及其背后思想的探索乃是有意义的。但是限于篇幅，这里仅仅点到为止。我们只想表明，它们与"是者是"乃是不同的表达方式，它们的探讨考虑了不同的问题，但是核心依然围绕着是。

四、此是

在海德格尔对是的说明过程中，还有一个常见的表达，这就是"此是"。"此是"也属于海德格尔的主要论述。对于这个表达，我们也必须给予足够的重视。

"此是"（Dasein）乃是"是此"（ist da）的名词形式。但是这个词有些特别。它与"什么—是"、"如此—是"、"如何—是"等这样的短语不完全一样，后者都

---

[1]　例如，参见 Heidegger: *Sein und Zeit*, S. 42.

是海德格尔造的词，是德语中不太自然的词组，而"此是"本身就是德语中的一个词，表示"存在"。正像我们前面说过的那样，康德和黑格尔都用过这个词并论述过这个概念。因此"此是"不是海德格尔造的词。在海德格尔关于此是的讨论中，除了其丰富复杂的思想外，有几个特点值得我们注意。首先，海德格尔明白此是的传统用法和含义，所以他对此是与此—是乃是有区别的，在使用这个术语时常常在"此"（Da）和"是"（sein）之间加一个连线，即"Da-sein"，以便强调他这个术语的独特之处。其次，他常常专门论述这里所说的"此"（Da），并通过对"此"的探讨来说明是。第三，他认为此是与真密切相关。

如前所述，德文"da"有空间的含义，表示"那里"或"这里"的意思。"ist da"的意思是"是在那里"或"是在这里"，因而也有存在的意思。Dasein 是 ist da 的名词形式，自然应该有其动词短语表达式的含义。但是如前所述，黑格尔在探讨这个概念的时候，明确地排除它的空间含义，要在更抽象的层面上讨论。这里的问题是，海德格尔的探讨是什么意思？

前面我们说过，"是者是"乃是海德格尔探讨是的一种方式。因循这种思路，我们也可以把"此是"看做海德格尔探讨是的另一种方式。这一点其实是显然的，用不着深入研究，只要看一看《是与时》一书的目录就可以了。我们这样说，主要是想强调，如果"是者是"是一种探讨是的方式，它省略了"是"后面的东西，那么"此是"则是一种完全不同的探讨是的方式，它省略了"是"前面的东西。这一点，联系海德格尔关于是者的论述，可以看得比较清楚。他在《是与时》的导论部分说：

> 是者可以在它的是中被确定，而关于是的意义却不一定有明确的概念可以使用。如果不是这样，那么至今就可能还没有本体论的认识，而人们大概不会否认实际上形成了这样的认识。这个"是"尽管在迄今为止所有本体论中都得到"预先假定"，它却不是作为可以使用的概念，即不是作为被探索的东西。是的"预先假定"具有预先对是的考虑的特征，以至常常从这种考虑出发，使已经给出的是者在它的是中得到表述。这种占主导地位的对是的思考方式产生于对是的一般理解，而我们总是在这种理解中活动，而且这种活动归根到底属于此是的本质状况。①

---

① Heidegger: *Sein und Zeit*, S. 7-8.

有了前面的解释，这段话中关于是者和是的意思基本上也比较清楚。是者由是被确定，即通过"是……"得到确定，因为"是"后面的东西被省略了。人们探讨本体论问题，探讨是者，在这种研究中使用这个"是"，但是人们从来不专门考虑它。因为人们对"是"有一种自然而然的理解。在这段话中，超出现有解释的只有最后一句话，即"我们总是在这种理解中活动，而且这种活动归根到底属于此是的本质状况"。根据前面的说明，这句话的意思显然是说，我们一般总是用"是……"这样的方式思考我们所要思考的东西，而这种思考的根本的形态就是"此是"，即"是……"。其实，我们只要具体想一想我们的思维表达方式，这一点就十分容易理解。我们最基本的思维方式是"S是P"。用海德格尔的术语表达，就是"是者是此"。因此，正如"是者是"乃是"是"的一种缩略形态一样，"此是"也是"是"的一种缩略形态。前者突出的是"是者"，后者突出的是"此"。"是者"乃是我们所要考虑或表达的任何东西，而且任何可以用是来表述的东西。"此是"之"此"则体现了对是者的任何考虑或表述，也可以说，对是者的考虑或表述一定是"此是"。

海德格尔的表述是非常抽象的。但是由此我们依然可以看出，他的表述不是随意的，他的探讨也不是任意的，而是依循着语言最基本的表达方式。如果说"S是P"乃是基本的表达方式，那么由此出发探讨的那个"是"无疑乃是作为系词的是。在此基础之上，就像"是者是"乃是"S是P"的一种缩略表达一样，"此是"也是"S是P"的一种缩略表达。不同之处只是在于，前一个表达突出了被表达的东西，而后一个表达强调了对所表达之物的表达。

海德格尔对"此是"还有更进一步的说明：

> 此是乃是一种并非仅仅在其他是者之下出现的是者。相反，它是以下面的方式表现为本体方面的（ontisch），即对这种处于其是中的是者来说，它**涉及**这种是本身。但是在这种情况下，此是的这种是的状况就包含以下情况：它在它的是中与这个是有一种是的关系。而这一点又说明：此是以任何一种方式在其是中得到明确的理解。这种是者的特点在于，借助和通过它的是，这个是者对它本身展示出来。**是之理解本身乃是此是的一种是之确定性**。此是的本体方面的（ontisch）表达就在于它是本体论方面的（ontologisch）。①

————————

① Heidegger: *Sein und Zeit*, S. 12.

这段话极其抽象，不太容易理解。为了说明它，我们还是借助"S 是 P"这种通常的、直观的表达。"S 是"是"是者是"，"是 P"是"此是"。这样我们就可以看得很清楚，"是 P"也是一种是者，但是它与"S（是）"这种是者是不同的。"是 P"是通过是来表达出来的（"涉及这种是本身"）。因此它与这个是有一种关系，这种关系就是"是"。这是显然的，因为处于"是 P"之中与这个是只能有"是"的关系。这也就是说，此是只能通过"是"来表达。"是 P"有一个特点，这就是它包含许多不同的形式和方式，但是无论这些方式和形式是什么，都要通过"是"表现出来。我们理解"是"，这是因为"是 P"中的"是"有一种确定性。因此，海德格尔断言，"是之理解本身乃是此是的一种是之确定性"。这里我们可以看出，海德格尔所说的"此是"中的"此"是没有"此"这个词的空间含义的。也可以说，海德格尔用这个词与其说要表达一种具体含义，不如说要表达"是 P"这样一种关于是的表述结构。这里应该注意，海德格尔引入了"本体方面的"和"本体论方面的"这样两个概念。从词源上说，前者意味作为是而是，不依赖于认识的情况。后者意味与本体论相关的，而众所周知，本体论乃是关于是的学问。由此他开始从本体论的意义上谈论是。

海德格尔指出：

> 此是与之能够如此如此相联系或总是以某种方式相联系的这种是本身，我们称为存在（Existenz）。因为人们无法通过给出一种事物性的东西而得到这种是者的本质规定，而这种是者的本质就在于它总有它的是作为所是之物，所以可以选择此是这个名称作为表达这种是者的纯粹的是的表达。[①]

这段话说得更加清楚。对于"S 是 P"的"是"，我们说不出来它本质上是什么东西。但是它总可以表达"是 P"。"是 P"就是它的表达方式，就是它的最本质的特征。因此，"此是"就是海德格尔为这种"是"所起的名字。也就是说，"此是"意味着：纯粹的"是"的表达。这里的意思虽然清楚，但是应该注意，海德格尔引入了"存在"这个概念。他把这种"是"称为"存在"。由此他开始谈论存在，或者说，他开始也在存在的意义上讨论是。由于有了存在的含义，当以后需要在存在的意义上谈论此是时，似乎就更顺理成章了。

---

① Heidegger: *Sein und Zeit*, S. 12.

有了以上引入的三个概念，海德格尔对此是进行了更进一步的说明：

> 因此此是比所有其他是者具有多重优先地位。第一重优先是本体方面的：这种是者乃是在其是中通过存在而确定的。第二重优先是本体论方面的：此是基于其对它本身的存在规定而是"本体论方面的"。但是，此是现在同样原初地包括（作为存在的理解的构成部分）：一种对所有不是与此是有关的是者的是的理解。由此此是就有第三重优先，这是一种作为所有本体论方面的可能性的本体方面的——本体论方面的条件。由此说明，此是乃是在本体论方面作为那种在所有其他是者之前首先要探询的东西。①

这段话的意思显然费解得多。如果我们按照上面海德格尔关于"存在"、"本体方面的"和"本体论方面的"的说明，似乎也可以一步步弄明白这里的意思。但是这一点对本书已经不重要了。因为有一点是清楚的，而这一点对我们目前的论述来说已经足够了，这就是，海德格尔认为，从本体论的角度说，此是乃是要首先考虑的问题。

有了这个结论，我们也就对海德格尔的思想有了一个大致的了解。海德格尔认为，传统的本体论研究是者，而忽略了是。是者是通过是表达的，因此本体论的研究应该对是进行发问。是乃是对是者的表述，它的基本形态乃是"此是"。因此探究是，首先应该探究"此是"。因此，海德格尔企图通过对"此是"的论述来探讨"是"。

但是应该看到，海德格尔在论述此是的过程中引入了"存在"这个概念。由此他开始在"存在"的意义上谈论此是，甚至谈论是。他认为：

> 此是的"本质"就在于它的存在。因此，在这种是者身上可以体现出来的那些特征不是一个如此这般"看上去"现有的是者所现有的"性质"，而是它的种种可能的是之方式，并且仅此而已。这个是者的所有此是首先乃是是。因此，我们用来表示这个是者的名称，即"此是"，并不表达它是什么，比如桌子、房子、树木，而是表达这个是。②

这里的主要意思是说，此是体现的特征不是是者的性质，而是是者的是之方

---

① Heidegger: *Sein und Zeit*, S. 13.
② Heidegger: *Sein und Zeit*, S. 42.

式。用我们的话解释：对于对是者的表达"S 是 P"来说，此是可以有多种可能性，即 P_1，P_2，…，P_n。其中任意一种可能性，即 P_i，表达的不是 S 具有的性质，而是 S 的一种是的方式。因此，此是表达的乃是"是"。无论海德格尔的说法有没有道理，他的意思是清楚的。他是要通过"此是"对"是"进行说明，并且通过"存在"赋予"是"一种意义。如果我们有足够的耐心，把他的论述继续读下去，我们就会发现，他接着引入了"我"，谈论"我是"，"你是"；并由此谈到人，谈到人的理解。他认为，人处于此是之中，因而处于是之中，只有人追问此是，并因而追问是。"存在"只是人的特征，只有人存在。其他东西可以是，但是不存在。由于引入了存在和人的概念，他在进一步展开论述此是的时候，重点谈论"在—世界—中—是"，并认为这是此是的基本状态。这样，他的论述就与人、世界、历史、时间等结合起来。而且，由于引入了"存在"这个概念，带着这种解释，他最终认为，"此是就是它的展示性"[①]。无论海德格尔使用的一些术语多么晦涩，无论他的论述多么含混，无论他最终是否达到目的，我们至少可以看清楚一点，这就是，他想通过"此是"来说明"是"，而他在这个说明过程中，所依赖的主要是"存在"这个概念。

以上探讨的基本是海德格尔在《是与时》一书导论部分的论述，我们所因循的方式主要把"此是"与"是者是"相对照。下面我们还可以从另一个角度，即仅从"此"的角度，看一看海德格尔关于"此是"的论述。

"此是就是它的展示性"乃是海德格尔对此是的核心表述，也是一个经典表述。如果我们仔细研究这一结论的论证过程，我们会发现一些十分有意思的东西。海德格尔认为：

> 是者本质上由在—世界—中—是所建立，它自身却是它的"此"。根据人们熟知的词义，这个"此"指"这里"和"那里"。一个"我—这里"的"这里"总是在某种意义上从当下的"那里"理解的，即对这个"那里"是有所分离、有所针对、有所关注的。此是的存在空间性规定了此是这样的"地点"，自身却基于在—世界—中—是。这个"那里"乃是一个世界内所遇之物的规定性。"这里"和"那里"只有在"此"中才是可能的，这意味着，当一个

---

① Heidegger: *Sein und Zeit*, S. 133.

是者是的时候，它则作为"此"之是展示空间性。这个是者在其自己本身的是中带有非封闭性的特征。"此"这一表达意谓这种本质展示性。通过这种展示性，这个是者（此是）就其自身的"此"而言，与世界的此—是就是一回事。①

在这段话，海德格尔像黑格尔一样论述到"此"这个词字面的空间含义。但是与黑格尔不同，他似乎承认这样的空间性，并利用这种空间性来说明此是表达了"在—世界—中—是"，甚至似乎此就是空间性的展示。

特别值得注意的是，海德格尔在这里又谈到是者是和此是，并以非封闭性和展示性描述了它们之间的关系。此是的此具有一种展示性，乃是对是者之是的一种展示。而是者之所以能够被展示，主要在于它在其独特的是中不是封闭的。如果我们比较仔细，我们还应该注意到海德格尔在这里所谈到的"规定性"。虽然他谈的是"那里"对世界内某一事物的规定性，似乎比较具体，但是"那里"是他对"此"的一个具体解释，因此也可以理解为，他所谈的或者他想说明的，实际上是"此"所具有的规定性。尤其是他还一般地说到此是的存在空间性对此是的规定性。这就使我们有理由理解，他想说明，此是之此具有一种规定性。如前所述，规定性在康德和黑格尔的著作中都是存在的。它是对是的表述和用法的一种一般性说明。海德格尔沿用了这种表达，并且是在探讨相同问题的过程中使用了这样的表达。问题是：难道他仅仅是在字面上沿用了这一表达，而没有沿用他的前辈使用中的那些含义吗？

还值得注意的是，在这段话中既出现了"此是"，又出现了"此—是"。二者是有区别的。海德格尔似乎是通过对"此"的探讨，最终说明"此—是"乃是世界中的，而"此是"也是一种是者，不是世界中的。虽然他说通过展示性，二者是一回事，但是由于他说得不是那么清楚，我们不知道此是究竟是什么。既然他在解释中谈到词义，谈到某种意义上的理解，他说的"此是"会是语言中的吗？

尽管存在这样的问题，我们还是看出，海德格尔通过对此的探讨最终说明，此是就是它的展示性。因此我们可以根据这一说明来理解他说的此是。

在得出"此是就是它的展示性"这一结论之后，海德格尔继续作出如下说明：

---

① Heidegger: *Sein und Zeit*, S. 132.

应该把这种是的机制突出出来。但是，只要这种是者的本质是存在，那么"此是就是它的展示性"这一存在句也就等于说：这个是者在它的是中所涉及的那个是乃是是它的"此"。①

所谓是的机制，乃是指通过"在—世界—中—是"建立是者。而"在—世界—中—是"乃是海德格尔论述是的一个主要方式。这一论述不仅涉及存在，而且决定了此是的存在空间性，因此与此是也密切相关。这里，无论海德格尔的说明是不是清楚，他明显强调了此是与存在的关系。不仅如此，在这以后他还专门讨论了"此"的存在机制。引人注意的是在这一过程中，他谈到理解和解释，谈到命题，还谈到言语和语言。而所有这些，显然都与语言相关。

海德格尔认为，此—是具有凸显性（Befindlichkeit）。"凸显性是一种含有'此'之是的存在结构。理解与它一样原初地构成这种是。"② 解释依据于理解，解释和理解所分解的东西是意义。只要陈述依据于理解，并且体现了一种派生出来的进行解释的形式，那么陈述也是有意义的。③ 在海德格尔的论述中，陈述与判断差不多等同。他论述了陈述的三种含义：展现、谓述、传达或说出。关于第一种含义，海德格尔给出例子："这把锤子是太重了。"他认为，这个例子揭示出"一个处于其当下方式的是者"，即使这个是者不是当即可得、眼下可见的，这种展现仍然指这个是者。④ 关于第二种含义，海德格尔说到主词和谓词。谓词要对主词进行陈述，主词通过谓词得到规定。在上述例子中，所陈述的是"锤子本身"，"太重了"乃是规定。因此，"每一种谓述，无论它是什么，不过是展现"⑤。有了前两种含义，陈述也就有了第三种含义。通过传达，陈述可以使人们共同看那以规定方式所展现的是者。因此，"'传达的'乃是那共同观看的所展现之物的是，而这种所展现之物的是必须被当做在—世界—中—是来把握，即在这里所展现之物所遭遇的那个世界中来把握"⑥。通过这三种含义的说明，海德格尔得出陈述的一种整体性的

---

① Heidegger: *Sein und Zeit*, S. 133.
② Heidegger: *Sein und Zeit*, S. 142.
③ 参见 Heidegger: *Sein und Zeit*, S. 153-154.
④ Heidegger: *Sein und Zeit*, S. 154.
⑤ Heidegger: *Sein und Zeit*, S. 155.
⑥ Heidegger: *Sein und Zeit*, S. 155.

定义:"陈述是进行传达的有规定的展现。"①

应该指出,海德格尔的具体论述是比较复杂的。他确实不认为语言方面的东西和现实方面的东西是一回事,他也不认为逻辑方面的探讨可以解决他想探讨的问题,他甚至批评人们没有区别古代本体论意义上的是与"形式的某物——是这种意义上的是"②。但是从以上他关于陈述的论述足以看出,他谈的主要还是"是"。他举的那个关于锤子的例子,就像他在其他地方给出的例子一样,十分简单,但是含有一个"是"。更为重要的是,他要用这样的例子说明什么是展现。恰恰是通过这样一个例子,他把世界的情况、人们的理解和对这种情况的传达联系起来。在这种情况下,"是"无疑成为一个联系的纽带。至于区别,则完全是另一方面的问题。他说的谓词主词之间的关系,使我们清楚地看到或想到"S 是 P"这样形式的句子。他说的规定或规定性,至少还使我们想到康德和黑格尔的相关论述。所有这些,都指向一个共同的东西,即那个作为系词的"是"。逻辑方面以谈论主谓方式的考虑与本体论方面以谈论"在—世界—中—是"方式的考虑当然是不同的,所得结果也不一样,但是这并不妨碍我们看到并理解海德格尔所谈的那个共同的东西——是。海德格尔明确地说:

> 系词现象表明:本体论问题对 logos 的阐释产生了何等深入的影响,反过来,"判断"的概念又通过其引人注目的反冲对本体论问题产生了何等深入的影响。(系词)这一纽带摆明了:首先是综合结构被当做自明的,而且综合结构还担负了提供尺度的阐释职能。但若"关系"和"联系"的形式性质不能从现象上对包含事物的 logos 结构分析提供任何益处,那么,系词这个名称所指的现象归根到底就同纽带和联系毫不相干。只要陈述和是之领悟乃是此是本身的存在的是之可能性,那么,无论"是"乃是在语言上以其自身表达出来还是以动词词尾的形式表达出来,这个"是"及其阐释终归要同存在性分析的问题联系起来。③

这段话十分明显地含有对逻辑的批评,同时强调了存在性分析的重要性。但

---

① Heidegger: *Sein und Zeit*, S. 156.
② Heidegger: *Sein und Zeit*, S. 160.
③ 海德格尔:《存在与时间》,第 165 页。译文有修改,参见 Heidegger: *Sein und Zeit*, S. 159-160。

是，它无疑也从逻辑和本体论的角度阐述了是这个系词。我的问题是：只要是谈论系词或从系词的角度出发，我们就可以肯定，所说的对象就是"是"。但是，如果不从系词的角度出发，难道谈论的就不是"是"，而会是什么别的东西吗？即使按照海德格尔的思想，对是的阐述一定要同存在性分析结合起来，甚至可以或肯定要在存在的意义上谈论是，难道它就不再是那个"是"，而是什么别的东西了吗？

五、真

在海德格尔与是有关的论述中，也可以看到关于真的论述。甚至可以说，是与真的联系，乃是海德格尔论述是这个问题或真这个问题的一个显著的特点。他在论述是的著作中，比如《是与时》，也专门论述了真这一问题。而他在专门论述真的著作中，比如《论真之本质》，他也要论述是。而且在他的许多其他著作中，是和真这两个问题总是联系在一起的。

在《是与时》中，海德格尔有一节专门论述真。它的题目是："此是、展示性和真"。从这个题目可以看出，他是把此是与真联系在一起进行论述的。在《论真之本质》中，虽然看不到这样类似的标题，却依然可以看到关于此是甚至关于此是之此的论述。此是与真的联系，是值得注意的。因为它不仅有助于我们理解海德格尔关于真的论述，而且也有助于我们理解他关于此是的论述。

海德格尔把关于真的传统理解归为三点：第一，真之"场所"是陈述（判断）；第二，真之本质在于判断与其对象的"符合"；第三，逻辑之父亚里士多德不仅指定判断为真的原初场所，而且还使真之符合论的定义流行起来。他从历史的角度讨论了关于真的论述，认为这些看法都是有问题的。他探讨了从巴门尼德、亚里士多德到康德的一些相关论述，也探讨了希腊文中 aletheia 的涵义。对于他的这些论述，这里只简单地说明两点。其一，海德格尔认为，"哲学自古把真与是相提并论"①，他以巴门尼德和亚里士多德的论述证明了自己的观点。这说明，是与真的联系是常识。其二，海德格尔认为，希腊文 aletheia 这个词的本义是使是

---

① 海德格尔：《存在与时间》，第 256 页。译文有修改，参见 Heidegger: *Sein und Zeit*, S. 212.

者从其隐藏状态呈现出来，让人们在其不隐蔽状态观看。他还认为，"这种不隐蔽状态，即 aletheia，属于语言"[①]；用真来翻译 aletheia 并不十分合适。前面我们说过，海德格尔这种关于希腊文 aletheia 的解释，人们也提出了批评和不同看法。因此他的解释本身就有一个合适不合适的问题。这里，我们不对这个词的词源问题进行探讨，也不考虑他的相关解释是不是合适。与本书相关，我们只探讨他关于此是与真的关系的论述。

海德格尔认为：

> 一个陈述是真的，意味着：它在是者自身发现是者。它表达出，它展现出，它"使人们看到"处于其被发现状态的是者。所谓陈述是真的（真）必须被理解为是在被发现之中。[②]

从这里的论述来看，他不仅把"是真的"的动词形式（ist wahr）变成了名词形式（Wahrsein）来说，而且在这个名词形式之后加上带括号的"真"。由此可见，在他那里，真与是真的乃是一回事。海德格尔刻意进行这样的说明，大概是要表明，过去许多关于真的论述是不清楚的，甚至是错误的。从他的论述还可以看出，真与是乃是密切相关的。是真的，就是"是在被发现之中"。表面上看，这种说法有些怪。但是，如果看到海德格尔把是者的发现状态等同于其不隐蔽状态[③]，大概也就不会觉得怪了：不隐蔽的东西，自然可以让人们去看，被发现也就是自然的。当然，这是从不同的角度说的。此外，如果联系前面关于陈述的论述，实际上也就可以理解，引文中所说的"展现"正是陈述的一种含义。既然它可以展现某种东西，当然就可以使人们看到某种东西。再联系海德格尔对展示性的说明，"是在被发现之中"这个问题就更不难理解了。正是在这里，真与此是联系起来了。此是乃是一种展示状态，展示状态自然是一种不隐蔽状态，而不隐蔽状态不正好可以是一种处于被发现之中的状态吗？这样的说明解释虽然没有论证，却也没有什么特别不自然的地方，至少可以算十分巧妙吧！反正海德格尔就这样使真与是、

---

① 海德格尔：《存在与时间》，第 264 页。译文有修改，参见 Heidegger: *Sein und Zeit*, S. 219.

② Heidegger: *Sein und Zeit*, S. 218.

③ 海德格尔在"不隐蔽状态"（Unverborgenheit）一词后面加上"发现状态"（Entdecktkeit）一词，并用括号括起来。这一表达显然是把它们看做等同的。参见 Heidegger: *Sein und Zeit*, S. 219.

与此是联系起来。在此基础上，他展开了进一步的说明：

> 作为通过展示状态而构造的东西，此是在本质上乃是处于真之中。展示状态乃是此是的一种本质的是之方式。只要并且只有此是是，才"有"真。只要是者确实是，是者就被发现，并且只有此是确实是，是者才被展示。牛顿定律，矛盾律，其实每一种真只有在此是是的情况下才是真的。在此是之前，根本没有东西是，也就没有真，而在此是之后，不会再有东西是，也就不会再有真。因为在这样的情况下，真不能作为展示状态、发现状态和被发现状态而是。在发现牛顿定律之前，牛顿定律不是"真的"；由此得不出它们是假的，而且也根本得不出，如果被发现状态在本体方面不再是可能的，它们就会成为假的。在这种"限制"下，同样不会贬低"真"的是真的方式。①

在我看来，不管有没有道理，这段话是海德格尔关于是与真的一段经典论述。它体现了西方哲学家关于是与真的一种比较典型的十分有代表性的观点，因此值得我们认真思考与分析。简单地说，这里的观点是说：有是，才有真；真乃是通过是表现出来的。但是，我们应该如何详细地具体地理解它的实际含义呢？

首先应该明确，真这个词的用法是这样的，即"是真的"。从海德格尔给的例子来看，我们可以说："牛顿定律是真的"，"矛盾律是真的"。用海德格尔的术语来说，"牛顿定律"、"矛盾律"都是"是者"。这些从海德格尔的说明来看基本上是比较清楚的。不太清楚的地方是：它们的此是是什么呢？因为海德格尔没有明确地说出来。但是根据他的思想，我们可以看出来，它们的此是乃是对它们的说明。为了简便，我们这里仅以矛盾律为例。我们说，矛盾律是一事物不能同时既是如此又不是如此。这里的"是一事物不能同时既是如此又不是如此"就是矛盾律的"此是"。它通过"是"表达出来。我们说矛盾律是真的，这是因为我们知道矛盾律是什么意思，也就是说，我们知道，矛盾律是以这样一种"是"的方式展示出来的东西，即"是一事物不能同时既是如此又不是如此"，而且这种此是确实是这样。矛盾律通过"此是"得到展示，这种展示是矛盾律的是之方式，由此矛盾律被发现，人们才能说，矛盾律是真的。因此，有了此是，才有真；有了此是，就有真。所以，海德格尔甚至明确地说："只要真是，就'有'是——而

---

① Heidegger: *Sein und Zeit*, S. 226-227.

非是者。而且，只要并且只有此是是，真就是。是与真'是'同样原初的。"① 由此看来，在海德格尔的思想中，一般来说，说"是怎样怎样"与说"是真的"的意思差不多是一样的。

海德格尔认为，可以从历史的角度论证探究此—是的必然性。一方面，可以从"真"（aletheia）出发，把它作为自然的基本特征。另一方面，可以从两种表象出发，即"1. 我想象某物——此—有；2. 我想象某物——是某物；'此—是'"②。他称这两种表象是由笛卡尔的思想激发的，也是莱布尼兹和德国古典哲学家所提到的。这里，我们不仅看到真与此—是的联系，而且还清楚地看到"此—是"差不多等同于"是某物"。虽然海德格尔有些地方有明确的说明，"此是"乃是指现实的当下的是者，"只是德语中关于存在物的一个适宜翻译"，"人们因而可以谈论事物的、动物的、人的、时间的是者"③，而"此—是"的指谓却完全不同。它是思想中的，"是一种是的方式，以这种方式，它就'是'那个此"④；而这个"此"就是"是者的开放性"，是"那原初考虑的真的根据"⑤。根据这样的说明，似乎可以区别此是与此—是。但是在许多地方，比如在与真相关的地方，特别是在他专门谈论"此"，或通过这个"此"来论述"此是"的时候，此是与此—是的区别就不是特别清楚。这一点，甚至在直观上就是显然的。此—是有连线"—"，谈论"此"是比较容易理解的，因为这个连线把它分离了出来。此是没有连线"—"，谈论"此"也是比较容易理解的，因为把它与"此是"中的那个"是"分离开来，即使其中没有连线。问题是，在海德格尔的论述中，这两种似乎不同的"此"实际上也确实没有什么太大的区别。

六、是与语言

海德格尔著作浩繁，他著述的核心则是是这个问题。围绕这个问题，他的论述从古到今，从哲学到宗教到文化，从文字到语言到思想，不可谓不广，不能说

① Heidegger: *Sein und Zeit*, S. 230.
② Heidegger, M.: *Beiträge zur Philosophie*, Vittorio Klostermann GmbH 1989, S. 306.
③ Heidegger, M.: *Beiträge zur Philosophie*, Vittorio Klostermann GmbH 1989, S. 296.
④ Heidegger, M.: *Beiträge zur Philosophie*, Vittorio Klostermann GmbH 1989, S. 296.
⑤ Heidegger, M.: *Beiträge zur Philosophie*, Vittorio Klostermann GmbH 1989, S. 296.

不博，因此我们不可能对他的所有思想和论述都进行探讨。如果仔细分析一下，其实可以看出，我们的论述主要集中在语言方面，或者说，几乎都与语言相关。我们列出的那些例子，说明海德格尔考虑的主要是"S 是 P"中的"是"。语法和词源的解释自然是语言方面的考虑。"是者是"和"此是"以及"此—是"也是两种谈论是的方式，尤其是涉及陈述的时候。至于真，则更是与语言相关，因为它的含义直接来自"是真的"这一表达式。综上所述，在海德格尔关于是的论述中，与语言的关系十分密切。

也许有人认为，这是我们根据特定的思路，经过有意识的选材进行研究而形成的结论。这种看法无疑是有道理的。但是由于这些材料都来自海德格尔的主要著作，因此这一结论不是凭空产生的。尽管从海德格尔的其他论述出发也许会得出其他一些不同的结果，但是至少这个结果是应该值得认真对待的。在这种意义上，一个直观的问题是：为什么海德格尔关于是的论述会与语言密切相关？我认为，这里大概主要有三个原因。第一，海德格尔本人确实对语言有许多深入细致的考察和分析，而且有独特的想法。第二，海德格尔也许想通过语言层面的探讨，或因循语言的线索提出对世界的解释。第三，对是的研究本身大概离不开语言的探讨。下面我分别阐述一下我的这几种看法。

如果说以上几部分论述反映了海德格尔关于是的论述与语言相关，那么"语言乃是是的家"[1]这一著名命题则集中体现了他在探讨是这一问题上关于语言的考虑。

这个命题最初是海德格尔在《关于人道主义的书信》中提出来的。后来他称这种说法"十分笨拙"[2]，并承认这个问题很久以来使他"不得安宁"[3]。这些自谦的说法表明了这里存在一些问题。比如，由于欧洲人的语言有对是的要求，而东亚人的语言没有这样的要求，因此"欧洲人也许就栖息在与东亚人完全不同的一个家中"[4]；如果欧洲语言与东亚语言是根本不同的东西，那么"一种从家到家的对话就几乎还是不可能的"[5]。可实际上人们一直在进行交流，而且交流得不错。

---

[1]　Heidegger: *Über den Humanismus*, S. 5.
[2]　海德格尔:《海德格尔选集》下卷，第 1008 页。
[3]　海德格尔:《海德格尔选集》下卷，第 1026 页。
[4]　海德格尔:《海德格尔选集》下卷，第 1009 页。
[5]　海德格尔:《海德格尔选集》下卷，第 1008-1009 页。

在我看来，"家"的说法是个比喻，很形象。根据这个比喻，语言是一种东西，是也是一种东西，是就待在语言之中。在作比喻的时候，家往往有根的含义。因此也可以说，是扎根在语言的家中。或者说，语言中才有是。因此，这个比喻生动地说明了是与语言的一种关系。然而，这个命题终究仅仅是一个比喻。既然是比喻，肯定不是那么严格，因而会给理解和解释带来一些问题。因此，虽然我们对这个比喻不必求全责备，但是必须深入探讨其中的意义。

我认为，这里有两个问题。一个问题是：海德格尔从欧洲语言出发，他考虑的是德语、拉丁语、希腊语等，最终提出"语言乃是是的家"这样一个命题。因而，这个命题是不是适合于欧洲语言？另一个问题是：海德格尔似乎是希望以这个命题说明语言的本质。也就是说，他似乎是想得出一个具有普遍性的结论。但是，由于他没有考虑其他种类的语言，因而就值得思考，这个命题是不是适合于其他语言，比如东亚语言？语言是经验性的东西，语言学也是经验科学。因此，从某一种语言得出的结论是不是一定能够推广到其他语言上，这确实是一个十分明显的问题，也值得认真思考。但是这个问题与本书讨论的主题关系不大，我们不对它进行深入探讨。这里我们仅考虑第一个问题。而且，我们不考虑家的比喻是不是适合于欧洲语言，而主要考虑为什么海德格尔会提出这样一个比喻。特别是，为什么要把语言与是联系起来？

家是个比喻，这个比喻说明的主要是语言和是的关系。因此对语言的考虑十分明确地凸显出来。如果我们仔细研究，其实可以发现，在海德格尔提出家这个比喻的时候，他并不是直接谈论语言的，而是从思维活动出发，进而谈到语言。他认为，思维活动实现了是与人的本质的关系，这是因为"是在思维活动中形成语言。语言乃是是的家。人以语言的家为家"[1]。他认为，是乃是思维活动的基本成分[2]，所谓基本成分就是思维活动能够由之出发而成为思维活动的东西[3]。这种基本成分至关重要，"如果思维活动离开它的基本要素，思维活动也就中止了"[4]。无论这里说的是不是有道理，至少十分明显地表明，思维和语言有一种关系；思维

---

① 海德格尔：《海德格尔选集》上卷，第358页。译文有修改，参见 Heidegger: *Über den Humanismus*, S. 5。

② 参见海德格尔：《海德格尔选集》上卷，第360页；Heidegger: *Über den Humanismus*, S. 6。

③ 参见海德格尔：《海德格尔选集》上卷，第361页；Heidegger: *Über den Humanismus*, S. 7。

④ 参见海德格尔：《海德格尔选集》上卷，第361页；Heidegger: *Über den Humanismus*, S. 7。

和是有一种关系；语言和是有一种关系；而且，似乎语言和是的关系乃是由于思维和是的关系造成的，至少二者有很大的关系。

对于海德格尔为什么要从思维活动出发来谈论语言，进而从思维中的是谈论语言中的是这一问题，这里可以暂不进行深入探讨。但是指出这一点却不是没有必要的，因为它与海德格尔后来的论述是有区别的。实际上，海德格尔后来往往直接谈论语言，谈论人说，谈论语言说。比如，他可以从分析"语言破碎处，一无所是"这句诗出发，认为它包含着一个阐述：任何是者之是居住在语言中，因此才有了"语言乃是是的家"这个命题。[①] 又比如，他明确地说：

> 说话能力标志着人之为人的特性。这个标志包含着人之本质的轮廓。倘若没有语言能力，倘若人不能每时地就每个事物说话——以各种方式，并且更多的时候是无所道出地以"它是"（es ist）的方式说话——，那么，人就不成其为人。只要语言有诸如此类的作用，人就在语言之中。[②]

在这样的论述中，我们看不到关于思维活动的论述，看不到从思维活动到语言的说明。相反，我们只看到对语言的直接论述，看到从语言出发谈论语言中的是。按照海德格尔自己的说法，对语言和是的关系的考虑很早就决定了他的思想道路[③]，但是起初他对语言和是的关系还不太明确[④]，因而他的"探讨工作是尽可能含而不露的"[⑤]。由此我们可以说，海德格尔对语言与是的关系的论述也有一个从隐蔽到公开的过程。根据以上论述，我们也许还可以说，他关于语言与是的公开论述，尤其是关于那个家的比喻，也含有一个过渡，这就是从谈论思维活动到直接谈论语言的过渡。这里也许有许多原因。比如，从传统的角度说，人们容易接受思维和语言的对应关系的假定，认为语言是思维的物质外壳，思维是语言的实质内容；从现代的角度说，语言逐渐凸显，成为哲学研究主要关注的东西，甚至被看做是哲学研究的对象。但是无论有什么原因，我们都清楚地看到，是乃是思维活动中的基本成分，也是人每日每时就每个事物的说话方式。缺少这种成分，

---

① 参见海德格尔：《海德格尔选集》下卷，第 1068 页。
② 海德格尔：《海德格尔选集》下卷，第 1121-1122 页。
③ 参见海德格尔：《海德格尔选集》下卷，第 1011 页。
④ 参见海德格尔：《海德格尔选集》下卷，第 1010 页。
⑤ 海德格尔：《海德格尔选集》下卷，第 1011 页。

思维活动就停止了。人们要是不能思维，人就不是理性动物。人要是不能说"是"，人就没有语言能力，人就不能说话，不能成其为人。在海德格尔的思想中，无论思维活动中的是与语言中的是究竟是不是不同，到底有什么不同，它们各自所起的那种至关重要的、核心的、不可或缺的作用肯定是一样的。因此，通过思维活动作为过渡来谈论语言和是的关系，固然不错，放弃思维活动之说，直接谈论语言与是的关系也没有什么不可以。因为在是所起的作用这一点上，它在思维活动中和在语言中乃是相通的。

通过以上分析，我们实际上也就可以理解，为什么海德格尔把语言与是联系起来。因为他认为，在语言中，最重要的、最能够体现语言特性的东西就是这个"是"。如上所述，他认为，人们在所有认识、命题中都要用这个"是"；"是"的表达乃是一种简单而通常的，几乎随意的。他还认为，语言中到处要说到"是"这个词。① 此外，他曾经问日本学者日语中是不是有一个词可以表示欧洲人称为语言的东西，他甚至怀疑如果没有这样一个词，日本人如何能够经验被欧洲人称为语言的东西。② 可见在他看来"是"这个词对语言来说是多么不可或缺，又是多么重要。

对于"是"这个词的重要性，大概没有什么人否认。但是对它的含义却有不同看法。一些人认为，"是"这个词有最空的因而是统括一切的含义③；"是"这个词的含义是不确定的④。海德格尔显然反对这些观点。他认为"是"在语言中不仅是不可或缺的和重要的，而且具有非常丰富的涵义。前面我们曾谈到海德格尔在《形而上学导论》中给出的 14 个例子，但是没有进行任何解释。实际上，海德格尔正是想通过这 14 个例子说明"是"有不同的含义。比如他认为，"上帝是"表示"现实当前的"；"讲演是在大厅里"表示"讲演正在举行"；"这本书是我的"表示"它属于我"；"狗是在花园里"表示"它在那里转悠"；如此等等。通过这

---

① 参见海德格尔：《海德格尔选集》下卷，第 842 页；Heidegger: *Identität und Differenz*, Verlag Günther Neske Pfullingen 1957, S. 72.

② 参见海德格尔：《海德格尔选集》下卷，第 1027 页。

③ 参见海德格尔：《形而上学导论》，第 74 页；Heidegger: *Einführung in die Metaphysik*, S. 57.

④ 参见海德格尔：《形而上学导论》，第 78 页；Heidegger: *Einführung in die Metaphysik*, S. 59.

些解释，他想说明，是的含义是不确定的，但是我们对它的理解却是确定的。正
"因为这个'是'始终是自在地不确定的而在其含义中是空的，它才可以备如此
纷然杂陈的含义之用而且'酌情'得到充实和规定"①。他明确地指出：

> 这个"是"在说话中表达出丰富含义的形形色色来。我们总是以丰富含
> 义之一种含义来说这个"是"，而在这样做时我们却没有，无论是在事前还
> 是事后，还特地判定"是"的一个特殊解说或者简直特地考虑这个是。这个
> "是"干脆是在说话中意思一会儿是这样、一会儿是那样向我们扑来。然而
> 诸含义之形形色色却毫无随心所欲之处。②

"是"在语言中不可或缺，主要在于它在语言中作为系词所起的那种语法作
用，而因循语法又是欧洲语言的主要特征之一。人们认为这个是在语言中没有意
义，或它的意义是不确定的，主要也是根据它作为系词的语法作用。所谓主谓结
构，指的是主词表示陈述的对象，谓词是对主词的表述和说明。在这样的主谓结
构中，从语法的角度说，是这个系词与谓词合为一体。因而在对主词的表述中，
起谓述作用的、有谓述含义的也是谓词，而不是系词。在这种意义上，人们可以
说，是这个系词有一种恒定的作用，但是没有字面意义。海德格尔的上述说明显
然承认是这个系词的恒定作用，认为它不可或缺。他所标新立异的，或他与众不
同的见解则在于，是这个词也有意义。而且，是的这种意义是不断变化的。特别是，
是的这种意义乃是由是本身的不确定性决定的。

我依然认为，海德格尔的观点是不是有道理，乃是可以讨论的。比如，即使
我可以承认"讲演是在大厅里"表示"讲演正在举行"，但是我依然会问，"正在
举行"是不是就是这句话中"是"的含义？就算我也可以同意"狗是在花园里"
的意思是"它在那里转悠"，但是我还是会怀疑"在那里转悠"是不是就是这句
话中"是"的含义。不过，这些不属于我所讨论的范围。重要的是，我们必须看到，
海德格尔强调语言中的这个是，而且除了一般的强调以外，他还要为它找出一些
新东西来。

---

① 海德格尔：《形而上学导论》，第 91 页。译文有修改，参见 Heidegger: *Einführung in die Metaphysik*, S. 69。

② 海德格尔：《形而上学导论》，第 91 页。译文有修改，参见 Heidegger: *Einführung in die Metaphysik*, S. 69。

　　其实，海德格尔本人也知道他的解释面临着许多问题。他承认，即使有了像那14个例子所表明的诸多含义，想说明"是"乃是什么意思仍然是困难的。他说：

　　　　要挑出一个共同的含义来作为普遍的类概念而将各种样式的"是"之诸方式都引入这个概念之下，这仍然是困难的，也许甚至是不可能的。因为本质上就各不相干嘛。然而有一条统一的确定的线索贯穿这一切。这条线索把对"是"的理解指向一个确定的视野，从这种视野出发才得到对"是"的理解。对"是"的意义限定在以下范围：当今与曾经，形成与持续，停留与出现。①

　　同意海德格尔观点的人可能会认为他提出了开创性的见解，不同意他的观点的人可能会认为他勉为其难，甚至有些挖空心思。无论同意还是不同意，我们至少可以看出两点：其一，海德格尔承认寻找"是"的一种涵盖一切用法的含义是困难的，甚至是不可能的；其二，他提出理解是的一条线索。在"是"的问题上，海德格尔无疑迎难而上，成功与否则在其次。无论如何，透过这两点明显的含义，我们可以清清楚楚地看出，海德格尔确实是在谈论语言，并且是在研究语言中"是"这个最为普遍的词。而这个最为普遍的词无疑是系词。

　　海德格尔研究语言和是的关系，研究语言中是这个词的含义，应该说是确切无疑的。但是必须指出，他的研究不是语言学的研究，而是形而上学的研究。在《是与时》这部著作的开始部分，他提到是这个概念的三种含义，就谈到亚里士多德和中世纪学者的相关论述。此外，从他的著作中，我们可以看到，他不仅探讨这个问题本身，而且探讨了巴门尼德、柏拉图、亚里士多德、中世纪学者、笛卡尔、康德、黑格尔、尼采等众多著名哲学家对这个问题的相关论述和思想。从前面几章可以看出，不能说这些哲学家关于是的论述与语言毫不相关，他们以这样那样的方式、或多或少也是有语言方面考虑的。但是他们都没有像海德格尔这样有意识地、系统地从语言出发来探讨是，因而他们的论述主要还是形而上学方面的论述，而不是语言方面的论述。海德格尔则不同。他对这些哲学家的相关思想的论述非常清楚地表明，他的论述也是形而上学的论述，同时他自己的论述方式则表明，从语言出发进行有关是的探讨，乃是他的形而上学研究的特色或创造性。他

---

① 海德格尔：《形而上学导论》，第92页。译文有修改，参见 Heidegger, *Einführung in die Metaphysik*, S. 69。

认为，西方语言是形而上学思维的语言，其中的复杂性很多，也许并未被人们所认识，但是核心的东西，即那个"是"却是可以看到的。他十分明确地说：

> "是"（ist）这个在我们的语言中处处说话并且道说着是（Sein）的普通的词，即便在它并不专门出现的地方，也包含着——从巴门尼德的 estin car einai 开始，直到黑格尔的思辨命题的"是"，直到尼采把"是"消解为一种对强力意志的设定——是的整个命运。[①]

这段话比较集中地体现了海德格尔关于是的思考的实质。他探讨的乃是西方哲学史上所有形而上学家一直在思考的问题。但是他的思考方式与众不同，因为他指出了这个问题与语言相关的一面，并指出了由此带来的问题和困难。"是"在语言中乃是一个普通的词，但是它所道说的东西，即那个大写的"是"，却是哲学家们一直思考的对象。而且形而上学的命运就在这个小写的"是"中。我认为，无论这种从语言出发的思考方式是不是能够解决传统的形而上学问题，海德格尔至少提出了一种思考方式。仅此一点，就足以令人称道。

我强调海德格尔的思考方式，只是想指出，海德格尔并不是在探讨语言，实际上，他依然是在探讨形而上学的问题。他举过许多例子，以此说明他所探讨的乃是语言中到处出现的那个"是"，但是他的目的却是为了探讨这个是所表达的东西。他不仅多次问：是乃是什么？他甚至还问过：是乃是一个东西吗？在前面那个关于粉笔的例子中我们曾经看到，海德格尔认为，人们可以看到粉笔的一些性质，比如有长度、有硬度、有颜色等，但是看不到它的是。这样的例子并不是绝无仅有的。比如，他还认为，教室是，教室是亮的。我们看得见教室，看得见教室是亮的，但是我们在教室根本找不到这个"是"[②]。

前面我们不仅论述了海德格尔所举的例子，而且还论述了他所说的"是者是"和"此是"。如果说那些例子使我们清楚地看到海德格尔所谈论的乃是作为系词的是，那么"是者是"和"此是"则更为清楚地使我们看到他从语言出发来进行形而上学的探讨。

---

① 海德格尔:《海德格尔选集》下卷，第 842 页。译文有修改，参见 Heidegger: *Identität und Differenz*, Verlag Günther Neske Pfullingen 1957, S. 72.
② 参见海德格尔:《海德格尔选集》上卷，第 663 页。

"是者是"强调的乃是是者。通过这样的谈论方式，是者与是区别开来。海德格尔批评传统的形而上学研究越来越局限于是者，而忽略了对是的研究。他认为，是者与是不同。必须区别是者与是，必须区别是者之是，与是之是者。是者总是处于遮蔽之中，是则是澄明和展示。混淆了是者与是的问题，就会忽略是否是以及如何是的问题。

"此是"强调的乃是此。通过这个此，说明了是的一种重要性质，即它的澄明和展示性。因此此是的本质就在于它的展示性。值得注意的是海德格尔从"此是"到对"在—世界—中—是"的说明。在我看来，如果说"此是"更具语言方面的考虑，因而主要具有形式的含义，那么"在—世界—中—是"则主要是形而上学方面的考虑，由此使我们进入与我们相关的那个世界的探讨。这才是海德格尔真正要谈论的东西，只是他要依循着形而上学的方式，围绕着是来陈述。还值得注意的是，海德格尔关于"此是"与"真"的论述。这样的论述也使我们把有关是的形而上学讨论与"真"这一传统形而上学的核心论题紧密结合起来。如果说海德格尔关于此是的论述有许多地方不是那么清楚，不是那样容易理解的话，那么在关于真的论述中却几乎不存在这样的问题。

特别值得注意的是，海德格尔在关于"此是"的讨论中关于存在与本质的区别。以上我们曾经谈到海德格尔在对此是的说明中一步步引入"存在"的概念，引入"本体的"和"本体论的"的说明。由于那里我们的目的主要在于说明他的论述方式，因此对这个问题没有进行更为深入的探讨。如前所述，存在这一概念主要是在中世纪产生的。在神学的影响下，中世纪哲学家在关于上帝的讨论中引入了这个概念，并把它与是的讨论联系起来，形成存在与本质的区别的著名讨论，从而使存在也成为形而上学的一个重要问题。熟知哲学史的海德格尔当然知道这一点，因此他在关于是的论述中也无法回避这个问题。实际上，除了在关于此是的讨论中小心地引入存在以及相关的概念外，海德格尔多次明确谈到存在与本质的区别。① 正是从这种区别出发，他谈论人处在此是中，人在世界之中，只有人存在，人说，人言说是，等等。无论这些论述是不是有道理，我们至少可以看出，海德格尔通过"此是"最终想论述的还是关于世界、关于人以及关于人与这个世界的一些关系。

———————————

① 参见海德格尔:《海德格尔选集》上卷，第113、369-373页。

第九章　是、存在与真

　　围绕与"是"相关的问题，以上我们论述了西方哲学史上从古代到现代的一些重要的哲学家，包括巴门尼德、亚里士多德、波爱修、托玛斯·阿奎那、笛卡尔、洛克、康德、黑格尔、海德格尔等人。从哲学史的角度说，也许还应该再多选择一些哲学家，比如柏拉图、奥古斯丁、奥卡姆、莱布尼兹、胡塞尔、萨特，等等。这样，内容肯定会更加丰富，对相关观点的论证也可能会更充分一些，因为这些人关于"是"也有许多论述。但是限于篇幅，我把他们都省略了。本书也许可以算是一部具有哲学史意义的著作，但它不是哲学史著作，因此取材主要不在于史料的全面，而在于人物和思想的代表性，目的是为了便于进行本书的讨论，有助于说明我想说明的问题。在这种意义上，我认为以上选材是合适的。现在的工作就是在这些材料的基础上进行我们的讨论。

　　其实，前面在论述哲学家思想的时候，我们也进行了详细的讨论，不仅在各小节论述具体问题的过程中就具体问题进行了讨论，而且在每一章的最后一节还进行了总体性的讨论。不过，那些讨论基本上是就某一个人或某一断代进行的。下面我要做的是基于以上论述，从整个西方哲学史的角度进行讨论，并试图通过这样的讨论阐述我自己的一些看法，提出一些有待深入思考的问题。

一、是什么

　　从巴门尼德提出关于是的那个著名命题，特别是自亚里士多德写下研究是本身的形而上学著作以来，是的研究在西方哲学史上一直占据十分重要的地位。当代的海德格尔则再次把这一研究推向高潮。作为一个中国哲学家，面对这样一个历史事实和现象，大概直观上会立即产生一个问题：西方哲学家为什么要研究是？由此也许还会产生另一个问题：这个"是"究竟是什么？在这种意义上，"'是'

是什么？"这个问题就不仅仅是海德格尔本人的问题，而且也成为我们自己的问题。这个问题无疑是一个形而上学的问题。每个人对它的答案大概也是不同的。但是就我个人来说，我更愿意探讨为什么西方哲学家要研究是。因为这个问题直接与如何理解西方哲学相关，因而与本书的目的联系得最为密切。

是及其相关问题，虽然一直在讨论，但是最初却是在古希腊提出来的，而且后来的讨论都以古希腊的讨论为基础，并且不断从它那里获得思想源泉。因此，为了回答这个问题，我们应该重点考察古希腊。众所周知，哲学这个词来自希腊文，其字面意思是"爱智慧"。在亚里士多德以前，诸学科融合在一起，没有区分。"爱智慧"比较恰当地体现了从事这些尚未划分的学科的研究活动。以今天的眼光，我们可以把这些研究活动简单地分为两类。一类大体上相应于今天的自然科学，另一类大致相应于今天的人文社会科学。在前一类研究活动中哲学家主要探讨我们周围的世界。他们不断地问：世界的本原是什么？世界的构成是什么？世界的基本元素是什么？等等。同时，他们根据各自的研究给出不同的回答。有人说，世界的本原是水。有人说，世界的本原是气。有人说，世界的本原是火。也有人说，世界的本原是数。在后一类研究活动中哲学家主要探讨与我们自身相关的事情。他们反复探讨：什么是正义？什么是勇敢？什么是节制？什么是国家？等等。这两类探讨具有根本的不同。前者主要是探索世界的本原，而后者主要是寻求一种普遍的定义。尽管如此，它们却有十分相似的地方。这就是，这两类研究的人提问的方式和回答问题的方式都是一样的。他们都在问："……是什么？"他们都回答说："……是如此这般的"，简单地说，即"是什么"。进一步分析，还可以看出，这种提问和回答实际上具有一种共同的形式，这就是："……是……"。为了表述的方便，我们也可以说，它们的共同形式乃是"是什么"，或者更简单，乃是"是"。

在亚里士多德看来，智慧是有不同层次的。他的那些前辈探讨世界的本原和原因，寻求普遍的定义，都属于爱智慧的活动。但是这些研究是有缺陷的，因为它们都属于某一具体学科，而没有探讨"是其所是"和"本质"；它们属于某一层次的智慧，而不是最高等级的智慧，即不是关于最普遍知识的智慧。最高级的智慧乃是关于本原、原因、元素的知识，即关于作为是本身这样的东西的知识。他把这样的知识称为第一哲学，也就是我们今天所说的形而上学。无论亚里士多德的看法是不是有道理，这里至少蕴涵着两个至关重要的思想。其一，学科分类的思想产生了。一门具体的学科可以就专门的对象询问"是什么？"并进行探讨，由此形成一门门具体的不同学科。而形而上学不是对具体的对象询问"是什么？"而是探索最为普遍的本质和原因，并以这样的探讨形成自己的学科。其二，"是"的问题产生了，并且成为形而上学的核心问题。这里我们仅考虑第二个思想。第一个思想留待最后一节讨论。

首先，亚里士多德的形而上学不是凭空产生的东西。确切地说，他提出的要"研究是本身"这一思想具有坚实的基础。这种基础就是在他以前的那些古希腊哲学家所从事的哲学活动和提供的思想。虽然他不满意他的那些前辈们有关具体的"是什么"的研究，甚至对他们提出了批评，但是他说的"是本身"（或"作为是的是"）恰恰是他那些前辈的提问和探索所反映出来的共同的东西。在这种意义上，他的思想正是他的前辈的思想的发展和继续。

其次，当亚里士多德提出要研究是本身的时候，他考虑到，这样的研究不能局限在某一种具体的"是什么"，而是要突破某一领域或范围的局限，寻求一种最为普遍的东西。这种思考反映了一种认识上的不满和追求，体现出一种理性层面的探索和进取。

我认为，以上两点是值得我们深思的。它们不仅表明，是本身这个问题是如何提出来的，而且表明，是本身这个问题的实质究竟是什么。

"是什么"是一种提问，宽泛地说，它也可以是一种回答。无论提问还是回答，"是什么"乃是一种求知的体现。而且，在古希腊，这种求知是具体的、广泛的、充满科学精神的。它表现为人类探索自然的奥秘、探索社会活动规律的精神活动，也体现出对人类认识限度的挑战。正是根据这种提问和回答，人们对具体问题的理解不断深入，对具体学科或领域的认识不断深化。同样是由于理解的深入和认识的深化，人们又总是不断地问"是什么？"并不断地回答"是什么"。因此，"是什么"不仅是人们提问和回答的方式，而且也反映着人们的理解和认识。归根结底，它是人类认识活动、认识能力、认识精神的集中体现。

基于对"是什么"的这种理解，我认为，亚里士多德所说的"是本身"首先是一种知识论意义上的东西。[①]因为，它乃是诸种"是什么"、诸学科领域中的"是

---

① 这里所说的"知识论"不是这个词一般术语意义上的东西，也不是认识论意义上的东西。我借用这个概念主要是想表达一种最宽泛的求知意义上的东西。

什么"的集中体现。它的本意是在那些"是什么"的基础上进一步探究，对它们的共同的东西进行探索，目的则是寻求最普遍的本原和原因。因此，正像"是什么"表明的乃是一种认识一样，"是本身"展现的同样是一种认识，而且在亚里士多德看来乃是更高级的认识。这一点，从范畴理论可以看得最为明显。

如前所述，亚里士多德有两个范畴理论，其间只有一词之差。一个范畴理论以"本质"为第一范畴，另一个范畴理论以"实体"为第一范畴。而这一词之差所体现得最为明显的区别，就在于"本质"的字面意思乃是"是什么"，因而这种范畴分类乃是对谓词或谓述方式的进一步分类，也可以说，它们是对"是什么"或"是如何"的思考和研究。"实体"虽然字面上没有"是什么"的意思，但是词根也是 einai，因而也与"是"相关。因此，虽然字面上我们不能非常肯定地说，在亚里士多德的著作中，含有"实体"的这一类范畴也是关于"是什么"的分类，但是我们至少可以断定，这类范畴与前一类范畴有很多相似之处，关系十分密切。实际上我们也看到，亚里士多德在形而上学的讨论中虽然主要探讨的是"实体"，但是关于"本质"的论述也很多。亚里士多德有时候认为，实体是原因；有时候也认为，本质是原因。因此，在他的思想中，实体与本质其实是有一些相同和相通之处的。所以，即使字面上无法肯定含有"实体"的这类范畴是关于"是什么"的思考和回答，但是我们还是可以发现其中具有一些与"是什么"这一问题相关的联系。在我看来，这样的联系绝不是随意的考虑，而是一种知识论意义上的考虑。

本书只论述了亚里士多德的范畴理论。然而与范畴表达相关的思想却不是在亚里士多德这里才开始有，至少在柏拉图那里就已经存在。柏拉图在《智者篇》中曾经讲到如何以不同方式称谓同一事物：

> 当我们说到一个人的时候，我们给他许多附加的名称——我们赋予他颜色、形状、大小、缺点和优点，而且我们以所有这些陈述和无数其他陈述说，他不仅是一个"人"，而且也是"好的"，并且具有其他任何一些性质。对其他所有事物也是如此。我们把任何给定的事物看做一，但是把它说成多并以许多名称谈论它。①

---

① Plato: "Sophist", in Plato: *Collected Dialogues*, ed. by Hamilton, E., Cairns, H., Princeton University Press 1978, p. 996.

柏拉图的论述是清楚而明确的。对于一个人，我们可以说，他是一个人，他是好的，他是白净的，他是一米多高，他是苏格拉底的学生，等等。这样的说明反映了我们的认识，也体现了一与多的关系。有人认为，亚里士多德的范畴理论是"接着"柏拉图这里所探讨的问题讲的。[①] 我想，这一见解是有道理的。因为在亚里士多德那里，虽然我们看到的是范畴学说，也就是说，完全是理论层面的探讨，但是一些具体的论述与柏拉图的论述也是非常相像的。比如亚里士多德在《论辩篇》中区分了十种范畴之后说：

> 揭示事物本质的人有时表示实体，有时表示性质，有时则表示其他某一范畴。因为当有人在他面前，而他又断言在他面前的东西是一个人或一个动物时，那么，他就是说出了本质并且指明了那是实体；当在他面前的是一种白的颜色，而他又声称在他面前的是白或某种颜色时，那么，他也就说出了本质并且指明了那是性质。同样，如果在他面前的是肘的量度，而他又断言在他面前的是肘的量度，那么，他也是说出了本质并且指明了那是数量。其他情况也是如此。[②]

对照柏拉图与亚里士多德的论述，不难看出，对一事物的陈述，柏拉图给予的说明是颜色、形状、大小等，比较直观，而亚里士多德给予的说明是实体、本质、质、量等所谓范畴概念，并形成理论。他们使用的例子是一样的。除了引入范畴概念以及与范畴相关的讨论外，亚里士多德的这段话与柏拉图的论述几乎完全一样。这里一方面说明，亚里士多德的范畴思想是有来源的，另一方面也说明，柏拉图的相关论述也具有知识论的意义。因为所谓对一事物的颜色、形状、大小等的说明并非仅仅是一种文字的或口头的说明，不是一种单纯的说明。归根结底，这些说明反映了人们的认识，因而柏拉图探讨的还是与认识相关的问题。

二、是真的

与"是什么"的问题相关的乃是"是真的"。对一个问题作出回答，或者简单地说，每当作出一个阐述、一个断定，立即面临着一个问题："它是不是真

---

① 参见 Oehler, K.: *Aristoteles: Kategorien*, p. 84.
② 苗力田主编:《亚里士多德全集》第 1 卷，第 362 页。

的？""是真的"不仅是认识的要求，而且是正确认识的标准。因此，以爱智慧著称的哲学家的研究活动从一开始就与真密切相关。

巴门尼德的残篇探讨的核心问题与"是"相关，指出的路却是"真之路"。如果说由于他没有留下完整的著作，因此无法使我们全面准确地理解他的思想，那么在亚里士多德那里就不存在这样的问题。亚里士多德不仅有关于是与真的论述，而且有关于它们的研究，因而为我们的理解提供了可靠的保证。

亚里士多德不仅提出哲学要研究是本身，而且认为可以把哲学称为真之科学。他明确地说：

> 把哲学称为关于真的知识也是正确的。因为真乃是理论哲学的目的，而活动乃是实践哲学的目的。因为即使实践哲学探讨某种东西是如何形成的，它考虑的也不是永恒的东西和自身的东西，而是相对的和暂时的对象。但是没有对原因的认识我们就不知道真。①

从这段论述我们可以看出，亚里士多德把哲学分为理论的和实践的，理论哲学以真为目的，显然与真有关。实践哲学虽然不是以真为目的，但是它探讨的最终极的东西还是真，因此也与真有关。所以可以把哲学称为关于真的知识。哲学要研究是本身，哲学又是关于真的知识，无论这种观点是不是正确，它至少表明，是与真的联系乃是十分密切的。当然，这样来理解亚里士多德关于是与真的关系的论述未免过于简单，因为它充其量只能算是一种间接的说明。为了说明这里的问题，我们更应该依靠亚里士多德直接给出的论证。

在《解释篇》中，亚里士多德指出："正像心灵中有一些思想不涉及真假，也有一些思想必然要么是真的要么是假的一样，在语言中也是如此。"② 除了说明"只有本身含真假的语句才是命题"和进行了相关的探讨外，他在探讨模态命题时还列出了有关"必然"、"可能"等五对矛盾命题，其中竟然包括"这是真的——这不是真的"③。这里，亚里士多德似乎把"真的"作为一个逻辑算子来看待，但是由于他没有给出进一步的说明，因此我们无法知道他到底是怎样想的。值得注意的是，亚里士多德只把"真"列出来，而没有把"假"列出来，他只是在探讨命

---

① Aristoteles: *Metaphysik*, Bücher I-Ⅵ, S. 73.
② Aristotle: *The Works of Aristotle*, vol. I, 16a9-10.
③ Aristotle: *The Works of Aristotle*, vol. I, 22a15.

题的"真"时谈到"假"。这也许是因为"真"在他的思想中是一个更重要的概念；也许是因为用"真"可以说明"假"，当然用"假"也可以说明"真"，但是人们在思维习惯上更倾向于谈论"真"。无论如何，这至少说明"真"是一个更基本的概念。而且这里清楚地表明，亚里士多德所说的"真"应该是在"真的"或"是真的"这种意义上理解的。

在《形而上学》中，如前所述，亚里士多德有关于真之符合论的著名论述——否定是的东西或肯定不是的东西就是假的，而肯定是的东西和否定不是的东西就是真的；还有关于在陈述中是和不是的论述——"是"表示一个陈述是真的，"不是"表示一个陈述不是真的，而是假的。这显然是关于是与真的关系的十分明确的论述。除此之外，他还明确地说：

> 关于在真的的意义上的"是"和在假的的意义上的"不是"，有两种情况：一种情况是，如果结合，就有真，如果分离，就有假；而另一种情况是，凡是者，则是它实际所是，或者它根本不是。这里的真即是对这些是如此的东西的认识。这里没有错误，而只有无知，但是无知不同于盲目，因为盲目则意味着完全没有思想的能力。①

考虑这里所说的"真"，必然要明确这里所说的"结合"和"分离"是什么意思。而且这也是亚里士多德在《形而上学》中常常谈到的情况。为什么说结合就有真，分离就有假的。其实，结合亚里士多德在《解释篇》中的论述，这一点是十分清楚的。在那里，他说："真和假隐含着组合和分离。名词和动词，如果不加任何东西，就像没有组合或分离的思想一样。例如，'人'和'白的'，作为孤立的词，尚不是真的或假的。为了证明这一点，让我们考虑'羊鹿'这个词。它有意义，但是关于它没有真假，除非以现在时或其他某种时态加上'是'或'不是'。"② 在亚里士多德看来，语言和思想是相应的。语词和句子相应于思想中不同的情况。单独的或独立的语词没有真假，语词只有结合成句子，才有真假。明确了这一点，我们就可以看出，亚里士多德所说的结合的"真"是一种关于句子的"真"。由于他认为语言相应于思想，语言表达思想，而思想反映我们的认识，因

---

① Aristotle: *Metaphysics*, 1051b33-1052a3.
② Aristotle: *The Works of Aristotle*, vol. Ⅰ, 16a11-18.

此他说的"真即是对这些是如此的东西的认识"中的"真"也是，或者至少可以说主要是句子的真这种意义上的"真"，是"真的"这种意义上的东西。

从亚里士多德的论述我们可以看出，"真"不是孤立的，总是与句子结合在一起的，因此与"是"密不可分。亚里士多德不仅总是把"是"与"真"联系起来进行论述，而且把它们作为形而上学的基本问题提出来。他不仅认为哲学是"研究是本身"的科学①，而且明确地说："称哲学为与真相关的知识是正确的。"② 他认为，"只要每个事物与是有关系，它也就与真有关系"③。因此，"真"与"是"乃是联系在一起的。

应该说，是与真的关系，在亚里士多德那里乃是十分明确的，也是比较清楚的。但是我觉得，这里有三点值得认真思考。

首先，一方面，是与真的联系在哲学史大概可以算是常识。这不仅在亚里士多德那里是显然的，在许多哲学家那里也是显然的。比如在黑格尔那里，"是"与"不"的变化就涉及真，而在海德格尔那里，所谓真不过是此是的展示。即使在中世纪，哲学家们也说是与真。他们说，上帝乃是是，上帝乃是真；另一方面，是与真虽然有联系，但是在不同哲学家那里，意义却不同。我认为，在亚里士多德那里，是与真的联系十分明显地具有一种知识论意义上的含义。而在有些哲学家那里却不是这样。比如在中世纪，当哲学受到神学的严重影响，不得不讨论上帝的时候，当哲学家只能说"上帝是"，因而说"上帝就是是"的时候，他们也说，"上帝就是真"。这样在神学影响下的是与真的探讨，大概很难说具有知识论意义上的含义。非常保守地说，在这样的探讨中，是与真或多或少失去了知识论意义上的含义。这一现象在其他哲学家那里也不是没有，只不过在中世纪哲学家那里表现得尤为突出。

其次，真与句子相关。从卡恩的研究我们看出，在古希腊语中，einai 有一种断真用法，因而也有真的含义。这种句法表明，真这个词在句子中并不出现，但是这样的句子具有断定真的作用。特别是，所谓断真乃是对句子的说明。从这种现象看，似乎与其说真与是有联系，倒不如说真与句子有联系。在这种意义上，

---

① Aristotle: *Metaphysics*, 1003a20.
② Aristotle: *Metaphysics*, 993a20.
③ Aristotle: *Metaphysics*, 993a28.

当亚里士多德确定逻辑研究的对象，并说"只有本身含真假的句子才是命题"的时候，难道不是这种现象的充分反映吗？更为引人注目的是，弗雷格对真与句子的关系有更加明确的表达："每当表示出某种东西时，它总被连带地表示出来。"①根据他的思想，对于一个断定句，"是真的"是不必说的，也就是说，真乃是隐含在断定句的形式中的②。这些极其相似的论述表明这些哲学家在这一问题上从古到今一脉相承的思想。

最后，关于"真"的论述的发展。亚里士多德提出的关于"真"的思想和论述，奠定了关于这个问题的讨论的基础。他关于"真的"作谓词的探讨，以及他关于"真"在这种性质上的讨论，得到了逻辑学家的继承和发展。弗雷格和塔尔斯基等逻辑学家都探讨了"真"作谓词的问题，塔尔斯基还对关于"真"这一概念进行了专门的研究和探讨，并取得了具有划时代意义的重要成果。③他们理解这一问题的出发点与亚里士多德是完全一样的。

逻辑学家是如此，哲学家也是这样。例如，康德在许多著作中都探讨了与"真"有关的问题。他在《纯粹理性批判》中提出这个问题之后立即明确地说：

> 这里提出真的名词解释并以它为前提，即真是认识与其对象相一致；但是人们要知道，对于各种认识的真而言，真的普遍的和可靠的标准是什么。④

康德对真的标准进行了深入而广泛的探讨，但是从这段话可以看出，他的讨论是以亚里士多德的有关思想为基础的。因此不管他的论述如何丰富，走多远，我们都应该在亚里士多德的意义上，即在"真"的意义上，理解康德所说的"Wahrheit"。黑格尔关于"真"的探讨虽然没有像康德这样明确地从亚里士多德的思想出发，但是在许多地方仍然可以看到亚里士多德这种思想的痕迹。比如，他在探讨应该如何理解真时说：

> 通常我们称真为一个对象与我们的表象相一致。……而在哲学的意义上，

---

① 弗雷格：《弗雷格哲学论著选辑》，第 183 页。
② 参见王路编：《弗雷格思想研究》，社会科学文献出版社 1996 年版（以下只注书名），第 202-208 页。
③ 参见王路编：《弗雷格思想研究》；张家龙：《数理逻辑发展史》，社会科学文献出版社 1993 年版。
④ Kant, I.: *Kritik der reinen Vernunft*, Band 1, S. 102.

完全抽象地表达，真意谓着一个内容与其自身相一致。这也是真的一种与上述完全不同的意义。①

这里，黑格尔提到了"真"的两种意义，一种是通常的意义，尽管用词不完全一样，因为表象与认识是不同的，但是实际上这依然是亚里士多德所说的关于"真"的意义。另一种意义则是黑格尔自己关于这一问题的研究发展，即不是对象和表象的一致，而是内容与其自身的一致。但是应该看到，这是黑格尔在与亚里士多德所论述过的相同的概念和问题上的发展，即是对"真"这同一个概念的意义的发展。他说的"真"本身与亚里士多德说的"真"本身是同一种意义上的东西，只是他对这种东西有了新的解释。黑格尔还说：

> 在日常用语中，也已经多少表现出关于真的这种更深的（哲学的）意义。例如，人们谈论一个真朋友并把他理解为这样一个人，他的行为方式符合友谊这个概念；人们也以相同的方式谈论一件真艺术品。②

黑格尔解释了他所认为的关于"真"这一概念的哲学涵义，但是所举的例子说明了他所说的"真"就是人们一般日常语言中所说的那个最普通、最常用的"真的"。这一点从他的另一段话还可以看得更清楚："在日常生活中，正确性和真常常在相同的意义上使用，因此，在涉及一种内容的纯粹是正确性的地方，经常谈到它的真。"③虽然黑格尔在这里是想区别"正确性"和"真"的不同，但是他的意思显然是说，日常生活中常有这样的情况：某某情况是正确的，我们却常说"这是真的"。这也就说明了他所探讨的"Wahrheit"与亚里士多德所考虑的"真"是一样的。与黑格尔的论述相似，弗雷格在论述"真"的时候也论述过它作形容词的情况，他通过"真金"这个例子说明，所谓"真金"并不是说金子有"真的"这种性质，而是说金子有它实际上应该具有的那些性质。④

除此以外，西方学者对真这个问题还进行了更为广泛的探讨，并且取得了不同程度的深入发展。今天，关于"真"这一问题，形成了一些不同的理论，如：真之同一论，真之符合论，真之融贯论，真之冗余论，真之实用论，塔尔斯基的

① Hegel, G. W. F.: *Enzyklopädie der philosophischen Wissenschaften im Grundrisse*, S. 86.
② Hegel, G. W. F.: *Enzyklopädie der philosophischen Wissenschaften im Grundrisse*, S. 86.
③ Hegel, G. W. F.: *Enzyklopädie der philosophischen Wissenschaften im Grundrisse*, S. 323.
④ 参见王路编：《弗雷格思想研究》，第 204-205 页。

真之理论，等等。所有这些成果恰恰反映了西方对亚里士多德这一传统的继续。奎因在晚年的著作《真之追求》中，也围绕着真这个问题论述他自己的观点。他所探讨的意义问题，翻译的不确定性问题等都与真这个问题密切相关。他的论述，对我们理解西方人所探讨的真这个问题，无疑会有很大的帮助。应该指出的是，上述这些理论有的是从哲学出发，有的是从逻辑出发。但是，不管是逻辑的成就还是哲学的成果，归根结底它们都是研究"真"这一个概念而形成的理论。"真"这一概念并不是哲学家专有的、神秘的概念。它就是日常所说的最平凡不过的"是真的"。只是由于它与"是什么"这种最普通也最根本的认识相联系，因而成为哲学家思考的核心问题。

三、存在

"存在"作为一个独立的概念是在中世纪引入哲学的，而且主要是在宗教神学的影响下，在关于上帝的讨论中，从"上帝是"的论证中产生和发展起来的。我们看到，自从这个概念产生以来，哲学家们在讨论中就无法再回避它。无论是笛卡尔、洛克、康德，还是黑格尔、海德格尔，都要对它讨论一番，即使是在专门探讨是的地方。因此这个概念无疑已经成为一个十分重要的哲学概念。

必须指出的是，尽管存在这个概念乃是从是这个概念发展出来的，尽管存在这个概念与是关系密切，尽管是这个词在某种程度上也有存在的含义，甚至它的某种用法已经被人们承认就是表示存在（比如"上帝是"，即上帝存在），但是，存在与是这两个概念乃是有根本区别的。对于这一点，我们应该予以充分的认识。

在我看来，说明"存在"这一概念的性质，说明存在与是的区别，至少需要澄清两点。一是需要澄清关于是的存在用法的问题，二是需要澄清存在作为一个概念是如何产生的。其实，这两点在前面都已经得到十分清楚的说明。但是由于这里涉及有关存在问题的具体讨论，因此需要再进一步说明。

根据卡恩的研究，希腊文einai最主要的用法是系词，但是也有存在用法。不过，从他讲述的情况来看，einai的存在用法主要也是系词用法的派生或转变。具体地说，一种方式是：为了强调所引入的概念，将系词前移至句首，即将原来放在主语后面的动词移到原来的主语前面。另一种方式是：在使用过程中，系词后面的表位用法逐渐省略。这两种方式形成了einai的存在用法。这说明，在古希腊，einai 这个词包含有我们今天所说的存在用法，因而可以认为它有存在含义。但是，"是"的存在用法和存在含义与"存在"这个概念还是有很大区别的。因为后者毕竟是一个与是完全不同的概念。

亚里士多德在著作中曾经专门讨论过"纯粹的是"和"是如此这样的"、"特殊意义的是"和"一般意义的是"之间的区别。有人认为，这是亚里士多德对"是"的"存在用法"和系词用法的区别。[①] 前面我们曾讨论过这里的问题，而且我们也承认，亚里士多德论述的究竟是"是"还是"存在"，乃是可以讨论的。这里我想进一步强调，在亚里士多德那里，无论是"纯粹的是"还是"特殊意义的是"，都是对是的说明。不管对这样的说明如何理解，就是说，这里的是的含义无论是不是表示存在，不管能不能在存在的意义上理解，亚里士多德毕竟没有提出"存在"这个概念来。归根结底，讨论"是"的存在用法与把"存在"作为一个明确的概念提出来乃是根本不同的。更何况我们看得十分清楚，亚里士多德的最主要最核心最通常最普遍的论述乃是关于作为系词的"是"。即使他使用的"S 是"这种省略表达有不清楚的地方，但是其清楚的地方也应该在系词的意义上理解。

与"是"的存在用法不同，"存在"本身是一个与"是"完全不同的词。这一点在字面上一目了然。除此之外，存在与是还有一个十分重要的区别。我认为，是乃是基于"是什么"提出来的，具有知识论意义上的含义。而存在则是基于"上帝是"提出来的，没有知识论意义上的含义。这是存在与是的最大区别。这种区别绝不是字面上的区别，不是那样显而易见，而且需要进行认真论证。基于前面的讨论我阐述了为什么自己认为"是什么"具有知识论意义上的含义，在它的基础上提出的"是本身"也具有知识论意义上的含义。这里还需要说明的则是关于存在的看法。

简单地说，存在这一概念来自关于"上帝是"的讨论，特别是来自对这一命题中"是"的讨论。《圣经》中上帝对自己的陈述是"我是我之所是"，也就是说，上帝并没有说出自己到底是什么。因此上帝的信徒们对上帝的解释必须从"上帝是"出发。从这样一个前提出发，发展出"存在"这个概念，并且最终以逻辑的方式把"存在"确定为"是"的含义之一。从这样一个过程，尤其是对照"是本身"的提出过程，可以看出以下几个特点。

---

① 参见 Williams, C. J. F.: *What is Existence*?, p. 4.

　　首先，"是什么"是一种普遍的句式，而"上帝是"不是普遍句式。"是什么"反映了人们一种普遍的追求知识、阐述对知识的思索、理解和表达的方式。所谓普遍，指的是它不限于某一方面、某一学科、某一领域。而"上帝是"仅仅是某一个特定范围和领域的一个前提。不仅如此，而且更为主要的，它不是追求知识、阐述对知识的思索、理解和表达的方式。即使有人认为宗教理念也可以算作一种知识，因而会认为上述断定会有些过强，但是我仍然认为，"上帝是"至少不是一种普遍的追求知识、阐述对知识的思索、理解和表达的方式。笛卡尔关于可以说"上帝是"，但是不能说"三角形是"的论述，乃是最好的例证。海德格尔在《形而上学导论》中给出 14 个例子，也可以说明这一点。

　　其次，除了普遍性的特征以外，"是什么"是一种思考问题和回答问题的方式，它可以施用于任何对象，乃是爱智慧的实质所在。因此我认为它具有知识论的特征。而"上帝是"是一种信仰，是一种出发点，对它不能进行怀疑和质疑。相信或信仰上帝的人会以它为出发点，而不相信或不信仰上帝的人也可以不以它为出发点。因此我认为它不能反映出爱智慧的实质所在，不具备知识论的特征。

　　第三，从以上两点可以看出，"是本身"乃是基于"是什么"的思考而提出来的，因而它的基础具有知识论的特征。不仅如此，"是本身"乃是对"是什么"这种普遍认识更深一层的思索，因而它本身也具有知识论的特征。所以我认为它也是知识论意义上的东西。而"存在"是从"上帝是"的思考提出来的，因而它的基础不具备知识论的特征。就"存在"本身而言，它是不是具备知识论的特征，乃是可以讨论的。我认为，从它仅仅是对"上帝是"中的"是"的解释来说，不能说它具备我所说的知识论的特征，因为它考虑的不是对周围世界的解释，不是有关我们自身的解释。当然，如果说宗教是一种文化现象，文化现象是我们人类的现象，那么关于上帝的讨论也是与人密切相关的。在这种意义上说，"存在"作为一个概念的产生也反映了人们的认识的发展，因此也可以说具有知识论意义的特征。不过，这样的解释在我看来乃是引申的，距离我们所讨论的"上帝是"这个问题有些太过遥远。

　　第四，即使不考虑第三点，是本身与存在的产生也有一个根本的区别。是本身乃是从一种普遍的句式，或一种普遍的思考和断定方式出发，它的提出乃是为了思考和探索一种更为普遍的东西。这一点，从亚里士多德对他以前那些哲学家的批评就可以看得十分清楚。他认为他们只是研究了某些具体的范围和方面，某些具体的领域，而是本身的研究就是要突破这些局限，研究这种最为普遍的是。这样的思想在海德格尔的著作中也得到十分清晰的表述。而存在乃是从"上帝是"出发。这样的讨论与古希腊具有根本区别，正像卡恩所说，einai 的存在用法表现出与神学思辨相结合所产生的困惑。而在中世纪，关于"上帝是"的讨论实际上是把一种具体的信仰当做一种绝对的东西，而存在则是对这种具体信仰中的一个具体概念作出的一种更为具体的解释。即使我们可以承认宗教神学的讨论或宗教神学影响下的哲学讨论也具有知识论的意义，我们也无法否认，存在与是本身的区别乃是根本性的。

鉴于以上四点区别，我想，哲学史上的三个现象是值得注意的。一个现象是，亚里士多德的讨论中虽然有时候也涉及个体词，偶尔也会有"a 是"这样的句子出现，但是他的最终结果总是"S 是 P"。尽管他的讨论也涉及"纯粹的是"和"是如此这样的"的区别，但是他的讨论最终还是要落到"是如此这样的"上。我想，除了其他意义外，这一现象至少表明，亚里士多德所考虑的东西，不论是"S 是 P"还是"是本身"，不论是"本质"还是"偶性"，不论是质料还是原因，占主导地位的总是那种最为普遍的东西，而且是与人们的认识相关的。

另一个现象是关于 Dasein 的讨论。首先，这是德语中的独特现象，英语中没有这样一个词，无法进行这样的讨论，即使在英语对德语的翻译中，there-being 的用法多少还是有些别扭的。其次，存在这一概念产生以后，它堂堂正正成为哲学的一个重要概念。但是为什么德国人不愿意使用这个概念，而更愿意使用 Dasein 呢？本书谈到康德、黑格尔和海德格尔，他们都使用并探讨了 Dasein 这个概念。因此 Dasein 的讨论绝不是一种个别现象。特别是，这三位德国哲学家绝非等闲之辈，因此 Dasein 这一概念的使用和讨论值得我们注意。我认为，这里的原因比较复杂，但是以下几点原因大概是有道理的。其一，存在只有是的一部分含义，因此不能等同于是。这是显然的。其二，随着存在这一概念的产生和讨论，它也得到人们的重视，并成为哲学的重要概念。尽管有人甚至提出存在先于本质，但是，形而上学的根本概念仍然乃是是，而不是存在。其三，人们可以在存在的意义上谈论是，甚至用存在直接翻译是的情况并不少见，但是在真正的形而上学讨论中，存在与是的区别毕竟是巨大的，而且字面上没有任何联系。

Dasein（存在、此是）由 Da 和 sein 组成，因而字面上就与 Sein（是）有直接联系。它的意思又与 existenc（存在）相同。因此，用 Dasein 替代存在进行讨论，不仅没有意思上的问题，而且直观上就与是联系在一起。所以我认为，康德、黑格尔和海德格尔使用 Dasein 这一概念主要还是从传统意义上的形而上学出发，他们所探讨的主要还是传统的形而上学问题，即是本身。黑格尔明确指出 Dasein 的 Da 没有空间含义，海德格尔则不仅探讨 Dasein，而且还要把 Da 和 sein 用连线分开，谈论 Da-sein。实际上，他们都试图通过对 Dasein 的探讨，通过对其中那个 Da 的探讨来说明 Sein。尤其是海德格尔，虽然他说 Dasein 与 Da-sein 是不同的，但是从他对其中 Da 的探讨，我们却往往很难看出它们有什么不同。联系海德格尔所说的要回到对"是"的思考，并把它看做是思维活动的基本成分，我们至少可以说，Dasein 的使用和讨论绝不是随意的。结合 Dasein 的探讨，我们可以看出，海德格尔常常也是在探讨"S 是 P"中的"是"。他的探讨是不是亚里士多德那种知识论意义上的姑且不论，我们至少可以看出，在这样的探讨中，"存在"一词虽然时有出现，但是总的说来，它的使用对于是的探讨乃是不合时宜的，因而引入 Dasein 以后，它就没有什么地位了。

还有一个现象乃是是与真的关系。在哲学史上，是始终与真关系密切。无论是在巴门尼德的《论自然》中，还是在亚里士多德的《形而上学》里，谈是与谈真几乎总是联系在一起的。即使在海德格尔那里也是如此，他关于真与此是的关系，他那些所谓不隐蔽性和展示性的解释等，都说明了是与真的联系。相比之下，存在与真却似乎没有什么关系。此外，是与真的关系，不仅涉及哲学方面的问题，而且涉及逻辑方面的问题。

四、语言与逻辑

在语言中，是与存在乃是两个不同的词。它们出现的时间不同。是这个词在古希腊就出现了，并成为最重要的哲学概念。存在这个词则是在中世纪出现的，当然也成为重要的哲学概念。这两个概念密切相关，围绕它们的哲学讨论很多，产生的问题也很多。

值得注意的是，亚里士多德不仅提出研究是本身，建立了形而上学，而且也从研究"S 是 P"出发，创建了逻辑。前面我们说过，在中世纪逻辑著作中，不仅阐述了"S 是 P"这种是的系词含义，还以存在概念定义了是的另一种含义。

此外，康德说的"是显然不是真正的谓词"，现代逻辑所说的"存在是一个量词"，奎因说的"是乃是变元的值"，都直接或间接涉及语言与逻辑的关系。因此，为了说明是与存在的区别，除了以上从哲学的角度进行探讨外，还应该从语言和逻辑的角度进行研究。

逻辑经历了传统和现代两个不同的发展阶段。传统逻辑主要是在亚里士多德逻辑基础上发展形成的，现代逻辑则有很大不同。下面我们对照亚里士多德逻辑和现代逻辑的一些不同特点，探讨与是和存在相关的问题。简单地说，亚里士多德逻辑与现代逻辑的差别主要有两个，一个是在演算方面，另一个是在语言方面。亚里士多德逻辑从自然语言出发，而现代逻辑从形式语言出发。这里我们仅从语言方面的差异进行论述。①

亚里士多德的第一个逻辑理论是四谓词理论。他研究谓词对主词的表述关系，即在"S 是 P"这样的命题中，P 对 S 有什么样的表述，由此形成四种谓词，即定义、固有属性、属和种差。② 在这一研究的基础上，他进一步研究了命题的形式，包括肯定和否定的形式，量词表达的形式，大致相当传统逻辑的四种基本命题形式：所有 S 是 P；所有 S 不是 P；有 S 是 P；有 S 不是 P。③ 简单地表述，这些形式如下：

（所有 / 有）S（不）是 P。

这里，最基本的形式当然是"S 是 P"。基于这些研究，最后他建立起三段论系统。这也是历史上第一个逻辑推理系统。他的三段论系统有三个格，十四个有效式。根据史学家的研究，他的第一格的四个式可以作公理，其他两个格的式可以是从第一格推出的定理，因而他的三段论可以是一个公理系统；他的第一格的四个式也可以作推理规则，由此推出其他两个格的式为定理，因而他的三段论也可以是一个自然演绎系统。④ 由此可见，亚里士多德从希腊语中"S 是 P"这样的句子出发，一步步研究发展出他的逻辑。

现代逻辑完全不同。它主要是应用数学方法，通过建立形式语言和演算来构造逻辑系统。以一阶谓词逻辑为例。它首先要给出一个形式语言，一般包括个体变元、个体常元、命题变元、谓词，这些被称为非逻辑符号；还要包括命题连接

---

① 关于演算方面的差异，参见王路：《逻辑的观念》。
② 参见王路：《亚里士多德的逻辑学说》，载《逻辑的观念》。
③ 参见王路：《亚里士多德的逻辑学说》。
④ 参见王路：《亚里士多德的逻辑学说》。

词和量词，它们被称为逻辑符号。此外还有语法符号，比如括号。有了这些符号，根据形成规则，就构造出一阶逻辑的句子。[①] 由此可见，现代逻辑不是从自然语言出发，而是用形式方法构造自己的语言，并在这样的语言上建立逻辑演算。

从亚里士多德逻辑与现代逻辑在语言上的差异，我们可以看出几个有意思的结果。一个结果是：亚里士多德逻辑从"是"出发，而现代逻辑不从"是"出发。用逻辑术语来说，在亚里士多德逻辑那里，"是"乃是一个逻辑常项，而在现代逻辑中，"是"根本不是逻辑常项，甚至也不是非逻辑符号，就是说，它根本不出现。另一个结果是：在亚里士多德逻辑中，"存在"根本没有作为一个概念出现。而现代逻辑则有"存在"这个概念。前面说过，一阶逻辑的形式语言中包含量词符号，量词一般有两个，一个是全称量词，另一个是存在量词。由此可见，在一阶逻辑中，存在作为一个术语正式出现了。而且，它是一个逻辑常项，是逻辑研究的重点之一。我之所以认为这两个结果有意思，主要是因为它们可以促使我们深入思考与"是"和"存在"相关的问题。

首先，在亚里士多德逻辑中，"是"重要，而"存在"不重要。[②] 前者是显然的，需要说明的只是后者。亚里士多德逻辑中没有使用"存在"这一概念，因此说它不重要，人们大概不会反对。在这种意义上，还需要思考的就是亚里士多德是不是也没有在存在的意义上探讨是。前面我们说过，亚里士多德论述过"S 是"这样的句式，讨论过"纯粹的是"和"是如此这样的"之间的区别。人们可能会认为，实际上也确实有人认为，这样一些讨论就是在存在的意义上讨论是，或者含有存在的含义。尽管如此，我仍然认为，"存在"这一概念对于亚里士多德不重要。因为，虽然他谈到"S 是"这样的句式，但是如上所述，他所说的"S 是"在不同情况下意思是不同的，有时候表示"S 是 P"，有时候表示"a 是"。这里 S 表示类名，a 表示专名，因此二者是有区别的。当"S 是"表示"S 是 P"的时候，他所谈的显然不是存在，而当"S 是"表示"a 是"的时候，他所谈的就有可能是存在，或含有存在的意思。但是亚里士多德在他的逻辑体系中排除了个体词作主词：他的四谓词理论不允许个体词作主词，他的三段论也不允许个体词作主词。也就是

---

① 参见王路：《逻辑的观念》，第三章。

② 与此相对，我们可以看出，在现代逻辑中，"是"不重要，而"存在"重要。由于说明这一点属于现代逻辑本身的讨论，而与本书讨论的重点关系不是特别密切，因此略去。

说，他的逻辑体系排除了"a 是"这样的情况。实际上，在他的逻辑体系中，不仅没有"a 是"这样的情况，连"S 是"这样的情况也是没有的。我们可以看到的只是"S 是 P"这样的情况，和以这样的情况为基础的含有量词表达和否定表达的情况。这就说明，在亚里士多德逻辑中，"存在"不仅作为一个术语没有出现，即使作为一个解释"是"的概念或者作为一种探讨"是"的含义也没有出现。有人可能会认为，既然可以认为亚里士多德关于"是"的一些讨论中有存在的含义，那么就可以说我的这个结论可能有些过强。即便如此，我认为仍然可以退一步说，在亚里士多德逻辑中即使有含有这种意思或这种意义上的讨论，但是它们对亚里士多德的逻辑理论的作用微乎其微，根本不产生任何影响。因此我认为，"存在"对于亚里士多德逻辑来说不重要。

其次，亚里士多德逻辑缺乏对"存在"的解释能力。而现代逻辑对"存在"提供了解释。这一点，从直观上看是显然的，因为亚里士多德逻辑没有"存在"这个逻辑常项，也就是说，它没有对"存在"进行专门的研究。而现代逻辑把"存在"作为一个逻辑常项进行研究，并提出了系统的解释。但是实际上却不是这样简单，因此需要详细说明。

亚里士多德在其四谓词理论中区分出四种谓词，即定义、固有属性、属和种差。这实际上也是对"是"的不同含义的解释。比如，定义表示：谓词与主词可以互换谓述，又表示主词的本质。这实际上表达了相等关系。属表示：谓词与主词不能互换谓述，但是表示主词的本质。这实际上表达了包含关系。在这一基础上形成的对命题形式的研究以及三段论，奠定了传统逻辑的基础。传统逻辑沿袭了亚里士多德的逻辑思想，明确把命题表达为：A（所有 S 是 P），E（所有 S 不是 P），I（有 S 是 P），O（有 S 不是 P），并形成对当方阵：A 和 E 是反对关系，I 和 O 是下反对关系，A 和 I、E 和 O 是蕴涵关系，A 和 O、E 和 I 是矛盾关系。直观上可以看出，这里依然没有存在这个概念，因而说明的依然乃是"是"。

根据现代逻辑，对最简单的陈述句的结构提出以下解释。在语言层面上，一个句子首先分为专名和谓词。专名表示的是对象，谓词表示的是概念。比如，"亚里士多德是个哲学家"这个句子，"是个哲学家"是谓词，用弗雷格的话说，这是一个以个体为自变元的函数[①]。它的真假取决于对它进行补充的个体。用"亚

---

① 参见王路编:《弗雷格思想研究》。

里士多德"来补充，一如本例，它就是真的，而用"贾宝玉"来补充，即"贾宝玉是哲学家"，它就是假的。这说明，谓词表述的真假是由补充它的个体决定的。有的简单句不含有专名，情况比较复杂，其真假就要依赖于量词。比如"哲学家是爱国者"这句话。根据全称量词的解释，它表示：对任何一个事物来说，如果它是一个哲学家，那么它是一个爱国者。而根据存在量词的解释，它表示：有（或者，存在）一个东西，它是哲学家，并且它是爱国者。这样的解释提供了对句子真值条件的说明，同时也说明，存在是一个量词。它表明的是一个个体域的范围，是对谓词的限定。

现代逻辑中关于量词的解释奠定了对存在这一概念的解释的基础，由此形成的关于存在的解释也是一个比较重要的结果。前面我们说过，在有关上帝的讨论中，引入了存在概念。中世纪上帝存在的本体论证明也是非常出名的。但是这里有许多问题，而且主要与存在这一概念有关。康德的著名论题"是显然不是一个真正的谓词"，乃是对这一问题的回答。但是由于这里涉及非常复杂的问题，康德并没有说清楚。有了现代逻辑，人们终于可以说明为什么存在不是一个谓词。因为存在是一个量词。它是对谓词的限定，因而是对谓词的说明。当人们说上帝存在的时候，一般是把上帝当做一个实体来说的，或者人们把它看做一个专名，指称一个特定的个体。但是根据现代逻辑，如果存在修饰的是上帝，那么上帝应该是个谓词，而不是个体。或者，按照摹状词理论，我们可以把上帝看做一个特殊的谓词。①总之，上帝不是个体词。

从以上两种情况可以看出，有时候，日常语言中没有使用存在这个词，却表达了存在的含义，比如"有的哲学家是爱国者"。而有时候日常语言中使用了存在一词，实际上并不是表达了我们想说明的那种存在，如"上帝存在"。这说明，存在是个量词，存在的含义实际上是由量词体现的。有了这样的解释，实际上就可以明白，为什么奎因说，是乃是变元的值。因为是的表述的真假与谓词有关，而谓词的真假是由限定它们的量词决定的。量词有两个，一个是全称量词，一个是存在量词。当然，奎因的这一说法肯定是适合于存在的。因为存在限定了谓词的范围，而这一范围是以个体变元表示的。

第三，语言的语法结构和逻辑结构是不一样的。亚里士多德从自然语言出发，

———————————

① 参见王路：《走进分析哲学》。

特别是从自然语言中的"是"出发，研究推理的有效性，创立了逻辑。三段论由前提和结论组成，而前提和结论都是句子，最基本的句子形式则是"S是P"。此外，句子分为主词和谓词，主词和谓词通过"是"连接起来。还有，最初人们关于基本思维规律的表述是："一事物不能既是又不是"，"一事物要么是，要么不是"，等等。所有这些都表明，语言中最核心的东西就是这个"是"。逻辑也是研究这个是的。特别是，当亚里士多德把"是"当做第三要素，传统逻辑把它当做联项来处理和看待的时候，它确切无疑地成为联结两个词项的恒定因素，因而成为逻辑研究的核心。正由于这样，人们也说，亚里士多德逻辑是一种词项逻辑。

对于"是"在语言中的这样一种作用，不仅亚里士多德这样看，巴门尼德不是也看到了吗？如果说他的著作是残篇，我们对他的思想理解还有欠准确，还有待商榷，那么黑格尔不也是把"是"和"不"看做是逻辑的两个初始概念吗？他的看法自然有来自传统逻辑理论的影响，但是难道能够说没有来自对语言的理解和认识吗？

如果说亚里士多德逻辑表现出从自然语言出发进行研究所产生的一种结果，那么现代逻辑则表现出一种不同的结果。它不是从自然语言出发，而是构造人工语言，在人工语言的基础上建立演算系统。一阶逻辑包括命题连接词和量词，区分了个体和谓词，因此可以表达命题之间的关系，个体和个体之间的关系，个体和类之间的关系，类和类之间的关系。一阶逻辑的能力比亚里士多德逻辑无疑强多了，但是，却不如亚里士多德逻辑那样来自自然语言，因而更接近自然语言。以"所有哲学家是爱国者"这句话为例。它在古希腊语的语言形式中基本上相应于亚里士多德逻辑中的逻辑形式"所有S是P"。实际上这两种形式中的主词、系词、谓词是完全对应的。而在现代逻辑中却不是这样。根据现代逻辑，这句话的形式是"对任何一个事物，如果它是哲学家，那么它是爱国者"。我们看到，自然语言中的谓词在逻辑中依然是谓词，但是自然语言中的主词在逻辑中也是谓词。此外，自然语言中最常见、最重要的那个"是"，在一阶逻辑的语言里不见了。但是在用一阶逻辑处理自然语言的句子的时候，我们发现它又出现在语义说明中。比如"它是哲学家"，"它是爱国者"。这说明，虽然亚里士多德逻辑里有"是"这个逻辑常项，但是它却不一定是必不可少的逻辑常项，因为现代逻辑就没有它。尽管它不是现代逻辑形式语言中的逻辑常项，在对形式语言的解释中却依然会用到它。这就说明，它在自然语言中是必不可少的。

第四，语言形式的重要性。对照亚里士多德逻辑和现代逻辑，一个十分直观的问题是：为什么亚里士多德会从"是"出发来探讨逻辑？在我看来，亚里士多德之所以从"是"出发，首先在于古希腊文中有这样一个"是"；其次在于"是"乃是句子中最基本、最稳定的语言要素；第三在于"是"乃是普遍适用的词。①正因为语言中有这样一个词，因而才能够提供一个具体的、活生生的，可以看得见逮得住的词，才能使人们去研究它。否则，研究"是"乃是不可能的。比如古汉语中没有这个"是"作系词，因而没有对"是"的分析，也没有形成相关的逻辑理论。②"是"这个词在语言中的稳定性体现为它的语法作用，即我们一直在讨论的它的系词作用。正是由于这种作用，才使它在语言中变得十分重要，适用的范围也最为广泛，因而会被当做研究的对象。否则，如果"是"在语言中无足轻重，很难想象它会被当做研究的对象和重点。这里，特别值得注意的是，语言与逻辑的关系。"是"在语言中重要，因而也是语法学家研究的对象。而"是"成为逻辑研究的对象，成为逻辑研究的出发点，主要在于它与"真"联系在一起。关于是与真的关系，我们在前面已说得很多了。但是由于这个问题十分重要，因此在这些容易发生混淆的地方，需要再次指明这一点。

五、逻辑与形而上学

达米特认为，西方哲学的发展主要经历了本体论、认识论和语言哲学这样三个阶段。在古希腊，围绕着"世界的本原是什么？"形成了本体论的研究。自从笛卡尔提出"我思故我是"之后，也就是说，随着他把"思"引入形而上学研究并放到首位之后，产生了认识论的研究。随着"语言转向"的发生，人们把语言的逻辑分析放到了首位，产生了语言哲学。③达米特把弗雷格与笛卡尔相提并论，主要是为了强调弗雷格思想的重要意义以及弗雷格在哲学史上的重要地位。当然，这种哲学史观是不是有道理，乃是可以讨论的。比如，它是不是忽略了不少哲学

---

① 我曾详细探讨和论述过这三点。参见王路：《"是"的逻辑研究》，《理性与智慧》，上海三联书店 2000 年版（以下只注书名），第 337-352 页。

② 参见王路：《"是"的逻辑研究》，《理性与智慧》，第 341-342 页。

③ 参见 Dummett, M.: *Frege: Philosophy of Language*。

内容？哲学的概念毕竟比较宽泛。谁敢说伦理学、美学等不是哲学？谁又能说现象学、解释学等不是哲学？不过，我在这里不想评价这种哲学史观，而只是想借用它一下。

借用达米特的观点，我们可以说，从亚里士多德提出研究"是本身"到今天，西方形而上学的研究已经有两千多年的历史。围绕着"是"形成了本体论的研究。围绕着"思"，形成了认识论研究。围绕着语言，形成了语言哲学研究。这样我们就可以从本体论、认识论和语言哲学三个角度来探讨逻辑与形而上学的关系。前面已经论述了与本体论和认识论相关的一些问题，我在其他地方也已经详细讨论过语言哲学 [①]，下面我们可以基于已有的这些讨论，探讨一下逻辑与形而上学的关系问题。

应该说，逻辑与形而上学的关系在亚里士多德那里体现得最为明显，也最为充分。首先，他是逻辑的创始人，也是形而上学研究的开拓者。他是历史上第一位集逻辑与形而上学研究于一身的思想大师。而且他为后人不仅留下了《工具论》，也留下了《形而上学》。这两部经典著作为后人研究逻辑和形而上学奠定了基础，并且成为历史上最重要的最珍贵的哲学文献。

其次，亚里士多德的逻辑和形而上学都以"是"为核心。他的逻辑研究从"是"出发，把"是"作为最基本的逻辑常项，围绕这个"是"，他揭示出句子的基本结构，包括全称肯定和否定，特称肯定和否定，基于这种基本结构，建立起著名的三段论推理系统。他的形而上学也从"是"出发。特别是，他明确提出要研究"是本身"。为此，他区别出本质的是和偶然的是，区分出十种不同的范畴，深入探讨了实体，论述了形式因、质料因、目的因和动力因四种原因，从而形成了他的形而上学体系。如前所述，逻辑以"是"为核心，主要在于它体现了一种最简单最基本最普遍最重要的句式，即"S 是 P"。形而上学以"是"为核心，主要在于它体现了人们在探求周围世界和与自身相关事情的过程中一种最基本的询问和陈述方式"是什么"。"S 是 P"和"是什么"有一个共同的因素，这就是"是"。因此可以说，它们是从不同的角度谈论同一个问题，因而有相通之处。在逻辑和形而上学中，"是"的论述方式不同，核心地位却是一样的。由此也可以看出逻

---

① 我曾在《走进分析哲学》一书中专门论述过语言哲学，特别是现代逻辑与语言哲学的关系。本书以下的讨论以该书为基础。

辑与形而上学的相通之处。此外，在前面的论述中我们还可以看到在一些具体的问题和思想上，逻辑与形而上学的相通之处。比如在黑格尔那里，"是"和"不"既是逻辑的问题，又是形而上学的问题。围绕着是和不，他既探讨了形而上学，也探讨了逻辑，而且在他那里，二者是对应的。

第三，是与真紧密联系在一起。亚里士多德逻辑的核心乃是"是"，但是这个"是"乃是与真密切相关的。他说的"只有本身含真假的句子才是命题"最清楚地表达了他的这一思想，而他的三段论则提供了一种从真的前提达到真的结论的具体方法。亚里士多德形而上学的核心也是"是"，但是他又认为"可以把哲学称为关于真的知识"。如果说是与真的这种联系仅仅使我们可以相信逻辑与形而上学之间存在着联系，那么前面引用的亚里士多德的名言——**否定是的东西或肯定不是的东西就是假的，而肯定是的东西和否定不是的东西就是真的**——则具体说明逻辑与形而上学的联系。这段话出自《形而上学》，因此我们可以说这段话是在讨论哲学问题，却不能说这段话一定是在讨论逻辑问题。但是应该看到，肯定和否定乃是亚里士多德逻辑讨论中常用的术语。当他在哲学讨论中娴熟地使用这些逻辑术语的时候，虽然我们也可以认为它们就是哲学术语，但是我们却很难说，亚里士多德在使用这些术语的时候，即使是把它们当做哲学术语使用的时候，对逻辑方面的东西没有丝毫考虑。因此，即便是非常保守地理解亚里士多德的思想，大概也不能说亚里士多德这里的讨论与他的逻辑思想毫无关系。

以上三点，其实重要的只是后两点。而这两点又可以归为最后一点，即是与真的联系。在我看来，是与真的联系，乃是逻辑与形而上学的关系的集中体现。但是，如果把这一观点放到整个哲学史中去看，却似乎会有些问题。因为，虽然在亚里士多德那里这一点表现得比较清楚，但是后来有时候就表现得不是那样清楚。比如在语言哲学中，逻辑的理论和方法得到普遍的应用，"真"的问题凸显出来，它不仅成为主要核心概念之一，而且围绕它产生了大量讨论，形成许多不同的真之理论。但是我们却很少看到关于"是"的讨论。这一现象显然与亚里士多德那里的情况差别极大。我们可以认为语言哲学研究也是形而上学研究。在这种情况下，由于语言哲学与逻辑有密切联系，因此我们也可以说逻辑与形而上学有密切联系。但是，由于现代逻辑有关于"真"的研究而没有关于"是"的研究，由于语言哲学中虽然有许多关于"真"的讨论，却很少有关于"是"的讨论，我们似乎就不能说是与真的联系乃是逻辑和形而上学的集中体现。

这里确实有了问题。因此值得我们认真思考。在我看来,问题主要来自对"是"的理解和逻辑的发展变化。

前面我们说过,亚里士多德所说的"是",从逻辑的角度讲主要是指"S是P"这种句式,而从形而上学的角度讲主要是指"是什么"这种询问和陈述的方式。因此在很大程度上,"是"的所指可以说乃是句子或与句子相关的东西。这一点,在逻辑的讨论中是清楚的,但是在形而上学的讨论中,有时候却不是那样清楚,比如关于实体的讨论、关于本质的讨论等。但是如果结合真来看,那么不仅在逻辑中,而且在形而上学中也是清楚的。也就是说,真与句子相关。问题是,亚里士多德在讨论中虽然有十分明确的关于真与句子的论述,比如我们反复谈到的"自身含真假的句子",还有前面提到的"组合才有真"等,但是他最明确的说法却不是句子或命题,而是"是"。因而在亚里士多德这里,对句子的考虑乃是以对"是"的讨论体现的。这里可能有十分复杂的原因。从我们前面的讨论和分析来看,大概至少语言的考虑占了很大的比重。也就是说,他主要从"是"出发。希腊文中作为系词的那个"是"成为他的逻辑研究的出发点,也成为他的形而上学研究的出发点。所谓系词,指的主要是一种句法作用,也就是说,它与句子有一种天然的联系。因此,所谓是与真的联系,在亚里士多德那里,实际上乃是句子与真的联系。或者说,可以在句子与真的联系的意义上,理解是与真的联系。

现代逻辑与亚里士多德逻辑不同,它不是从自然语言出发,而是从人工语言出发,建立形式语言,构造演算。因此,如前所述,在现代逻辑中,"是"不再是逻辑常项,它在逻辑语言中已然消失。但是,在现代逻辑中,"真"乃是最基本的语义概念,因而仍然是讨论的主要问题。直观地说,一阶逻辑的出发点是句子,真则是对句子最基本的语义说明。因此真与句子的联系一目了然。语言哲学研究中大量应用了现代逻辑的理论和方法,"真"甚至成为语言哲学的主要概念之一。在与真相关的讨论中,真与句子的联系处处体现出来。比如意义理论。达米特认为,意义理论实际上是围绕真这个概念形成的理论。这一理论应该包含两方面的内容。一方面是关于所指的理论,它主要阐述句子在什么条件下是真的;另一方面是关于涵义的理论,它主要阐明说话者特定的语言能力和与真相关的命题的联系方式,以及如何理解与真相关的知识的表达。① 戴维森则认为，意义理论不仅要从句子出发，而且要从真句子出发。他试图通过把关于句子的说明限制在关于真句子的说明，他甚至称自己的意义理论为真之理论。这样一种理论不仅要给出说话者实际表达的真之条件，而且还要说明在什么条件下说出一个句子是真的。② 达米特对意义理论的解释以弗雷格的思想为基础，而戴维森的意义理论基于塔尔斯基的思想。他们对意义理论的认识都有很大不同，形成的理论也有不小区别。但是他们的思想十分清楚地表明，意义理论的核心概念是"真"，而"真"与句子乃是紧密联系在一起的。其实，在语言哲学著作中，真与句子的联系几乎是一个常识。不仅达米特和戴维森的著作是这样，在其他人那里同样也是这样。比如维特根斯坦在《逻辑哲学论》中明确地说，世界是由事实构成的。他由此出发，借助"图像"的比喻，从事实过渡到思想，再过渡到句子，从而探讨句子的真假，最终得出可说和不可说的结论。③

对照亚里士多德的形而上学和今天的语言哲学，我们可以看一看中世纪哲学和近代哲学。在中世纪，由于神学的影响，从"上帝是"的讨论出发，引申出关于"是的活动"的讨论，产生了"存在"这一概念，并最终形成关于存在的讨论。这样的讨论虽然不能说不是哲学的发展，但是在"是"与"真"的关系这一点上，恰恰背离了亚里士多德的思想。虽然亚里士多德的形而上学著作后来引入中世纪，并被人们用来进行有关上帝的讨论，虽然中世纪哲学家认为上帝乃是是，上帝乃是真，虽然中世纪逻辑学家也有关于逻辑的探讨，也有关于真的探讨，但是由于神学的影响，由于关于存在的讨论，亚里士多德意义上的是与真的联系，即真与句子的联系，被极大地忽略了。到了近代，随着科学的发展，思想的解放，人们开始引入新的因素进行讨论，从而在不同程度上，有意识无意识地努力摆脱宗教的束缚。在这样的讨论中，我们看到，也存在思考方式的差异。对真的思考与讨论，一般与句子的联系紧密一些，而对存在的思考与讨论，总是与概念的联系多一些。比如洛克、贝克莱和休谟的论述。这说明，不论如何讨论，真与句子的联系总是更多一些。尤其是在康德和黑格尔那里，他们明确要讨论逻辑，而且还要

---

① 参见王路：《走进分析哲学》，第 94-97 页。
② 参见王路：《走进分析哲学》，第 97-100 页。
③ 参见王路：《走进分析哲学》，第 66-77 页。

讨论传统形而上学，他们要讨论 "S 是 P" 的形式，还要讨论系词。但是与此同时，他们还要面对上帝 "存在" 的影响，因而也要讨论存在。我们看到，他们采用了 "存在（此是）" 这一术语。我想，除了其他考虑，除了德语这个词确实也有存在的涵义外，我们大概很难说康德和黑格尔没有对是的考虑，没有对是与真的联系的考虑，没有对句子与真的联系的考虑。因为，"存在（此是）" 与 "是" 在字面上就有直接的联系。

我们曾说借用达米特的观点，因而可以从本体论、认识论和语言哲学的角度来探讨逻辑与形而上学的关系。我们也说过，达米特的观点是不是有道理乃是可以讨论的，因而这里我们也可以超出他观点从现象学的角度来谈一谈逻辑与形而上学的观点。

正像语言哲学是形而上学研究的一种不同方式一样，现象学也是形而上学研究的一种不同方式。它在今天也具有十分广泛的影响。但是值得注意的是，现象学的创始人胡塞尔不仅有《逻辑研究》这样的著作，而且还把这部著作作为他的现象学著作的基础。因此最直观地看，逻辑研究即使不是他的现象学研究的基础，也与他的现象学研究有紧密联系。无论胡塞尔本人对逻辑的理解和认识是不是正确，但是他对逻辑的理解不会完全脱离传统逻辑和弗雷格逻辑的内容。因而当他在著作中谈论 "是" 与 "真" 的时候，不会与这些内容没有任何联系。举一个最简单的例子。他曾试图通过对判断形式的分析探讨经验问题。而他对判断形式的理解就是基于逻辑。在这一过程中，他谈道 "判断的基础图型是系词判断，它所获得的基本形式是 'S 是 p'" [①]。其他动词组合的判断都可以转换成这种判断，比如 "人走" 可以转换为 "人是走着的"。虽然他用大写的 S 表示主项，用小写的 p 表示谓项，以示与传统逻辑表达 "S 是 P" 的区别，但是他说的 "S 是 p" 与传统逻辑所说的 "S 是 P" 是一回事。这样，他围绕着 "S 是 p" 这一形式及其相关形式探讨，实际上是围绕着传统逻辑所提供的句子形式进行探讨，比如简单判断、复杂判断、肯定和否定判断、全称和特称判断，等等。尽管他讨论的内容比传统逻辑的内容要多，而且他讨论的更多的是主词表达的是什么，谓词表达的是什么，什么是 "是者"，什么是 "是之方式"，但是他的讨论始终没有离开传统逻辑所提

---

① 胡塞尔：《经验与判断》，邓晓芒、张廷国译，生活·读书·新知三联书店 1999 年版（以下只注书名），第 29 页。

供的关于"S 是 P"这一基本形式的理论。

哲学家的工作是求真。从最初的探讨是，或者说从探讨是和探讨真出发来达到求真，到后来的直接探讨真，并且把真作为主要的核心概念凸显出来，乃是哲学的发展和进步。正是在这种意义上，我认为，本体论、认识论和语言哲学乃是一样的。它们都属于形而上学的研究，只不过方式不同。如果我的这种看法是有道理的，即本体论、认识论和语言哲学乃是三种不同的研究形而上学的方式，那么形而上学研究的核心的东西就是真。"是"的研究体现了一种研究"真"的方式，它与古希腊语有关，来得直接而自然，由此形成了逻辑与哲学理论，因此成为本体论研究的核心。后来的研究发生变化是正常的，因为谈论哲学的方式变化了，谈论的哲学内容也有许多变化。但是，"真"这个最核心的问题（或者说核心问题之一），在哲学研究中却始终没有变。因此，在现代逻辑产生以后，虽然人们不再像过去那样谈论"是"了，但是人们依然在谈论"真"，而且形成了不同的理论。同时，应用现代逻辑的方法，也还是可以谈"是"的，比如奎因所说的"是乃是变元的值"。只不过"是"不再有过去本体论中那样核心的地位了。

六、哲学的科学性

罗素认为，哲学是介于宗教与科学之间的东西。[①] 这种说法虽然形象，却不十分清楚。由它我们不知道哲学与宗教和科学究竟是交叉关系还是排斥关系。尽管如此，我还是想借助这个比喻来进行我们的讨论。

"求知是所有人的本性"，亚里士多德在《形而上学》一开始就开宗明义地说。对于人类知识，亚里士多德划分了不同层次，提出了最高智慧以及所谓第一哲学，这就是研究是本身。在我看来，亚里士多德不仅开创了形而上学的研究，而且提出了本体论的研究方式。也就是说，他的形而上学研究是以本体论的方式出现的。如前所述，他提出的研究"是本身"乃是知识论意义上的东西，它的基础乃是古希腊哲学家的探究和探究方式，而古希腊哲学家探究的乃是我们周围的世界和与我们自身相关的问题，其最核心的就是"是什么"这一问题以及对这个问题的回答。这个问题典型地体现了求知的特征，因此，亚里士多德的本体论研究充分体

---

① 参见罗素:《西方哲学史》上卷，第 11-13 页。

现了哲学与科学的关系。

上帝乃是一种宗教信仰，是基督教神学讨论问题的出发点。从与上帝相关的讨论引入"存在"，以此来解释上帝的"是"和传统哲学讨论中的"是"，并使"存在"成为独立的哲学概念，融入本体论的讨论，这是中世纪哲学的主要特点。在我看来，尽管"存在"概念的产生反映了哲学的发展，但是"存在"的引入不是知识论意义上的探讨。"存在"这一概念融入本体论的讨论确实促进了形而上学的发展，然而代价却是削弱了知识论意义上的探讨。"存在"的引入过程反映了宗教对哲学的影响，因而也体现了宗教与哲学的关系。

近代哲学提出"思"的问题，并把这一问题放到首位，实际上是重新提出认识的问题。在洛克、休谟、莱布尼兹、康德、黑格尔等人的著作中，几乎都可以看到探究人类认识的表述。这一时期的哲学毫无例外地都要探讨是以及上帝及其存在的问题，乃是极其自然的，因为这是哲学传统的继续。中世纪神学对哲学的影响不仅是巨大的，而且是深远的。这样一种影响不可能短时期完全消除。尽管如此，我们依然可以看到，随着"思"的引入和相关探讨，自觉或不自觉地在知识论意义上的探讨在不断加强。在我看来，"思"的提出不是随意的，而是有深刻背景的。但是，这一背景主要不是来自宗教，而是来自科学的进步和发展。随着科学的进步和发展，人们的认识也在不断发展。反映在哲学问题上，人们谈论的虽然可能还是老问题，但是谈论的内容发生了巨大的变化，谈论的方式也发生了根本的改变。比如，过去人们总是从形式和质料的角度谈论事物，随着物理学的发展，人们开始从广延出发看待和谈论事物，以至康德甚至认为"事物是有广延的"乃是分析判断。特别是，随着"思"的引入，人们开始区别身和心的问题，开始探讨感觉、知觉、记忆、反思等与思想活动以及人们的认识相关的问题，开创和形成了认识论研究。这种研究不仅不同于宗教神学，而且也不同于过去的本体论研究。但是，这依然是形而上学的研究。而且这里我们再次看到了哲学与科学的关系。

到了现代，一些分析哲学家们认为，一切形而上学的命题都是没有意义的。因为这些命题要么是不能用逻辑方法证明的，要么是不能用经验方法证实的。他们提出，哲学的根本任务是对语言进行逻辑分析。由于现代逻辑的产生和发展，逻辑真正成为一门独立的科学，并从哲学分离出去。逻辑的方法也真正成为一种科学的方法。分析哲学家们普遍使用现代逻辑方法，对表述思想的语言进行分析。他们试图通过这样的分析达到对我们周围的世界，以及对我们自身的认识。也就是说，他们试图通过语言分析的方式来达到过去试图通过本体论和认识论的方式而达到的结果。无论他们的观点是不是有道理，不管这种分析的方式结果怎样，在这样的研究中，我们再次看到了哲学与科学的关系。

哲学不是宗教，自然与宗教不同，因此今天它们可以各立门户。但是这并不保证哲学研究一定不会带上宗教色彩。哲学也不是自然科学意义上的科学，当然也与自然科学不同，所以许多科学、包括逻辑，纷纷独立，离哲学而去。但是，这也不妨碍哲学研究可以具有科学性。哲学的宗教色彩和科学性是一个很大的话题。本书虽然有所涉及，但是尚未展开论述。这里，我想撇开哲学的宗教色彩，紧紧围绕上一节的内容，即围绕逻辑与形而上学的关系，谈一谈哲学的科学性。

我认为，可以在两种意义上谈论哲学的科学性。一方面，我们可以谈哲学这门学科的科学性；另一方面，我们可以谈哲学研究方法的科学性。

"是什么"这一基本询问和断定方式反映了人类对周围世界以及人类自身情况的不懈探索和陈述，从根本上体现了一种知识论的特征，因而它自身就具有科学性。如果说这一性质从英文的 science 来看还不太明显，那么从德文的 Wissenschaft 则可以看得十分清楚。Wissenschaft（科学）一词的词根是 wissen，字面的意思是"知道"、"认识"，加上抽象名词词尾 schaft，就构成"科学"一词。在这个词加上一个形容词词尾 lich，就构成"科学的"（wissenschaftlich）一词，再加上名词词尾 keit，就构成科学性（Wissenschaftlichkeit）一词。因此，从字面上看，德文"科学"一词本身就有知道、认识的涵义。由此而来的"科学性"一词首先具备的当然应该是知识论的特征。

哲学不仅求知，而且最主要的是求真。也就是说，在哲学研究中，"是什么"与"是真的"总是联系在一起的。在求真这一点上，哲学与科学更为接近，因为它的求真乃是以询问"是什么？"和"为什么？"为基础的，它总是在探索本质和原因。正是在求是与求真这一点上，哲学不同于宗教。宗教有一个上帝作为探讨的出发点，上帝就是是，上帝就是真，对此不能怀疑。而哲学不同，它可以对任何事物问"是什么？"，对任何一种认识和陈述问"是不是真的？"，而且哲学还要问"什么是真之条件？"，"什么是人认识真的能力？"，等等。这种询问本身纯粹是一种知识论意义上的探索，因此它具有科学性。

哲学求是、求真，不同于宗教，也不同于科学。科学主要是通过证明来回答是与真。科学的证明主要有两种，一种是理论的证明，比如像数学和逻辑那样的证明；另一种是经验的证明，比如像物理、化学那样的证明。哲学无法像科学那样使用数学方法进行理论的证明，也不能像科学那样使用实验的方法进行经验的证明。但是哲学有自己专门的方法。而且哲学也有自己的科学方法，这主要就是逻辑。逻辑本身是一门科学，它研究推理的有效性。它为哲学提供了一套方法，应用这套方法，可以保证人们从真的前提一定得到真的结论。因此，逻辑的使用使得哲学自身具有了科学性。

上一节我们论述了逻辑与形而上学的一些联系，那些联系在不同程度上体现了哲学的科学性。为了避免重复，这里我想从另一个角度来论述一下这个问题。

简单地说，逻辑经历了两个阶段。一个是传统的阶段，一个是现代的阶段。在传统阶段，由于亚里士多德逻辑的形成，一些关于概念、判断和推理相关的理论被确立下来，成为专门研究和探讨的对象，形成了一门学科。但是逻辑隶属于哲学，与哲学融合在一起，没有分离。而在现代阶段，随着现代逻辑的产生和发展，逻辑成为一门科学，从哲学独立出来。这两种逻辑有很大区别，表现出来的科学性也有很大区别。这两种逻辑在产生之后一直在哲学中应用，由于它们自身的不同，使得哲学研究体现出来的科学性也是不同的。

以是的研究为例。亚里士多德从自然语言出发研究逻辑，因而他的逻辑带有希腊语的特征。他把"是"作为一个逻辑常项进行研究，围绕它形成了一系列逻辑理论。这一理论适用于与"是"相关的一些推理，因而具有一定的普遍性。当亚里士多德提出形而上学要研究是本身的时候，他把自己关于是的逻辑理论应用到形而上学研究。但是，虽然他的逻辑理论包含着对否定的研究，即涉及"不"（或并非）这个连接词，但是在他的哲学中，他没有把这个"不"也当做研究的出发点。这一点，与后来的许多哲学家是非常不同的。比如，前面说过，黑格尔在构造自己的逻辑体系的时候，不仅用"是"作出发点，而且还用"不"作出发点。又比如，海德格尔在阐述自己的形而上学思想的时候，也对"不"有许多论述。① 这

---

① 参见海德格尔：《形而上学导论》；Heidegger: *Einführung in die Metaphysik;* Peng, F.: *Das Nichten des Nichts*, Peter Lang GmbH, Europäischer Verlag der Wissenschaften 1998.

样做的结果是，不仅"是"成为哲学研究的对象，似乎成为一个实体，而且"不"也成为哲学研究的对象，甚至也成为一个实体。这种做法与亚里士多德是有很大区别的。前面我们说过，现代逻辑产生以后，"是"不再是一个逻辑常项。但是现代逻辑理论同样可以用于对自然语言中"是"的分析。所谓"是"乃是变元的值，就是这种分析的集中体现。此外，由于否定连接词乃是一个逻辑常项，因而现代逻辑对否定词"不"也有明确的刻画。字面上，它可能会是对主词的否定，对谓词的否定，对形容词或副词的否定，或者对宾语的否定。但是在逻辑上，"不"乃是一个命题函项。它总是对谓词的否定或对命题的否定。现代逻辑学家根据现代逻辑的研究成果，对把"不"当做实体对象的做法也提出了批评，这样做不仅违反了奥卡姆原则，增加了不必要的实体，而且制造出虚假的句子。在这一点上，大概以卡尔纳普对海德格尔的批评最为出名。①

其实，是不是可以把"不"当做初始概念，乃是可以讨论的。把"不"变成一个实体是不是就违反了奥卡姆原则，也是可以讨论的。巴门尼德就是把"是"和"不是"并列提出的。而且自他以来，有这样认识的确实并不是少数。比如在黑格尔那里我们看到，是和不都成为初始概念，尽管黑格尔本人说"纯是"和"纯不"，但是它们终究还是有区别的。因此，他把"变"也作为初始概念，这样就可以形成从是到不的转变，他的辩证体系就可以运作起来了。问题是，这里终究还是有字面上和逻辑上的区别。字面上看，"不"仅仅是对"是"的否定，因此与"是"并列似乎也没有什么，因为对"是"的否定乃是"不"，即"不是"，而对"不"的否定则是"是"，因为对"不"的否定等于是对"是"的双重否定，而双重否定等于肯定。即"并非不是"乃是"是"。但是，从科学的意义上说，这样的认识必须在有了证明作基础之后才是可靠的。现代逻辑不仅证明了"不"与"是"的这种关系，而且还表明了"不"这个否定词的其他一些性质，比如它是一个命题函项。因此像卡尔纳普那样对"不"的讨论，不是从字面出发，更不是随意的依靠直觉，而是基于现代逻辑，从而体现了一种科学性。

与"是"这个问题密切相关的不仅有"不"，而且还有"存在"的问题。如前所述，"存在"作为一个概念是在中世纪引入的，它的产生主要来自宗教神学的影响。虽然它成为一个重要概念，在哲学讨论中必不可少，但是对它的哲学讨

---

① 参见王路：《走进分析哲学》，第82-83页。

论却经历了两个阶段,一个是在现代逻辑产生以前,一个是在现代逻辑产生以后。由于传统逻辑中没有对存在的研究,因此无法提供对它的逻辑说明。即使康德认识到它不是一个真正的谓词,并且把这一思想阐述出来,但是仍然无法对它提供一种有力的说明。也就是说,这样的说明还不是那样令人信服。而在现代逻辑产生以后,人们明确地说,存在不是谓词。这种说明建立在现代逻辑的基础之上,因而具有科学性。此外,根据现代逻辑,人们对存在还有许多说明。比如,存在的工作是由量词做的;在自然语言中,有时候"存在"一词并不是表示存在;而有时候,"存在"一词不出现,却表达了存在。这些说明使人们对存在这一概念有了新的了解和认识,有助于人们进一步更深入地讨论和研究它,并使对它的研究和讨论具有科学性。

与"是"相关的还有"真"。亚里士多德提出哲学研究是本身,同时还认为哲学是关于真的知识。但是在他的讨论中,他主要还是讨论是。不论他自己是怎样考虑的,我认为,至少有一种可能性,这就是由于他有关于是的逻辑,而逻辑又与真相关,因此关于是的探讨乃是比较可靠的。从关于是的探讨最终是不是可以达到关于真的探讨,乃是可以讨论的,但是亚里士多德思考问题的方式至少表明,他是从关于是的探讨出发的。而在现代逻辑产生以后,特别是塔尔斯基关于真的理论产生以后,人们对真有了比较明确的认识。波普尔甚至认为,由于有了塔尔斯基的理论,他不再迟延地谈论"真"了。[①] 亚里士多德的做法可能有些不是那样直截了当,而波普尔的说法也许多少有些夸张,但是他们至少显示出在这个问题上谨慎的态度。而这种谨慎的态度其实是哲学家们的一种科学态度。

哲学有许多方法。研究哲学的方式也多种多样。因此逻辑绝不是哲学研究的唯一方法,它也不是哲学研究的唯一科学方式。但是,应用逻辑进行研究至少是一种哲学研究的方式,而且大概也是一种比较主要的方式。这一点,从哲学史上人们对逻辑的认识和态度就可以看出来。亚里士多德是逻辑的创始人,他对逻辑的认识和态度自然不用我们多说。因此他说的逻辑是从事哲学研究必须首先具备的修养,乃是最容易理解不过的。康德虽然不是逻辑的创始人,但是他本人也有逻辑著作,因此他对逻辑的重视也是自然的。他说逻辑是哲学研究的基础,当然

---

① 参见王路:《走进分析哲学》,第 147-148 页。

也就没有什么不好理解的。除此之外，我们还可以看到许多哲学家具有这样的态度。比如，黑格尔不仅有《精神现象学》著作，而且还有《逻辑学》著作。他认为逻辑重要，而且他还想发展逻辑。当然，由于他对逻辑的认识是错误的，因而他最终并没有能够发展逻辑，而是给逻辑带来了一些负面影响。又比如，胡塞尔不仅把《逻辑研究》作为自己的现象学研究的基础，充分强调科学和科学性，而且明确地说："逻各斯的目的是检验哲学中的一场意味深长的革命，并为将来的哲学体系'准备基础'。"[①] 可见他对逻辑是非常重视的。

　　除了这些正面的例子外，我们还可以举一个反例。在中世纪之后，随着科学的发展和科学精神的兴起，人们开始对中世纪神学的统治进行反叛和抨击。在这一过程中，亚里士多德逻辑也曾遭到严厉的批判。人们认为它不能得出新知识，不适合科学的发展和需要。归纳法应运而生。但是，如果仔细研究历史，我们就可以发现，归纳法的发展也是很有意思的。培根提出了归纳法，他认为他的归纳法是与亚里士多德逻辑完全不同的东西。密尔发展了培根的归纳法，并使归纳法逐渐成熟起来，有了体系，形成了著名的"归纳五法"。但是，他却为归纳法正名，把它称为逻辑，并为此还修改传统的逻辑定义。[②] 亚里士多德逻辑是关于演绎的科学，归纳法明明与它不同，为什么密尔偏偏要把它说成是逻辑呢？我想，这里也许有许多原因，但是至少有一点是清楚的。在一般人的眼中，逻辑是一门科学，还是一门具有方法论性质的科学，而且也是比较成熟的科学。归纳法作为一种新生的科学方法，若想在哲学中占有一席之地，纳入逻辑的范围自然是比较理想的。逻辑是科学。如果归纳法是逻辑，那么它的科学性就是不证自明的。不论这种看法是不是正确，至少体现了密尔对逻辑的认识，特别是对逻辑作为一门科学及其科学性的认识。

七、如何理解形而上学

　　学习和研究形而上学，最重要的问题在于理解。在我看来，理解形而上学至少要面对三个问题。首先是语言层面上的问题，其次是思想层面上的问题，最后

---

① 胡塞尔:《经验与判断》，第86页。
② 参见王路:《逻辑的观念》，第五章，第3页。

还有学术层面上的问题。

语言层面的问题最简单最直接地表现为翻译的问题。翻译的问题，特别是一些术语的翻译，说到底，还是理解的问题。不同的翻译取决于不同的理解。理解的不同也会以不同的翻译体现出来。

根据奎因的翻译的不确定性理论，两种相互可以翻译而且日常交际没有任何问题的语言，在涉及比较抽象的理论问题时，就存在着翻译的不确定性问题。哲学恰恰是最为抽象的理论。因而在哲学术语的翻译中一定存在着翻译的不确定性问题。

其实，哲学术语的翻译问题，不仅中国人有，西方人也有。比如我们谈到的巴门尼德残篇中的"esti"，有人翻译为"是"（is，ist），有人则翻译为"存在"（exist）。这两种翻译显然差别极大。但是对于我们中国学者来说，翻译问题似乎更多一些，因为比起西方诸种语言之间的差异，属于不同语系的汉语与西方语言之间的差别显然更大一些。

以"形而上学"这个概念为例。我国古代就有"形而上者谓之道，形而下者谓之器"之说，形而上、下的区别一直沿用至今。借用这里的术语，人们以"形而上学"翻译西方的"metaphysics"。这里立即产生一个问题："形而上学"是不是真正反映了"metaphysics"的本意？应该承认，这里的问题是比较复杂的。"metaphysics"是由"meta"（之后）和"physics"（物理学）这两个词组成的，字面意思是"物理学之后"。因此这个词表示：研究物理学背后的东西。在古希腊，科学还没有分化，因而物理学代表科学。所以，这个词的意思就是：研究科学背后的东西。这种涵义与亚里士多德所说的最高的智慧或第一哲学是比较一致的。这些意思，"形而上学"一词本身大概无法表达，因为从它的来源、从它的本意，即从所谓"形而上者谓之道"，是看不到这些涵义的。

围绕本书探讨的主要概念"是"与"真"，也存在相同的问题，而且更为复杂。形而上学只是一个名词，充其量不过是一个术语，表示一个学科，一个研究领域。对形而上学的讨论，毕竟是在构成它的那些具体问题上展开的。因此，有了对它的来源的了解，有了以上说明，使用这个概念也就不会有太大的问题。但是，"是"与"真"这两个概念则不同。它们是形而上学的核心概念，许多形而上学问题的讨论就是在它们上面或者针对它们展开的。特别是，这两个概念给我们的翻译确实造成了不小的困难。

在西方语言中，"是"的主要用法是系词。这是由西方语言的语法特征决定的。系词主要是体现了一种句法作用，它联结主语和谓语或表语，而自身没有意义。也就是说，含有系词的句子的主要意思是通过由系词联系的主语和谓语或表语体现的。但是，这并不妨碍人们把"是"这样一个作为系词出现的词当做对象进行谈论，而且不出现混淆。因为语法语言自身具有这样的功能。通过词形变化，作为系词的"是"可以以名词、动名词、不定式等形式出现，从而成为讨论的对象。"真"这个词也是一样。在西方语言中，"真"的主要用法是形容词，即"真的"。它的基本表达是"是真的"。但是，由于语言的语法功能，它很自然地以名词的形式进入人们的讨论，成为讨论的对象。

在汉语中，这样的表达是有困难的。汉语不是一种语法语言，基本没有词形变化，一般不会通过词形变化来区别一个概念的使用和提及。有些动词也可以作名词，比如"认识"。但是词形上没有任何区别。而有些动词绝不能作名词。比如"知道"，我们很难找到它的名词。产生这样的问题可能有许多原因，但是语言特征无疑是主要原因之一。在有关"是"与"真"的讨论中，我们恰恰遇到这样的问题。虽然不能说"是"绝对不能作名词，比如"实事求是"，但是它作名词的机遇确实极小。尤其是，即使可以把它作名词，一如"实事求是"，这也不是在系词的意义上谈的。也就是说，自然的汉语表达虽然有时候也可以使"是"作为名词出现，但是也不是表示系词。因此，如果我们把"是"作为一个名词，而且作为系词意义上的名词来谈论，一定是比较奇怪的。这样就给翻译带来了困难。"真"在汉语中是可以作名词的，而且"真善美"一直是谈论的话题。但是，"真善美"意义上的"真"并不是"是真的"意义上的真，而是伦理层面上的一种境界，一种"完美"意义上的东西。也许，由于"真"已经有了这样一种涵义，人们反而无法或不愿意用它去表示"真的"或"是真的"的名词形式。这同样也给翻译带来了困难。

语言表达的是思想。因此，语言层面的问题必然会带来思想层面的问题。哲学术语在语言层面上表现为语词，在思想层面上表现为概念。一般来说，词和概念之间的关系是对应的，不会出现什么问题或太大的问题。但是在"是"这个问题上，恰恰出现了问题，而且是比较重大的问题。

"是"的语言形式乃是系词，那么它的概念是什么呢？当人们把它当做一个对象来谈论的时候，尤其是像亚里士多德那样提出要研究"是本身"的时候，它似乎确实成为一个概念。那么这个概念究竟是什么呢？非常简单地说，如果"原因"这个词表示的是原因概念，那么"是"这个词表示的概念就是是。问题是，人们对"原因"这个词表示的原因概念不会有什么困惑，而且人们对绝大部分词及其表达的概念都不会有什么理解的问题，但是对少数一些词以及它们表达的概念确实会有疑问。尤其是对"是"这个词所表达的是之概念，人们实实在在地怀有疑问。这个"是"究竟是什么呢？

语言是物化的，因而有具体的形式。所以对我们来说，词乃是最清楚的，是可以看得见，逮得着的。而词所表达的概念，究竟是不是存在，是不是那样清楚，乃是有疑问的。比如像"是"这个概念。亚里士多德可以提出它来，可以提出诸种研究方式，可以对它提出各种解释，可以围绕它形成各种理论，但是，它所表达的概念是很清楚的吗？海德格尔可以不满意传统研究，重新提出对它进行追问，可以提出诸种解释并形成各种说法，不是也承认为它寻找一种统一涵义是困难的，甚至是不可能的吗？

人们愿意用"存在"一词来翻译"to be"或"Sein"，因为"存在"不仅是一个词，而且本身表达了一个概念：存在。理解什么是存在大概也没有什么问题。在翻译解释中，似乎至少也可以说，比如亚里士多德的 to on，乃是在存在意义上说的。这样的解释其实涉及比较多的东西。具体地说，"存在"是什么意思？亚里士多德是不是在存在的意义上谈论 to on？而抽象地说，两个不同形式的语词会表达同一个概念吗？一个没有语词形式的概念会得到表达吗？一个具体的词所表达的概念会是一个没有语词形式所表达的东西吗？

概念由词表达。人们对概念的把握是由词入手的。因此，引入"存在"与没有引入"存在"概念是有很大区别的。而所谓引入"存在"概念，实际上是引入"存在"这个词，通过这个词把存在概念确定下来。即使可以在存在的意义上探讨是，也必须看到，在存在的意义上探讨"是"与明确提出"存在"的概念乃是有根本区别的。因为在存在的意义上探讨"是"，依然是在探讨是。只有在提出"存在"概念之后，才会有明确的关于存在的探讨。而且，如果没有"存在"这个词，存在概念又是从哪里来的呢？而如果没有存在概念，我们又如何在存在的意义上探讨和解释"是"呢？实际上，亚里士多德没有使用"存在"概念，他的讨论围绕着"是"来进行，形成的理论和产生的结果与后来有了存在概念不是有很大区别吗？中世纪引入了"存在"一词，因而开始探讨存在，形成的理论和产生的结果与亚里士多德的论述不是也有很大不同吗？

如果说语言和思想层面的问题都是紧密围绕具体问题的理解与解释，那么学术层面的问题则不是那样具体，而是要宽泛一些。本书的讨论从古希腊开始，具体地说，从巴门尼德的思想开始，但是研究的重点却在亚里士多德。前面我们给出的理由是亚里士多德留下了完整的著作，而巴门尼德只留下一些残篇。其实这仅仅是一部分理由。这里，我们要阐述另一部分理由。

亚里士多德在西方哲学史上乃至思想史上占有非常重要的地位，除了他那些多方面的开创性的贡献以外，还有十分重要的一点：他使古希腊思想文化的方式发生了非常重要的转变。对比柏拉图，可以比较清楚地说明这一点。

柏拉图是古希腊伟大的思想家和哲学家。他也留下许多著作。他的那些对话涉及哲学、政治、艺术、数学等诸多方面，却几乎从来也没有对这些方面进行分门别类的论述。而到了亚里士多德这里，开始了学科的分类。他区分出逻辑、修辞、物理学、天文学、动物学、形而上学、诗学，等等。当然在柏拉图的著作中也可以看到对学问的探讨和对学科的提及，比如他曾经提到学习几何学、天文学等，而且我们还知道，在柏拉图学园的门口有一块牌子，上面写着"不懂几何学者莫入"。因此我们大概很难说在柏拉图那里没有学科的分类。而亚里士多德的著作都是后人按照他的手稿整理编排的，许多著作的名称也是编者所加，比如"工具论"和"形而上学"。一些学科也由此而得名。一如从"工具论"产生了逻辑，从"形而上学"产生了形而上学这样的学科。因此我们大概很难断定学科的分类就一定是亚里士多德做的。但是我认为，柏拉图与亚里士多德的区别就在于柏拉图的对话虽然提到了一些学科，但是没有对它们分门别类的论述，而亚里士多德的著作虽然被后人整理编辑并命名，但是他的著作本身就是这样分门别类论述的，从而为后人这样的整理编辑提供了可能。虽然一些学科的名称为后人所取，但是分类研究的工作却是他本人亲自做的。这种学科分类无疑是重要的。正是由于这种学科分类，促进了分门别类的研究，从而形成科学，并最终导致科学的形成和发展。因此可以说，亚里士多德对西方思想文化两千多年来发展的根本倾向产生了重大影响。

由于学科分类，因而产生了 science。在我看来，对这种 science，可以有三方面的理解：一是学术意义上的理解；二是学科意义上的理解；三是科学意义上的理解。在学术意义上理解，science 可以表示自身有存在的价值，具有追求的意义。亚里士多德认为，形而上学这样的东西，必须在人们满足物质生活需要之后才能研究。[①] 这就说明，这样的东西与满足人们的物质需要没有直接的联系。否则，即使没有满足基本生活需要也可以进行这样的研究，因为可以通过这样的研究来满足人们基本生活的需要。在学科意义上理解，science 表示人们对讨论内容有了划分和分类，从而可以把一些特定的内容放在一起，使之成为一个整体，并进行专门的研究。在科学的意义上理解，science 指在学科的意义上发展起来的东西，一种特定的对象经过研究发展，形成自己的思想体系，具有自己的规律特征，以自己的理论方式得以传承，并与其他学科泾渭分明。学科的建立有许多因素，也许学术观念的形成是必不可少的。科学的发展需要许多条件，大概分门别类的学科建立与发展是不可或缺的。在这种意义上，对亚里士多德的贡献，大概无论怎样评价也是不会过高的。

由于学科的建立，因而有了学科意义上的东西。就我们所讨论的内容来说，至少逻辑与形而上学这两个学科是密切相关的。"是"与"真"无疑是日常语言中十分平凡而常用的词。但是，由于它们是学科意义上研究的对象，因而也具有了学科意义上的涵义。就是说，围绕它们形成了一套理论。所以我们在研究和理解 to on 这个本体论问题的时候，绝不能忽略与之相关的这种学科意义上的内容。因为亚里士多德确实开创了逻辑这门学科，形成了相关的逻辑理论。忽略这样的内容，大概是要出问题的。比如，亚里士多德在逻辑中探讨的是"存在"吗？如果不是，那么联系起来考虑，他在形而上学中可能探讨"存在"吗？黑格尔从逻辑出发，他考虑的会是"存在"（或"有"）吗？此外，如果没有学科，那么对于亚里士多德所说的"是"仅仅进行字面的理解或语义的理解似乎也是可以的。但是，由于有了学科，面对亚里士多德所说的"是"，就不能进行这样简单的理解。比如对于他说的"人是"，由于有了逻辑，我们的理解就必须更复杂一些，更深入一些。因为除了字面的涵义外，比如语法方面的意思外，还有逻辑方面的考虑。

---

① 参见亚里士多德：《形而上学》，第 31 页。

即使最保守地说，我们也应该思考，这里会不会有逻辑层面的考虑？其实，这样的问题，不仅在理解亚里士多德思想的时候存在，在理解其他人的思想的时候也是存在的。比如对于巴门尼德的思想，我们提出了如何从系词"是"的角度进行理解，但是在下结论的时候就比较慎重，因为在他的时代，逻辑还没有成为一门学科。对黑格尔的思想，我们说得比较肯定，因为他的著作名称就是《逻辑学》。因此我们必须从逻辑的角度进行考虑。对于海德格尔也是如此。他无疑学过逻辑，而且对逻辑也有自己的理解，因为他还探讨过逻辑的形而上学基础。在这种情况下，我们应该考虑，他说的"是者是"和"此是"难道就没有任何逻辑层面的考虑吗？当然，在论述过程中，我们的态度也是比较慎重，因此没有从逻辑的角度进行理解，而更多的是从其他方面进行理解，比如从他给出的例子，从他对句法和词源的说明。而今天从句法和词源的角度来理解，无疑也具有学科的意义。

语言层面、思想层面和学科层面的问题不容忽视，它们是我们理解西方哲学首先要注意和考虑的。这些问题说明理解形而上学很不容易，需要认真对待。前面我们说过，欧文斯提出翻译希腊文einai的四条标准，其中三条与"是"相关。我们也提到，阿克里勒认为对亚里士多德著作中的einai应该用"是"来翻译，以保留这个词本来的歧义性。我们还注意到帕兹希和弗雷德在翻译亚里士多德《形而上学》第七卷的时候保留ousia这个希腊文术语。所有这些不仅说明西方学者对于理解einai的慎重而严谨的态度，也说明这里的问题。西方学者理解自己的思想文化尚且如此，我们理解西方哲学则应该更加慎重和严谨。

我主张应该以"是"来翻译"to be"，用"真"来翻译"truth"，并不是认为这样的翻译就没有任何问题。比如，"truth"这个词本身也有"真的"、"真命题"、"真判断"、"是真的东西"等涵义，而这些涵义是汉语中"真"这个概念所没有的。我反对以"存在"来翻译"to be"，以"真理"来翻译"truth"，也不是说这样的翻译在任何地方、任何场合、任何情况下不通。比如，有了西方中世纪的讨论，许多哲学家确实在"存在"的意义上使用和谈论"to be"。特别是在西方语言文化的背景下，一些人甚至不考虑这里的区别。在我看来，无论主张什么或反对什么，都应该从理解西方哲学出发。而从这一点出发，我们应该时时刻刻意识到不同语言和思想之间的差异，意识到由不同语言和思想之间的差异所造成的历史文化之间的差异。在这种意义上，我认为，我们解释西方的形而上学，应该尽量保留一个比较大的空间。einai、esse、to be、Sein、être 等词的系词作用虽然只有语法意义，而没有语义涵义，却是西方语言中最主要的一种用法。作为一个中文概念，"是"虽然不如"存在"那样来得具体实在，但是，它至少从字面上对应了西方语言中einai、esse、to be、Sein、être 等等语词，因而使人们可以对这个词做系词含义的理解。保留这个空间，不仅保留了更多的可能性，而且也不会妨碍我们对它做"存在"的理解。而"存在"根本从字面上消除了系词的涵义，因而取消了系词意义上的理解空间。这是一个很大的空间，涉及对语言的理解，对思想的理解，对逻辑的理解。"是"与"存在"有着天壤之别。

　　西方的形而上学已有两千多年的历史。理解形而上学，离不开它那两千多年的历史发展。研究语言哲学，我们会看到人们对形而上学的批判。研究海德格尔，我们会看到对现象学的论述。研究现象学，我们会看到对康德的论述。研究康德，我们又会看到对亚里士多德的论述。形而上学内容广博，源远流长。但是，求是，求真，这一条主线却清晰无误。这其间，从"是"的提出与探讨，到"存在"的提出与探讨，再到强调"是"与"是者"的区别，提出重新回到对"是"的追问，不仅反映了一条形而上学的历史主线，而且体现了相关的主要问题。在古希腊，"是"与"真"乃是一起提出的。在这以后漫长的历史过程中，一方面，"是"总是谈论的重点，而对"真"的谈论却是有意识或无意识的。即便如此，"是"的探讨总还是可以与"真"相联系的。相比之下，"存在"却不是从一开始就提出来的，它的探讨也不那么容易与"真"相联系。由此显示出"是"与"存在"的区别；另一方面，"是"从谈论的核心到退出讨论，"真"反而凸显出来。而"存在"则从对"是"的一种解释上升为一个独立的概念，并且与"真"密切相关。由此也显示出，"是"与"存在"不仅确实有差异，而且是两个根本不同的概念。实际可以说，它们有各自产生和形成的历史，因而也有各自的问题，并且在历史的过程中形成了各自的问题领域。忽略这些问题，用"存在"来翻译"to be"，就会抹煞"是"与"存在"这两个不同概念之间的根本区别，最终模糊形而上学的历史。

　　以前，我们在翻译西方形而上学著作的时候，多采用"存在"的译法，并且不大区别"to be"和"existence"，因此存在上述问题。近年来，也许是由于关于"是"的讨论增多，人们开始意识到这里的问题。因此人们用"存在"翻译"to be"，而用"实存"或"生存"翻译"existence"。我认为，意识到这里的区别，无疑是一种进步，因而是值得鼓励的。但是还应该看到，这样的做法并没有解决问题。首先，它没有改变老问题，即"存在"没有体现"to be"的系词特征。其次，这样的翻译依然无法反映形而上学的历史变革，即无法表现从"是"的讨论到"存在"的提出，因而无法表现出这是两个根本不同的概念。第三，即使从中文字面上看，"存在"的涵义与"实存"和"生存"的涵义大概也是很难区别清楚的。充其量可以说它们有些细微的区别。问题是，这样细微的区别能够展现"to be"和"existence"的区别吗？

在结束本书之前，我想提出两个问题。第一，为什么亚里士多德会提出"是本身"作为形而上学研究的对象？在他那里，"是"既是逻辑的核心，也是语言中的东西，因而是具体而实在的。除了知识论的意义外，还有没有其他意思呢？联系到古希腊人思考世界的本原，根据自己的背景和理解可以给出不同的答案，比如水、火、气、数等，"是"有没有这方面的考虑呢？

第二，至少从巴门尼德以来，就提出"思维与是"的关系问题。按照我们过去的翻译，这一问题自然而然地成为"思维与存在"的问题。"思维与存在"恰恰与我们十分熟悉而习惯的"主观与客观"、"精神与物质"的二元关系相对，因而我们讨论起来也很自然。但是实际上是这样的吗？具体一些，如果在语言的层面上考虑"是"，那么"思维与是"的关系难道不可以是"思维与语言"的关系或类似于这样的关系吗？如果"是"本身有具体的涵义，那么一定会是"思维与存在"的关系吗？

正像本书最主要的是从理解西方哲学的角度去探讨问题，因而对许多问题都没有作出具体的正面回答一样，这里也仅仅提出这两个问题，而不作出回答。一方面，我承认自己还没有完全考虑成熟；另一方面，我确实希望读者可以向这个方面考虑一下。因为这也是一个理解西方哲学的角度。

人们常说不同语言文化之间存在着差异。我觉得，围绕"to be"这一概念形成的问题，大概最典型地体现了不同语言文化之间的差异。它既是语言中的东西，也是思想中的东西。它不仅平凡，而且重要。它涉及历史、文化、宗教、学术等诸多因素。而且最主要的是，它体现了人类的一种精神。按照我的理解，亚里士多德所说的形而上学的研究必须在解决了生存问题以后才能进行，实际是说，形而上学的研究不会为我们的生存提供帮助。也就是说，形而上学不是以实用为目的而进行的研究。值得思考的是，恰恰是这样一种研究，亚里士多德把它称为最高的智慧，而且在西方经久不衰。

有的哲学家认为，对任何事情不断地问"是什么？"和"为什么？"最后就会成为哲学问题。这种说法虽然形象而且有道理，但是毕竟不是特别清楚。所谓"最后"是以什么为标准的呢？一个简单的具体的"是什么？"的问题，大概还不能说是哲学问题，比如对"人是什么？"这个问题，我们可以说"人是两足直立行走的动物"，或"人是理性动物"。这大概也可以是生物学意义上的问题和回答。但是，如果我们继续问：比如"什么是理性？"我们还能给出生物学意义上的回答吗？或者说，我们还能给出某一门具体科学的意义上的回答吗？我想，所谓的"最后"不过是说，我们的问题和回答从经验的层面上升到了先验的层面。这时，仅仅有经验的回答，根据具体学科或科学的回答，已经不够了。还需要提供其他方式的思考和回答。在这种意义上，所谓形而上学不过是指对先验问题的回答与思考。实际上，哲学家们一般都是不否认经验以及经验在认识中的作用的。他们的争论主要是在对那些先验问题的看法上。亚里士多德认为我们的认识是从经验发端的。但是他认为还有不同层次的认识，还有更高的认识。即使是与英国经验主义者对立的欧洲大陆理性主义者也认为经验是我们认识的出发点，只是他们认为，除了依赖于经验的认识以外，还有一些认识是先验的，是不依赖于我们的经验。因此，在我看来，先验性可以说是形而上学问题的根本特征。

由于形而上学问题具有先验性的特征，因而研究形而上学的问题也具有先验性。所谓先验性，最直观的性质大概就是与经验性不同，因而离经验的东西比较远。在这种意义上大概可以说，形而上学研究的东西离我们的现实比较远。从学以致用的角度也许可以说，形而上学没有什么用。由此看来，亚里士多德的说法确实是有他的理由。但是，在我看来，正是由于这样一种性质和特征，西方形而上学的研究才更加体现了一种为知识而知识、为科学而科学的精神。这种精神与我国传统的"修身、齐家、治国、平天下"的理念大相径庭，也与"学而优则仕"的信条泾渭分明，更与"改造世界"的信念没有什么关系。对于这样一种精神，人们可以不赞同，也可以持坚决批判的态度。但是，通过研究西方的形而上学，我们至少应该看到，在人类历史上，有这样一种精神，而且在整个西方历史上，这种精神不仅始终存在，而且具有很崇高的地位。

附录 1　Being 问题与哲学的本质

【2018 年 1 月 6 日，北京大学外国哲学研究所举办"Being 问题与哲学的本质——王路教授新书《一"是"到底论》学术讨论会"。讨论会纪要曾发表在《外国哲学》第三十五辑。以下是作者在会上做的两次发言。】

（开场发言）

谢谢大家，首先感谢（尚）新建（教授）组织这个会！上一次关于《读不懂的西方哲学》的讨论会就是他组织的，会议名称是"争鸣"。这次的会，我说你叫"批判"也行啊，没关系，比上次要进步。其次要感谢在座的朋友，这么多年的好朋友，大家一块过来讨论这个问题。刚才（张）志伟（教授）说了，我以前那本书里面的思想到现在肯定是有发展的，这和大家这些年来对我的批评是分不开的。

今天我讲得短一点，尽量听大家的发言，最后我再回应一下。我准备讲三个问题。刚才志伟已经谈到一点，我想结合志伟讲的再引申一些，谈谈这本书的背景。2003 年我写了一本书叫《"是"与"真"——形而上学的基石》。其实那本书在 2001 年就完成了，当时因为我要调清华，所以压着没有出。2002 年到清华后，2003 年出版。实际上我的基本观点在那本书里都有了。我认为应该在"是"的意义上理解 being，并且应该把这样的理解贯穿始终；同时，应该把 truth 译为"真"，这样的理解也同样要贯穿始终；还有就是应该在理解和研究中把"是"与"真"结合起来。

当时我有一个错误的看法，我以为讨论 truth 比较容易，讨论 being 比较难。大家对这个问题也比较感兴趣，所以我后来就一直讨论 being。这么多年讨论下来，就出了《一"是"到底论》这本书。

　　这本书有几个地方跟以前的几本书不太一样。在这本书里，我特别想讲的一个问题是亚里士多德《形而上学》第五卷第七章，这一章被认为是词典，里面有亚里士多德关于 being 的语词解释。还有一个问题就是我把这些年大家"打架"的一些东西放进去了。包括跟晓朝、周兴等人的争论文章，包括对熊伟先生译文的讨论的文章，也全搁进去了。当然也做了一些修改，使它们成为系统化的东西，围绕 being 的问题在里边呈现出来。最后就是理论讨论，就是说，关于 being 这个问题的讨论到底是在干什么，这是最后一章的内容。上次我跟新建在谈这个会的时候，新建说我们加一个关于哲学本质的讨论，看能不能从关于 being 问题的讨论引申出一些东西来。我说可以啊。实际上，我们讨论这个问题的目的是什么，为什么要一"是"到底，这也是待会我要讲的第三个问题。

　　刚才讲的问题和这本书的背景相关。过程大家都知道，故事大家都知道，为了省时间我就不细说了，留更多的时间让大家来批评吧。

　　接着我想讲第二个问题：什么叫"一'是'到底"。最开始这个说法不是我提的。我的说法是"贯彻始终"：把 being 理解为"是"，并且把这样的理解贯彻始终，这是我在 2003 年的《"是"与"真"》中提出来的。后来人们把我的观点概括为"一'是'到底"。我觉得这概括得非常好。2010 年我到台湾访问的时候讲过一次这个东西，就说到一"是"到底。一位老师说，你应该以这个名义出一本书，就叫《一"是"到底》。我觉得这个建议可以接受。但是"一'是'到底"有一个问题，它很容易把理解的问题变成翻译的问题。因为从争论的角度讲，像（王）晓朝（教授）说的，即使你找出 1000 处文本说明 being 应该翻译成"是"，这也是归纳的；而只要找出一处说它不是这样，就可以推翻它。我认为与 being 相关的问题主要不是翻译的问题，而是理解的问题。所以我觉得，说一"是"到底没有关系，关键是如何理解它。我想，这方面过去谈了很多，我最主要的意思是讲，要在系词意义理解上它，要把这种理解贯彻始终，这就是一"是"到底。

　　那么系词的理解是什么呢？系词的理解主要就是：你必须在中文字面上把这个系词的含义体现出来，体现不出这个东西来就不叫一"是"到底，或者就不叫"是"。比如说海德格尔的《存在与时间》，这个书名中"是"就没有了。我的意思是说，你在字面上比如将它翻译为《是与时》，这样就有了系词含义。至于书里面有很多相关讨论，比如说关于 ontisch 的讨论，关于 ontologisch 的讨论，关于 Existenz 的讨论，你可以说它那里面什么含义，比如有存在含义，你都可以谈，但是 Sein 的字面上的含义，就是它的系词含义，这是一定要保持的。

所以，一"是"到底的关键是在字面上保留 being 一词的系词含义。就是说，经过语言转换，在汉语相应的词中要体现出系词含义。现在很多人认为这种说法不对，语境论就反对这种说法。语境论是什么呢？就是根据语境来理解。直接说吧，我们都承认 being 这个词有存在含义，那么我们当然就应该按照语境把它翻译成存在。这个话说得没错，但是不能只是在字面上理解。

以 being 为例。在我的书里我说（走到黑板前写下）：

1）"being"（一词）有两种含义，一种是系词含义，一种是存在含义。

2）"是"（一词）有两种含义，一种是系词含义，一种是存在含义。

3）"存在"（一词）有两种含义，一种是系词含义，一种是存在含义。

这样对吧。1）是基本观点。为什么要把它翻译成存在呢？因为它有两种含义，一种是系词，一种是存在。Ok，没问题。你把 being 翻译成 on，esse 也行，翻译成 Sein 也行，怎么都可以。being 是一个总称的代表，没关系。所以，关于 1）我们的意见是一致的。

但是关于 2）和 3）该如何看呢？我赞同 2）。因为"是"这个词字面上有系词含义，至于它是不是有存在含义，这是可以讨论的。我不赞同 3），因为"存在"字面上没有系词含义。

这样就很清楚，以 2）作 1）的翻译，不会改变它的意思，但是以 3）作 1）的翻译，就改变了它的意思。这是我的看法，你们同意吗？！我想，我们的区别大概主要在 3）。

语境论的意思是说，being 既然有存在含义，就要把它翻译成"存在"。谁有存在含义？是 being 有存在含义。那么 being 是什么呢？它是一个词。你把它翻译为"存在"的时候，等于把它的一个含义翻译到字面上来了。你不能说"存在"有系词含义，结果就是你的翻译使系词含义没有了。这是非常容易说清楚的东西。所以现在我觉得 being 是比较容易讨论的东西，为什么？因为我们可以从句法找到支持。"系词"这个说法不是我说的，康德说，Sein 不是一个谓词，它是一个逻辑上的系词。黑格尔也说到系词，胡塞尔也说到系词，海德格尔也是谈系词的。自从有了系词这个术语，他们都这样谈。因此简单说，我们都同意 1）这种说法。

没问题,咱们都一致。关键是2),我同意它,你们是不是同意? 加不加引号没关系,无所谓。"是"一词肯定有系词含义,至于是不是有存在含义,可以讨论。而对于3),说"存在"有系词含义,我是不能同意的。说它有存在含义是同意反复,而说它有系词含义就是错误的,因为"存在"没有系词含义。关键就在这里。这是非常重要的区别。

下面我选一个与存在含义相关的问题讲吧。过去我不讨论汉语的"是"字是不是有存在含义。像王太庆先生他们就讨论这个问题。这个问题其实也是可以讨论的,比如"门前是山",这里的"是"字似乎就是表示有,表示存在。为什么我一般不讨论这个问题? 因为我主要讨论的是如何理解西方哲学。即使"是"没有存在含义,也要以它来翻译 being。还有一点,西方哲学家关于系词含义一般没有争议,基本看法一致,所有争论都在 being 的存在含义上。比如说出现的 being 这个词是不是有存在含义? 为什么,因为它的表述不清楚。系词含义出现在"S 是 P"这样的句式中,这是这个词的通常用法。存在含义出现在与"S 是 P"不同的表达中,到了这个时候,being 的意思似乎就不清楚了。比如说,一事物不能同时既是又不是(It is impossible for the same thing at the same time to be and not be)。这个时候,being 后面没有东西了,P 没有了。这样的表达还不是最主要的。那么最主要的表达是什么,实际上就是"God is"。这个表达比较麻烦,我认为要把它翻译成"上帝是"。大伙就说了,这话听不懂。那么我要问了:"God is"听得懂吗? 这不是日常表达。教堂里说的是"God be with you","God be with us",没有人说"God is"。这就是为什么会在 being 讨论出存在含义,为什么从它可以讨论出存在含义,因为在"God is"中,is 这个词就不是系词用法,而是非系词用法,或者如西方哲学家讨论中所说的,是完整的用法,是非谓述的用法。存在含义主要是从这种非系词用法中读出来的。而之所以这样,首先是因为它有系词含义。所以,系词含义是一个字面的东西。

所以我认为,应该把 being 翻译为"是",而且这是比较容易说清楚的,因为我们可以在句法找到支持。存在含义也可以在句法上找到支持,很简单,就是非系词用法。我的意思是说,在翻译 being 的时候,你把它的非系词用法也给翻译出来,这样,翻译出来的字词是"是",你可以根据它的用法把它解释为存在。这是我的一个基本观点。

这个问题还可以多说几句。我问过很多老外，（徐）龙飞（教授）在德国那么长时间，哪个老外说"God is"这样的话？一般是没有的。在哲学讨论中也是这样。比如黑格尔谈 es ist 的时候，说我们把感觉确定性都归结为这样一个东西，而且这表明为最贫乏的真。那么它这个表达难道说的是存在吗？显然不是，它是缩写，它说的不是"它存在"，因为后边要把它变成 Das ist, Der Gegenstand ist，然后再变成"这时是夜晚"这样的例子。你要白天说它，它是假的，你要夜里说它，它是真的。这是黑格尔说的，西方哲学这样的讨论很多。包括海德格尔说的，在一切命题中都用得着这个 Sein。"一切命题"显然与语言相关，"用"指的是词。所以他给出的例子是"天是蓝的"，"我是快活的"。两个例子就够了，就可以说明一切命题。所以我说，关于 being，最主要的是理解问题。而且这个问题我认为是可以说清楚的，不是说不清楚的。

有人说中文里面没有 being 这个词，把它翻译为"是"很别扭。我认为别扭没关系，因为我们不是在谈自己的东西，我们在谈西方人和西方哲学的东西，我们是在谈如何理解西方哲学，经过谈论把它变成自己的东西。以前没有，不意味着现在没有，也不意味着以后也不会有。

下边我谈第三个问题：为什么要一"是"到底。或者说，为什么要坚持一"是"到底，为什么要研究这个东西。这就是刚才说的，跟新建讨论这个会的时候想到的，最好结合这个问题谈一谈哲学的本质。

大家想一想，我们做的这种哲学研究，跟国内大多数人做的哲学研究是不一样的，比如说与马克思主义哲学、中国哲学、伦理学等的研究是不一样的。这是什么研究？在我看来，这就是哲学研究，或者说，这是形而上学的研究。为什么要研究 being 问题，这显然是一个值得思考的问题。假如我们来思考这个问题，大家看一看，"S 是 P"是个什么东西？这其实是人们表达认识的最基本的方式。它既是人们提问的最基本的方式，比如说"这是什么？"，也是回答的最基本的方式，比如说"这是如此这般的"。所以西方的形而上学的问题，being 的问题，从一开始就和人们的认识紧密结合在一起。我们过去把相关研究称为本体论，中文中这个"体"翻译出来以后，就把物化的东西联想出来了。being 实际上是与认识相关的。所以亚里士多德说，有一门科学，它研究 being qua being，这时候他实际上是在考虑这个东西，所以他在研究这个 being 的时候说，那个"S 是 P"中

"是 P"可以表达为十种范畴，可以表达出不同的含义，比如可以表达出是人，是白的，是三肘长等。用他的话说，这即是是什么，是质，是量等这样的东西。所以他的这些论述都是关于人们的认识而言的，他的逻辑是沿着这个思路建立和发展的，他的形而上学也是沿着这个思路展开和深入的。所以我一直强调，在 being 上可以看出，亚里士多德的逻辑与形而上学是相通的。在亚里士多德那里是这样，在传统哲学中也是这样，这是一种谈论认识的方式。当然，讨论认识，这是不是唯一的方式，或者是不是还有其他的方式，这是一个问题。但是亚里士多德就是这样讨论的。

到康德那里其实也差不多。我觉得国内很多人不太重视康德的判断表。康德的范畴表是与他的判断表相关的。而这个判断表就是与"S 是 P"相关的，而且有好几个概念跟它直接相关。第二行讲的"肯定的"，指的就是"S 是 P"，"否定的"指的是"S 不是 P"。第三行中讲的"直言的"，秋零翻译成"定言的"，指的是"S 是 P"，"假言的"指的是"如果 p 那么 q"，"选言的"指的是"或者 p 或者 q"。第四行中讲的"断言的"，指的也是"S 是 P"，所以到范畴表中就把 Dasein 和 Nichtsein 这两个词直接列出来了，因为要直接讨论"是"（Sein）这个词。所以你看康德的这个判断表，从判断表得出这个范畴表，从它得到的 12 个新的范畴概念，实际上这里面主要考虑的架构都是围绕着"S 是 P"而来的。甚至其中有几个主要的概念是直接从它这来的。所以说，围绕"S 是 P"，探讨 being，西方这一套是一种讨论认识的方式。为什么康德要这样做，因为康德很清楚，亚里士多德的范畴还不够，他还要获得超出它们的东西。在亚里士多德和康德的这些论述中，我觉得有一点是共同的，即他们这是一种先验性的研究，始终是与认识本身相关的，而不是关于具体认识的。所以亚里士多德才能那样谈，康德才能那样谈。黑格尔也是如此，他谈的逻辑学和精神现象学都是这样。刚才我说了，es ist 是他谈精神现象的方式，他可以把感觉归结为那样一种东西，然后演变出他关于绝对精神的论述，他说要从逻辑出发寻找初始概念，因而就有了 Sein，Nichts 和 Werden。第一个就是"是"，第二个是它的否定。加上第三个"变"，就可以构造起他的整个逻辑体系，包括客观的和主观的。这就是西方哲学提供的认识，在我看来，这就是形而上学。为什么说像这样的东西在我们国家得不到重视，因为中国哲学里面没有，马克思主义哲学里面也没有。最近两年我提出一个概念："加字哲学"，即在"哲学"前面加字，由此与哲学相区别。随便怎么加字，比如文化哲学、科技哲学。因为所有这些哲学，在加了字之后，就把先验的研究拉到经验的层面上，因此与先验的研究形成区别。我认为，being 的研究与先验的东西相关，或者至少主要与先验的东西相关，这是它最主要的东西。所以我一直说，与它相关的研究是如何理解西方哲学的问题，而不是翻译的问题。

我的基本看法在 2003 年的书里都有了。现在我谈一下与 being 相关的问题，这就是"是"与"真"的关系。最近两年我开始研究与"真"相关的问题，开始写文章。换句话说，"S 是 P"是句法，"真"则是语义。探讨与认识相关的问题，从句法的角度可以谈，从语义的角度也可以谈。比如康德在先验逻辑的那部分，就讲到形式，也讲到真。他提到"什么是真"这个问题，也谈到知识的普遍的真之标准问题。他还说形式方面有这样的标准，而内容上没有这样的标准。我们可以明显看到真与形式的对应。

与 being 相关有一个有趣的问题，这就是到了现代哲学，being 问题没有了。分析哲学家不讨论 being 的问题。但是在分析哲学中，真这个概念凸显了，所以以前我写文章说，从"是"到"真"，这是哲学史的一个现象。现代哲学中"真"这个概念的凸显使我们看到，是与真都是哲学中的重要概念，应该有比较密切的联系。亚里士多德在《形而上学》第四卷说有一门科学研究 being 本身，但是同时在第二卷说，也许把哲学称为关于真的知识是恰当的。所以亚里士多德说，说是者是才是真的。所以，这样的东西在亚里士多德的论述中是比较多的，而且比较清楚。在康德那也有很多的论述。但是我觉得，传统哲学家们基于"S 是 P"的方式，基于 being 的方式谈得比较多，因为基于这种方式比较容易。为什么？因为有逻辑，因为有了句法结构之后，你可以谈谓词，可以谈主词，你也可以从是本身来谈，也可以从句子来谈，因此过去人们谈判断、谈命题、谈思想等等各种各样的东西，因为它们都与认识相关。举个例子。比如胡塞尔。他讲现象学的基础是逻辑研究，一开始即谈到四个概念：一个是事实（Tatsache），一个是真，再一个是句子，再一个就是 Sein，那个 Sein 就是那个"是"。它们不都是与"S是 P"相关的吗？这是非常连贯的思想，也是形而上学一致的思想。胡塞尔这样的东西为什么后人跟不上，是因为境界达不到，也因为他论述得过于复杂。海德格尔的东西好跟，因为他是借着与"是"相关的问题出发，到后来就走到经验层面上去了。而最后大伙能跟上海德格尔的，大部分都是后来那些东西。所以我认为，假如哲学中确实有一些特殊的东西，这就是形而上学。

形而上学可以体现出哲学的专业性。假如我们跟其他理工科教授们坐在一起讨论问题，有些人心里可能会发怵，但是我不怵。他们是专家我也是专家，他们讲的东西我不懂，我讲的东西他们也一定不懂。但是，当我们给他们讲那些所谓加字哲学的时候，情况就不同了。因为这就讲到经验层面上去了。比如说法哲学，人家搞法学的会拿你当回事吗？比如说环境哲学，人家搞环境科学的会在乎你说的吗？你可以讲，人家也可以讲。可是谁讲的有人信呢，或者，谁讲的更让人信服呢？

我觉得一门科学是关于某一类东西的认识的研究，而哲学是关于认识本身的研究。这是哲学的本质，或者，这是我对哲学的本质的认识，因此它是先验的东西。所以在 2003 年的书中我说，这样的东西是一种最宽泛的知识论意义上的东西。因为"知识论"一词已经有了明确的意思，无论是 theory of knowledge 还是 epistemology。

这就是我的基本观点，欢迎批评，谢谢大家！

（回应发言）

我先回应一个问题。我引卡恩的东西，是因为我不懂希腊语，我假定卡恩说的是对的，我用他的成果。如果别人反驳，说他是错的，那我引用的就是错的。卡恩依据对古希腊语文献的研究，主要是对荷马史诗的研究说，系词的用法占到 80% 到 85%，剩下还有 15% 到 20%。后者还有两种情况，一种是表断真，一种是表存在。这些内容在《"是"与"真"》里边都有。另外关于 De Rijk 的说法我是这样引用的。"系词"这个术语至少在康德以后就有了。但是在那之前是什么时候有的，我不太清楚。按照 De Rijk 的说法，是在 5 世纪的时候有了相关理论。我并没有说其他的，只是引用了 De Rijk 的说法。

下面我对大家的批评意见简单回应一下。首先我非常感谢诸位进行高水准的讨论。为什么我的两本书都拿到北大讨论，因为我相信北大的哲学学术水准在国内是最高的。大家也愿意来这里讨论。下面我想谈两个问题。

第一个问题我还是想说，我谈的是如何理解西方哲学的问题，不是翻译的问题，因此具体的细节就不讲了。这里我想再说一下，什么是一"是"到底论。我的书中第 342 页上说，一"是"到底论指的是如下几点：

亚里士多德说的是：有一门科学研究是本身；

笛卡尔说的是：我思故我是；

贝克莱说的是：是乃是被感知；

康德说的是：是显然不是实在的谓词；

黑格尔说的是：是、不、变；

海德格尔的著作题目是：《是与时（间）》；

奎因说的是：是乃是变元的值。

这就是我理解的一"是"到底论。有了以上理解，至于说一个词怎么翻译，基督教的教义怎么翻译，随便，怎么翻译都行。在不讨论 being 问题的地方，你爱怎么翻就怎么翻，只要不造成理解的问题。我在书里面这么强调 being 问题，但是我从来不讨论一些相关概念的翻译。比如我就用"本质"这个词，我就用"本体论"这个词。我从不像有些人那样非要改成"是论"，或改成"存在论"。我就用"本体论"。因为我觉得本体论这个词的上下文，一般来说不影响我们对 being 的理解，所以我不讨论这个词的理解和翻译。我想再强调一下，我所考虑的是如何理解西方哲学的问题。

另外我再说几句翻译。翻译涉及不同语言的转换，通过这样的转换使对象语言所表达的思想呈现出来。因此这里的一个基本问题就是，要区别语言和语言所表达的东西。我的一个基本信念是，语言是可以转换的，尽管有翻译的不确定性，而且我认为我们的汉语有能力翻译西方哲学，并且通过这样的语言转换把西方哲学表达的思想呈现出来。这是基本的看法。所以，我认为，理解是第一位的，只要理解好了，理解对了，如何翻译好只是一个技术性的问题。

下面我想谈一下刘哲（教授）提的问题，还有很多人也谈到了，或多或少，只不过刘哲谈的比较明确，说的比较清楚。他的问题是：求真，求是，还有求实，以及它们之间对应的问题。他强调求实，比如说希腊人在讨论这个"是"的时候，还讨论事实的问题，还讨论 being 的问题，还讨论事实是怎么回事的问题，这里面是非常好玩的问题。我认为，包括很多人都说到的，人们讨论知识和对象的符合，思想和实际的一致等等，我说的是与真，being 和 truth 等等，这些讨论的是什么。我现在把它们归在一起来讲一讲。

在《一"是"到底论》这本书之前，2016 年我写了一本书叫《语言与世界》。在那本书里我构造了一个句子图式（走到黑板前写出以下图式）：

（语言）句子：谓词　　　　　　　／专名

（涵义）思想：思想的一部分　　　／思想的一部分

（意谓）真值：概念　　　　　　　／对象

这个图式有三行，第一行是语言的，句子、专名、谓词，这些显然是语言层面的东西。比如刚才叶闯（教授）的发言，意思是说过去哲学中强调那个"是"，现在不用"是"，也可以讨论，比如性质、关系。他的意思是说，一"是"到底论把问题搞复杂了，没有必要。从这个图式看，确实没有"是"这个词的位置。这是按照弗雷格思想搞的。弗雷格逻辑与亚里士多德逻辑不同，所以形成的对语言的分析就不同。

这个图式的第二行是"思想"，这是语言所表达的东西，用弗雷格的话说也就是 sense。第三行是真值，这是 reference，弗雷格叫 Bedeutung，我把它翻译为"意谓"。这即是通常所说的语义。这三个层次是很清楚的。

弗雷格大概是第一个做出这三个层次的区别的人：句子的涵义是思想，句子的意谓是真值，即真和假。逻辑学家只考虑第一行和第三行：第一行是句法，第三行是语义。哲学家通常讨论的是第一行和第二行，比如他们考虑的 reality，实在，在这个图式中是没有的，但是，假如把它们看作语言所表达的东西，那就是第二行或相应于第二行的。（在黑板上画了一个圆将该图式圈起来）这个图式是与语言相关的。维特根斯坦说，我的语言的界限意味着我的世界的界限，那么世界应该在哪？应该在这（在该圆左边又画了一个圆），这是世界。他说，世界是事实的总和。（在左圆中画点，用手指着）事实在这里。事实的逻辑图像是思想，思想是有含义的句子，句子在这里（指右圆中的图式中的第一行），所以，事实是由句子表达的。这是最典型的通过语言分析来描述世界、实在的例子。康德也是同样，比如他谈论知识和对象，他还谈论真，它是知识和对象的符合。知识是什么东西，肯定不是语言层面的东西，也不是意谓层面的东西。如果我们可以想到，知识一定是通过语言表达的，那么可以将它看作涵义层面的东西（用手指着第二行）。对象是世界中的东西。现在来看，这个"真"应该在哪个层面？当然是在意谓层面。我特别赞同秋零、晓芒他们在翻译中有时候把 Wahrheit 这个词翻译成

"真理性"，这说明他们有认真的思考，认为这个词有些麻烦，不能都翻译成"真理"，因为一加"理"就到第二行了。"真理性"是在这（指着第三行）。所以他们的理解是对的。当然，我认为应该译为"真"。

那么第二行对应的是什么，是对象，是实在（指着左圆），它们都在这里。所以传统哲学家是有这两行（指着一、二两行）的考虑，没有这一行（指着第三行）的考虑，现代逻辑学家有一、三这两行的考虑，却不考虑第二行。而弗雷格则考虑这三行，所以他的思想极大地推进了语言哲学的发展和进步。

反映到 being，问题也是同样。首先 being 是一个词，因此在第一行。通过这一行的东西，或者说至少通过这一行的东西，我们能讨论它，才能讨论它所表达的东西。而它所表达的东西是第二行的，或者是与第二行相应的（指着左圆），比如讨论对象、性质、事实等等。所以海德格尔说过去人们过度考虑 Seiendes，而忽略了对这个 Sein 本身的考虑。什么是 Sein ？它在这（指着右圆第一行），而它所表达的东西在这（指着第二行），或者相应的在这（指着左圆）。

所以这里面几个层次的东西。我觉得如果大家对这个东西感兴趣的话，刘哲你要感兴趣的话，就下次专门请我来，专门给你讲这个东西。我认为这是西方哲学中最核心最精华的东西。为什么过去凸显的是 being，而到现在没有了，因为过去的逻辑依据的基本句式是"S 是 P"，而现在依据的是一种函数结构。到这之后，只有谓词和名词，没有系词了，但是"真"凸显出来。真成为核心概念，真可以对应句子所表达的东西，可以通过真来探讨语言和语言所表达的东西，因此可以通过真来探讨我们关于世界的认识。所以维特根斯坦说，给出所有真句子，就描述了整个世界。

所以刚才刘哲提的那个问题，包括大家讨论的很多问题，我认为是很有意义的问题，这是西方哲学中大概最本质的东西，我认为就是形而上学。也就是说，当我们讨论认识本身的时候，讨论先验的东西的时候，我们应该怎么讨论？借助逻辑，或者说依靠逻辑是没有问题的，用康德的话说，我们要依靠可靠的学科或科学，逻辑和数学是可靠的。亚里士多德就不用说了，他是逻辑的创始人，那时还没有逻辑，他就把逻辑建立起来。

还有就是借助语言。语言是最直观最可靠的，也是日常使用的。我们谁都认为我们能天然理解。为什么要举自明的例子，如"天是蓝的"，"我是快活的"？

可是，Sein 是什么意思你知道吗？你用它，但是你知道它是什么意思吗？你说话的时候关注的大概是它所引出的东西，比如"蓝的"。比如海德格尔要用 Dasein 来说明它，因为这里有了这个 da，它可以是用 sein 来展示的东西。为什么要讲这个 Dasein，刚才讨论时很多人提到这个词。这个词我完全是按照现有翻译"此在"、"亲在"等随便改了一下："此是"。我认为重要的就是其中的 sein（是）。康德谈到这个词，黑格尔也谈到它，而且有非常明确的说明。黑格尔讨论的出发概念是 Sein，然后也还是用 Dasein 来解释 Sein。他说，da 在这里没有空间含义。因为 Dasein 本身是"ist da"的名词形式，da 的意思是那里或在那里。所以这个 da 是有空间含义的。黑格尔特别说明它没有空间含义，还借助它来说明 Sein。即使仅仅在字面上，这也是容易理解的，Dasein 比 Sein 多了一个 Da，意思当然就多了，因此就可以起说明作用了。那么它显示出什么了呢？一种结构。它表明，Sein 是可以联系东西的，在它上面是可以加东西的。康德也有相似的认识。

所以为什么到海德格尔那里也会用 Dasein 来说 Sein，并且在其中加横线，把这个 da 和 sein 一会拆开一会合并随便使用？没有这个 da，Sein 就是死的，添加这个 da，这个 Sein 就可以随便说了，可以指"我们"，可以指以 Sein 所表述的东西，可以扩展到 in-der-Welt-Sein，也可以简缩成 in-Sein。这里不是讨论这个问题的地方，我就是顺便说一下 da 这个词和 Dasein。它们也涉及语言和语言所表达的东西，应该是区别的。

所以在西方哲学当中，通过语言来进行分析，要区别语言和语言所表达的东西，这是在现代哲学做到的，这样做一定要依赖逻辑。但是这不意味着传统哲学中就没有这样的分析。亚里士多德有很多明确的关于语言的论述，柏拉图也有论述，比如他们在讨论中谈到"说"，谈到"词"等。因为我们不探讨"雪是白的"，我们不探讨"亚里士多德是柏拉图的学生"，我们探讨的是我们的认识，而"亚里士多德是柏拉图的学生"只不过是我们认识的一个例子，它不是我们讨论的东西，但是可以用它来说明我们要讨论的这个东西。所以在我们的讨论中会有一种讨论的方式，人们通常说"抽象"。用弗雷格的话说，这就是：在意谓层面上，也就是真假层面上，所有细节都消失了。这就是我所理解的哲学的方式。刚才大家说，相信我这样讨论的背后一定有什么东西。就是这个东西。

谢谢大家！

附录 2　论"一'是'到底论"及其意义

关于 being 问题的讨论已有多年，主要观点大致分为两种：一"是"到底论和"存在"论。人们认识到，being 一词主要有两种含义，一种是系词含义，一种是存在含义。基于这一认识，许多人坚决反对一"是"到底论。理由很简单：既然承认 being 也有存在含义，怎么可能一"是"到底呢？当然，在具体讨论中，人们的论述会多种多样。

一"是"到底论是近年来对一种学术观点形象化的称谓，反映的却是我国哲学研究的进步，特别是形而上学研究的进步。我主张应该将 being 译为"是"，应该在系词的意义上理解 being，并且应该将这样的翻译和理解贯彻始终，所以我的观点被称为一"是"到底论。人们公认是陈康和王太庆先生最先主张采用"是"的翻译，但是人们不说他们的观点是一"是"到底论。这就说明，一"是"到底论与只是采用"是"这一译语和谈论相关问题还是有不小区别的。

"存在"是学界使用已久的译语和概念，"是"则是与它不同的译语和概念。陈康和王太庆先生关于"是"的观点既是对 being 的新的理解，也是对"存在"的质疑和批评。一"是"到底论则把这样的质疑和批评推向极致。它不仅指出和批评"存在"这一译语在翻译中的问题，而且质疑和批评"存在"论，批评采用这一译语的主张，并且批评为相应主张的辩护。也许正因为极致化，一"是"到底论显示出针锋相对的特征，给人以颠覆性的感觉，从而招致"存在"论者的强烈批评。

应该看到，"是"与"存在"是两种完全不同的理解和认识，从质疑和批评的角度说，陈康和王太庆先生的工作是一种进步，一"是"到底论也是一种进步，而且后者是前者的继续和发展。还应该看到，对 being 的理解、翻译和讨论已有很长的历史，对"存在"的质疑除了陈康和王太庆两位老先生外，还有许多人，

包括贺麟、熊伟、苗力田、陈修斋、杨一之等前辈学者，他们有时将 being 译为
"有"和"在"，有时也采用了"是"的翻译。我认为，应该充分认识前辈学者对"存
在"的质疑，以及他们的相关思考和工作的价值，这样才会更好地认识到，一"是"
到底论是有意义的，它不是凭空产生的，而是前辈工作的继续和进步。

　　本文试图对前辈所做工作进行分析，从而进一步说明，为什么一"是"到底
论是一种进步，为什么一"是"到底论是有意义的。

一、前辈的质疑

　　陈康在《巴门尼德斯》的翻译中采用"是"来翻译 being 一词，并且比较了"如
若一是"、"如若有一"和"如若一存在"这三个表达式，说明为什么要采用前者
来翻译①。王太庆晚年不仅采用"是"来翻译 being 一词，而且撰文讲述自己多年
从事翻译的体会和认识，论述为什么要把 being 译为"是"②。人们对他们的工作和
认识谈得比较多，认为他们是主张以"是"来翻译 being 的先驱。假定这些已是
常识，可以不再多说。这里我们要说明的是贺麟、熊伟、苗力田、杨一之、陈修
斋等其他学者与 being 相关的工作和认识。我认为，他们以自己的方式也对"存在"
提出了质疑，体现了在相关研究中的认识的进步。但是他们的工作及其意义并没
有得到人们的重视和充分认识。

　　贺麟翻译黑格尔的《小逻辑》，最初采用"有"，后来改为"存在"，但是依
然保留了"有"。关于译名的改变，贺麟只做了简要说明，其依据是汉译黑格尔《哲
学史讲演录》中亚里士多德的话"研究存在之为存在"以及相关论述，并谈及"本
体论与逻辑学的统一"③，似乎带有统一译名的意思。但是，贺麟最初采用"有"
这一译名，这就说明有想法，认为不应该将 Sein 译为"存在"④。后来杨一之在《逻
辑学》中再次采用"有"这一译名并主要做出两点说明：其一，《逻辑学》中有

---

① 柏拉图：《巴门尼德斯篇》，陈康译，商务印书馆 2017 年版，译者"序"，第 10 页。
② 参见王太庆：《柏拉图关于"是"的学说》，载王太庆：《柏拉图对话集》，商务印书馆
　 2004 年版；《我们怎样认识西方人的"是"》，载王太庆：《柏拉图对话集》。
③ 黑格尔：《小逻辑》，贺麟译，商务印书馆 1980 年，序，第 xvii 页。
④ 从贺麟早期的讨论可以看出，他的相关理解是从中国哲学的"有"（"无"）这一（对）
　 概念出发的。例如参见贺麟：《〈黑格尔学述〉译序》，载《黑格尔哲学讲演集》，上海
　 人民出版社 2019 年版，第 623、626-628 页。

一个"存在"（Existenz）范畴，这是"久已固定"的翻译，若将 Sein 译为"存在"，前者则"无法处理"；其二，"有"和"无"是一对范畴，二者"对照，也较顺适些"，而且在中国哲学中，"有"和"无"这一对范畴"已为大家熟知"①。正因为有贺麟和杨一之的翻译及其相关认识，学界也就有了一种观点：黑格尔说的 Sein 应该译为"有"②。

熊伟翻译海德格尔的《形而上学导论》，通篇采用"在"一词，有时也保留了"存在"一词。他很少谈及关于 Sein 的翻译，也没有谈过为什么不用"存在"来翻译 Sein。在《存在与时间》节译本中，他对"亲在"（Dasein）一词有一个注释，其中可以看到他选用"在"（Sein）这个译名的理由。在他看来，海德格尔使用 Sein 一词有独特的含义，若用"有"来翻译，在"许多处根本无法"读通③。他的做法是，"将 Sein 另行试译为'在'，即取笛卡尔的'我思故我在'中的'在'之义，亦非全无根据"④。这说明，熊伟明确表示不赞同以"有"来翻译 Sein，但是他没有说不赞同以"存在"来翻译 Sein。他只是以自己的实际翻译表明，他不赞同"存在"这个译名。他不是通过比较"在"与"存在"这两个词的优劣来说明"在"一词的恰当性，而是以类比的方式，借用已有"我思故我在"这一翻译来说明自己做法的合理性。作为论证，这个理由似乎弱了一些，但是它毕竟表达了一些想法和认识⑤。

苗力田采用"存在"一词来翻译亚里士多德所说的 being，因而将他说的 to on hei on 译为"作为存在的存在"，但是在其具体相关说明中，苗力田的翻译发生变化。to ti en einai 的英文翻译通常是 essence，中译文是"本质"，苗力田翻译为"是其所是"，突出了希腊文中 en 和 einai 这两个词的含义和对应性。苗力田认为，这是一个来自日常的表达式，说明为什么一事物是如此这般的。他显然非常重视这一翻译：不仅在亚里士多德的译著中出现该词的地方加注做出说明，而且还在论

---

① 参见黑格尔：《逻辑学》下卷，杨一之译，商务印书馆 2017 年版，第 570 页。
② 参见赵敦华：《"是"、"在"、"有"的形而上学之辨》，载《学人》第四辑，江苏文艺出版社 1993 年版，第 395 页。
③ 海德格尔：《存在与时间》，载《存在主义哲学》，中国科学院哲学研究所西方哲学史组编，商务印书馆 1963 年版，第 3-4 页脚注。
④ 同上。
⑤ 我曾详细讨论过这个问题，参见王路：《一"是"到底论》，清华大学出版社 2017 年版，第 144-150 页。

文中加以详细阐述 ①。他还讨论了"存在"、"有"和"是"的不同翻译，也谈到"是什么"的翻译和理解，但是最终统一在"存在"的翻译和理解之下。

在关于矛盾律的翻译中，人们通常采用"存在"这一翻译 ②，陈修斋则不同，他采用"是"的翻译，将矛盾律译为"一事物不能同时既是又不是"。他在说明中指出，being 通常译为"存在"或"有"，这是可以的，但是在涉及矛盾律的时候会有不同，因为"矛盾律是逻辑上的思维规律，不是本体论上的命题，将其中的 being 译为"是"，似乎"较妥" ③。

"存在"是传统主流译语，"有"和"在"乃是与它不同的译语。前辈提出这些不同翻译的做法本身就表明了一种态度：不满意现有的"存在"这一译语。可以看出，前辈只是修正现有的翻译，提供的理由和做出的说明却不多。综合起来有如下几点。第一，"存在"是 Existenz 的翻译，再将 Sein 译为"存在"，就会发生混淆。第二，"有"和"无"是中国哲学中的一对范畴，人们熟悉，使用起来方便。第三，"在"已被翻译使用，因此用它不是毫无根据的。第四，being 是日常表达中的用语，说的乃是一事物是如此这般的。第五，逻辑中说的乃是"是"。

第一个理由是实实在在的，明确说明 Sein 和 Existenz 是两个不同的词，"存在"乃是 Existenz 的翻译。若将 Sein 译为"存在"，就会发生混淆。因此，做出修正是必须的。将 Sein 改译为"有"，就与"存在"（Existenz）区别开来。而将 Sein 译为"存在"，就要对 Existenz 的翻译做出修正，比如改译为"实存"或"生存"。无论如何，Sein 与 Existenz 的区别众所周知，修正翻译的目的是为了区别。非常明显，"存在"与"有"的区别是清楚的，而与"实存"和"生存"的区别却不是那样清楚。

"有"和"无"是中国人熟悉的一对范畴，普通老百姓也知道并且会说"无中生有"。我想，这肯定不是翻译的理由，至少不会是全部理由。这里所说的"熟

---

① 参见苗力田主编：《亚里士多德全集》第七卷，中国人民大学出版社 1993 年版，第 33 页；苗力田："亚里士多德的《形而上学》笺注"，《哲学研究》1999 年第 7 期，第 43 页。苗力田先生的学生聂敏里完全继承了这一翻译，并以此对亚里士多德的思想做出解释（参见聂敏里：《存在与实体——亚里士多德〈形而上学〉Z 卷研究（Z 1-9）》，华东师范大学出版社 2011 年）。

② 例如参见洛克：《人类理解论》，关文运译，商务印书馆 1997 年版，上卷，第 7 页；康德：《纯粹理性批判》，韩林合译，商务印书馆 2022 年版，第 245 页。

③ 莱布尼兹：《人类理智新论》，陈修斋译，商务印书馆 1982 年版，上册，第 71 页脚注 1。

悉"应该还有一层意思:国人知道,它们是一对对立的概念,表示相互对立和否定。正因为如此,由于看到黑格尔所说的"Sein"和"Nichts"表达对立的意思,因此可以认为"有"和"无"与它们相一致。相比之下,"存在"和"无"显然不是中国哲学中人们熟悉的概念,也不是相对立的概念。它们也许会有相互对立的意思,但是字面上它们不是对立的概念,因而它们的对立性不如"有"和"无"那样来的直接。比如,贺麟对黑格尔采用"有"的翻译,讲述其"有即是无"的观点,认为"可用老子的理论来解释"①,他还谈及老、庄、王阳明以及儒道佛各派的相关论述。这样的理解和认识无疑借助了中国思想文化中的东西。又比如,张世英在解释黑格尔的"存在"和"无"这一对范畴的时候,字面上将"无"改为"非存在('无')",解释中却直接谈论"有"和"无",并由此来说明"变易",将后者解释为"以'有'和'无'为自身的构成环节,是一个'具体的东西'"②。非常明显,字面上的修正是为了强调对立性:"存在"与"非存在"显然是对立的,而"存在"与"无"不是对立的,至少不是明显对立的。但是这还不够,还是要借助"有"和"无"来做出说明。张世英的做法表明,中国人以这样的方式理解对立不仅毫无困难,而且非常自然。再比如,熊伟采用"在"的翻译,但是也谈论过"有",甚至在同一上下文中,他既谈论"'我'就是此'在'(Sein)的本身",也谈论"'我'所思的此'有'(Being)是什么?",并由此谈论"有"和"无"③。以英文 being 标注"有",不知是不是意味着海德格尔所说的 Sein 有独特的意思,与之不同,但这似乎至少表明,熊伟认为可以将 being 译为"有",这样就可以谈论"有""无",更符合中国人的思考方式,行文也会更加方便顺畅。

借"我思故我在"来支持"在"的翻译,如前所述,这样的理由无疑过弱。在我看来,"在"的翻译可能有两个原因。一个是翻译层面。海德格尔谈论 Sein 时使用了许多组合词,如 Dasein,Mitsein 等等④。Dasein 又是其讨论中一个非常

---

① 贺麟:《黑格尔理则学简述》,载《黑格尔哲学讲演集》,上海人民出版社 2019 年版,第 159 页。

② 张世英:《黑格尔的〈小逻辑〉绎注》,载《张世英文集》第 3 卷,北京大学出版社 2016 年版,第 141 页。

③ 熊伟:《说,可说;不可说,不说》,载熊伟:《自由的真谛》,中央编译出版社 1997 年版,第 24-26 页。

④ 关于与 being 相关的组合词问题,我曾做过讨论。参见王路:《一"是"到底论》,清华大学出版社 2017 年版,第 287-291 页。

重要的用语。从中文看，"此在"似乎明显好于"此存在"，且不考虑后者的意思是不是合适。另一个原因是理解层面："存在"一词的含义非常明确，意味着有。而"在"的意思不是那样明确，至少不如"存在"的意思那样明确，因而含义更广。采用"在"而放弃"存在"这一做法至少可以暗含一种认识：Sein 一词的意思并非那样明确，并非仅仅意味存在。从海德格尔的著作中可以清楚地看出这一点。他在说明 Sein 的含义的时候，总是强调它是一个词，要在一切命题中都被使用，随便一说就会被说出。"存在"显然不是这样的词，不具备这些特征。除了这样的说明，海德格尔还总是给出具体的例子，比如"天是蓝色的"，有时甚至一下子给出 14 个例子①。这样的例子基本上都是系词结构，即"S 是 P"，正好说明 Sein 一词的使用方式及其含义。非常清楚，对于这样的例子，用"存在"是无法翻译的，用"在"来翻译虽然也有问题，但是似乎会好很多，比如"狗在花园里"是可以理解的，而"狗存在花园里"或"狗在花园里存在"都不行。

　　同样的道理，只要与日常表达相联系，就会看到，"存在"这一译语是有问题的，日常表达说的都是"一事物是如此这般的"，很少使用"存在"一词。"某物存在"或"存在某物"大概是它唯一的用法，因此"是"一词和系词用法具有普遍性，而"存在"一词不具有普遍性。所以"存在"这一译语是有问题的。此外，逻辑的基本句式是"S 是 P"，"是"乃是其核心概念，它与日常表达的方式一致，这一点体现了逻辑的普遍性。因此基于逻辑的考虑，"存在"这一译语也是有问题的。正因为认识到这些问题，所以前辈对 being 一词做出与"存在"不同的翻译。尽管前辈在修正"存在"这一翻译的过程中没有把这样的认识明确说出来，但是可以看出，他们在不同程度上还是有这样的认识的。

二、质疑与问题

　　用"存在"一词来翻译 being 是有问题的，特别是在与日常表达相结合、与逻辑相结合的时候，它的问题愈发明显。因此人们改变该翻译，比如用"有"、"在"和"是"来替代它，这无疑是自然的。采用新的译名，取代旧的译名，一定会给

---

① 参见海德格尔：《形而上学导论》，熊伟 / 王庆节译，商务印书馆 1996 年版；我曾详细讨论过这些例子，参见王路：《读不懂的西方哲学》，北京大学出版社 2011 年版，第 176-178，199-200 页；《一"是"到底论》，清华大学出版社 2017 年版，第 298-302 页。

出一些理由，这无疑也是自然的。但是从前面的讨论可以看出，前辈采用了新的译名，给出的理由并不多，态度也不是非常坚决。"试译"、"较顺适些"、"亦非全无根据"、"较妥"等，这样的表述作为论证显得很弱。也就是说，前辈选用新的译名，表现出对"存在"这一传统译名的不满和不认可，却不是理直气壮。因此我们要问，这是为什么？

我认为这里可能有一个原因，这就是传统认识的强大。"存在"是传统用语，形成了相关问题的传统认识背景。前辈读着"存在"的译文成长，其知识结构中都有与"存在"相关的认识。在这种情况下，前辈习惯于接受"存在"这一译语，即使感到它的问题，也要在这一传统认识之内，只是在当下文本中进行考虑和做出修正。比如熊伟采用"在"的翻译，依然保留"存在"这一译语，或者，他用"在"表示 Sein，用"有"表示 being，以示区别。陈修斋采用"是"的翻译，却依然说 être 一词也可以译为"存在"和"有"。不仅如此，他们还会小心翼翼地说明，自己这样的修正是有依据的，是有继承性的，而不是标新立异。他们似乎在暗示，当下的修正与占主导地位的传统认识并不冲突，更不矛盾。如果说我这些认识有猜测的成分，那么也可以换一种说法。事实是，所有这些修正都是在"存在"这一前提下做出的："有"和"在"的修正本身就没有超出"存在"所涵盖和涉及的范围。"存在"字面上包含"在"一词，意思乃是"有"，因此它们具有相似含义。"是"的翻译则完全不同，远远超出"存在"的范围。所以，对"是"也需要有一些不同说明。比如把"是"划入逻辑范围，将逻辑与哲学区别开，从而在"存在"的传统认识下为修正译文做出解释。但是无论如何，既然做出修正，尤其是在强大的传统认识和用词习惯下做出修正，就说明前辈认识到"存在"一词是有问题的，确切地说，他们认识到将 being 译为"存在"是有问题的。

我认为，前辈的工作是有意义的，也是有价值的，表现出西方哲学研究的进步，也体现了哲学研究中的批判精神和进取精神。一"是"到底论不仅是前辈工作的继续，也体现了对这样的批判和进取精神的继承和发展。应该看到，把 being 译为"是"，这在前辈的工作中是存在的。从前面的讨论可以看出，明确地说明应该将 being 译为"是"，这在前辈的工作中也是存在的。不同之处仅仅在于，一"是"到底论明确提出，应该将 being 译为"是"，而不是译为"存在"，应该在系词的意义上理解 being，应该将这样的理解贯彻始终。这是一种从整体上提出的关于西方哲学的认识。正因为有样的认识，一"是"到底论与前辈对"存在"的质疑也就有了根本性的区别。

首先，"是"与"存在"乃是两个不同的词，前者是系词，而后者不是系词，二者具有根本性的区别。提出应该将 being 译为"是"，而不是译为"存在"，这是对 being 提出一种新的理解，一种与过去完全不同的理解。这相当于说，过去的理解是错误的，至少是有严重问题的。这样的认识在前辈那里是完全没有的。

其次，一"是"到底的意思是说，将系词的理解贯彻始终。这样，"是"的理解就不是局部的，不是在此哲学家这样，在彼哲学家那样，也不是在逻辑中这样，而在哲学中那样，而是整体性的。这样的认识在前辈那里也是没有的。

第三，一"是"到底论态度明确，不留余地。这与前辈小心翼翼的态度形成鲜明对照。

关于应该以"是"来翻译 being，应该在系词的意义上理解 being，我已经谈过许多。这里我想着重谈一下，为什么一"是"到底论会有这样的态度。我认为，这主要是因为一"是"到底论有一个鲜明的认识，这就是：将"是"的理解贯穿始终，这并不是简单的翻译问题，而是如何理解西方哲学的问题。这个认识至关重要，但是常常被忽视。being 问题确实会涉及翻译问题，实质却是理解的问题。理解导致翻译，翻译又会影响他人的理解。就理解而言，being 问题还会涉及两个方面的问题。一个是逻辑与哲学的关系问题，另一个是哲学自身性质的问题。我们先谈前一个问题。

传统逻辑的基本句式是"S 是 P"，基于它有 AEIO 四种形式的命题。这一点前辈是有认识的。从关于矛盾律的翻译以及对采用"是"这一译语的说明可以看得非常清楚：陈修斋明确提及逻辑，说明中涉及逻辑与哲学的区分。他的论述给人一种感觉，至少在涉及逻辑的地方应该将 being 译为"是"。这就说明，前辈对逻辑及其表达方式是有认识的。但是，陈修斋的论述也表明，他似乎是在逻辑和哲学之间做出区别，他似乎是说，"是"应该是逻辑中的认识，而不是哲学中的认识。这样的认识相当于割裂了逻辑与哲学的关系。这就说明，对于逻辑与哲学之间的关系，前辈是有不当认识的，至少是认识不足。在我看来，认识逻辑与哲学的关系需要两个条件，其一是对逻辑本身要有正确的认识和把握，其二是要认识到逻辑在哲学中的作用。陈修斋的论述反映出逻辑和哲学的脱节，显示出对逻辑在哲学中的作用缺乏充分的认识。

黑格尔的著作命名为逻辑，当然与逻辑相关。杨一之的翻译以及关于"有"和"无"的说明，还有张世英的相关诠释，都表明他们认识到"有"和"无"乃是比"存在"和"无"更对立的概念。但是他们没有认识到，逻辑有句法和语义两个方面，黑格尔从逻辑中寻找出发概念，因而句法上选择了"是"（Sein）和"不者"（Nichts）（后者包含着对前者的否定），它们表达对立的含义。"有"和"无"固然含有对立的意思，是通常所说的反义词，但是句法上却不是对立的，尤其是，它们不是逻辑中的用语，因而不符合黑格尔的从逻辑中选择初始概念之说。所以，杨和张的论述反映出对逻辑本身的理解和把握尚有欠缺。

苗力田对亚里士多德逻辑不会没有认识。他论述 being 的不同翻译，谈及"是什么"的理解，强调"是其所是"的翻译，同时依然保留"存在"的翻译。他论述的是亚里士多德的形而上学，看不出他关于逻辑与哲学之间关系的认识，他对being 的翻译没有保持统一，也没有表现出他认为有这样的统一，应该坚持这样的统一的认识。贺麟将"有"改译为"存在"，说明中提及亚里士多德所说的"作为存在的存在"。贺麟当然知道黑格尔逻辑著作和亚里士多德形而上学著作的区别，他的论述似乎暗含着逻辑与哲学的统一，只不过这是统一在"存在"这一译语之下，因而消除了逻辑的特征和性质。由此也就表明，贺麟关于逻辑的认识是有问题的。

我认为，绝不能说前辈对逻辑没有认识。但是，从其翻译和相关论述可以看出，他们没有认识到逻辑对哲学的作用。他们也许知道甚至也会承认，逻辑对于哲学是重要的，但是他们没有认识到逻辑的理论和方法对于哲学的必要性，至少对这一点缺乏充分的认识，因而他们关于逻辑重要性的认识也就大打折扣。学界关于逻辑重要性的认识往往只是停留在口头上，原因主要就在于对逻辑的必要性缺乏认识。如果认识到逻辑研究对于哲学研究来说是必要的，就会认真考虑逻辑的理论和方法如何在哲学中运用，这样也就会发现，逻辑所说的 being 和哲学所说的 being 是同一个词，是一回事。也就是说，逻辑基本句式中的"是"（is）和哲学研究的"是本身"（being qua being）字面上是相通的。所以，西方哲学要讨论主词和谓词、对象和概念、肯定和否定、是和不是、真和假、思想和事实等，所有这些都是围绕着"是"进行的，都是以逻辑理论做支撑的。所以，人们说西方哲学的主要特征是逻辑分析。但是，由于没有认识到逻辑对哲学的作用和意义，因而没有看到"是"一词在逻辑和哲学中的相通性，所以在翻译中会造成字面的割裂和混淆：将逻辑中的 being 译为"是"，将哲学中的 being 译为"存在"，甚至将逻辑的初始概念 being 译为"存在"，将逻辑的具体表达比如矛盾律中的 being 也译为"存在"。在看到"存在"的理解有问题的时候，由于对逻辑缺乏认识，对逻辑在哲学中的作用和意义缺乏认识，因而不会借助逻辑的理论和方法来理解哲学，不会考虑逻辑与哲学的相通性，结果只能在文字上花费功夫，做出局部的调整和修正，比如借助"有"和"无"的对立来修正"存在"和"无"的不对立，借助"在"的含糊性来修正"存在"的确定性，即使采用了"是"的翻译，也依然要保留"存在"的翻译，还要说明逻辑和哲学的区别。

借助王太庆先生的工作可以更好地说明这个问题。王太庆一生从事西方哲学的研究，早年将 being 译为"存在"，晚年从自己的翻译实践和认识出发，提出应该将 being 译为"是"，而不是译为"存在"和"有"。他的工作很有意义，但是他多从翻译的角度出发，比如谈论西方文献中 being 是什么意思，为什么是"是"，中文中的"存在"为什么不合适，"是"如何是合适的，后者是不是也有存在的意思等等。但是他没有或者说很少从逻辑的角度来讨论这个问题。在我看来，王太庆的讨论更多地是从翻译，因而从语言的角度来讨论这个问题。语言角度的考虑是重要的。从翻译出发，自然会多考虑字词的意思。王太庆有长期从事翻译的经验，因此有许多深刻的体会和认识。但是，在 being 问题上，应该从如何理解西方哲学的角度来讨论这个问题。因此，单纯从语言和词义的角度考虑问题是不够的。从王太庆的讨论也可以看出，他本人缺乏对逻辑的充分把握和认识，因而对逻辑在哲学中的作用和意义缺乏足够的认识。或者客观地说，从他的讨论尚看不出关于逻辑的考虑，看不出他对逻辑在哲学中的作用和意义的充分认识。

有人可能会认为，王太庆主要翻译古希腊哲学，翻译柏拉图，而在柏拉图那里，逻辑尚未产生，因而不必从逻辑的角度出发来考虑问题。我不赞同这样的认识。换句话说，假如这样的看法是正确的，那么王太庆工作的意义就会有较大局限性了，一如有人所说，只是在古希腊那里，being 应该译为"是"。应该看到，亚里士多德著作是柏拉图对话的继续，因而他的逻辑和形而上学都是柏拉图哲学的发展。柏拉图虽然没有建立起逻辑这个学科，但是他有许多讨论是向着逻辑的方向发展的，他的许多讨论方式是类乎逻辑的，因而他的工作为逻辑的产生做出了重要贡献①。所以，即使是考虑柏拉图的对话，也是可以借助逻辑的理论和方法的。

从逻辑的角度可以看出，亚里士多德延续柏拉图的相关讨论，建立起逻辑这个学科，从此提供了逻辑的理论和方法，为后人所用。所以，在逻辑产生之前，哲学研究会向着逻辑的方向努力和发展，而在逻辑产生之后，逻辑的理论和方法会在哲学中使用。在这种意义上，逻辑的理论和方法在哲学讨论中的应用是贯彻始终的，至少在亚里士多德之后是如此。亚里士多德逻辑的核心句式是 "S 是 P"，他又提出形而上学要研究 "是本身"，这样他的逻辑与他的形而上学字面上就是相同的，他的逻辑为形而上学研究提供了理论和方法，提供了支持和帮助，因而逻辑为哲学所用，逻辑与哲学密切结合。假如认为王太庆的相关论述只适用于柏拉图，那么可以说，如果柏拉图所说的 being 乃是 "是"，则亚里士多德说的 being 也是 "是"，无论是他的逻辑还是他的哲学，他与柏拉图一脉相承。而后人与亚里士多德在逻辑与形而上学上一脉相承。所以我认为，从古希腊以来，西方哲学所讨论的 being 乃是 "是"，而且与逻辑密切联系。因此，一 "是" 到底论是有道理的。

三、如何理解形而上学

在关于 being 的讨论中，许多人批评 "是" 和系词的理解具有逻辑主义的倾向，有消除哲学考虑的危险。这样的观点明显是排斥逻辑的，同时也说明没有认识到逻辑对哲学的必要性和重要性。对照之下可以看出，前辈没有表现出批评和排斥逻辑的态度，只是没有强调逻辑的重要性。他们关于逻辑谈得不多，即使明确谈到，也多会停留在一般概念上，甚至谨慎地将逻辑的理解与哲学的理解区别开。这说明，在我国，缺乏对逻辑的把握和认识，这并不是今天的事情，而是由来已久。因此，缺乏对逻辑在哲学中的作用和意义的认识的情况是始终存在的。正是这种欠缺性给理解 being 带来问题。有人可能会问，理解 being 问题，为什么一定要考虑逻辑？在我看来，这是因为它与上述另一个问题相关，这就是哲学的性质

---

① 参见王路：《逻辑的起源》，商务印书馆 2019 年版，第二、三、四章。

问题。

人们将亚里士多德时代及其以后的哲学称为"本体论",将笛卡尔之后的哲学称为"认识论",将二十世纪以来的哲学称为分析哲学和现象学。这一说法来自西方,本来也没有什么。但是"体"字的物化特征明显,"本体"二字容易使人们以为,哲学是关于外在世界的。其实,"本体论"译自英文 ontology,其词根 on 即亚里士多德所说的"是本身"(to on hei on),即 being 一词的一种形式。这说明,所谓"本体论"与"是"相关,乃是关于"是"的学说和认识。"是"与语言相关,与表达认识的方式相关,因此,亚里士多德所说的"是本身"意味着哲学与认识相关。正因为如此,哲学会与"是"相关,会与表达认识的方式相关。因为所谓哲学研究,一种非常主要和重要的方式就是通过表达认识的方式来获得关于认识的认识。

对照柏拉图和亚里士多德可以看出,他们有共同之处,即都研究"是";也有一个区别,即柏拉图没有建立起逻辑,而亚里士多德建立起了逻辑这门科学。仔细研究他们的同异,就会获得一个重要的发现:研究"是"可以有两种方式,一种是借助语言,一种是借助逻辑。借助语言是自然的,因为语言表达认识,而"是"乃是语言表达的基本要素,不可或缺,这一点很容易看到,借助举例即可。因而在柏拉图的论述中有大量的举例说明。借助逻辑也是自然的,因为逻辑是理论的,与推理相关,因而是与认识相关的。哲学研究从借助语言到运用逻辑,反映出哲学研究巨大的进步。表面上看,从借助举例走向借助逻辑的理论和方法是研究方式的进步,实际上,它反映出哲学的一种性质,它是关于认识本身的认识,是先验的。比如"是人"、"是白的"、"是三肘长"等都是语言表达,其表达也不相同。"人"、"白的"等显然不是哲学研究的东西。哲学研究借助它们要揭示出:它们都借助了"是"一词,它们表达的乃是"是什么"、质、量等,都与真假相关,因而会形成知识与意见的区别。再比如,逻辑告诉人们,"S 是 P"是基本句式,基于它可以形成 AEIO 四种形式,如果 A 是真的,那么 O 就是假的。哲学研究借助这样的认识来研究肯定与否定、普遍与特殊、对象与概念、命题与事实、真与假等的性质及其关系。所以在哲学研究中,借助语言从一开始就存在,而借助逻辑则要晚一些,是在逻辑产生以后的事情。但是自逻辑产生之后,借助逻辑的理论和方法就一直存在。所以大致可以说,借助语言和逻辑进行研究,这在哲学研究中始终存在。它也说明，哲学研究的东西是先验的。借助语言可以进行研究，但是这远远不够，因为语言是经验的。而逻辑是先验的，它所研究的是有效推理，是先验的，它所形成的理论是先验性的认识，可以为哲学研究提供帮助。可以看到，一直到今天，哲学讨论中举例的方法依然会使用，比如海德格尔说的"天是蓝色的"，但是逻辑的理论和方法始终是最主要的，而且是更重要的，因而才会有黑格尔那样的关于感觉确定性的描述：它只说出"它是"，后者包含着最贫乏的"真"，这还不够，他还要从逻辑寻找初始概念，从"是"和"不者"出发构造他的哲学体系。这是借助逻辑的理论和方法的明显事例，而哲学史上更多的是不太明显的事例。比如海德格尔在论述关于"是"的传统认识时，除了谈论"是"乃是自明的概念，还谈到，"是"乃是不可定义的，若定义"是"则会陷入矛盾。这显然借助了传统逻辑的认识：定义的方式乃是"这是……"，若定义"是"，则会形成"是乃是……"这样的表达，因而产生循环定义。至于康德基于判断分类构建范畴表，由此获得先验哲学的先验范畴，胡塞尔将现象学研究的基础工作称为"逻辑研究"，无不非常清楚地表明对逻辑的把握和认识以及对逻辑理论和方法的应用。

对于理解西方哲学来说，对逻辑的认识和把握是重要的，对逻辑的理论方法在哲学中应用的认识也是重要的。应该看到，我所说的重要性并非仅仅是一种价值意义上的判断，它更主要的是一种认识上的说明，指一种必要性。也就是说，有了这样的认识，并不一定就可以很好地理解和认识西方哲学，但是缺乏这样的认识，对于西方哲学的理解和认识注定是有缺陷的。在我看来，学界缺乏这方面的认识，在这方面认识不够充分，这是事实。面对这样的事实，我们当然应该认真思考。限于本文的研究，就此我想谈一谈一"是"到底论的意义。

我曾明确指出，要在系词的意义上理解 being，并将这样的理解贯彻始终。我的意思是想说明：

亚里士多德说，有一门科学，它研究是本身（on）。

笛卡尔说，我思故我是（sum）。

贝克莱说，是（esse）乃是被感知。

康德说，是（Sein）实际上不是一个实在的谓词。

黑格尔哲学体系的初始概念是：是（Sein）、不者和变。

海德格尔的著作是《是（Sein）与时》。

奎因的本体论承诺之一是：是（to be）乃是变元的值。

以上都是哲学史上的名言，如今则是常识。其表述包括希腊文、拉丁文、英文和德文，有动词、分词、不定式和名词等多种形式，论述涉及学科、感觉、语言、著作命名。字面上即可以看出，它们有的直接与逻辑相关，比如黑格尔和奎因；有的暗含着与逻辑相关的论述，比如康德和海德格尔。如果考虑逻辑在哲学中的作用和意义，则可以看出，一些论述不与逻辑相关也仅仅是字面上的。应该承认，关于逻辑的考虑，关于逻辑的理论和方法的应用，可能有人会多一些，有人会少一些。但是有一点很清楚，亚里士多德是逻辑的创始人，也是形而上学的奠基人，他大量使用了逻辑的理论和方法，他的逻辑与形而上学密切结合，不可分割。

所谓一"是"到底论，就是指应该在系词的意义上理解所有这些表达中所说的being。这是因为，哲学是关于认识本身的认识，而表达认识的基本方式乃是"是什么"，这既是询问的方式，也是回答的方式。哲学家们在讨论being时会谈及"系词"，说的即是这种表达方式。应该看到，"系词"一词并不是从一开始就出现的，而是在相关讨论中出现，就是说，它在关于系词的讨论中出现，从而把一种联系主词和谓词的使用方式以"系词"这一术语明确地标识出来，确定下来。因此，在"系词"这个术语出现之前，也一定会有相关讨论，即在系词意义上的讨论，只不过没有使用"系词"这个术语。还应该看到，逻辑的基本句式"S是P"就是一种系词方式，它借助符号，以符号和自然语言相结合的方式使句子中一种恒定的方式凸显出来并且理论化，而这个自然语言就是"是"这个词，该恒定方式就是以"是"这个词显示的，形成的理论则与"是"相关。非常清楚，亚里士多德没有使用"系词"这个术语，但是他的相关论述乃是关于系词的。所以，他的逻辑被称为主谓结构或主谓逻辑，该逻辑的基本句式是系词结构，相关论述都是围绕着系词进行的。亚里士多德建立逻辑理论时是这样，逻辑理论形成之后也是这样，无论是亚里士多德，还是后人，只要是应用这样的逻辑理论，就依然会是这样。所以，人们谈论系词时说的乃是"是"，比如康德的话。人们不谈系词的时候，谈的还是"是"，比如贝克莱谈感知。"是红色的"、"是软的"是感觉，所以，"是怎样的"乃是感觉，因而才会有"是（怎样的）乃是被感知"之说。

"存在"是一种具体的表达方式，这个词与"S是P"没有什么关系。可以看出，以它翻译前面的任何一句话，都会破坏西方哲学关于 being 的研究。比如，以它来翻译亚里士多德的话，哲学变为关于"存在之为存在"的研究，这样就会与语言无关，与语言表达认识的方式无关，因而失去与举例说明的联系，失去与逻辑认识的联系。以"（存）在"来翻译笛卡尔的话，"我在"也会出现以上问题。由于"我思"与"我在"相联系，因而关于"我思"的认识也会出现以上问题。这样就会模糊笛卡尔的思想，甚至会损害它的意义，使它脱离哲学是与认识相关的研究这一哲学主线。以"存在"来翻译海德格尔的著作，除了出现以上问题，还使书中所有举例说明，所有基于逻辑的考虑，所有关于系词的论述，所有具有系词结构的表述，比如"在—世界—之中—是"等等，都与书名不符，因而使该书名不副实。

以上认识是有益的，由此还可以进一步获得几个认识。其一，以上每一句话都不是孤零零单独一句话，而是代表一个学科、一个流派、一种观点、一种理论或一种方式，其背后都有一系列详细的论述，包括分析、论证和理论体系。所以，"存在"的错译并非仅仅给其中某一句话带来问题，而是会影响与该句话相关的所有内容。

其二，以上论述属于不同哲学家，不同时代，代表的是不同理论和观点。但是它们有一个共同点：都是关于同一个问题的研究，都与同一个问题相关，这就是"是"（being）。这样的研究体现出西方哲学研究的一种延续性。如果只以"存在"来翻译其中的一个说法或几个说法，比如认为亚里士多德、黑格尔和海德格尔说的分别是"是"、"有"和"存在"，结果就会割裂西方哲学在 being 问题上的延续性，从而断送了其理论研究的延续性，消解了其背后相关问题的延续性，特别是逻辑与哲学的关系的延续性。

其三，"存在"这一译语本身明显无法贯彻始终，比如康德的话。他这句话谈及谓词，明显与语言相关，而且随后他就接着说到，"是"乃是系词。所以，康德这句话说的"Sein"无论如何是不能翻译为"存在"的。近年来康德这句话被译为"是"，显示出学界认识上的进步①。"在"通常出现在笛卡尔的话中。"我在"一词表明，"在"与"存在"不同，而且成为其他人采用"在"来翻译 Sein 的依

---

① 例如参见康德：《纯粹理性批判》，李秋零译，中国人民大学出版社 2004 年版，第 469 页。

据。"有"这一译语则出现在黑格尔逻辑学的翻译中。梁存秀说，这个词的翻译"牵一发而动全身"，因此依然随贺麟采用"存在"这一译语[①]。仅从这些事实出发就可以看出，前辈认识到"存在"这一译语有问题，对它不满意，因此做出一些修正。在我看来，"存在"一词无法贯彻始终，采用它产生了一个非常坏的结果，这就是割裂了西方哲学在同一问题上一脉相承的研究，也消解了逻辑在哲学中的作用和意义，因而消除了西方哲学中逻辑与哲学的联系。

基于以上三点还可以更进一步看出，一"是"到底论是有意义的。其意义首先在于指出并强调系词理解的必要性："是"的理解与语言相关，与语言表达方式相关，与逻辑相关，而所有这些都是因为其研究与认识相关。"是"一词可以用不同语言来表达，在不同语言中也可以不同形式出现，但是，它的意思来自它的使用方式，而其最主要的使用方式就是系词。所以，人们谈论它的方式可以不同，可以是经验的，比如借助举例，也可以是理论的，比如借助逻辑。它在人们的谈论中可以不同的形式出现，比如名词或动词。但是，无论如何，系词方式都是其最主要的方式，系词方式既可以作为明显的方式出现在讨论中，也可以作为背景和思考的依据出现在讨论中。哲学家们关于"是"形成不同的认识和理论，但是其讨论的"是"乃是同一的，在"是"及其相关问题的研究上，西方哲学一脉相承。正因为如此，从理解西方哲学的角度说，一"是"到底论是必要的，也是有意义的。

除此之外，一"是"到底论还有一个意义，那就是提示人们，要区别语言和语言所表达的东西。人们可以认为 being 有存在含义。但是应该认识到，认为 being 有存在含义是一回事，将它翻译为"存在"则是另一回事。具体说，将being 译为"存在"，相当于将 being 的一种含义以一种词的形式表达出来。之所以说它是错译，主要是因为它没有翻译出 being 的系词含义。这样，它就无法显示 being 一词最主要的含义，也无法体现出 being 一词与语言的联系和与逻辑的联系，因而模糊甚至消解了所有相关讨论和认识。应该看到，将 being 译为"是"，并不妨碍讨论其存在含义，比如在"上帝是"（God is）和"有的苹果是黄色的"（Some apples are yellow）中，"是"有存在含义。前者属于"是"的非系词用法，后者是系词形式，但是与量词相结合。非常明显，以"存在"无法翻译后者。而

---

① 黑格尔:《逻辑学·哲学全书·第一部分》，梁志学译，人民出版社 2002 年版，第 407-407 页。

若是以"存在"翻译前者，比如"上帝存在"，似乎翻译出其字面意思，中文也通顺，但是没有翻译出其"是"一词的非系词用法，因而没有翻译出"God is"这个句子的特殊性，特别是它与"S 是 P"这种句式的区别，因而这样的翻译掩盖了该表达式与 being 的关系，模糊甚至消解了它给哲学讨论带来的麻烦和问题，特别是它给基于"S 是 P"这种句式的逻辑的理论和方法带来的麻烦和问题。今天人们似乎已经认识到以下两种认识是正确的："being"有系词含义，也有存在含义；"是"有系词含义，也有存在含义。但是，人们还应该清楚而充分地认识到如下看法是错误的："存在"有系词含义，也有存在含义。原因很简单，因为"是"乃是系词，有系词含义，而"存在"不是系词，没有系词含义。所以，"是"与being 乃是对应的词，而"存在"与 being 不是对应的词。应该把 being 译为"是"，而非译为"存在"。所以，一"是"到底论看似简单，其实并不简单。它至少强调了两点：一是翻译，二是理解。表面上该观点与翻译相关，但是归根结底，它说的是如何理解西方哲学的问题。

经过多年讨论，学界关于 being 的认识有了极大的进步。"是"的理解，系词的认识，不仅广为人知，而且越来越得到人们的赞同和重视。可以看到，以"是"来翻译 being，这样的现象不仅出现在柏拉图的译著中，而且也出现在海德格尔的译著中，这说明一"是"到底是可行的，这样的实践业已出现。但是应该看到，这还不是普遍现象，对一"是"到底论许多人依然持质疑和批评的态度。如上所述，一"是"到底论的实质是如何理解西方哲学。因此关键是要看到，西方哲学中关于 being 的讨论究竟说的是什么。being 最主要的用法是系词，因此它的翻译字面上要体现出系词特征，要与系词相关。所谓系词含义，即来自对该词这种用法的理解。所谓存在含义，也来自该词的使用方式，比如其非系词用法，比如其与量词相结合的系词用法。这里可以简单说一下语境论。有人以后者反对一"是"到底论，他们认为，由于 being 有不同含义，因此应该在不同语境下采取不同翻译。这一观点的说法是有道理的，结论却有问题。原因就在于混淆了语言和语言所表达的东西。前面那些名言当然是在不同语境下说的。前辈的翻译似乎体现了在不同语境下采取不同的翻译，因而也就有了以"有"和"在"对"存在"的修正，因而有了"存在"、"有"、"在"这样不同的翻译。我的翻译则一"是"到底，但这也是依据不同语境做出的翻译。在我看来，一"是"到底论并不是不重视语境，反而是非常重视语境。正因为重视语境，正因为重视 being 的系词含义，才将哲学家们在不同语境下所说的 being 译为"是"，因而如上所示，才有了一"是"到底。同样，正因为坚持在系词的意义上理解 being，才有了对"存在"论的批评，才形成了一"是"到底论。

　　一"是"到底论隐含着两个批评：其一，"存在"的翻译是错误的；其二，为它的辩护也是错误的。应该认识到，前辈认识到"存在"这一译语的问题，试图对它做出修正，这样的意图和努力是正确的，也是好的，体现了哲学研究的进步。但是，前辈的工作远远不够。他们认识到用"存在"来翻译 being 有问题，但是没有认识到这是错误的。他们认识到有些地方应该把 being 译为"是"，但是没有认识到应该一"是"到底。他们认识到与 being 相关的翻译涉及复杂的问题，会涉及对语言的理解，对逻辑的理解，但是，他们没有认识到相关工作涉及对语言和逻辑与哲学的关系的理解，特别是，他们似乎没有认识到这一工作会涉及对哲学性质的理解和认识。感谢哲学前辈的努力，特别是他们的质疑和批判精神，为我们今天的工作奠定了基础。我们应该继承和发扬他们的质疑和批判精神，在他们工作的基础上继续努力。所以，一"是"到底论是有意义的。

（该文发表于《哲学研究》2024 年第 1 期）

参考文献

（以下所列参考文献均为本书引用文献，没有引用的文献不在其列。）

外文

Ackrill, J. L.: *Categories and De Interpretione*, Oxford 1963.

Aristoteles: *Kategorien und Lehre vom Satz*, übers. von Rolfes, E., Felix Meiner Verlag 1974.

Aristoteles: *Metaphysik*, Bücher I-VI, griech. -dt., in d. übers. von Bonitz, H.; Neu bearb., mit Einl. U. Kommentar hrsg. von Seidl, H., Felix Meiner Verlag 1982.

Aristoteles: *Metaphysik*, Bücher VII-XIV, griech. -dt., in d. übers. von Bonitz, H.; Neu bearb., mit Einl. U. Kommentar hrsg. von Seidl, H., Felix Meiner Verlag 1982.

Aristotle: *The Works of Aristotle*, vol. VIII, *Metaphysica*, ed. by Ross, W. D., Oxford 1954.

Armstrong, A. H.: *The Cambridge History of Later Greek and Early Medieval Philosophy*, Cambridge 1967.

Berkeley, G.: *The Principles of Human Knowledge*, The Open Court Publishing Company, Chicago 1910.

Bormann, K.: *Parmenides*, Felix Meiner Verlag Hamburg 1971.

Brennekom, R. V.: "Aristotle and Copula", in *Journal of the History of Philosophy*, 24, January 1986.

Burleigh, W.: *Von der Reinheit der Kunst der Logik*, Lateinisch-Deutsch, übersetzt von Kunze, P., Felix Meiner Verlag Hamburg 1988.

Copleston, F. S. J.: *A History of Philosophy*, The Newman Press 1985.

Cornford, F. M.: *Plato and Parmenides*, London 1951.

Davidson, D.: *Inquiries into Truth and Interpretation*, Oxford 1991.

De Rijk, L. M.: "On Boethius's Notion of Being", in *Meaning and Inference in Medieval Philosophy*, ed. by Kretzmann, N., Kluwer Academic Publishers 1988.

De Rijk, L.M.: "Peter Abelard's Semantics and His Doctrine of Being", in *Vivarium*, XXIV, 2, 1986.

Descartes: *Meditationen*, Felix Meiner Verlag 1972.

Descartes: *Meditationes De Prima Philosophia*, Librairie Philosophique J. VRIN, 1978.

Diels, H.: *Die Fragmente der Vorsokratiker*, Weidmannsche Verlagsbuchhandlung 1954.

De Wulf, M.: *History of Medieval Philosophy*, tr. by Messenger, E. C., Thomas Nelson and Sons Ltd 1951.

Dummett, M.: *Frege*: *Philosophy of Language*, Harvard University Press 1995.

Ebbesen, S.: "Boethius as an Aristotelian Commentator", in *Aristotle Transformed*, ed. by Sorabji, R. Gerald Duckworth & Co. Ltd. 1990.

Ebert, T.: "Gattungen der Prädikate und Gattungen des Seienden bei Aristoteles", in *Archiv für Geschichte der Philosophie*, no. 2, 1985.

Frede, M.: "Categories in Aristotle", in *Studies in Aristotle*, ed. by Dominic J. O' Meara,The Catholic University of America Press 1981.

Frede, M./ Patzig, G.: *Aristoteles* ⟨*Metaphysik Z*⟩ , Text, übers. u. Kommentar, Beck' sche Verlagsbuchhandlung, München 1988.

Gilson, E.: *The Spirit of Medieval Philosophy*, tr. by Downes, A. H. C., Sheed & Ward, London 1936.

Gilson, E.: *Being and Some Philosophers*, Medieval Studies of Toronto 1949.

Grayling, A. C.: *An Introduction to Philosophical Logic*, The Harvester Press 1982.

Haegler, R. P.: *Platons 'Parmenides': Probleme der Interpretation*, Walter der Gruyter 1983.

Hegel, G. W. F.: *Vorlesungen über die Geschichte der Philosophie*, Stuttgart 1928.

Hegel, G. W. F.: *Enzyklopädie der philosophischen Wissenschaften im Grundrisse*, Suhr Kamp Verlag Frankfurt am Main 1970.

Hegel, G. W. F.: *Phänomenologie des Geistes*, Suhrkamp Verlag 1983.

Hegel, G. W. F.: *Wissenschaft der Logik*, I ., Suhrkamp Taschenbuch Verlag 1993.

Hegel, G. W. F.: *Wissenschaft der Logik*, Ⅱ., Suhrkamp Taschenbuch Verlag 1993.

Heidegger, M.: *Identität und Differenz*, Verlag Günther Neske Pfullingen 1957.

Heidegger, M.: *Einführung in die Metaphysik*, Max Niemeyer Verlag Tübingen 1958.

Heidegger, M.: *Über den Humanismus*, Vittorio Klostermann Frankfurt A. M. 1981.

Heidegger, M.: *Sein und Zeit*, Max Niemeyer Verlag Tübingen 1986.

Heidegger, M.: *Kant und das Problem der Metaphysik*, Gesamtausgabe, Band 3, Friedrich-Wilhelm von Herrmann 1991.

Hume, D.: *A Treatise of Human Nature*, Oxford 1978.

Kahn, C. H.: "The Greek Verb 'to be' and the Concept of Being", in *Foundations of Language* 2, 1966.

Kahn, C. H.: *The Verb 'be'in Ancient Greek*, D. Reidel Publishing Company 1973.

Kant, I.: *Kritik der reinen Vernunft*, Suhrkamp Verlag 1974.

Kerferd, G. B.: "Rezension: The verb 'Be' in ancient Greek", in *Archieve für Geschichte der Philosophie*, vol. 58, 1975 no. 1.

Kirk, G. S./Raven, J. E.: *The Presocratic Philosophers*, Cambridge University Press 1957.

Kirwan, C.: *Aristotle's〈 Metaphysics 〉, books Γ, Δ, and E*, tr. with notes, Oxford University Press 1971.

Kretzmann, N.: *The Cambridge History of Later Medieval Philosophy*, Cambridge 1982.

Krings, H., Baumgartner, H. M. und Wild, C.: *Handbuch philosophischer Grundbegriffe*, vol. 4, Koesel Verlag München 1973.

Leibnitz, G. W.: *New Essays concerning Human Understanding*, tr. by Langley, A. G., The Open Court Publishing Company 1916.

Locke, J.: *An Essay of the Human Understanding*, George Routledge and Sons Limited, London 1946.

Lullus, R.: *Die neue Logik*, Lateinisch-Deutsch, text von Lore, C; übersetzt von Hösle,V./ Büchel, W., Felix Meiner Verlag 1985.

Marenbon, J.: *Early Medieval Philosophy* (480-1150), Routledge 1991.

Mourelatos, A. P. D.: *The Route of Parmenides*, Yale University Press 1970.

Munitz, M. K.: *Existence and Logic*, New York University Press 1974.

Ockham: *Theory of Terms*, tr. by Loux, M. J., University of Notre Dame Press 1974.

Oehler, K.: *Aristoteles: Kategorien*, Darmstadt, 1984.

Owens, J.: *The Doctrine of Being in the Aristotelian Metaphysics*, University of Toronto Press 1957.

Parmenides: *Über das Sein* (Griechisch/Deutsch), Reclam 1981.

Peng, F.: *Das Nichten des Nichts*, Peter Lang GmbH, Europäischer Verlag der Wissenschaften 1998.

Plato: "Sophist", in Plato: *Collected Dialogues*, ed. by Hamilton, E./ Cairns, H., Princeton University Press 1978 .

Ross, W. D.: *Aristotle's Metaphysics*, a revised text with introduction and commentary, vol. I Oxford 1924.

Schacht, R.: *Classical Modern Philosophers*, Routledge & Kegan Paul 1984.

Schulthess, P./ Imbach, R.: *Die Philosophie im Lateinischen Mittelalter*, Artemis & Winkler Verlag Zürich 1966.

Scotus, J. D.: *Abhandlung über das erste Prinzip*, Lateinisch-Deutsch, übersetzes von Kluxen, W., Wissenschaftliche Buchgesellschaft, Darmstadt 1974.

Taran, L.: *Parmenides*, Princeton University Press 1965.

Tarski, A.: *Logic, Semantics, Metamathematics*, Oxford 1956.

Thomas Aquinas: *On Being and Essence*, tr. by Maurer, A., The Pontifical Institute of Mediaeval Studies 1950.

Thomas Aquinas: *Summa Theologiae*, vol. 3, tr. by Herbert McCabe, O. P. Blackfriars 1964.

Thomas von Aquin: *Das Seiende und das Wesen*, Lateinisch/Deutsch, übersetzt von Beeretz, F. L., Philipp Reclam 1987.

Thomas von Aquin: *Prologe zu den Aristoteleskommentaren*, übersetzt von Cheneval, F./ Imbach, R., Vittorio Klostermann Frankfurt am Main 1993.

Tugendhat, E.: "Die Seinsfrage und ihre sprachliche Grundlage", in *Ernst Tugendhat*

Philosophische Aufsätze, Suhrkamp Verlag 1992.

Verdenius, W. J. : *Parmenides*, Adolf M. Hakkert-Publisher, Amsterdam 1964.

Wallace, W.: *The Logic of Hegel*, Oxford 1892.

Wedberg, A. : *A History of Philosophy*, Clarendon Press 1982.

Williams, C. J. F.: *What is Existence*?, Clarendon Press 1981.

William of Sherwood: *Treatise on Syncategorematic Words*, tr. by Kretzmann N., University of Minnesota Press 1968.

中文

北京大学哲学系外国哲学史教研室编译:《西方哲学原著选读》上卷, 商务印书馆 1990 年版。

北京大学哲学系外国哲学史教研室编译:《古希腊罗马哲学》, 商务印书馆 1982 年版。

贝克莱:《人类知识原理》, 关文运译, 商务印书馆 1973 年版。

柏拉图:《巴曼尼得斯篇》, 陈康译, 商务印书馆 1982 年版。

陈嘉映:《海德格尔哲学概论》, 生活·读书·新知三联书店 1995 年版。

陈康:《陈康: 论希腊哲学》, 商务印书馆 1995 年版。

戴维森:《真理、意义、行动与事件》, 牟博译, 商务印书馆 1994 年版。

笛卡尔:《第一哲学沉思集》, 庞景仁译, 商务印书馆 1996 年版。

弗雷格:《弗雷格哲学论著选辑》, 王路编译, 王炳文校, 商务印书馆 1994 年版。

格雷林:《哲学逻辑引论》, 牟博译, 涂纪亮校, 中国社会科学出版社 1990 年版。

海德格尔:《存在与时间》, 陈嘉映、王庆节译, 熊伟校, 生活·读书·新知三联书店 1987 年版。

海德格尔:《海德格尔选集》上、下卷, 孙周兴主编, 上海三联书店 1996 年版。

海德格尔:《形而上学导论》, 熊伟、王庆节译, 商务印书馆 1996 年版。

黑格尔:《哲学史讲演录》第 1 卷, 贺麟、王太庆译, 商务印书馆 1981 年版。

黑格尔:《小逻辑》, 贺麟译, 商务印书馆 1980 年第 2 版。

黑格尔:《逻辑学》上、下卷, 杨一之译, 商务印书馆 1976 年版。

胡塞尔:《经验与判断》, 邓晓芒、张廷国译, 生活·读书·新知三联书店 1999

年版。

康德:《获得真理的方法》,陈德荣译,聂黎曦校,《哲学译丛》1987 年第 1 期。

莱布尼兹:《人类理智新论》上、下卷,陈修斋译,商务印书馆 1982 年版。

洛克:《人类理解论》上、下卷,关文运译,商务印书馆 1991 年版。

克里普克:《命名与必然》,梅文译,涂纪亮校,上海译文出版社 1988 年版。

罗素:《西方哲学史》上、下卷,何兆武、李约瑟译,商务印书馆 1976 年版。

苗力田:《亚里士多德的〈形而上学〉笺注》,《哲学研究》1999 年第 7 期。

苗力田:《亚里士多德〈形而上学〉笺注》,《哲学译丛》2000 年第 1 期。

苗力田主编:《古希腊哲学》,中国人民大学出版社 1989 年版。

苗力田主编:《亚里士多德全集》第 1 卷,中国人民大学出版社 1990 年版。

苗力田主编:《亚里士多德全集》第 7 卷,中国人民大学出版社 1993 年版。

奎因:《从逻辑的观点看》,江天骥等译,上海译文出版社 1987 年版。

萨特:《存在与虚无》,陈宣良等译,杜小真校,生活·读书·新知三联书店 1997
    年第 2 版。

涂纪亮主编:《语言哲学名著选辑》,生活·读书·新知三联书店 1988 年版。

王力:《汉语语法史》,商务印书馆 1989 年版。

王路:《亚里士多德的逻辑学说》,中国社会科学出版社 1991 年版。

王路编:《弗雷格思想研究》,社会科学文献出版社 1996 年版。

王路:《走进分析哲学》,生活·读书·新知三联书店 1999 年版。

王路:《逻辑的观念》,商务印书馆 2000 年版。

王路:《"是"的逻辑研究》,载《理性与智慧》,上海三联书店 2000 年版。

王路:《中世纪逻辑的现代研究述评》,《哲学动态》1990 年第 1 期。

王路:《经验主义和理性主义——与麦坎教授的访谈》,载哈佛燕京学社 / 三联书
    店主编:《理性主义及其限制》,生活·读书·新知三联书店 2003 年版。

王太庆:《我们怎样认识西方人的"是"?》,载《学人》第四辑,江苏文艺出版
    社 1993 年版。

汪子嵩:《亚里士多德关于本体的学说》,生活·读书·新知三联书店 1982 年版。

汪子嵩等:《希腊哲学史》第 1 卷,人民出版社 1988 年版。

汪子嵩等:《希腊哲学史》第 2 卷,人民出版社 1993 年版。

威廉·涅尔:《逻辑学的发展》,张家龙、洪汉鼎译,商务印书馆 1985 年版。

萧诗美:《"是态论":一个值得推荐的译名》,载吴根友等主编:《场与有——中外哲学的比较与融通》(四),武汉大学出版社 1997 年版。

休谟:《人性论》上、下册,关文运译,商务印书馆 1991 年版。

亚里士多德:《形而上学》,吴寿彭译,商务印书馆 1991 年版。

叶秀山:《前苏格拉底哲学研究》,人民出版社 1982 年版。

余纪元:《亚里士多德论 ON》,《哲学研究》1995 年第 4 期。

俞宣孟:《本体论研究》,上海人民出版社 1999 年版。

张家龙:《数理逻辑发展史》,社会科学文献出版社 1993 年版。

赵敦华:《基督教哲学 1500 年》,人民出版社 1994 年版。

赵敦华:《"是"、"在"、"有" 的形而上学之辨》,《学人》第四辑,江苏文艺出版社 1993 年版。

周礼全:《黑格尔的辩证逻辑》,中国社会科学出版社 1989 年版。

周礼全:《亚里士多德论矛盾律与排中律》,载《周礼全集》,中国社会科学出版社 2000 年版。

周晓亮:《休谟》,湖南教育出版社 1999 年版。

索 引